U0141885

當鐵鳥
在天空飛翔

1956-1962
青藏高原上的秘密戰爭

李江琳

當鐵鳥在天空飛翔，
鐵馬在大地奔馳之時，
藏人將像螞蟻一樣流散世界各地，
佛法也將傳入紅人的國度。

——蓮花生大師預言
（西元八世紀）

目次

地圖目次

༄༅། །རྒྱ་རིགས་ལོ་རྒྱུས་ཞིབ་འཇུག་པ་བུད་མེད་ཚེམ་པ་པོ་ཡི་ཅང་ལིན་གྲུས་སྐྱི་ལོ་ ༡༠༡༠ ཡོར་བཏོན་པའི། །ལྷ་བ་ཅུ་ད་དྲུ་ཡི་ལྷ་ས། །ཞེས་པའི་དེབ་དེའི་ནང་། ༡༩༥༩ ཡོའི་བོད་མིའི་རང་དབང་སྟེར་ལ་ངས་ཀྱི་གནས་སྟངས་དང་། དེ་རང་རྒྱ་ས་ལྷ་ས་ནས་རྒྱ་གར་དུ་བཙན་བྱོལ་ལ་ཡོང་དགོས་པའི་རྒྱ་ཆེན། །སྣམ་དེའི་བོད་ཀྱི་ད་དྲག་གི་གནས་བབས། རྒྱ་གཞུང་གི་མཐོ་རིམ་དཔོན་རིགས་རྣམས་ཀྱི་བསམ་བློགས་སོགས་ལ་ཉམས་ཞིབ་བྱིས་ཕྱིན་བྱས་ཏེ་དྲང་བདེན་གྱི་ལམ་ནས་སྣངས་དེའི་གནས་ཚུལ་ཞིབ་ཕྲ་བཀོད་ཡོད་ཅིང་། དེས་རྒྱ་རིགས་གཙོས་པའི་ལོ་རྒྱུས་ཞིབ་འཇུག་པ་དང་སློག་ལ་པོ་ཀུན་ལ་དངོས་ཡོད་གནས་ཚུལ་ཤེས་རྟོགས་ཐུབ་པར་ཕན་ཐོགས་ཆེན་པོ་བྱུང་ཡོད།

བོད་ཀྱི་དེ་བགྲིས་པ། །མཐོ་དབུས་མཚོ་སྣོང་གི་གསང་བའི་དཔག་འབྱུག །ཅེས་པ་འདི་ཡང་། རྒྱ་རིགས་ཞིབ་འཇུག་པ་ཞིག་གིས་ཐེངས་དང་པོ་ར་བོད་ཀྱི་ཉེ་རབས་ལོ་རྒྱུས་ལས། དུས་རབས་སྟོན་པའི་ལོ་རབས་ལྷ་བ་ཅུའི་ནང་རྒྱ་དམག་གིས་བོད་དུ་གནོན་བྱས་པའི་དངོས་ཡོད་ཀྱི་གནས་སྟངས་ལ། ཕྱོགས་སུ་མ་ལྷུང་པའི་གནད་པོའི་བློས་ཞིབ་འཇུག་མཐིལ་ཕྱིན་བྱས་པའི་གྲུབ་དོན་ཞིག་ཡིན་ཞིང་། བོ་ཚོས་ཕྱི་ནང་གསང་གསུམ་གྱི་འབྲེལ་ཡོད་ཡིག་ཆགས་ཁག་དང་དེའི་དེ་རིགས་ཁང་པོར་བལྟ་སློག་ཞིབ་འཇུག་བྱས་པ་མ་ཟད། འབྲེལ་ཡོད་ལོ་རྒྱུས་མི་སྣ་མང་པོ་བཙར་འདི་བྱས་པ་སོགས་བརྒྱུད་དེ་སྣངས་དེའི་གནས་ཚལ་མང་པོ་ཞིག་གསལ་པོ་བཙོས་ཡོད། དེ་ནས་རྒྱུན་དུ་རྒྱ་ནག་མི་མང་དུ་ཕྱུར་བཅུ་གསུམ་ལ་དངོས་ཡོད་གནས་སྣངས་ཤེས་པའི་ཐོབ་ཐང་ཡོད་པ་དང་། གལ་སྲིད་རྒྱ་ནག་མི་མང་གིས་དངོས་ཡོད་བདེ་པའི་གནས་ཚལ་ཤེས་ཐོགས་ཐུབ་ན། བོད་ཆོར་ལེགས་ཤེས་དང་བདེན་ཧུན་དུ་འཇེད་ཐེད་པའི་རྣམ་དཔྱོད་ཡོད་པར་ཡོད་ཅེས་ཡོད་ཅེས་བརྗོད་བཞིན་པ་ལྟར། དངོས་ཡོད་བདེན་པའི་གནས་ལུགས་ར་སྤྲོད་བྱས་པའི་ལོ་རྒྱུས་ཀྱི་བདེན་དཔང་ཡིག་ཆ་འདི་དག་བརྒྱུད། རྒྱ་རིགས་ཤེས་ལྡན་མི་སྣ་དང་སློག་པ་པོ་ཀུན་གྱིས་དངོས་ཡོད་གནས་སྟངས་ཤེས་ཐོགས་ཡོད་བ་དང་ཚངས་གཅིག །དངོས་ཐོག་བདེན་འཚོལ་གྱི་ལམ་ནས་བོད་ཀྱི་དཀའ་རྙོག་ལ་གདོང་ཐུགས་དང་བསམ་གཞིགས་གཏིང་ཟབ་ཐེད་ཐུབ་པའི་རེ་བ་ཡོད། དེ་བཞིན་ཚོར་བ་པོ་ད་གར་བ་ལ་ངང་པོ་འཛིམས་པའི་འདས་བྱ་གསུར་དུ་སྙིན་པར་རྗེས་སུ་ཡི་རངས་དང་བསྔགས་བརྗོད་བཅས། ཤྭཀྱའི་དགེ་སློང་དྷི་བའི་བླ་མས། བོད་རྒྱལ་ལོ་ ༢༡༣༤ རབ་གནས་རྒྱ་འབྲུག །སྤྱི་ལོ་ ༢༠༡༢ ཡོའི་ཟླ་ ༣ ཚེས་ ༣༠ ལ། །

序

　　華人歷史學家、作家李江琳女士在2010年出版的《1959：拉薩！》一書中，就有關1959年西藏人民的自由抗暴起義、我本人從首都拉薩出走流亡的原因、當時西藏的嚴峻狀況，以及中國政府官員的想法等深鑽細研，並以公平正直的方式將當時的情況做了詳細的敘述。這大有助益於以華人為主的所有歷史研究者和讀者瞭解歷史真相。

　　她的這本新書《當鐵鳥在天空飛翔──1956-1962青藏高原上的秘密戰爭》，也是華人研究者首次從上世紀五〇年代──即近代西藏史，對中共軍隊在西藏實施鎮壓的真實狀況進行全面客觀、無偏見的研究所取得的成果。

　　她不僅閱讀和研究了很多公開與不公開的檔案及書籍，還透過採訪多位與歷史相關的人士等，對當時諸多事件的疑點做了澄清。正如我平常所說，十三億中國人有瞭解真相的權利，如果中國民眾瞭解了事實真相，相信他們有辨別好壞真假的智慧。透過這一本證實真相的歷史著作，我希望所有華人知識分子和讀者在瞭解真實狀況的同時，實事求是，面對和深入思考西藏問題。我對作家本人歷經千辛取得的成果予以讚賞和表揚。

釋迦比丘達賴喇嘛

藏曆繞迥2139水龍年，西曆2012年3月30日

前言

---一---

在我研究1959年3月「拉薩事件」的過程中，當事件的大背景漸漸明晰時，分散的資料和零碎的線索就匯集到一系列關鍵時間、地點和事件。「1959年3月拉薩到底發生了什麼？」這個問題，不可避免地延伸為「1959年前後，西藏三區到底發生了什麼？」這一時間跨度更長、地域範圍更大的問題。為了回答這個問題，我從紐約到臺北，從臺北到香港，從香港到印度，在圖書館、檔案館裡掃描了數萬頁資料。零散在大量資料中的描述、數據和各方參與者的回憶漸漸歸攏，指向一個驚心動魄的關鍵字：戰爭。

大量資料顯示，1950年代中至1960年代初，中國西南西北地區發生了一場慘烈戰爭，其涵蓋地域為藏人世居之西藏三區，即今之「西藏自治區」和「周邊四省藏區」。交戰雙方一邊是擁有現代武器的中國人民解放軍野戰軍和地方軍隊，以及受過軍事訓練的武裝民兵，另一方是以土槍步槍刀劍為主的藏區農牧民、僧侶、少數政府官員和部分藏軍。這場戰爭始於1956年初春，結束於1962年秋，歷時六年半。當時的解放軍十二軍區中，有八個不同程度參與。作戰過程中，解放軍動用了步兵、炮兵、騎兵、空軍、裝甲部隊、摩托部隊、防化部隊等兵種，戰爭物資調自九省市。參與決策和指揮的，是中國現代史上的一些關鍵人物：毛澤東、周恩來、鄧小平、楊尚昆、彭德懷、粟裕等等。從兵力、兵種和參與人物的級別來看，這場戰爭是中共全面奪取政權後，在境內時間最長、規模最大的軍事行動之一。

從軍事角度來說，中共在藏區的戰爭是一場全勝的戰爭。奇怪的是，它也是中共宣傳最少的戰爭。幾十年來，這場戰爭被小心翼翼地迴避和掩飾著。中國軍事科學院2000年出版的十卷本《中國人民解放軍全史》是權威軍

史著作，該書第二卷《中國人民解放軍70年大事記》中，對這場動用了「王牌軍」的軍事行動，僅「一言以蔽之」：「（1959年3月）中國人民解放軍駐藏部隊於20日開始平息西藏武裝叛亂。至1962年3月，平叛作戰勝利結束。」[1]這句話隱去了一個關鍵史實：西藏作戰主力為參加過韓戰的54軍，並非當時的「駐藏部隊」。遮蔽這一項事實就掩蓋了這場戰爭的規模。這場戰爭的規模至關緊要，因為規模本身在證明這場戰爭的性質。所以我在研究中特別注意各次戰役的規模，這需要從大量分散的文獻中尋找資料加以比對，工作十分繁瑣枯燥。

這部大事記詳細到連1956年3月4日空軍「派出飛機參加廣東省林業廳組織的飛播造林試驗」都記錄在內，卻未記錄同年3月29日中午，「空軍出動杜4型飛機兩架，對（理塘寺）叛亂武裝進行掃射投彈。」[2]「杜4型飛機」即外號「公牛」的蘇製圖—4遠程重型轟炸機，是當時中國最先進的轟炸機。

該書對1956年至1962年解放軍在青川甘滇四省進行的軍事行動，只有一條記錄：「（1960年3月12日）總參謀部、總政治部和總後勤部在成都召開了平叛和邊防現場會議。總結交流了1959年平叛作戰的經驗，研究了貫徹中共中央、中央軍委關於邊防鬥爭的方針政策等有關問題。」[3]一些參戰官兵出版了回憶錄、傳記或回憶文章，但對作戰細節或語焉不詳，或避而不談。1961年「西北民族工作會議」曾對「平叛擴大化」做了一點糾正，但目前公布的《西北地方第一次民族工作會議紀要》略去了重要資訊[4]。1980年代，中共對西南西北地區「平叛擴大化」平反時，貫徹「宜粗不宜細」方針，各地平反資料迄今未解密，地方志中的資料凌亂且不完整。這些都說明，時隔半個多世紀，這場戰爭依然是個必須嚴守的秘密。

1　《中國人民解放軍70年大事記》，頁234。

2　《四川省志・軍事志》，頁297。

3　《中國人民解放軍70年大事記》，頁237。

4　網路版：http://www.china.com.cn/cpc/2011-04/15/content_22370420.htm

　　2010年夏末，我從西寧經由深圳到香港，取回寄存在朋友家的筆記型電腦，第四次前往印度達蘭薩拉。電腦裡儲存了四川、青海、雲南、甘肅四省中六十六個縣的縣志、十個自治州的州志、「四省一區」軍事志、1950至1962年新華社《內部參考》中約八百頁有關藏區的報導、1956至1962年《人民日報》、《人民畫報》、《解放軍戰士》中的相關報導，有關中共民族政策、宗教政策、統戰政策、土改史、中共黨史、冷戰史等方面的文獻和資料，以及過去幾年在流亡社區的全部採訪錄音。

　　我的研究從資料統計開始，試圖通過資料來探知戰爭規模。

　　金秋10月，達賴喇嘛尊者應臺灣佛教徒請求，在達蘭薩拉大昭寺講經。其時，我坐在面對康加拉山谷的格爾登寺客房窗前，研究玉樹和果洛州的人口資料。提取出各種來源的資料後，我陷入了迷宮，在這些資料裡來回繞了好幾天，摸不出頭緒。近午，我關掉電腦走出小屋。遠處的揚聲器裡隱約傳來尊者講經的聲音。我站在走廊上靜靜聆聽。

　　猛然間靈光一閃，我悟出了走出「迷宮」之道。

　　是夜，我輾轉反側，無法安眠。接連幾天反覆比對得出的資料不時在腦中浮現：1958至1961年，玉樹州人口減少69,419人，比1957年減少了44%；果洛州至少減少35,395人，達35.53%，超過1953年該州人口的三分之一，兩州共減少118,172人，這還是經過「調整」後的官方資料[5]。

　　夜深人靜，半睡半醒之間，遠處似乎傳來一個聲音，一遍一遍地重複著：「請告訴世界！請告訴世界！」

　　我猝然清醒，披衣而起，推門站到走廊上。月色朦朧，萬籟俱寂，朵拉達山脈在月光下靜靜聳立，康加拉山谷燈火稀疏。我左側的渾圓山頭，黑黝黝的松林裡透出溫暖的燈光，那是達賴喇嘛尊者的居所。我想起來了，「請告訴世界」，那是當年經中情局訓練的電報員、理塘人阿塔諾布在目送達賴

5　數據來源：《玉樹州志》、《果洛州志》、馮浩華，《青海人口》（內部讀物）、《中國人口‧青海分冊》。

喇嘛越過邊界後，向中情局發出的最後一份電報：

Please inform the world about the suffering of the Tibetan people.
「請把西藏人民的苦難告訴世界。」

外部世界對西藏人民的劫難早有所知，對此一無所知的是我們中國人。半個多世紀過去了，我們仍然不知道。

我的目光轉向朵拉達峰。月光下，海拔5,000多米的白色山峰皎潔如同仙山。許多蒼老的面容從我的記憶中浮起。他們來自西藏三區，曾經是牧人、農民、僧侶、政府官員、商人、小販，如今已是在流亡中度過大半生的老人。他們把埋藏心底的記憶交給我，這是何其沉重的囑託。

此後，我集中全部時間和精力，反覆計算、對照、考證，在大量資料中提取出一個個「點」，再把「點」連成「片」，把資料整理成筆記，把數據簡化為表格，用這種繁複費神的方法，讓事件本身從歷史深處一點一點地浮現。

三

對這段歷史的研究，有幾個必須注意的問題。首先，關於「西藏」這個概念，漢藏人民的理解常有相當差異。漢語中的「西藏」，在近代史上已有特定含義，並不等同於傳統的「西藏三區」。最近幾年來，境內外一些藏人團體和個人使用「圖博」一詞來涵蓋衛藏、安多、康區。藏人行政中央在官方文件的漢譯中仍然使用「西藏」這個詞，但將其內涵擴展，如2008年10月31日，達賴喇嘛談判代表提交給中方的〈全體西藏民族實現名副其實自治的建議〉這份文件中，「西藏」這個詞不再僅指「西藏自治區」。

傳統的西藏三區，不僅有地理和文化上的區別，也有政治和行政上的不同。衛藏地區具備統一的政權結構，有複雜而穩定的中央政府，即拉薩的噶

廈，而日喀則的班禪堪布廳可視為一個「次級中心」。康區以一種「塊板結構」的地方行政制度為主，即漢人史籍中所說的「土司制」。「土司」一詞是歷史上漢人對邊遠地區的這類地方性政權的說法，帶有蔑視意味。我們在沿用歷史上的這項習慣說法時，應對此有所認識。土司制已經具備一定的行政權力形態。較大的「土司」如德格、白玉、木里等，宛如一個個完整的王國。

安多地區以部落制為主。部落制相比土司制，行政權力形態則更為原始和簡單。不過，就像康區會有游離於土司制之外的部落一樣，安多也有幾個相當成熟的土司制。例如安多的甘南州卓尼縣，中共執政前曾經有一個持續六百多年的土司政權「卓尼甲波」，管轄範圍涵蓋現在屬於甘肅卓尼、臨潭、迭部、舟曲甚至包括四川若爾蓋北部的大片地區，儼然是一個王國。

中共佔領西藏前，噶廈政府在阿里、衛、藏、藏東地區設立八個基巧，各基巧下轄若干宗和谿卡[6]。1951至1959年，中共將原先的政區分割為噶廈政府、昌都解放委員會和班禪堪布廳等三個政權組織，在各基巧建立分工委，並成立了五十多個宗級辦事處[7]，形成「雙重政權」系統。這一時期，中共對未來的西藏行政規劃已有預案，但尚未實施。1959年「拉薩戰役」後，中共廢除噶廈政府，按照內地模式重新劃分行政區域，將宗、谿合併成縣，原先的村落或部落重組為鄉。中共在藏區基層建政的過程與戰爭過程是重合的，這就造成參戰雙方對事件發生地點的不同描述，比方說現在的「山南地區」，大致為原先的「洛卡基巧」，該基巧的三十宗、谿在1960年被合併為現在的山南地區所屬十二縣。因此，藏方資料稱該地區為「洛卡」，中方資料則稱之為「山南」。本書描述具體戰鬥時，盡可能依據行政區劃史和最近出版的地圖找出現在的地名。遺憾的是，由於無法到當地調查，一些地圖上沒有標示的村莊和部落的名稱難以確定。我盡可能找到戰鬥發生地區的地標，使讀者對事件發生的地點有較為明確的瞭解。

6　詳見得榮・澤仁鄧珠，《藏族通史・吉祥寶瓶》，頁29。
7　《中共西藏黨史大事記 1949-1966》，頁70。

由於人為的行政劃分，很多被劃分到不同省份的地區原屬同一部落。但是，歷史造就的個人與群體關係並不因之改變。面臨危機時，群體之間的守望相助往往依據歷史上的血緣和文化聯繫，而非現實政治上的行政歸屬。因此，在敘述中，「四省一區」或「周邊四省藏區」這一項現代行政概念必然會模糊了這些地方的歷史淵源，而「西藏三區」這一概念又會模糊了現實政治的架構。為了更為方便而清晰地敘述那段歷史，本書使用「藏區」這個詞來特指藏人居住的全部區域。

「藏區」是一個大的概念。研究者還必須關注另一個概念，即藏人所說的「家鄉」（Phayul）。*Phayul* 不僅是地域，比方說嘉絨、德格、熱貢、囊謙等等，還包含歷史傳承、風俗習慣、方言和生活方式。歷史上的藏區社會結構和生活方式是相當多元的，有莊園制，有部落制，還有相當數量的自耕農。安多和康區曾有些很大的部落，如德格、囊謙、木里、尖扎等等，處於一種類似「國中之國」的狀態。這些部落的世襲首領藏語稱為「甲波」，即「國王」，他們擁有內部納稅權、司法權和徵兵權。除了清末「改土歸流」的短暫時期之外，噶廈政府或民國政府都不干涉他們的內部管理。中共建政時，藏人居住的地域裡，除了部分「民族雜居區」之外，多數地區沒有任何外來政權在施行有效管理，衛藏地區則處在「事實獨立」狀態。

傳統藏區由許多形式與結構不盡相同的*Phayul* 組成。在牧區，*Phayul* 往往指的是一個家庭所屬的部落及其駐牧的草場。二者都具有流動性，只在一定時期內保持穩定。小部落有時會放棄獨立而依附某個大部落，大部落有時會分裂出新的部落；牧場的歸宿會隨著部落的變化而改變，有時候正相反，牧場的改變導致部落的變化。戰爭爆發前，安多、康區的大部分地區都處於這種「部落分割」狀態。

藏人亦如其他民族一樣，有各種職業和社會階層，有農民、牧民、僧侶、官員、頭人、工匠、商人、店主、乞丐、傭僕等等，絕非簡單的「農奴主／農奴」這兩個階層。這種多元狀態決定了，當危機發生時，地區、部落、階層乃至家庭成員的應對方式各不相同，有的反抗，有的觀望，有的合作，不過，後來的發展表明，不管採取什麼樣的應對方式，他們最終的結局

基本相同。

　　我還須指出一點：在那場戰爭中遭到嚴酷鎮壓的除了藏人，還有彝、回、土、蒙、佤、苗、傈僳、撒拉、東鄉等民族。因研究範圍的限制，除了高度藏化的青海河南蒙旗之外，本書不涉及其他民族。這些民族的經歷，迄今還是中國現代史研究中有待關注的領域。

四

　　這本書的完成，並非我一個人的努力。在此，我謙卑地感謝達賴喇嘛尊者親自為本書作序，感謝尊者再次接受我的採訪，釐清了一些重要問題。

　　我要感謝我的母親。媽媽十六歲加入解放軍第四野戰軍，隨軍南下，十八歲加入共產黨。我深知，面對如此「代溝」，媽媽內心之艱辛。我感謝媽媽在讀過我的《1959：拉薩！》後，仍然相信她的女兒所做的研究和寫作具有正當的意義。我從心底裡感謝媽媽的理解和信任。在我第四次前往印度之前，媽媽從她的退休工資裡拿出一筆錢，塞進我的行囊，叮囑我在印度照顧好自己。

　　我也必須感謝我的女兒。我在難民定居點採訪的時候，她為自己安排了交換學生專案，獨自收拾行裝，去歐洲學習。她從未抱怨我對她的忽視，每次電郵總是要我放心。對此我深感欣慰和歉疚。感謝女兒的支持和理解，感謝她從不懷疑，她的媽媽是在做一件有意義的事。

　　感謝桑杰嘉再次陪同我在印度南方和北方的難民定居點採訪，並把重要訪談譯成中文。原昌都解放委員會成員、雪域衛教志願軍總指揮普巴本的後代扎央為我提供了一些重要線索，並在幾次訪談中為我翻譯。在臺北和香港收集資料時，盧惠娟老師和蔡詠梅大姐對我敞開家門，感謝她們對我的信任。達蘭薩拉格爾登寺客房管家，來自甘南迭部的僧人貢覺卓巴和來自四川阿壩的僧人達爾杰為我提供了很多幫助。在我離開達蘭薩拉的前幾天，來自英國的Matthew Akester先生得知我的研究，主動來提供幫助。Matthew通曉藏

語，本書引用的藏文資料，均由他特為我譯成英文。哥倫比亞大學東亞圖書館的Lauran R. Hartley女士從館藏資料中為我找到珍貴的歷史文獻和圖片，幫我解決了幾個難題。

我特別感謝數位從未謀面而身在國內的朋友，他們在那個地區工作過，或是那段歷史的親歷者。他們讀過我的一些有關藏區的文章後，多次來信以自身經歷為我提供佐證，或給我以寶貴的指點。在此我不便公開他們的名字。將來本書可以在中國大陸出版的時候，我會向他們一一致謝。

幾年來，我有幸與數百位面慈心善的老人結緣，在他們的前廊、客廳、佛堂、院子裡，聽他們講述自己的人生經歷。這些老人年齡最低的七十多，最高的九十四歲。在本書的參考書目中，我列出了五十位受訪者的名字，還有許多名字無法一一列舉。我深深感謝他們接受我的採訪，感謝他們為歷史留下見證。那些年裡發生的事件徹底改變了他們的命運。他們曾經是農民、牧民、僧侶、商販、官員、頭人等等，戰爭狂飆席捲藏區後，他們有了一個共同身分：難民。

在研究和寫作的過程中，我深感作為獨立研究者的艱辛。發生在五十多年前的這場戰爭，資料稀缺分散，評價眾說紛紜。這些慘烈事件，發生在我們這一代人生活的年代，發生在我們生活的土地上，有多少人在這場戰爭中死亡，有多少家庭破碎消失，有多少血和淚。那段歷史被有意掩蓋，被一再曲解。我常常對自己產生懷疑，不知自己是否有能力進行計畫中的旅行、採訪、圖書館檔案館的資料採集、直到完成最後的寫作。

2010年年底，隨著資料分析漸漸深入，親歷者的訪談逐漸翻譯成文，我益加感到精神上的壓力。這不是輕鬆的研究和寫作。資料非常繁雜，史實過於沉重，我擔心自己沒有能力承受。我向達賴喇嘛尊者的秘書才嘉先生提出請求，希望能再次採訪尊者。

2010年12月3日，達賴喇嘛尊者應我的請求，第四次對我敘述他所經歷的那段歷史。談話不可避免地涉及到那場戰爭。我告訴尊者我從中共軍方資料中統計出藏人在戰場上的死傷俘降不完全數據：三十四萬七千餘人。尊者的臉上現出深深的憂傷。一時間，尊者和我都沉默不語。片刻後，尊者握著

我的手，對我說：「妳的研究很重要。但是，」他嚴肅地注視我，「妳要記住，妳做這項研究，不是出於妳對我的支持，也不是出於妳對西藏的支持，而是因為妳要知道真相。尋找真相，這才應該是妳的動機。」

尊者的開示如醍醐灌頂，讓我銘記真相高於一切的研究原則，在以後的研究中為我指點迷津，幫助我經受了種種困惑、艱辛和壓力。

本書是對這場中共軍史中秘密戰爭的初步研究，包括戰爭的起因、決策過程；部分主要戰役分析；解放軍參戰部隊、兵力、後勤、雙方死傷人數，以及戰爭造成的後果。書中包含的資料、圖片、地圖等絕大多數來源於中文資料。原始資料還包括一百五十多份參戰解放軍官兵的回憶文章和幾百名藏人採訪記錄，其中的一部分列於本書「主要參考資料」中。書中相關人物的個人經歷，除了阿登的故事來源於流亡藏人作家江央諾布寫的《阿登回憶錄》之外，全為我在印度各西藏難民定居點中採訪而來。相關細節均由受訪者提供，並與中方資料對比查證；地點、景物的描寫也經過衛星圖和圖片資料對照。

本書所呈現的僅為那場秘密戰爭的概貌。大量細節有待相關資料文獻的解密，以及更多研究者的努力。我謹將此書呈獻給讀者，願此書能作為一個起點。我期待更多親歷者留下回憶，更多檔案解密，更多資料公開，更多研究者關注這段歷史，通過多維度的研究來填補中國現代史上的這一空白。我將非常高興和感激地糾正本書的錯漏。

那塊土地上發生過的一切已經凝成歷史，它可能被扭曲，但事實不會改變；它可能被掩蓋，但不會永遠消失。

願歷史昭明現在，警示未來。

第十四世達賴喇嘛丹增嘉措。
攝於1959年，剛到印度不久。

少年時期的班禪喇嘛與他的第一位經師。

中央駐藏代表、西藏工委書記張經武將軍。

1980年代復出後的班禪喇嘛。

藏人打酥油茶。

達賴喇嘛的兩位經師。
左：林仁波切；右：赤江仁波切。

帶門廊的藏式院落。

195(？)年底，在羅布
林卡格桑宮，中坐者
為達賴喇嘛。左一：
基巧堪布阿旺南捷；
左二：李覺；左三：
王其梅；左四：張國
華：右四：張經武；
右三：譚冠三；右
二：黃力(？)；右一：
平措旺杰

1952年5月，西藏愛國婦女會成立，
右三為達賴喇嘛的姐姐次仁卓瑪。

川藏公路上的運輸車隊。

1954年，訪問內地。
中坐者為達賴喇嘛。

1954年在中國北京，國務院總理
恩來主持召開的西藏工作座談會

1956年4月，國務院副總理陳毅率中央代表團到西藏，參加西藏自治區籌備委員會成立大會。

6年4月22日，國務院副總理陳毅在藏自治區成立大會上講話。

1956年達賴喇嘛曾率團訪問印度。

1956年訪問印度期間，尼赫魯總理接見達賴喇嘛和班禪喇嘛。

1956年在德里，達賴喇嘛與家人及印度官員合影。

1930年代的噶倫堡街景。

《西藏鏡報》故址。

2010年12月，作者採訪達賴喇嘛草

第一章　風起青萍之末

一

「黃河之水天上來。」

「天上」是巴顏喀拉山北一座海拔4,800米，名叫各姿各雅的大山。五道泉水從山中涓涓而出，在山下的盆地聚為小河卡日曲。小河悠悠東去，忽又掉頭北行，淌進一片湖泊如點點繁星的濕地──星宿海。卡日曲在此與約古列宗河相匯，此為黃河正源──藏語稱為瑪曲。

瑪曲東流，注入「白湖」扎陵湖，繼而漫入湖東南的草灘，散作一束絲條，又被峽谷攏成九道，奔入「藍湖」鄂陵湖。

扎陵湖與鄂陵湖海拔4,300多米，形如九天飄落的展翼蝴蝶。雙湖匯聚河源眾水，沿湖山巒起伏，溪流交錯，湖泊點點，芳草萋萋，自古為各族遊牧佳地。

史書記載，吐蕃地域為「上阿里三圍、中衛藏四如、下朵康六崗」。黃河源一帶屬「朵康六崗」之「朵麥」，相當於今青海省海北、海南、黃南、果洛四州、甘肅省甘南自治州，以及四川省阿壩自治州北部，即「西藏三區」中的「安多」。

歷代漢文史書對扎陵湖和鄂陵湖一帶的狀況語焉不詳，直至清嘉慶9年修《四川通志》，方有較為系統的記載。彼時，該地及其南部地區被稱為「郭羅克」，並有上中下之分。「郭羅克」即今之果洛，「上中下郭羅克」，藏人謂之「果洛三部」，或「三果洛」：昂欠本、阿什姜本和班瑪本這三個各自為政的原初部落。

河源一帶地高水寒，牧人逐水草而居，隨季節遷徙，至清道光年間始有

人定居，漸次形成和科、夸科、查科三個藏人遊牧部落**1**。這些部落各有頭領、法規、寺院，數百年來自給自足，與外界極少交往。

西元1954年1月，姐妹湖邊諸部落突然有了牧人們十分陌生的名稱：「青海省果洛藏族自治區」。該區下轄達日、甘德、班瑪、久治四縣，姐妹湖邊三部落的牧地分屬達日和甘德。然而對牧人來說，這一切並無實際意義。

1955年初秋，黃河源牧草由綠轉黃，轉場的時候就要到了。頭人帶著哈達去帳房寺院，請喇嘛打卦，卜算轉場吉日。家家戶戶開始收拾家當，只等吉日擇定，各家拆下帳房，裹好佛像經書酥油燈，把裝滿乳酪肉乾酥油的皮袋綁上牛背，趕著犛牛，吆著羊群，部落集體遷徙，從固定的「夏窩子」遷到固定的「冬窩子」，度過漫漫長冬。世世代代，牧民就這樣生活。

二十二歲的牧女俄洛像往年這時候一樣忙碌。一家六口，一百多頭犛牛，兩百多隻羊，在部落裡是中等人家。牧女要承擔許多勞務，俄洛每天有忙不完的活。部落紛傳漢人來了，但他們還沒到她的部落。有時候，她用羊皮袋揉酥油，會看到騎馬背槍的陌生人遠遠走過。俄洛的日子被點燈拜佛、擠奶、打酥油、煮茶、拾牛糞、磨糌粑等等填得滿滿的，她不知道自己的家鄉已另有所屬，而且「果洛藏族自治區」剛改成「果洛藏族自治州」。這些對她並無意義。在俄洛的意識裡，她的家鄉是「上阿瓊」，一個可以追溯到阿什姜本部、與「下果洛」康干部有關的部落，以及祖先傳下的牧地：「上果洛」之扎陵湖與鄂陵湖一帶的豐美牧場。

黃河從姐妹湖流下，在巴顏喀拉山和阿尼瑪卿雪山之間奔東南而去，流到果洛東南，即「下果洛」的草山之間。那裡有座名叫年保玉則**2**的崎峻神山。山的皺褶裡藏著許多傳說，也藏著另一對姐妹湖：西姆措（仙女湖）和俄姆措（妖女湖）。神山下的豐饒草場，是「果洛三部」發祥地。傳說果洛

---

1 今屬青海省果洛藏族自治州瑪多縣。
2 亦譯為「年報葉什則」或「念布玉吾則」，又名「果洛山」，藏語意為聖潔的松耳石峰，在今青海省果洛藏族自治州久治縣境內，距縣城東南45公里。位於索乎日麻和白玉兩鄉交界處，主峰海拔5,369米。

三部的祖先為吐蕃初始六氏族的「党氏」後裔，來自金沙江河谷一帶，其後代即為果洛原初三部落的祖先。

歷經千年雨雪風霜的古老部落分分合合，至二十世紀中葉，神山下的大片牧場，是康賽、康干和哇賽三部落的駐牧地[3]。康賽部落下轄十五個直屬遊牧部落，五個外部落，六個農耕部落，共七百多戶，約三千多人，其中有個叫「果洛」的小部落。該部落僅二十多戶人家，一百多人口，頭人名叫尕旺。

初秋的一天，尕旺的小外甥，八歲的旦曲白桑聽到牧羊狗高吠。他衝出帳房，看到幾個背槍的漢人朝帳房走來。旦曲白桑興奮地朝他們奔去。他不再害怕「外面來的人」了。從記事起，他不聽話，媽媽就用「外面來的人」嚇唬他。長輩們說，「外面來的人」是馬步芳的軍隊，他們會殺死小男孩，或者把他們抓走，帶到「他們的地方」去餵馬。那些年「外面來的人」在果洛打仗的時候，「馬家軍」見到小男孩就殺，部落頭人聽說「馬家軍」來了，趕快把男孩子藏起來。第一次看到漢人時，旦曲白桑嚇得發抖，躲在帳房角落裡大氣不出，怕被「外面來的人」抓走。後來有一天，他的腳被犛牛踩傷，「外面來的人」為他上藥包紮，還給他幾顆糖。此後，他們每次到部落來，都會帶些糖塊分給孩子們。旦曲白桑漸漸跟他們熟了，雖然語言不通，但對孩子們來說，語言並不重要。「外面來的人」臉上的笑容和手裡的糖塊，傳達了足夠的善意。旦曲白桑和他的母親沒有想到，這一切將會改變。

黃河滔滔而去，在藏地流經十一個縣，長達1,310公里。

二

千百萬年的自然偉力，在青藏高原北部推撞擠壓，一道山脈漸漸隆起：「高原之山」唐古拉。山脈雪峰聳立，主峰各拉丹冬海拔6,621米，四周冰川

3　今屬青海省果洛藏族自治州久治縣。

環繞，冰塔林立。主峰西南側有道名叫姜根迪如的山谷冰川，融水自谷中淌出，聚成清冽小河。小河朝山外流淌，一路收納冰川小溪，漲成名叫沱沱河的高原河流。沱沱河流下近400公里，與當曲河相聚而成通天河。通天河橫貫結古[4]，沿巴顏喀拉山之南流淌，與山之北的黃河源擦肩而過，朝東南方奔流而下，跌落1,000多米至巴塘河口，與金沙江相接。金沙江在青藏高原東部垂直南下，奔入結塘[5]，在石鼓鎮沿山北繞，轉出一個壯美大彎，北上而後南下。江流在藏區流經十四個縣，2,806公里，幾番曲折，朝東北流至宜賓，此後方為「滾滾長江東逝水」。

　　長江天險和「難於上青天」的蜀道，把大江上游隔絕在崇山峻嶺之後。許多住在「長江尾」的人們懵然不知，「長江頭」的世居民族是一支尚武剽悍的藏人。他們世代居住在長江源、金沙江與雅礱江並行的大部地區。歷史上，金沙江西部之丹達山以東，打折多[6]以西的地區為吐蕃「下朵康六崗」之朵堆，涵蓋長江上游流域大部，即今西藏昌都、四川甘孜、阿壩一部、涼山木里、青海玉樹及雲南迪慶，為「西藏三區」之康區。從衛藏視角來看，康為東部邊地；從漢地視角來看，康乃西南邊陲。康區遠離漢藏兩邊的政治中心，在漫長的歷史時期內，時常成為兩邊政力未逮之處。

　　康巴[7]在高山河谷中繁衍生息，亦耕亦牧，各地由土司統管。康區「四大土司」中的德格土司家族「轄地達德格、鄧柯、白玉、石渠、同普（現西藏江達縣）等五個縣，八萬多人口（最盛時曾管轄七萬戶、二十多萬人口）」[8]。清末，趙爾豐挾強大軍力「改土歸流」，即廢土官，設流官，強行廢除土司制度，建立縣級政權，為此在康區大開殺戒。辛亥革命後，趙爾豐人亡政息，土司們紛紛恢復權力，但已不復從前的狀態。原先的「四大土司」除德格土司之外，其他基本消亡，其領地分散為許多大小不等的部落。1930年

4　今青海玉樹藏族自治州。
5　即雲南迪慶藏族自治州中甸縣。
6　漢文稱為「打箭爐」，即今之康定。
7　藏語「巴」為「人」之意，「康巴」即「康人」。漢語之「康巴人」實為同義重複。
8　〈德格土司家族的由來及其社會制度簡況〉，《四川文史資料選輯》第33輯，頁177-210。

代西康建省，康區大部被納入民國行政體系之中，但藏人社會結構和生活方式並未改變。部落組織嚴密，大部落下轄若干小部落，小部落有時分成更小的部落。大小部落各有頭領管轄，世代生活在部落中的藏民與「漢官」並無聯繫。他們不向「漢官」直接納稅，「漢官」也不向他們直接派差，「大王旗」無論怎樣變換，康區一直享有高度地方自治，民眾只知部落，不知官府，直到1950年代後期，民眾還稱中共建立的縣政府為「衙門」。

1955年，鄂陵湖邊的牧人準備遷往冬季牧場時，在雅礱江邊的新龍縣[9]，敦庫村頭人阿登得到通知，他被派往成都的西南民族學院學習一年。敦庫村是吾亞[10]部落下屬的半農半牧小村，只有六戶人家。阿登的父親曾是部落頭人，但在傳統部落制度中，小部落的頭人既無薪俸亦無特權，只是跑腿辦事的人。他家境一般，年景不佳時也得借糧度日。中共進入該地時，阿登三十多歲。他小時跟父親學會讀書寫字，自然被地方幹部叫去跑腿辦事，成了中共與藏人之間的聯絡人。阿登有兩個妻子，獨生女兒剛五歲。去成都學習，留下妻女無人照顧，阿登很不樂意。可是上級不容他推辭。阿登只好告別妻女，騎馬去甘孜，然後搭卡車去康定，再換長途汽車去成都。沒人告訴他在成都學什麼，也沒人告訴他，這件事是一整套藏區社會改造計畫中的一部分。

這時，康北甘孜縣尼曲河畔的昔青寺裡，章扎部落頭人的兒子，十一歲的童僧益丹跟平日一樣打坐，幹活，習經。章扎部落在色達草原邊緣，是個十五戶人家的小村。尼曲河從山中流過，滋潤一方土地，山上林木蔥鬱，坡地水草豐盛。村人在山上放牧，在河谷種青稞。部落人家以農耕為主，每家都有些田地牛羊，生活雖不富裕，但衣食不缺。小村藏在深山裡，偶爾來個穆斯林小販，用鹽巴針線之類交換村人的羊毛羊皮。外人不進來，村人不出去，到寺院拜佛，請喇嘛做法事是他們外出的唯一理由。

益丹是「霍爾巴」[11]，他的父親屬霍爾部，母親是「阿須色達」[12]。家裡

9　現新龍縣地區，藏人稱之為「梁茹」，清稱之為「瞻對」，1911年清廷設懷柔縣，民國元年改為瞻化，1951年易名新龍，但藏人至今稱該地為「梁茹」。

10　從英文Wuya音譯。

11　康北地區，今四川甘孜藏族自治州所屬之甘孜、爐霍、道孚縣一帶的一支藏人，被認為是蒙古人軍隊或北方胡人軍隊與藏人融合的部族。

兄妹三人，他是獨子，從小就被父母送進寺院。昔青寺全稱為「昔青卡瑪桑雅丹杰林」，意為「昔青紅宮大圓滿成就林」。寺院歷史悠久，相傳為蓮花生大師大弟子毗盧遮那大譯師所創，是康區著名的寧瑪派古寺。益丹在寺院修習，日子簡單無憂。他從未見過漢人，不知道山外已經改天換地；也不知道這年裡，當他在靜修院打坐，在講經院聽經的時候，一連串會議在北京和四川召開。這些會議將把他的故鄉拖入血火之海，硝煙飄散後，他的寺院將淪為瓦礫，他也將九死一生，流落異國。

三

1955年初春，扎陵湖與鄂陵湖邊的牧場還在雪氈之下，遙遠的北京城裡，宮牆內被稱為「海」的小湖清波蕩漾。黃河源頭的牧女和尼曲河邊的童僧做夢都想不到，那一池碧水上的微波，將化成席捲他們家鄉的風暴。

2月25日，中共中央發出〈關於在少數民族地區進行農業社會主義改造問題的指示〉。這份發給十三個省、自治區黨委的指示中，中央要求這些地區「注意當地的特殊情況」，防止或糾正「硬趕漢區」的「冒進傾向」。

3月21日至31日，中共在北京召開全國代表大會。除了對「高饒反黨聯盟」定案，成立中央和地方監察委員會之外，會議還提出第一個五年計畫，內容包括「社會主義工業化建設」和「對非社會主義經濟成分進行社會主義改造」兩個方面。當時中國內地的土改已經完成，農業互助合作運動正在進行，工商業改造接近完成，需要被改造的「非社會主義經濟成分」主要在邊疆地帶，以非漢民族為主的地區。

就在這時，西康省委將〈關於在少數民族地區農業區準備實行民主改革的初步計畫〉呈報中央。據此計畫，西康將率先在農區開始土改，同時「通

---

12 即今四川甘孜藏族自治州色達縣。

過開展互助合作運動，進行社會主義改造」，這項工作計畫將於1961年完成。

西康土改並非1955年才開始策劃。早在1951年6月，西康省軍政委員會就批准了〈關於實施「中華人民共和國土地改革法」的若干補充規定〉，對該省土改的具體方法做出了詳盡規定，只是由於「條件不成熟」，這份文件不涵蓋藏區[13]。

1949年10月1日，毛澤東在北京宣布中華人民共和國成立時，中共只控制了半壁江山。西南西北處於不同程度的戰爭狀態，西藏尚未佔領。中共建政後，不到一年就頒布了〈中華人民共和國土地改革法〉。當時，許多非漢民族地區只是名義上的「解放」，有的地區剛建立地方工作委員會，有的還在軍管。歷史上邊疆民族區域一直是高度自治的，由於歷史、文化、宗教等原因，漢族與非漢民族之間的關係並不融洽。中共軍隊以漢族為主體，既不懂語言，又不瞭解當地情況，初入這些地區時，為避免將擁有大量民間武器的非漢民族激化成敵對力量，中共在民族地區採取「慎重穩進」政策，先在那些地區立足，同時培養少數民族幹部，待有了「群眾基礎」之後再實行社會改造。這是中共一貫策略：弱時統戰，強時改造。

要達到這個目標，必須通過當地有影響的頭人和宗教人士。為此，1949年11月14日，毛澤東向彭德懷和西北局發出電報，指示他們在少數民族地區「組織聯合政府，即統一戰線政府」，與當地民族宗教上層人士合作，目的是「在這種合作中大批培養少數民族幹部」，因為「要徹底解決民族問題，完全孤立民族反動派，沒有大批從少數民族出身的共產主義幹部，是不可能的」[14]。

當內地暴力土改如火如荼，數百萬無辜鄉紳被肉體消滅（亦即身體的殘害與屠殺）時，民族地區尚處「培養幹部」階段。有鑑於此，1950年6月26日，周恩來在政務院第三十七次政務會議上總結道：「西北的民族工作有

---

13 詳見《西南區土地改革文件》。
14 〈關於大量吸收和培養少數民族幹部的電報〉，《建國以來毛澤東文稿》第1冊，頁138-139。

成績，方向是對的，但事情不能操之過急。比如土地改革，可以推遲三五年再說，如果條件不成熟，那就十年八年以後再進行。」[15]因此，兩天後公布的〈中華人民共和國土地改革法〉中明確規定，該法「不適用於少數民族地區」。這並不是說，中共不會在那些地區進行土改。中共以「階級鬥爭」和「消滅私有制」為基礎的理論和綱領決定了，在非漢民族中施行徹底社會改造勢在必行，只是何時開始的問題。

至1955年，中共在西南西北民族地區的統戰已見成效。各地有影響力的大頭人、大喇嘛紛紛與中共合作；拒絕合作的部落在「開國大剿匪」過程中不是被消滅，就是戰敗投降。1954年，達賴喇嘛和班禪喇嘛前往北京參加第一屆全國人大，意味著「西藏三區」局勢初步穩定。此時，第一批民族幹部已經接受了數月至數年的訓練，僅康定民族幹部學校就在三年間培訓了近三千名幹部，分配到州、縣工作。一些地區用「短訓班」的方式，突擊培訓「積極分子」。不少農區已經開展了土改第一步的「減租減息」，並廢除了傳統的糧差制度。牧區雖然一直實行「牧主牧工兩利」政策，但已開始進行互助合作試點。1951年解放軍進入西藏以來，除了「人民會議事件」，並未發生重大衝突。1953年7月韓戰結束，1954年12月川藏公路和青藏公路同時正式通車；1955年6、7月間，青海和甘肅藏區的各自治區[16]召開了第一屆人大。在中共領導人看來，藏區形勢大好。

1955年7月30日，第一屆全國人大通過決議，撤銷涵蓋幾乎整個康區、藏人人口佔多數的西康省。原西康省大部地區併入四川，而四川是一個人口大省，併入四川後，藏人人口在四川省成為絕對少數。至此，康區被拆解成幾部分，金沙江以東的康區行政上歸屬於青川滇三省，金沙江以西的康區屬國務院直接管轄的「昌都解放委員會」。康區和安多被劃入四個省份中，即後來所說的「周邊四省藏區」，約佔藏民族50%的人口分屬十個地區級「自治

---

15 周恩來，〈關於西北地方的民族工作〉，http://cpc.people.com.cn/GB/69112/75843/75874/75992/5181284.html
16 後改為「自治州」。

州」、兩個「自治縣」和若干個「民族鄉」。這種以「自治」名義的分割將藏民族置於不同地方政策的框架中，作為民族整體的政治力量自然弱化。

次日，毛澤東在中南海懷仁堂召開的省、市委和自治區黨委書記會議，並做〈關於農業合作化問題〉的報告。毛澤東要求在全國加速農業合作化，因為「為了完成國家工業化和農業技術改造所需要的大量資金，其中有一個相當大的部分是要從農業方面積累起來的」，並要求「除了某些邊疆地以外，每鄉都有一個至幾個小型的半社會主義性質的農業生產合作社，以做榜樣」[17]。然而，在川甘青滇藏區農業區裡，此時還保留傳統的部落制，很多地方尚未建立鄉級政權，土改亦未開展。

除了農業稅收之外，藏區還有極豐富的礦產、水利、森林等資源。以阿壩為例，1954年2月1日《新華社內參》有篇題為〈四川省藏族自治區礦藏豐富〉的報導。報導說，據1953年各地的調查，茂縣、汶川、小金、松潘、大金等地有蘊藏量豐富的金、銀、水晶、鐵、銅、鉛、石棉、雲母等礦，其中松潘的金礦每月可採金一百兩左右。這些無疑是中國工業化的重要資源。由於基層建政尚未完成，中共在藏區推行任何政策都需要通過當地有影響的頭人或喇嘛，一些政策在執行的時候，常常與藏人的生活習慣、社會倫理和價值觀發生衝突。在中共急欲高速實現工業化的情況下，這個問題不可避免地凸顯出來，並產生了急迫性。

各非漢民族地區的黨內高官們均參加了這個在中南海懷仁堂召開的會議，包括西藏工委副書記兼西藏軍區副司令張國華。他們對毛澤東這個報告的意義自然心領神會。於是，藏區社會改造的時間表大大提前，各項工作急速展開。康區和安多的土改計畫提上日程，西藏地區的土改亦在醞釀之中。

這一切，鄂陵湖邊的牧人，金沙江畔的農夫，乃至身為西藏政教領袖，不到一年前剛被選為全國人大副委員長的達賴喇嘛都無從知曉。中共各級官員們似乎沒有一個想到過，這樣的計畫是否應該先和藏民族的政教領袖們商量一下，得到藏人的認可。

---

17 〈關於農業合作化問題〉，《毛澤東選集》第5卷，頁168-191。

第二章　山雨欲來

———————————————— 一 ————————————————

　　就在雅礱江邊的新龍縣敦庫村頭人阿登去成都學習的一年前，北京上演過一臺舉世矚目的統戰大戲。

　　1954年9月4日下午，北京火車站冠蓋雲集。5點30分，載著達賴喇嘛、班禪喇嘛，及他們隨行人員的專列自西安抵達北京。中央政府副主席朱德、政務院總理周恩來，以及各界八百多人到北京車站迎接。歡迎儀式場面盛大，氣氛熱烈。

　　次日，朱德在中南海紫光閣設宴歡迎兩位喇嘛。此後，兩位喇嘛按照中央批准的行程，旋風般展開一系列活動。

　　9月11日下午，五年前「一統天下」的毛澤東與年方十九，初出雪域的達賴喇嘛在中南海勤政殿會見。正式刊出的照片上，身穿黃色藏式傳統官服的達賴喇嘛微微欠身，雙手向毛澤東捧上一條哈達；身穿灰色中山裝的毛澤東腰板挺直，抬手接過。兩人都沒有按照禮儀的「標準動作」躬身。這個微小的細節頗有深意。在紅色浪潮節節勝利的大背景下，兩種信仰、兩個時代突兀相遇，彷彿預示激烈衝突難以避免。

　　9月5日到28日，達賴喇嘛出席第一屆全國人民代表大會，並當選為人大副委員長。

　　10月1日，中華人民共和國成立五周年慶典。達賴喇嘛以全國人大副委員長的身分登上天安門廣場，這臺精心編導的統戰大戲達到高潮。中共不僅向全世界宣示對西藏主權在握，同時也讓未滿二十歲的西藏領袖，以及隨同他來京的西藏噶廈政府主要官員領略中國的軍力、國力以及永久佔領西藏的決心。

昌都戰役後，解放軍進入西藏，以軍隊名義在各地建立黨組織，兩條公路正在趕修，兩個月後將全面通車。大規模社會改造雖未開展，但西藏已在軍事佔領下，達賴喇嘛和班禪喇嘛亦已「就範」。毛澤東深諳「文武之道，一張一弛」的「鬥爭藝術」，1950年的昌都戰役是「張」，1954年的全國人大是「弛」；「張」為「霸道」，「弛」為「王道」，以「武裝鬥爭」完成了「霸道」的毛澤東，此時要以「統一戰線」來展示「王道」。因此，1954年的達賴喇嘛，是中共最重視的「統戰對象」。

　　人大閉幕後，達賴喇嘛的身分有了重大改變。他和十六歲的班禪喇嘛成為「中國最年輕的國家領導人」。在中央統戰部的安排下，達賴喇嘛以「全國人大副委員長」的身分，率隨行人員在內地多個城市「視察訪問」。遵照中央指示，達賴喇嘛所到之處，各省市高規格接待，舉辦盛大歡迎會，黨委書記親自出面，最大程度地滿足達賴喇嘛和西藏官員的自尊心，使他們感到被尊重，以示「副委員長」並非虛銜。

　　被「統戰」的人物雖有名望，但在「階級鬥爭」理論框架中，仍屬本應被消滅的「敵對階級」。「統一戰線」被中共稱為三大法寶之一，在「從勝利走向勝利」的革命進程中起了極重要的作用。統一戰線是一種策略，所謂「統戰政策」是指：為了達到既定目標，不可樹敵過多；如果面前有兩個敵手，必須將其分化，先籠絡其中之一，使之成為朋友，或至少保持中立，這樣就可以集中力量擊敗另一個敵手，然後再回過頭來對付這一個敵手。毛澤東一再強調，「誰是我們的敵人，誰是我們的朋友，這個問題是革命的首要問題」，而區分敵友，區別對待之，利用盡可能多的一切有利因素來打敗主要敵人，這就是「統一戰線」的核心。因此，所謂「統戰政策」，就是在特定的時間段裡，要分清依靠什麼人，團結什麼人，爭取什麼人，打擊什麼人。

　　統一戰線政策，和中共的「革命階段論」與「繼續革命理論」相結合，在實際操作中發展成一種十分靈活、可以自由發揮的原則。按照「革命階段論」，在革命的最高綱領之下，革命是一個階段接著一個階段進行的，每個階段有其特定目標和綱領，超前了就會犯「左傾錯誤」，滯後了就會犯「右

傾錯誤」。而各階段還有不同的目標和綱領，用以區分不同階段中的敵人和朋友。因此，在革命階段演進的過程，某個階段的朋友在下個階段可能就是敵人，反之亦然。革命應該依靠的對象，革命可以團結或爭取的人，是隨著革命進程變換的，由黨的最高領導層來決定和區分。比如，在奪取政權以前，中共認為其「革命」處於「新民主主義革命」階段；建政後，很快就提出革命已進行到了一個「過渡時期」，即開始向「社會主義革命」階段過渡，下一個革命階段就是「社會主義革命」階段。「新民主主義革命」和「社會主義革命」將有本質性的不同。前一階段中團結、爭取的「友軍」，在後一階段就可能「轉變」成革命的對象。於是，統一戰線政策在「革命階段論」的支持下，將中國傳統的「遠交近攻」策略理論化，置於意識形態基礎之上，提高到「黨的生命」之高度，完全擺脫了一切道德倫理的約束。出爾反爾、欺騙出賣變得理直氣壯。昨天謙恭有加，今日反目為仇，明天平反昭雪，如此行為以「革命階段論」為解釋，以「統戰政策」為號令，做起來不再有心理障礙。

在這樣有理論高度的「統一戰線政策」下，統戰幹部不怕把好話說盡，也不吝於將壞事做絕。「團結」是統戰工作中用得最多的詞彙，「利用」卻是這一漂亮辭藻背後的本質。統戰對象常常可以享受到比共產黨內部自己人還要優越的物質條件和其他待遇，而且經常故意地張揚其特殊性。張揚統戰對象享受的特殊性是統戰工作中行之有效的武器，它以滿足人的心理需求和物質需求來攻克人精神上的薄弱之處。但是，物質條件和待遇特殊的統戰對象，不是革命依靠對象，而只是團結和爭取的對象，這種地位可以隨著革命階段的轉變而轉變。歷史上享受過特殊待遇的「統戰對象」，幾乎沒有不轉變成「革命對象」的。中共歷史上被列為「統戰對象」的人士，鮮有只被「統」而未被「戰」的。「統一戰線」和歷史上的帝王統治術相比，有鮮明的「王道」與「霸道」兩手交替使用的特色。

對於「副委員長」這個頭銜的「含金量」，「鬥爭經驗」豐富的黨委書記心知肚明。儘管達賴喇嘛名義上是「國家領導」，各地領導遵照中央指示，不得不在這臺統戰大戲中軋上一角，但未必把這個年輕的「封建頭子」

放在眼裡。

在緊鄰西藏的四川，省委第一書記李井泉就擺明了不買這個帳。

二

1955年3月，在中央政府駐藏代表張經武和中央統戰部副部長劉格平的陪同下，達賴喇嘛率隨行人員離京返藏。一行人乘火車到西寧，朝拜塔爾寺，達賴喇嘛返回老家探親，然後離開西寧去朝拜拉卜楞寺。4月2日，達賴喇嘛從蘭州乘飛機到西安，再乘專列到武漢。一行人在江邊登上長江輪溯江而上，兩天後到達重慶。4月20日，達賴喇嘛抵達成都。

專列徐徐進站，達賴喇嘛笑容滿面地下車，在張經武和劉格平的陪同下走向歡迎人群。兩名兒童過來獻花，有人向達賴喇嘛介紹前來迎接的四川省長李大章和副省長鄧錫侯。李省長把外衣搭在肩上，漫不經心地與達賴喇嘛握手寒暄，也許是疏忽，歡迎儀式上沒有人獻哈達。

當晚，四川省委副書記、副省長兼四川民族事務委員會主任閻紅彥主持歡迎宴會並致歡迎詞。他把翻譯晾在一邊，拿著講稿一口氣宣讀，客人絕大多數是不懂漢語的噶廈政府官員和宗教上層人士，誰也不知道他在說什麼。該鼓掌的時候，只有少數中方幹部零零落落的鼓掌，在場的藏人面面相覷，不知所措，場面相當尷尬。

達賴喇嘛一行在成都逗留了幾天，省委第一書記李井泉始終沒有露面。按照中共的等級體系，人大副委員長達賴喇嘛被定為行政二級，統戰部副部長劉格平是三級，「老革命」李井泉是五級[1]。理論上達賴喇嘛和劉格平都是李井泉的上級。然而，達賴喇嘛已經瞭解，在中國的政治體系中，「黨」高於「政」，「黨的領導人」高於「國家領導人」，各級黨委書記才是實權派。儘管如此，表面上「黨的領導人」還應對「國家領導人」表示尊重。

1　降邊嘉措，《毛澤東與達賴班禪》，頁124。

李井泉有意怠慢，顯然是公開表示不把達賴喇嘛這個「國家領導人」放在眼裡。這件事使噶廈官員們產生疑慮。他們議論紛紛，懷疑李井泉的態度是否暗示中央政策有變？

達賴喇嘛也悶悶不樂。赴川前，達賴喇嘛曾返故鄉探親。一路上他被眾多官員圍繞，無法與親戚們私下交談。問及他們的生活狀況，親戚們回答「很好」，說話時眼中卻含著淚。達賴喇嘛出生的村莊青海省湟中縣紅岩村[2]是個漢藏雜居村，1951年就進行了土改。達賴喇嘛的父母曾是擁有四十畝土地的自耕農，在他被認證為十三世達賴喇嘛的轉世靈童，全家遷往拉薩時，家中的土地和房屋送給了達賴喇嘛的堂姐。土改期間，他的堂姐被定為地主，土地房屋均被沒收分配。達賴喇嘛姐夫的家族亦被劃為地主，財產被沒收，一名親戚因「替地主轉移財產」被關押。達賴喇嘛家鄉的名寺峽峻寺，為格魯派祖師宗喀巴落髮的寺院，在土改期間遭到嚴重破壞[3]。與親戚們的短暫會面，達賴喇嘛心情沉重。他對中共的「改革」開始產生懷疑，對中共為西藏規劃的前景也越來越憂慮[4]。

負責安排達賴喇嘛行程的西藏工委政治部聯絡部長徐淡廬得知此事，擔心中央對達賴喇嘛的統戰工夫功虧一簣，可是又勸不動李井泉出來見達賴喇嘛，遂將此事上報中央。

報告轉到正在印尼雅加達參加「萬隆會議」的周恩來手裡。五一勞動節後，周恩來和陳毅從廣州飛到成都，以「為達賴喇嘛送行」為由，專程前來挽回李井泉造成的負面影響。周、陳在成都停留了三天，公開場合給足達賴喇嘛面子，私下與達賴喇嘛有過幾次意味深長的談話[5]。

據陪同達賴喇嘛返藏，時任國家民族事務委員會政法司副司長的平措

2　紅岩村於1978年劃歸海東地區平安縣石灰窯鄉紅崖村。

3　〈西藏致敬團對分了達賴堂姐的土地很不滿〉，新華社《內部參考》，1953年1月31日；〈澤仁卓瑪在塔爾寺附近探家的情況〉，新華社《內部參考》，1953年2月9日；〈西藏致敬團在青海參觀時所看到的一些宗教問題〉，新華社《內部參考》，1953年2月17日。

4　達賴喇嘛訪談，2009年6月29日，印度達蘭薩拉。

5　達賴喇嘛在自傳《流亡中的自由》中提到在成都與周恩來有過「古怪的會面」，期間周恩來說了一些有關宗教的好話，但未提及其他內容。見Dalai Lama, *Freedom in Exile*, p. 102.

旺杰回憶，周恩來在兩次談話中建議達賴喇嘛返藏後「最好不要立即進行改革」：

　　「關於在西藏實施改革的問題，」他（按：周恩來）說，「你要謹慎考慮。中共中央的政策是穩定第一。現在你親眼看到了，中國已經經歷了天翻地覆的變化，相比之下，西藏落後了。但是，在西藏開展改革的條件還不成熟，因此更要小心行事。假如領導人的思想和群眾的思想間存在著巨大差距，那麼改革就不會成功。只有在領導人和群眾的思想一致之後，改革才能逐漸進行。」[6]

　　1951年5月23日，中藏在北京簽訂的〈關於和平解決西藏辦法的協議〉第11條為：「有關西藏的各項改革事宜，中央不加強迫。**西藏地方政府應自動進行改革**，人民提出改革要求時，得採取與西藏領導人員協商的方法解決之。」這項條款僅提到「西藏的各項改革事宜」，但對「改革」的內容、方法、時間均未加以說明和限制。當時內地土改已近結束，但在非漢民族地區尚未開展。因此，很難想像在簽署協議時，雙方對「改革」的具體內容達成了共識，亦無資料說明雙方對此有過討論。

　　從親政第一天起，達賴喇嘛就深知自己肩負改革西藏傳統的責任。他已經決心帶領噶廈政府和西藏社會實行改革，使之逐步現代化。從亞東返回拉薩不久，達賴喇嘛於1952年成立了一個五十人的改革局[7]，由阿沛·阿旺晉美和首席噶倫索康負責。改革局包括一個常務委員會，負責調查並提出改革方案。經達賴喇嘛批准，噶廈政府於1954年1月17日頒布〈關於根據「協議」改革西藏社會制度的布告〉[8]。〈布告〉包含五項條款，對稅收、農事、烏拉差役、教學經費等方面的改革做出詳細規定，並決定「從木馬年（1954）開

6　梅·戈爾斯坦、道幃喜饒、威廉·司本石初，《一位藏族革命家——巴塘人平措旺杰的時代和政治生涯》，頁189-190。
7　Dalai Lama, *My Land and My People*, p.64.
8　全文見《西藏文史資料選輯》第9輯，頁137-141。

始，貴族非法擴大地盤的，要進行調查、清理，收回其多佔部分，由地方政府統一管理。孜、雪的司庫人員，必須按文件規定執行。對百姓不得額外攤派徭役超徵賦稅，以利民生。」〈布告〉還規定：「各地總管和宗谿官員中如有違背法律，坑害人民事，全體僧俗人民有權檢舉上報。」這份改革方案限制了貴族和寺院的權力，可說是在「十七條協議」框架內由噶廈政府做出的「自動改革」。如果沒有外力的干預，達賴喇嘛主導的改革將逐漸展開，西藏社會將和平地走上現代化的道路。

這份經達賴喇嘛批准，向全體西藏民眾公開的改革方案，工委不可能不上報中央。幾十年來，中共官方出版物中均未提及改革局和噶廈政府改革方案的存在，因此，迄今未見中共最高層對這份改革方案的意見。不過，從周恩來與達賴喇嘛的成都談話可見，中共對達賴喇嘛「自動進行改革」持反對態度。

達賴喇嘛當時恐怕沒有意識到，這是因為他的改革方案違背了中共對西藏的最終目標。1950年1月2日，毛澤東在莫斯科發給中共中央和彭德懷，並轉鄧小平、劉伯承、賀龍的電報中明確指出：「西藏人口雖不多，但國際地位極重要，我們必須佔領，並改造為人民民主的西藏。」[9]中共語境中「人民民主的西藏」自然不可能保留西藏政教一體的傳統社會制度。最高層都明白，「十七條協議」第4條之「對於西藏的現行政治制度，中央不予變更」的承諾只是一個策略。「改革」的根本目標是建構國家權力。在此過程中，達賴喇嘛的政治權力亦將被不動聲色地剝奪，用「全國人大副委員長」這個並無實權的虛位取代。從這個角度來看，達賴喇嘛和噶廈政府的「自動改革」方案必然會被中共否定。

中共最高層也都明白，藏區進行的改革不可能僅是限制貴族和寺院權力的「部分改革」。1952年1月，毛澤東同意西北局「內地藏族聚居地區暫不進行土地改革，喇嘛寺的土地目前均以不動為好，特別是佛教寺院的土地

9　〈改由西南局擔負進軍及經營西藏的任務〉，《毛澤東西藏工作文選》，頁6。

過早徵收於我不利」的意見[10]，也就是說，藏區土改和徵收寺院土地是必行政策，「暫時不動」只是策略，到了可以「動」的時候，中共勢必會按照以「消滅私有制」為目標，以「階級鬥爭」為手段的方式，在藏區開展土改。

三

就在達賴喇嘛訪問北京期間，五光十色的「統戰大戲」幕後，一個針對藏區的重大行動正在策劃之中。

1955年3月9日，達賴喇嘛離京兩天前，他和班禪喇嘛、阿沛·阿旺晉美應邀參加國務院第七次全體會議。會議通過〈關於成立西藏自治區籌備委員會的決定〉。在自治區成立之前，「籌委會」事實上是西藏最高行政機構，噶廈政府和班禪堪布廳都在其管轄之下。

達賴喇嘛率領西藏代表團訪問北京和西藏自治區籌委會的建立，從外界看來，這件大事完全是建設性的。但在中共黨內和幹部層心裡，西藏的事態是一種大變到來前，樹欲靜而風不止的狀態。幹部層中有種躍躍欲試的內心緊張感，誰都明白西藏一定要變，這種變化一定會和內地這幾年的變化同方向，只是何時開始，要走出多遠，最高層尚未宣布而已。

面對將來早晚要開始的變化，幹部們的緊張感還表現在對統一認識的需要。於是，中共西藏工委宣傳部在1954年底向中共中央請示，「目前西藏所進行的一切改革（包括將來的土地改革）屬於什麼性質？」1955年9月4日，中共中央發文做出正式答覆。這個文件開篇就確定，「我國革命已進入社會主義革命時期」，「在西藏民族中進行的任何改革都不能不是國家過渡時期總任務的一部分。」但是，西藏民族的歷史條件不同於其他民族特別是漢民族，政治、經濟、文化特別落後，所以，在西藏的改革，包括對西藏地方政

---

10 〈藏族地區土改要防止過急過高要求的意見值得注意〉，《四川民族地區民主改革資料集》，頁37。

府和班禪堪布廳的改革，在一定時期還只能是「民主主義性質的改革」。也就是說，全國其他地方都已經是社會主義革命階段了，西藏因為落後，現在還是民主主義革命階段，但這是全國社會主義革命大局的一部分，將來也要轉向社會主義革命，「西藏民族可以避免資本主義的發展階段，而通過自己的道路逐步地過渡到社會主義。」[11]

9月，四川省委和西康省委在雅安聯合召開藏、彝族地委書記會議，討論土改具體問題，並聯合向中央呈交報告，要求在這些地區施行土改，以免「脫離群眾」。事實上，此時隸屬甘孜州的色達尚未建政，瓦修部落大頭人仁真鄧珠等九名主要頭人被安置進「色達縣人民政府建政委員會」不到一年，「色達自治區訪問團」還未下達部落，與「群眾」尚無接觸。

10月5日，《人民日報》刊登了一篇題為：「關於從前落後的各族人民向社會主義過渡的問題」的文章。作者是兩個蘇聯人：蘇聯科學院通訊院士馬‧卡馬里和講師馬‧朱努索夫。文章簡要介紹蘇聯眾多非俄羅斯「落後民族」怎樣「越過資本主義發展階段，實現了向社會主義的過渡」，並提供了一些具體經驗。根據蘇聯經驗，在那些地區「不僅需要消滅資產階級個人主義的關係，而且需要消滅仍然保留著的宗法封建制的因素」，並且「在農業集體化的進程中，完成了遊牧、半遊牧居民在一定地域上的定居」。這篇文章以對中共的誇讚結尾：「中國共產黨就是世界共產主義運動中創造性地運用列寧主義關於從前落後的國家向社會主義過渡理論的光榮隊伍之一。中國共產黨人英明地把馬克思列寧主義同中國革命發展得非常豐富的實踐結合起來，卓有成效地領導各族人民沿著社會主義道路前進。」[12]

這篇藉他人之口自誇的文章，為在非漢民族地區進行「社會主義改造」提供了理論依據和「改造」模式，同時也是一個政治動員令，宣告非漢民族地區的「社會改造」即將全面展開。

11　《西藏工作文獻選編1949-2005》，頁141-143。
12　《四川民族地區民主改革資料集》，頁513。

非漢民族地區的土改稱為「民主改革」，似乎與內地不同。關於這一點，幾個月後，1956年2月28日，中央統戰部長李維漢在第五次全國統戰工作會議上的發言清楚地說明：四川藏區叫「和平改造」，雲南叫做「和平協商民主改革」，但是，「總而言之，是搞土地改革。」[13]由於民族地區的社會改造晚於內地，因此必須「後來居上」，將「新民主主義革命」和「社會主義革命」這兩個階段合二為一。在具體操作上，很多地區越過「土改」這一步驟，直接開始合作化。

《人民日報》刊登文章一周後，10月11日，中共七屆六中全會通過〈關於農業合作化問題的決議〉，將全國範圍內的農業合作化運動推向高潮。

不受「十七條協議」約束的川青甘滇四省藏區各級黨委立即展開行動。

10月22日，中共雲南省委召開地、縣、區委三級幹部會議，決定1957年前在少數民族地區完成土改，並試辦合作社。其時，雲南已經出現藏人反抗，是為藏人最早反抗的地區，但未產生廣泛影響。

青海開始在牧區宣傳合作化，並著手在黃南州和海南州進行牧業合作化試點。

甘肅省甘南州決定在全州直接開展農業合作化運動。

1955年冬，毛主席指示張國華，叫西藏準備進行「民主改革」，並「著重指出，必須在打的基礎上進行準備，貴族反抗，準備打掉一部分，跑掉一部分，噶倫堡、香港多幾個罵我們的人，沒有什麼了不起（大意）」。張國華用絕密電話將該指示傳達給當時在西藏主持工委工作的范明[14]。該指示表明，「十七條協議」簽訂後不到五年，毛澤東就決定不惜以戰爭方式強行改造西藏。

12月21日，國務院川甘青邊境工作團在阿壩開會一周，通過有關三省邊界、畜牧業，以及農業區土改等三項決議。緊接著，12月29日，國務院總理

---

13 同上，頁79。
14 范明，《西藏內部之爭》，頁370。

周恩來發布〈國務院關於改變地方民族聯合政府的指示〉**15**。該指示以成立民族自治州、縣和民族鄉的方式，取消了中共建政之初在非漢民族地區的聯合政府，為「黨的一元化領導」、取消民族地區的地方自治從法律上鋪平了道路。

─────── 四 ───────

這臺令人眼花撩亂的統戰大戲在北京演得熱火朝天時，四十歲的康巴漢子阿登在西南民族學院裡，過著準軍事化生活。學校裡除了藏、彝學生，還有數千名漢族學生。他們除了上課，「除四害」，打籃球，參觀工廠、學校、礦山等，每周還得參加小組會進行「自我批評」。課堂上，老師通過翻譯指導他們學憲法和民族政策，解釋「移風易俗」、「增產節約」的意義。什麼是鋪張浪費？老師舉例說，一個藏人吃的東西足夠三個漢人吃，藏人每年浪費大量酥油給寺院點燈，還喜歡價錢昂貴的珠寶飾物。「那些玩意兒有什麼用？」老師說，「既不頂餓，又不解渴！」藏人的舞蹈不錯，但是一年裡節日太多，太浪費。歌曲雖然動聽，歌詞卻一無是處。藏人留長髮有礙衛生，這些都是落後甚至反動的風俗習慣，對社會發展毫無益處。

中國歷史上，漢人對其他民族一直懷有優越感，這點並不因為他們成為共產黨人就自動消失，反而更多了一層含義。共產黨人認為自己是當代世界上最先進最正確的黨，正在做的是最正義最偉大的事業。中共進入西南西北非漢民族聚居地區後，很快與本地幹部和民眾發生各種層面的衝突。1952年6月，新華社西康組記者寫了一份內參，反映該省幹部嚴重的大漢族主義問題。漢人幹部瞧不起藏人幹部，遇事不跟藏人幹部協商，安置進政府的上層人士一開始就是擺設，很多漢人幹部認為「現在『團結上層為主』，『將來

---

15 《當代中國民族工作大事記》（上），頁77。

反正你們都要下臺的』」。這種看法其實是對少數民族上層搞統戰的題中之意，漢人幹部這種想法相當自然。成都軍區藏民團的一些漢人軍官對藏人士兵態度惡劣，說「對這些人只有靠打罵，無法教育」；學校的漢人教員「討厭藏族學生的酥油氣味」。這篇內參指出，西康省「這種情況已到了亟需逐步的但是應該迅速地予以糾正的時候」[16]。

1956年，中共中央先後下發兩個文件，要求各地檢查民族政策執行情況，可見這種情況相當普遍。同年12月，新華社《內參》發表了甘肅省工會一名少數民族幹部寫給《人民日報》的信，寫信者指出：「有些人認為自己是政治、經濟、文化先進的民族，似乎有權利，甚至好像這種權利是天賦於他的，不僅說明少數民族本身無權建設民族地區，而且管理這些地區，他們的唯一理由是少數民族這個字眼就是標誌著落後，因而在目前沒有管理自己的本事，至於配備一些少數民族負責人，那只是黨的政策問題。」他指責這是打著馬列主義旗號的民族主義。他不幸言中，說出了當時這種普遍存在的事實。

在西南民族學院，漢族老師們教導新龍縣敦庫村頭人阿登和他的藏、彝同學們說，藏、彝這樣的落後民族只有經過「民主改革」，才能進入幸福的社會主義；改革後，不同地方、不同民族的經濟和文化都將融合成一個整體，那才是真正的社會主義。「人民公社」就是進入社會主義的第一步。

老師向他們展開一幅社會主義藍圖，教導他們「人民公社」怎樣組織，如何發展，怎樣從「初級社」、「高級社」過渡到「人民公社」。公社實行「各盡所能，按勞分配」的原則，也就是說男女老少人人都得幹活，老人可以坐在地頭趕鳥，殘疾人縫縫補補，盲人紡羊毛，小孩做簡單活計。到了年底，國家收稅，集體提留後，才輪到社員根據積攢的工分領錢。為了避免浪費，糧食按計畫配給，強勞動力一個月12公斤，老弱病殘8到10公斤，嬰兒2.5公斤。「增產節約」運動就是努力幹活增加糧食產量，同時人人每天少吃一點

---

16 〈西康省藏族自治區漢族幹部中大民族主義思想嚴重〉，新華社《內部參考》，1952年6月14日。

兒，節約糧食支援國家建設。到最後，康巴漢子阿登總算弄明白了一點：這個「社會主義天堂」，實際上就是人人都得餓著肚子拚命幹活[17]。

　　遠離家鄉的阿登這時還不知道，他在成都課堂裡討論時，他的家鄉於10月1日正式併入四川省，省委第一書記李井泉治下的四川，成為西藏之外最大的藏人聚居區。該省藏人主要居住在甘孜、阿壩兩個自治州，以及涼山彝族自治州的木里藏族自治縣，總面積21萬2千多平方公里，人口約六十多萬[18]；共有727座寺院，約十萬僧尼[19]。

　　而且，阿登在成都的課堂上努力想弄懂的這些「改革」政策，在他的家鄉已經化作戰爭風暴。

17　Jamyang Norbu, *Warriors of Tibet: The Story of Ten and the Khampas' Fight for the Freedom of their Country*, pp. 89-103.

18　《四川藏族人口》，頁23：「1950年，四川藏族人口為五十八萬……1958年，甘孜州444,226人，阿壩州217,615人，木里自治縣24,393人，合計為686,243人。」另據1959年4月19日新華社《內部參考》報導，四川藏人人口為六十九萬多人。

19　〈四川藏區基本情況〉，新華社《內參》，1959年4月19日。這份報導是在「四反」運動後，當時大多數僧尼已經被迫還俗，報導中提供的資料應為「四反」運動之前的資料。

第三章　狂飆驟起

　　1955年11月28日，四川省第一屆人大委員會第三次會議在成都召開。會議通過一系列決議，將原西康省藏族自治州改為四川省甘孜藏族自治州，原四川省阿壩藏族自治區改為四川省阿壩藏族自治州，並決定1955年冬到1956年春在甘孜、阿壩、涼山地區開始社會改造。

　　事實上，這一整套方案一年前就已制定。1954年11月7日，康定地委就發出了〈關於藏區改革問題的通知〉，通知各縣開始著手調查研究農區土改。僅僅兩周後，康定地委就正式向西康省委呈交〈關於藏族自治區改革的初步方案〉。1955年1月7日，西康省委召開擴大會議，討論〈關於藏族自治區民主改革問題的討論提綱〉，各地區地委和各縣工委在黨內討論。兩個月後，西康省委向中央提交〈關於西康省少數民族地區準備實行民主改革的初步計畫〉。而這時候，在北京，由毛澤東親自安排，接待達賴喇嘛和班禪喇嘛的「統戰大戲」正演得熱火朝天。

　　從四川省做出「改革」決定的整個程序可見，藏區的社會改造雖然在宣傳上要借用「群眾」的名義，但改造的內容、方針、政策、步驟都是在中共黨內討論制定的，不僅與民眾無關，與各級「統戰對象」也無關。只是到了要付諸實施的時候，才召開「人大會議」，把已經制定並得到中共中央批准的「改革方案」交給夏克刀登、降央伯姆、阿旺嘉措等十三名藏人代表，讓他們在大會上提出，藉此製造虛擬的「民意」。

　　藏區土改的基本步驟為「先農區，後牧區」，農區在阿壩岷江以西地區開展土改，同時在甘孜以丹巴和康定為試點，在康藏公路沿線的十個半縣開展「三項工作」，即廢除特權、廢除高利貸和調整債務，以此作為土改第一

步。四川省委認為阿壩問題不大，難點在甘孜，特別是情況複雜的「康南六縣」[1]，因此康南暫且不動，但以「協助地方加強團結、生產工作」的名義增調部隊，一旦發生衝突，即可隨時鎮壓。

按照中共的決策模式，阿壩、甘孜州委各自開會研究具體實施辦法，國家頒布的〈土改法〉則層層細化至各縣自訂的「土改章程」。

土改分為四個階段進行。第一步是宣傳，通過「挖窮根、吐苦水、算剝削帳」來發動群眾，收繳上層人家的武器用來武裝地方民兵，稱之為「槍換肩」，並在此過程中發現並培養「鄉村領導骨幹」。第二步是根據政務院1950年「關於劃分階級成分的決定」所定的標準，以「自報公議，群眾評定」的方式劃分成分。這項工作完成後，立即開始第三步，即沒收財產，分配「勝利果實」。最後，也是最重要的一步：在鄉村建黨建團，並建立基層政權。

「改革」的基本原則已由原西康省委第二次代表大會提出：「實現過渡時期民族問題方面的總任務，必須經過兩個革命，也就是說必須經過民主改革和社會主義改造。」這是「中國革命」兩階段：「新民主主義革命」和「社會主義革命」的翻版。因此，在民族地區被稱為「民主改革」的一系列運動，實質上就是按照「中國革命」的藍本摧毀這些民族原有的自治，從政治、經濟、文化、意識形態等各方面加以改造，將之納入中共所建立的社會結構之中。

無論是理論還是方法，與漢地土改相比，藏區土改並無新意。在中共領導的，被稱作「新民主主義革命」的「中國革命」過程中，「土地改革」貫徹始終。然而，中共的土改只是手段，並非目的。「新民主主義革命」的最終目標是「奪取政權」，而廣大的農村是兵力、物力和財力的來源，控制了農村，不僅獲得廣闊的迴旋空間，也可通過徵糧供養軍隊，並控制兵源。因此，對於奪取政權過程中的中共來說，牢牢控制住被稱為「解放區」的農村根據地是生死攸關的事。為徹底控制這些地區，必須對其進行全方位改造。

1　即川藏公路以南的巴塘、理塘、得榮、稻城、義敦、鄉城六縣。

然而，在以宗法制度為核心的鄉村，一群外來人要改變權力結構，光靠槍桿子是不夠的，還必須得到當地民眾的支持。通過土改給民眾實際利益，同時通過「訴苦、鬥爭、劃分階級、分配勝利果實」等技術進行社會動員，製造恐怖氛圍，造成各階層廣泛的恐懼感。以「恐懼」加「利益」這樣的「恩威並施」來脅迫民眾，是卓有成效的方法。因此，無論是在江西蘇區，還是在抗戰期間的「根據地」，中共每佔領一個地區，必在當地開展土改，以此打破鄉村秩序，摧毀傳統鄉村的權力結構，建立以中共意識形態為基礎的社會秩序，這樣一來，籌糧、徵兵等工作才能順利進行。從「秋收起義」到「新區土改」，中共各級官員積累了豐富經驗，並建立了一整套程序。中共高官們基本上都主持、參加過不同時期的土改運動。

　　四川省委第一書記李井泉就是土改運動的高手。

二

　　李井泉，江西臨川人。1926年在省立第三師範讀書時參加學生運動，翌年加入共青團，1930年加入共產黨，歷任紅一方面軍總司令部政委辦公室秘書長、紅三十五師政委、紅軍獨立第三師政委，紅三軍團第一、第三補充師政委。1938年6月，李井泉任八路軍120師大青山騎兵支隊司令員兼政治委員，1942年任中央晉綏分局組織部長、抗大總校政委。1945年任晉綏野戰軍政委，中共中央晉綏分局書記，晉綏軍區政治委員，並領導了以「極左」和殘暴聞名的「晉綏土改」。

　　1947年9月24日，李井泉任副主任委員的晉綏邊區農會臨時委員會頒布〈告農民書〉，號召農民團結起來，「徹底打垮地主階級，徹底消滅封建」，「所有地主階級，必須在政治上，把他們的威風打垮，做到徹底消滅他們的封建壓迫，在經濟上，把他們剝削去的土地、糧食、耕牛、農具，以及其他一切財產，全部拿出來，做到徹底消滅他們的封建剝削」，鬥爭方式是「查階級，評成分，吐苦水，挖窮根，徹底宣布地主階級的種種罪惡，以

便提高全體農民的階級覺悟，以便徹底把地主階級打垮」，對「罪大惡極的反動地主」、「罪大惡極的惡霸富農」，以及「農民當中少數的惡霸、敵偽爪牙和地主的狗腿子」，農民「要怎樣懲辦，就可以怎樣懲辦」[2]。

誰是「罪大惡極的反動地主」，「罪大惡極的惡霸富農」和「農民當中少數的惡霸、敵偽爪牙和地主的狗腿子」？「罪大惡極」的標準是什麼？這些並無明確規定，由各村土改工作隊組織的「人民法庭」自行決定。

於是，「晉綏土改」迅速演變成血雨腥風，令人聞之色變的酷刑和屠殺[3]。在晉綏邊區首府所在地山西興縣，短短幾個月內「被打死的地主384人，富農382人，中農345人，貧雇農41人，合計1,152人。自殺的地主255人，富農285人，中農309人，貧雇農11人，合計859人。另外還有餓死的地主27人，富農39人，中農3人，合計63人。三項共計死亡2,024人」[4]。晉綏土改的殘暴連中共黨內都認為太「左」，後來由任弼時出面「糾偏」，但發起並領導如此血腥土改的李井泉等人並未因此受到懲處。其原因在於，「鬥爭土改」是中共的既定政策，李井泉「左」的只是方法而非原則。

1949年，李井泉隨賀龍率18兵團入川，先後擔任中共中央西南局常委、西南局第三副書記、四川省委第一書記等職。他的「政績」之一是主持四川土改。在四川，李井泉重複了「晉綏土改」的經驗。土改第一階段，即「退押反霸鬥爭」中，僅1951年初的頭兩個月，雙流縣就槍斃497人，自殺141人；郫縣槍斃562人，自殺222人[5]。在李井泉任臨時軍政委員會副主任和川西區黨委書記的川西，1950年成立土改委員會，隨即開始土改運動。當時川西北的幹部中，以跟隨賀龍南下的「晉綏幹部」為主。於是，「晉綏土改」的血腥恐怖重演。對那些被當成「階級敵人」的鄉紳及其家屬來說，酷刑成為「土改」的同義詞。土改幹部「在鬥爭中放任暗示和組織打人的情況」，

---

2 轉引自智效民，《劉少奇與晉綏土改》，頁132-135。
3 晉綏土改中的酷刑，見魯順民採訪集〈土改口述〉：http://blog.sina.com.cn/s/articlelist_1239468567_2_1.html
4 智效民，《劉少奇與晉綏土改》，頁212。該書作者認為資料來源可信度不大，但未說明理由。
5 楊奎松，〈新中國土改背景下的地主問題〉，《史林》2008年第6期。

「有的還帶上打手,以捆、吊、打人代替政治上的打倒地主,陽奉陰違,報喜不報憂,在賠罰、鎮反、劃成分等各個環節上交代政策,分別對待不夠。有的地方經領導上具體指出來的問題,亦未實際的去做,因而在各個環節上死了一些人,結果大都報為畏罪自殺。」[6]

四川土改期間,全國政協組織了「西南土改工作團」,成員包括章乃器、梁漱溟等著名民主人士。他們在川東「參觀土改」三個月,參加了諸如訴苦、鬥地主、分田地、發土地證等活動。他們瞭解到「鬥爭地主時使用肉刑是非常普遍的現象」,「為了早日鬥出果實,幹部們一般不去制止」;也瞭解到土改過程中打死、逼死人命的情況。返回北京後,他們先後向毛澤東反映此事。毛澤東對此解釋說:「我們知識分子出身的人,看到這種情況,心裡當然不好接受,但這是一場革命,群眾發動起來了,即使有些過火的行為,也不能挫傷他們的積極性。」[7]

事實上,利用農村的地痞流氓發動「農民運動」,製造社會恐怖,是毛澤東的一貫策略。早在1927年,毛澤東在〈湖南農民運動考察報告〉就提出:「每個農村都必須造成一個短時期的恐怖現象,非如此絕不能鎮壓農村反革命派的活動,絕不能打倒紳權。矯枉必須過正,不過正不能矯枉。」[8]

被稱為「民主改革」的藏區土改,基本上照搬了這套方式。

三

四川省人大決議通過後,甘孜各縣立即開始組建土改委員會、召開農民代表大會、成立農民協會、舉辦積極分子短訓班等前期工作。

6　《龔逢春同志在區黨委擴大幹部會議上關於川西第二期土改工作的檢查報告》,1951年10月7日,四川省檔案館藏檔,建西/1/16/1-2,轉引自楊奎松,〈新中國土改背景下的地主問題〉,《史林》2008年第6期。

7　章立凡,〈西南土改發箴言──先父章乃器與梁漱溟軼事之二〉,《二十一世紀》2004年8月號。

8　毛澤東,〈湖南農民運動考察報告〉,《毛澤東選集》第1卷。

1956年1月23日，四川省委將土改草案上報中央。這時，涼山北部彝族地區已經爆發了五千多人的暴動。但是，中共的第一反應不是去調查民眾暴動的原因，而是武力鎮壓。

兩周後，甘孜州機關幹部和各縣幹部1,561人組成土改工作隊分赴鄉村。短短幾周內，以漢人幹部為主的七千多名土改工作隊員下到各村[9]。這時，中央尚未正式批准四川省委上交的土改方案[10]，對各地區「民族上層分子」和「宗教職業者」的情況亦不清楚[11]。

然而，被「打倒」的目標早已被土改工作隊鎖定。早在1953年，中共就以發放救濟款的名義，派人挨戶調查，並通過與鄰居們的閒聊，瞭解各家擁有的土地和財產，還通過各種途徑瞭解各部落在民眾中有威望的人物。在後來的土改過程中，這些人不分僧俗，統統成為打擊目標。

土改隊員下到村裡，按照各縣已經制定的方案，「大張旗鼓地、廣泛全面地宣傳民主改革政策」。從甘孜州九龍縣工委1956年2月20日制定的「1956年九龍縣春耕前民主改革工作的具體安排」這份文件中，可見宣傳的具體方式：

結合農民典型苦例，啟發勞動人民對地主階級的仇恨，針對揭露謠言和地主階級的威脅利誘，講解地主和勞動人民的對比力量，教育樹立對敵鬥爭的信心；講解地主階級用地租、高利貸等制度壓迫、剝削農民階級的殘酷性和反動性，是大家認識改革的必要性和正義性；結合啟發群眾自己貧困落後的原因，通過算細帳，進行挖窮根、吐苦水，開展訴苦運動。先激發農民的個人仇恨，然後再逐步誘導為階級仇恨，認識到必須組織起來，團結一致，方能推翻封建制度和地主階級的道理，進一步再把群眾的階級覺悟提高到黨

9　《甘孜藏族自治州民主改革史》，頁43：「1956年1月到3月，甘孜州投入土改的幹部和積極分子為7,752人，其中藏族幹部2,580人，並吸收農村臨時脫產分子4,052人。」

10　中共中央於1956年3月正式批准四川彝、藏區土改方案，詳見《當代中國民族工作大事記》（上），頁84。

11　中共中央於1956年3月9日才發出關於調查民族上層分子和宗教職業者情況的通知。詳見《當代中國民族工作大事記》（上），頁82。

的政策路線水平。**12**

這是中共土改的典型方式。

無論是在以宗法制為主的漢地鄉村，還是在以部落制和莊園制為主的藏區社會，一群外來人要挑動世代在一起生活的人們彼此為敵並非易事。在藏區，要讓虔信佛教的民眾鬥爭自己崇拜的喇嘛，難度自然更大。這些觀念和行為從根本上違背人們的信仰和道德倫理，以及道德規範所形成的心理阻礙和自我約束。

這時候，「算細帳、挖窮根、吐苦水」等一整套社會動員技巧就派上了用場。

這套技巧並非新發明。後來成為中共中央總書記的趙紫陽，1943年任中共豫魯冀邊區第四地委宣傳部長。他在滑縣領導「雇佃貧運動」和「減租減息運動」期間，就認識到「貧農只有從私仇私恨中才能認識到對地主的公仇」，因此，滑縣的「民主鬥爭」著重利用農民對地主的私仇私恨，「從農民對地主仇恨出發，把每個農民對地主的仇恨組織起來，私仇結合起來，這就是大家的仇恨，把不同農民對地主不同的具體仇恨會合起來，成為公憤」；利用農民的私仇是為了「公仇和私仇相結合，一方面提高貧苦群眾之積極性，也可以把廣大的中農群眾及中間勢力組織到鬥爭中去，使地主完全孤立起來，成為『孤掌難鳴』」**13**。

任何社會都會有一定數量的貧困者，導致貧困的原因多種多樣，並不一定完全與「剝削」有關，貧困者中也不乏被中共稱為「流氓無產者」的人物。人與人之間難免摩擦和衝突，個人恩怨在所難免，不公正的情況當然也並非不存在。但是，當個人衝突被有意曲解、放大，人與人之間的摩擦被予以「階級鬥爭」的解釋，仇恨和暴力被合理化並被賦予正義性，個人恩怨被

---

12 〈1956年九龍縣春耕前民主改革工作的具體安排〉，《四川民族地區民主改革資料集》，頁180。

13 趙紫陽，〈滑縣農民是怎樣發動起來的〉，《冀魯豫邊區群眾運動工作資料選編》，頁62-99。

誘導為「階級仇恨」之後，人與人之間的關係就被抽象成「階級關係」，屬於「反動階級」的人群就被「非人化」。這樣一來，「鬥爭對象」就不再是頭人、鄰居、喇嘛、親戚等等具體的人，而是被轉化成「階級敵人」這樣一個抽象物。加上工作組的示範、鼓勵、支持和利誘，突破心理障礙就不再是難事了。

土改並不僅僅是土地所有權的轉換，更重要的是權力的轉換，以及社會價值和倫理秩序的改變。除了少數例外，極度貧困者、遊民、乞丐、流氓等通常處在遠離權力核心的社會邊緣，當他們突然受到禮遇，被給予利益和權力後，往往更容易被「發動」起來，在各種類型的「鬥爭」中打頭陣。經過反覆實踐，這套利用個人恩怨來進行社會動員、發動社會邊緣人來打頭陣的方法，逐漸形成一整套程序，成為土改運動的基本方法。

─── 四 ───

1956年1月16日，甘孜各地的藏人領袖被召集到康定開會，傳達有關「民改」的文件。在理塘縣，除了堅拒與中共合作的毛埡土司索南多杰外，其他上層人士都去了康定。「調虎離山」之後，攜帶武器的土改工作隊開到各村寨，在經過短期培訓的積極分子協助下「訪貧問苦」、「個別動員」、開座談會、小組會等，以這樣的方式發展當地積極分子，打開局面。

與此同時，各縣用類似的方式組織訴苦會，批鬥會，公開批鬥、侮辱頭人喇嘛。批鬥過程中，有的工作組成員親自動手毆打、侮辱「鬥爭對象」。

中共進入藏區初期，大頭人、高層喇嘛、有影響力的富商等藏人領袖都被安置進各級政府，並享受優厚待遇。中共通過這些上層人物進入各地，逐漸站穩腳跟。那幾年的宣傳一直以「幫助藏人發展生產，改善生活」、「宗教自由」、「民族平等」為主。1956年初，情況突然改變，藏人領袖都成了「剝削者」和「階級敵人」，要被打倒。正如內地農村農民與鄉紳的關係一樣，藏區民眾與頭人的關係遠非宣傳中說的那樣緊張，公開詆毀宗教、批鬥

羞辱喇嘛更是不得人心。民眾大為震驚，認為「共產黨的政策變了」；加上土改工作隊大都是漢人，民眾認為「改革就是漢人改藏人」，立刻對土改工作隊產生了敵意。從藏人角度來看，情況確實如此。在藏區的「改革」無論是目標、方法還是時機，都不是藏區民眾的自發要求，而是由以漢人為主的中共各級幹部決定的，前來進行土改的工作隊亦以漢人為主。土改還伴隨著「鎮反」，也就是逮人和殺人，例如四川省九龍縣的工作計畫：「結合民主改革工作，摸清暗藏反革命的底子後，經過報批手續，在4月份把該捕的捕起來。」[14]這一系列行動造成的社會震盪，可想而知。

當時藏區農牧民普遍擁有武器。槍不單是藏人引以為豪的男性標誌，也是日常生活的必需，特別是在牧區。土改的一項重要內容是建立「農民自衛隊」，方法是「首先將農民自有武器組織起來，樹立農村中農民的強大威力，等有力量後，對地富的槍枝子彈以借出的方式，達到槍換肩的目的」[15]。所有這些工作，將在三到四個月內完成。

自上而下的土改狂飆就此颳起，迅速席捲甘孜、阿壩。家境較好的人有的逃亡，有的將財產轉移到印度，有的把值錢的東西扔到河裡。一時間風聲鶴唳，人心惶惶，同時，民眾的憤怒越來越強烈。

康區和安多面臨有史以來最大的危機。所有部落被迫做出選擇。歷史上，康區和安多各部落之間互不統屬，彼此關係錯綜複雜，時而聯盟，時而敵對，有些部落之間的衝突甚至延續上百年。因此，面對共同危機時，各部落的選擇並不相同。

1956年初，藏曆新年過後不久，甘孜縣尼曲河邊的童僧益丹聽到一個消息：色達草原上，他母親的部落跟漢人打起來了！

---

14 〈1956年九龍縣春耕前民主改革工作的具體安排〉，《四川民族地區民主改革資料集》，頁182。
15 同上。

第四章　火猴年的硝煙

一

1956，藏曆火猴年。

2月15日，中共建政不到四個月的色達草原上，響起了康巴漢子武裝抗爭的第一槍。

色達，亦稱「阿須色達」，位於甘孜北部，川、青兩省交界處，是一片地廣人稀的高原草原。色達草原北接果洛，東連壤塘，西、南比鄰甘孜、爐霍。該地平均海拔四千多米，地高天寒，交通不便，人煙稀少，加之四周群山環繞，形成天然屏障，因此歷史上外來政權均未能在該地建政。色達成為獨立於漢藏兩邊統治之外的「化外之域」。在漢文史書裡，以遊牧兼劫掠為生的色達牧民被稱為「野番」。清末趙爾豐「改土歸流」期間，攻下扎溪卡[1]後，擬對色達「臨之以兵」，但考慮到「輸粟輓薪在在維艱，且該番居無廬舍，遷徙鳥舉，難得而制」，遂召來一名「野番頭目」，令其「承認約束，百姓永不劫掠」後即「藉此止兵」[2]。民國時期，色達草原在甘、青、川三省之間的「三不管」地帶，色達牧人從不向官府納稅，歷代亦從未在此建立過有效政權。

上世紀三、四〇年代，馬步芳試圖征服阿須色達，將勢力擴展到這個「三不管」地帶。色達草原一個廣為流傳的故事說，馬步芳派人送給阿須頭人一封信，內附數根鋼針，暗示他的軍隊將如鋼針一般銳利。色達頭人將鋼針砸碎，原信送回，以示頑強抵抗的決心。馬步芳曾七次洗劫果洛，對果洛

1　今四川甘孜藏族自治州石渠縣。
2　《西康建省記》，頁71-72。

藏人的殺戮極為殘酷慘烈，卻始終未能對色達用兵。

色達諸部落中，最大的是瓦修部落。相傳該部落的祖先為果洛原初部落之一，於明代自果洛遷徙到阿壩，清代遷入色達草原，從此駐牧於這片遼闊的高原牧場。數千年在高寒草地的遊牧生活，造就了色達牧民尚武剽悍、自由獨立、不畏強暴的性格。在艱苦的生存環境中，只有部落整體的生存，才能保證個人的生存，因此牧人通常有強烈的部落意識。

中共進入藏區後，色達諸部落的頭人逐漸得知比鄰地區的情況，並在鄰區與解放軍有過零星接觸。解放軍讓他們搭車，送舊衣服，請吃飯，態度相當友好。這些最初的接觸給色達頭人留下不錯的印象，他們感到「解放」並不那麼可怕。頭人們於是請喇嘛打卦要不要「解放」，得到的回答是：「解放好，但不免要死幾個人。」[3]或許與此有關，1952年8月，以彭措郎加為團長的工作團進入色達時，並未遇到抵抗。一個多月後，色達最大的頭人仁真頓珠表示「接受黨和人民政府的領導」。此後，色達工作團的工作尚屬順利，幾年中成立了一系列黨政機構，召開數次部落頭人會議。1955年11月，經國務院批准，色達縣正式成立，是為色達歷史上第一次建政。

色達縣成立後的第一項重大工作，就是宣傳「改革」。

被稱為「民主改革」的藏區社會改造內容包含在內地已經完成的土改、鎮反運動，以及正在進行的合作化運動，因此宣傳的不僅是沒收富人的牲畜，還向藏人展示以合作化為代表的「社會主義藍圖」。

無論這份藍圖被描繪得如何美好，對於牧民來說，草場國有，槍枝收繳，牲畜入社，意味著他們將失去賴以維生的一切。不管是以「改革」的名義還是以「人民」的名義，「民改」事實上就是對農牧民財產的剝奪。一群以漢人為主的外來人來到色達，宣布收繳牧民武器，沒收牲畜，激起的憤怒自不難想像。

瓦修部落頭人仁真頓珠是個三十多歲、血氣方剛的漢子。色達建縣後，他被安置為縣長。據中共官方資料，1955年12月，色達第二屆人代會期間，

3　〈西康藏族自治區北部色達地區的情況〉，新華社《內部參考》，1952年8月20日。

仁真頓珠稱病回家，與爐霍土司充翁郎甲策劃「叛亂」。

1956年2月15、16日，三十餘騎牧民包圍哨卡，要求工作團撤出色達。事件演變成雙方的武裝衝突，牧民一死一傷。在官方歷史敘述中，這就是「康巴武裝叛亂的第一槍」[4]。

二

1955年12月，甘孜地委在康定召開第六次擴大會，宣布在甘孜開展「改革」時，與會幹部有不同意見。有的幹部提出「現有幹部量少質差，群眾基礎差，上層力量強大，對民改能否順利進行有些擔心和缺乏信心」。提出這些看法的幹部遭到重點批判。另外一些幹部則「盲目樂觀，以至於提出不需要先進行三項改革而直接開展民主改革的觀點，以及對『和緩精神、和平協商』，對地主只進行『背靠背』鬥爭等寬大政策有所懷疑」。會議對這些幹部「批判得不夠，研究得不深，估計得也不足」[5]。這套黨內通用語言的內容翻譯成日常說法就是，在這次會議上，指出問題的幹部受到批判，主張激進的幹部事實上得到了鼓勵。

1956年2月18日，即「第一槍」響起兩天後，四川省委急召各民族地區地委書記開會，研究甘孜土改問題。召集開會的原因是各民族地區民眾對土改與合作化的抗拒，會議「研究」下來卻認為妨礙土改「順利進行」的原因，是「一部分幹部思想上存在保守傾向，他們不相信群眾；不敢大膽發動、武裝群眾，按部就班，照老規矩辦事」，要求各地「盡量縮短發動、組織、武裝群眾的時間」；並要求「在三項改革工作中，十二天內將農協會員發展到

4　《色達縣志》，頁7。關於色達瓦修部落暴動的時間，中方資料頗多矛盾。《甘孜藏族自治州軍事志》中的記載為「2月25日……以色達地區大頭人仁真鄧珠（解放後曾任色達縣縣長）……策劃組織了色達地區三十七個部落的兩千餘人，一千六百餘支槍，由各部落頭人帶領，受仁真鄧珠統一指揮，參加叛亂」。但《色達縣志》中未有這樣的記錄。

5　《甘孜藏族自治州民主改革史》，頁55-56。

佔成年農民的80%，自衛隊員發展到佔總人口的10%左右」，還推廣康定木雅區三天完成劃分成分的經驗。

這時土改運動已經開始，各地均發生民眾武裝抗爭，四川省委才承認「康南六縣群眾工作基礎較差」，擔心「如發生打仗，部隊抽調不及」，於是對康南六縣土改前期工作緊急喊停：

> 康南六縣秋收前不搞調整債務等工作，仍以領導群眾生產，培養積極分子，適當組織群眾為內容，並密切結合生產等工作，大力地深入宣傳民主改革實施辦法，使廣大群眾做好改革的思想準備，並對上層進行分化工作。對康東、康北各縣，在群眾發動、武裝起來的基礎上，細緻地完成既定的三項鬥爭內容，並做好最大限度的分化上層工作，待群眾基礎堅實後，採取於秋收前每縣重點試驗一個鄉到一個區的土地改革，秋收後再全面進行土改，爭取今冬明春完成全部土改任務。[6]

這項調整為時已晚。就在這個會議召開的當天，被認為「問題不大」的阿壩地區、馬爾康日部地區藏民暴動。

會後，康東、康北各縣根據會議精神加快工作進度，「造成一些地方在三項改革中發生強迫命令和違反政策的情況」，包括向中農要槍要糧，向寺院徵稅，公開批鬥、侮辱喇嘛、攻擊佛教等等。劃分成分時，普遍將10%以上人口劃為「地富」，個別地區高達20%[7]，這就意味著總人口10%至20%的人成了「階級敵人」。根據土改條例，他們的土地財產將被沒收，成為土改「果實」，導致一些地區「大批地主逃亡」。這些行為猶如火上澆油，進一步激起民變。

甘孜理塘、新龍、巴塘、白玉等縣部分部落決定抗爭。他們秘密開會，在佛像前發誓摒棄前嫌，聯合抗爭，寧可戰死，不肯交出武器，束手待斃。

6　同上，頁55。
7　同上，頁58

1956年2、3月間，甘孜、阿壩相繼發生藏民武裝暴動。

2月25日，甘孜州白玉縣熱加鄉阿仁溝藏民暴動。暴動迅速蔓延。至2月28日，白玉縣二十七座寺院中，二十六座寺院發生暴動。

2月28日，理塘藏民暴動。

2月29日，新龍縣繞魯俄沃寺暴動。

3月2日，德格縣藏民暴動。

3月5日，甘孜縣雅江三區藏民暴動。

3月7日，色達四個部落八百多人包圍縣城，雙方交火三天。

3月13日，阿壩綽斯甲縣[8]土改工作隊在前往預定地點的途中遭到伏擊，三十名隊員被殺。

3月17日，阿壩州馬爾康縣日部地區藏民暴動。

4月22日，若爾蓋縣唐克等地藏民襲擊軍隊。

5月初，毛兒蓋區委「麻痺大意」，四百多藏民包圍區委所在地。當時區委有部隊、幹部、民兵共二百多人，但「驚惶失措的應戰，只堅持一兩天就突圍」，六十多名本地民兵除六人外全部投降[9]。

……

在此期間，還發生了阿壩墨窪老民[10]被無故槍殺事件。當地駐軍搜山時，「發現一群藏族騎兵坐地燒茶，用機槍射殺了數人，後來才知道這數人是墨窪老民。」這件事引起很大震動，成為引發當地民眾暴動的導火索之一。

至1956年3月底，當時甘孜州二十個縣、七十七個區中的十八個縣、四十五個區發生全面或局部暴動，參與者一萬六千人，八千餘槍枝，十餘個

8　綽斯甲縣，1953年由大金縣析置，1960年撤銷，併入金川、壤塘兩縣。
9　新華社《內部參考》，1956年6月21日。
10　老民是阿壩地區部落中有才幹、戰功或受人尊重的人物，有的是土司的助手，負責聯絡或調節糾紛，有的只是記錄部落歷史、土司家譜、重要事件的人，並不掌握實權。

土改工作隊遭到攻擊[11]。

各地告急電報雪片一般飛向甘孜地委。

三

四川藏區為何在1956年突然爆發大規模武力衝突？幾十年來，1956年康巴暴動的原因一直被說成是西藏噶廈政府的煽動和策劃：

（按：1955年）5月7日至6月2日，達賴喇嘛出席全國人民代表大會後返藏到達康定。隨行的有索康・旺清格勒[12]、赤江・羅桑益西[13]等僧俗。達賴在甘孜州參觀二十天，6月2日離開德格返藏。期間，索康・旺清格勒、赤江・羅桑益西兩人則分南北兩路沿途煽動策劃叛亂。索康對北路一些反動分子說：「你們內部要好好團結，世界上共產黨和資本主義國家有很大矛盾，我們要想盡一切辦法，拖延和阻擾民主改革。阻撓不成就組織武裝反抗，要反抗就必須與外國取得聯繫，才能達到藏族獨立的目的。」在這以後，赤江住過的理塘、鄉城喇嘛寺和索康住過的甘孜大金寺，都成為1956年初首先策動發起叛亂的寺廟和叛亂的中心。[14]

這一說法是各種官方出版物中的標準解釋，但這些出版物均為循環引述，既無來源，亦無具體細節，僅從上述資料中，無法得知索康什麼時間在康北，對什麼人說過那番話。當時十六世噶瑪巴和赤江仁波切是全國人大代表，噶倫索康是全國政協代表，據當時達賴喇嘛漢語翻譯之一的降邊嘉措回

11　《四川省志軍事志》，頁295。另據該書同頁數據：「這場叛亂波及到涼山、西昌彝區和甘孜、阿壩藏區五十個縣中四十四個縣，約25萬平方公里一百四十萬人口的地區，先後參加叛亂者累計約十五萬餘人（含外逃五千餘人），有槍十三萬餘支。」

12　索康・旺清格勒（1910-1971），歷任西藏噶廈政府秘書、第二代本，噶倫、首席噶倫。

13　赤江・羅桑益西（生卒年月不詳），即赤江仁波切，達賴喇嘛的副經師。

14　《甘孜州志》，頁47-48。

憶：

　　赤江、索康、噶瑪巴[15]到甘孜訪問期間，一直有甘孜州委、州人民政府的負責人陪同，其中有藏族同志，他們全是共產黨員。他們的行程和所有活動，都是在北京確定了的，並經周總理親自審批，並通報西康省委和省人民政府，指示他們遵照執行。[16]

　　達賴喇嘛在內地參觀以及返藏途中，一路都有記者和「安全人員」跟隨，新華社《內部參考》對達賴喇嘛和班禪喇嘛的活動有多篇詳細報導。赤江仁波切等人的陪同人員中，顯然也有這樣的人。1955年5月19日的內參中，有篇題為「赤江、噶瑪巴、墨竹林在西康藏族自治區的活動情況」的報導，提及「赤江、噶瑪巴和墨竹林等2月26日離開西康省藏族自治州康定後，赤江即到雅江、理塘、鄉城、稻城、巴塘一帶活動；噶瑪巴到甘孜、德格一帶；墨竹林到新龍。」

　　新華社內參報導，赤江仁波切等三人曾與「各地領袖人物接觸頻繁，經常閉門密談」，但內參報導的「秘密活動」是：

　　赤江在雅江時，藉口他帳篷內沒有板凳，要我們幹部回自己的帳篷去；在沒有政府幹部參加下，赤江和鄉城領袖人物暗地調解稻城貢噶嶺冤家糾紛（此糾紛已在去冬今春經政府調解好了）。噶瑪巴也用同樣辦法調解降央伯姆（德格女土司、現自治州副州長）和夏克刀登（大頭人、現自治州副州長）的冤家糾紛。[17]

　　1955年5月，中央在西康施行土改的計畫雖在醞釀之中，但只限於黨內討論，連達賴喇嘛也不知道，很難設想赤江仁波切等人那時已有風聞。

---

15 即藏傳佛教噶舉派法王第十六世噶瑪巴讓瓊利佩多杰（1924-1981）。
16 降邊嘉措，《毛澤東與達賴班禪》，頁136-137。
17 新華社《內部參考》，1955年5月19日。

1956年康區暴動時，民眾的主要訴求是反對強制土改、拒絕繳槍、抗稅、保衛宗教，要求強行改變他們生活方式的漢人幹部離開，並未提出「西藏獨立」的口號，噶廈政府亦未給康巴人實質性的支持。1956年初開始的康巴反抗事實上是康區藏人部落自發的抗爭，只有部落之間的聯絡，沒有外界的援助，處於孤立無援的狀態，這是暴動的康巴人後來通過各種途徑尋求美國支持的主要原因。

　　《甘孜藏族自治州軍事志》中提及，「發現與英帝國主義間諜密切聯繫的特務幫達昌，參與謀劃巴塘縣叛亂」，暗示巴塘發生的事件有英國人插手。但「幫達昌」並非人名，而是康區著名大富商邦達家族[18]的名稱，「昌」，通常譯「倉」，為「家族」之意。如果邦達倉家族有人參與「謀劃」，指控的應該是該家族的某人，而非「幫達昌」這個籠統的家族名。

　　四川藏區暴動發生時，國務院副總理陳毅正準備率中央代表團赴拉薩，參加西藏自治區籌委會成立大會。根據中央指示，代表團一到拉薩，就開始瞭解康巴暴動的原因，並向中央呈交了一份報告。1956年5月8日毛澤東將報告批轉四川省委和西康地委，並加批示。從這篇文件中可見，拉薩方面普遍認為「叛亂是由於鬥爭上層、收槍、收稅和破壞宗教等四條原因引起的」[19]。6月，平措旺杰到康區調查，與夏克刀登、邦達多吉，以及許多藏人領袖見面瞭解情況，得到的普遍反映是「在康區開展的改革既倉促又糟糕。計畫本身就不充分，而且也沒跟藏族上層階級細緻討論過」[20]。據當時帶隊到甘孜「取經」的西藏工委政策研究辦公室主任張向明回憶：

　　他們把工作隊分成三個層次：一層召開上層開會，一層召開中農開會，還有一層召開貧雇農開會，一層一層的開會，他的階級劃分還不像西藏，還

---

18 通常譯為「邦達倉」。

19 〈中央轉發中央代表團關於當前西藏動態和代表團工作情況報告的批語〉，《建國以來毛澤東文稿》第6冊，頁113-114。

20 梅·戈爾斯坦等著，《一位藏族革命家──巴塘人平措旺杰的時代和政治生涯》，頁196-197。

是像內地那樣劃分，土地的劃分也完全按照內地土改的方式。聽說他們在土改開始時就根本沒有做什麼協商工作，在成都開會時，把西康的這些頭人叫了去，在會上就宣布要進行民主改革，也沒有怎麼樣討論，沒有經過細緻的工作，據一些藏族幹部說連一般的協商都沒有，實際上就是直接宣布他們的決定。[21]

雖然1959年2至3月間，四川藏區幾乎同時發生大規模藏民暴動，但沒有資料證明各地發生的事件全是經過事先串聯的。藏人方面的資料中可以證實，局部地區如康南各縣，以及1956年夏季發生暴動的鹽井、察隅、貢覺等地，各部落之間有過聯絡，並約定日期同時行動，但這並不是甘孜、阿壩、木里三地的統一約定。更接近真實的可能是，這些暴動是各地區藏人對突如其來的土改運動，以及土改工作隊暴力行為的直接反應。由於各地土改是在同一時間段內發生，藏人的對應自然也是同一時間段內爆發。地區之間難免相互影響。一個部落發生暴動，對附近的其他部落有可能產生影響，使得武裝抗爭成為那些部落的選項之一。個別地區，如阿壩綽斯甲縣，中、下寨土改在三個月左右結束，並未發生衝突，但原中寨土改工作隊奉命前往上寨開展土改時，還沒有進村就遭到該村藏人伏擊，三十名土改工作隊員幾乎全部被打死。這一事件也說明，各部落對土改的反應並不相同。

即使是選擇武裝抗爭的部落和寺院，原因也不盡相同。有的是拒絕繳槍，有的是憤恨土改工作隊和積極分子侮辱喇嘛頭人，也有的是抗稅。

有關五〇年代藏區稅收的資料十分有限，但從零星資料中可見，中共進入藏區後，逐年大幅提高糧食徵收量。康定縣1939年糧食徵收量為43,082斤，1950年應徵額為364,548斤，實徵額為379,366斤，是1939年的8.8倍；1955年應徵額為545,395斤，實徵額為463,437斤，比1950年又增加了22.2%[22]。丹巴縣1952年糧食徵購量為3.7萬斤，1954年徵購統購總數為70萬

---

21 張向明，《張向明55年西藏工作實錄》，頁69。
22 《康定縣志》，頁192。

斤，兩年間增加了18倍；1955年為159.2萬斤，年增加率高達127%[23]。

如此大幅提高糧食徵收，在一些地區已經造成糧食緊張。而且，1956年2月，中共開始「土改」時，同時開始控制糧食供應：「州決定對實施民主改革地區農村糧食供應按36%的面供應三個月，每人月供應量13.5公斤。」這是因為土地、牲畜入社後成為「集體所有」，牲畜不能自由宰殺，也不能用酥油去交換糧食，故由政府供應糧食，但供應面只覆蓋36%的地區，另有67%的地區沒有糧食供應[24]。

暴動期間多次發生藏人搶糧事件，與此不無關係。土改期間，工作組不僅大量沒收糧食，還以「獻糧」為名強迫生活狀況較好的家庭交出「多餘糧食」。什麼是「多餘糧食」？各地以「當地一般水平」為準，這就給任意沒收、強迫獻糧的做法留下了空間。實際操作時，糧食是「沒收」、「徵收」還是「捐獻」，全憑工作隊和積極分子們掌握。工作隊將10%到20%的人劃為「地富」也與此有關。「地富」越多，沒收物質越多，土改的「成果」也就越大。大規模沒收財產引發民眾抗爭，這並不奇怪。1956年3月，爐霍縣壽靈寺的抗爭被鎮壓，「殲敵七百餘人」後，「壽靈寺八十人會議派代表向縣工委遞交不再抗稅的書面保證」，恰恰說明「抗稅」是壽靈寺僧侶抗爭的直接緣由[25]。

四

1956年，四川藏人暴動之所以極其慘烈，也不乏源自歷史的因素。

從漢人的角度來看，康南是清末「改土歸流」比較成功的地區，清朝垮臺後，此地原先的大土司未能復辟。西康建省後，各縣都有了縣政府。但是，從藏人的視角來看，有「屠夫」之稱的趙爾豐在康區「改土歸流」，是

23　《丹巴縣志》，頁339。
24　《甘孜州志》，頁1319。
25　《爐霍縣志》，頁13。

一場大劫難。在藏人的集體記憶中，趙爾豐的軍隊一路屠殺藏民，洗劫寺院，暴行累累。「改上歸流」之後，民眾負擔人人增加，有些地區藏人不得不既為當地原有政權支差，又向新建立的政權納稅，形成雙重負擔。

紅軍長征路過川西北，是中共與藏人的最初接觸。歷時兩年多的長征，近三分之二時間是在藏區，三大主力曾在四川甘孜和阿壩境內先後停留近一年半，其中在阿壩停留的時間最長。各路紅軍在阿壩境內「一下兩上，縱橫五千里，輾轉駐留十六個月」[26]。

紅軍進入藏區後，「問題逐漸嚴重起來。主要是缺糧、饑餓和少數民族的敵對情緒。」[27]進入藏區的紅軍是一支要糧沒糧、要錢沒錢的疲兵，籌糧成了事關生存的頭等大事。近年來公開出版的紅軍日記和回憶錄中可見，紅軍在藏區每天的活動幾乎都與籌糧有關。紅軍成立了兩個「籌糧委員會」，統一籌糧、保管、分配，「西北聯合政府」和地方游擊隊成立糧食部，為紅軍籌糧。籌糧範圍並不僅限於麥子青稞，還包括各種牲畜，甚至耕牛。「博巴政府」的主要「政事」也是籌糧。

川西北藏區地廣人稀，物產不豐，紅軍一批又一批在境內籌糧，能打的「土豪」都打了，能搶的商家都搶了，依然遠遠不敷所需。紅軍所到之處，藏民大都已逃上山，村裡空無一人。中央軍委的指示中規定：「凡部隊在某地有一天停留的都可組織別動隊上山，搜索招回番民收集糧食」，如果勸不回，則「應強迫其隨我下山再施勸導，如反抗或先向我動武，應即以武力捕捉其眾帶回勸導。」[28]事實上紅軍地形不熟，語言不通，有時到達一個村莊後，連翻譯都找不到，根本不可能上山去尋找藏民加以「勸導」。生存所迫，紅軍完全不顧紀律：

有人說，那個時候吃了藏民百姓的東西，有的留了錢，有的留了借條。不過據我所知，絕大多數情況都不是這樣的，因為即使想留錢，我們那時也

---

26 李星，〈紅軍在雪山草地的糧食問題〉，《西藏研究》2003年第1期。
27 吳法憲，《歲月艱難：吳法憲回憶錄》，頁77。
28 〈中央軍委關於組織別動隊籌糧的辦法〉，《民族問題文獻選編》，頁294-295。

沒有多少錢。有的人倒是留了條子，說是以後還，可誰都明白，這是「老虎借豬，一借不還」……所有的部隊都一樣，見到了就吃，找到了就拿，把藏民家裡的東西吃光，既不給錢，也不留條子。[29]

弄不到糧食就趕牲畜：「這一帶糧食比較困難，但找了很多牛、羊、豬回來，天天吃葷，說起來滋養料倒比糧食不困難時要好。」[30]紅軍過境，「把老百姓家裡的東西拿來吃了，把山上的東西搜來吃了，把地下埋的東西也挖來吃了」[31]，田地裡剛成熟的青稞被收割，寺院裡的「朵瑪」[32]被搜走，連牛皮鼓上的皮也被割掉。

在後來的宣傳中，藏區籌糧被說成是當地藏人對紅軍的貢獻，但紅軍文件和日記等資料都顯示，「籌糧」事實上就是把藏民家裡的存糧，以及地裡剛成熟的莊稼搶掠一空。

1948年出版的《雪山草地行軍記》記載，紅一軍到達則格、黑水、蘆花時，已近絕糧。不過「天無絕人之路」，該地的青稞快要成熟，勉強可以割了：

於是指揮員戰鬥員全體動員割麥，大家知道前面糧食更加困難，所以紅軍當局便命令各部籌備糧秣十天，並幫助一部抗擊追敵之部隊籌劃糧食……上自朱德總司令，下至炊事員飼養員，都一齊動手，參加割麥的運動。每天早晨八時，各連隊就集合，向指定之麥地進發，一群一群的紅色戰士聚集在一塊，像麻雀一般，都自覺的自動的勞動著，高興起來就唱起歌來，有的唱著少年先鋒隊歌，有的唱著紅軍突圍勝利歌或一、四方面軍匯合歌，一時歌聲唱遍了田野，不知什麼所謂痛苦，只有熱情的快活。[33]

---

29 吳法憲，《歲月艱難：吳法憲回憶錄》，頁78。
30 童小鵬，〈童小鵬日記〉，《紅軍長征日記》，頁135。
31 吳法憲，《歲月艱難：吳法憲回憶錄》，頁85。
32 糌粑加酥油和糖做的貢品。
33 楊定華，《雪山草地行軍記》，頁15。

他們唱著歌收割藏人的麥子時，顯然沒想過，他們走後，當地人民怎麼過活。

著名教育家成仿吾[34]回憶紅軍到達毛兒蓋時，當地「有三四百戶人家，比較富庶，是這一帶的糧倉。據傳說，一年收穫，足夠三年給養。這時青稞麥已經黃熟，為了解決紅軍的糧食問題，只好開始割麥子」[35]。當地藏民已經逃跑，後來附近有些藏人返回，他們給了一些錢，但是沒有說明給的是銀元還是「蘇維埃幣」。

曾任解放軍通信兵部副主任的林偉將軍，長征時任紅九軍團作戰參謀和測繪員，他在日記中記下了到達卓克基後的情況：「這裡也沒有糧食，前幾天，反動分子把牲畜糧食都搬到大金川西岸去了。我們唯一出路只有偵察反動分子的牧場，才能獲得犛牛綿羊為食。」[36]

先後擔任紅六軍團、紅二軍團和紅二方面軍政治部主任的章子意，在日記中記載了該部的籌糧方式。「本日（按：1936年7月18日）全軍在啞公寺一帶休息籌糧，準備向阿壩前進。十八師獲耕牛百頭、糧食千斤。」[37]紅六軍團政委王震率模範師襲牛場，一無所獲。幾天後，紅四方面軍下轄、李先念任政委的紅三十軍派人送來120頭牛。到了阿壩之後，該軍「定出四天籌糧突擊計畫，預計籌糧56,000斤，並下「籌糧突擊通令」，每人分配籌糧指標。

毛澤東當時的警衛員陳昌奉回憶，在毛兒蓋，毛澤東和警衛員住在一座寺院裡，「同志們每天都忙著出去割青稞麥子，回來炒熟磨成粉，準備過草地吃。」[38]陳昌奉生病不能外出，卻無意中發現木佛像背後有個木板堵著的小洞，他取下木板，佛像裡面掉下一個小紅口袋，裡面裝著芝麻、大豆、大

---

34 成仿吾（1897-1984），湖南新化縣人。曾留學日本。 他與郭沫若、郁達夫等人共同創辦「創造社」；1928年在法國巴黎參加共產黨。 成仿吾先後擔任中央黨校教務主任、陝北公學校長、華北聯大校長、山東大學校長。
35 成仿吾，《長征回憶錄》，頁95。
36 林偉，《一個老紅軍的長征日記》，頁216。
37 《紅軍長征日記》，頁262。
38 陳昌奉，《跟隨毛主席長征》，頁68-69。

米、小麥等粗細雜糧。於是，養病期間，陳昌奉將寺院裡所有佛像內的「小紅口袋」都掏了出來。這些藏人祈願五穀豐登的佛像「裝藏」，成了毛澤東過草地的糧食。陳昌奉明知此舉「違反群眾紀律」，但依然從中得到了「很大的樂趣」[39]。

紅軍在黑水進出三次，停留一年又兩個多月，共「籌集糧食約710萬斤，熬製食鹽約五千餘斤，借食各類牲畜三萬餘頭、一百餘萬斤，借食畜油一萬多斤以及借用大批牲畜皮張、牛毛、羊毛、大麻和獸皮等禦寒物資」[40]。在扎窩這個寨子裡就「籌集」陳糧十萬斤，收割地裡的新麥和青稞九萬多斤[41]。

公開出版物中從未提起紅軍離開藏區之後的情況，但在藏人記憶中，紅軍過境後，留給他們的是饑荒[42]。

1935年5月上旬，中央紅軍到達瀘定，25日過瀘定橋。一支數萬人的軍隊，在一個本不富庶的地方盤桓近一個月，給當地民眾帶來的負擔可想而知。兩個多月後，西康宣慰使諾那呼圖克圖[43]途經瀘定去康定，發現當地陷入饑荒。8月18日，他致電蔣中正，請求向瀘定百姓提供緊急救援：「瀘屬六區素號貧瘠，近以瀘城被焚，糧食牛馬悉被共匪擄去，兩月不雨，包穀乾枯，人民掘野草為食，自盡者眾。」[44]

1936年，毛澤東在延安對斯諾說：「這是我們唯一的外債，是紅軍拿了藏民的糧食而欠的債，有一天我們必須向藏民償還我們不得不從他們那裡拿走的給養。」[45]

1950年，鄧小平承認：「紅軍北上，在那裡（川西北兄弟民族地區）

---

39 同上。
40 《黑水縣志》，頁2。
41 李星，〈紅軍長征在雪山草地的糧食問題〉，《西藏研究》2003年第1期。
42 格爾登仁波切訪談，2011年11月16日。
43 諾那呼圖克圖（1864-1936），習稱「諾那活佛」，昌都著名高僧。曾任國民政府立法委員、蒙藏委員會委員、西康建省委員、中國佛學會名譽理事長、西康宣慰使等職。有關他生平的一些資料，見羅同兵，〈諾那活佛的幾個重要史實略考〉，《宗教研究》2004年第2期，頁109-114。
44 〈諾那致蔣中正電〉，〈積極治邊（四）〉，《蔣中正總統文物》國事館藏，典藏號：002-190102-00015-191，入藏登錄號：002000002086A。原文無標點。
45 《紅星照耀中國》，頁159；《長征——前所未有的故事》，頁308。

是把他們（當地老百姓）搞苦了，這在當時是為保存紅軍，沒有辦法，把他們的糧食吃光了，他們吃了很人的虧，要在具體利益上向他們賠償，真正要從經濟上幫助他們得到利益。」[46]然而，後來發生的一系列事件表明，毛澤東、鄧小平並未兌現他們的承諾。

在糧食僅能自給的藏區，如此「籌糧」使民眾極為憤怒。因此，紅軍經過藏區時，一路與藏人發生衝突，多次遭到藏人襲擊，不少掉隊士兵被殺死。時任紅三團團長、中共建政後曾任解放軍總參謀長的黃永勝傳記中提及：

當時無戰鬥，但因搞糧食被藏民襲擊造成的減員卻很大。為了搞糧食讓部隊生存下去，各部隊正想盡辦法各顯其能時，師部又來了指示要整頓紀律。黃永勝他們幾個人又講上了：真是主觀主義，老百姓都見不到，怎麼講紀律？要錢沒錢要糧沒糧，還要行軍打仗，命要保住好用來幹革命，再整頓紀律搞不贏![47]

走出草地之後，黃永勝所在的紅三團「不斷地遭受藏民的襲擊」。在臥藏寺，當地藏人憑藉堅固圍牆強烈抵抗，該團還擊，將藏人打跑才得以通過。第二天紅二團經過時，又遭到藏人阻擊，團長在交戰中陣亡。在一個叫做「毛牙寺」的小村裡，一個連的紅軍被一百多名藏人殺死[48]。

在其回憶錄《一個革命親歷者的私人記錄》中，長征時的「紅小鬼」、衛生員李耀宇記錄了紅軍總部與藏民的一次衝突。衛生隊和紅軍總部離開丹巴西行，走到一條小河邊，河對岸的山坡上突然響起槍聲，子彈從他們頭頂上飛過。紅軍總司令朱德和其他官兵紛紛臥倒。擔任翻譯的土司用藏語喊話，說他們是北上抗日的紅軍：「對岸山坡傳來藏胞的回話，土司翻譯給朱德總司令：『你們哪裡有這麼多紅軍，上次紅軍從我們這裡經過，把我們的

---

46 轉引自李星，〈紅軍長征在雪山草地的糧食問題〉，《西藏研究》2003年第1期。
47 黃正，《軍人永勝》，頁152。
48 同上，頁155。

牛羊都趕跑了，你們這次來還要趕我們的牛羊！』」

雙方相持了一個上午。朱德制止了其他人「消滅他們」的要求，雙方未發生衝突，紅軍「在藏人的槍口下，順河而下」，但傅連璋[49]的勤務兵和馬都被藏人打死了[50]。

在馬爾康，紅軍與當地藏人打過幾次大仗，雙方都有相當死傷，紅軍死亡幾百人，藏人死亡二千多人[51]。

甘孜、阿壩土改發生時，離趙爾豐在川邊「改土歸流」五十年，離紅軍過藏區二十年。五十年中，外來政權帶給藏人三次大災難，其中尤以第三次，即中共稱為「民主改革」的土改建政為最甚。

五

參與暴動者是什麼人？漢藏兩方的資料顯示，各地區暴動參與者都是跨階層的，且以中下階層為主，包括農牧民、僧侶、商販等等。

當時康區影響力最大的僧俗人士都已被安置進全國人大、政協，其次則進入省、州一級政府。暴動發生後，他們中的很多人參加了「隨軍工作團」，協助政府進行「政治爭取」，也有些人保持中立。所以，各地暴動組織者多為縣級以下的部落頭領。暴動期間，有些被安置為縣長的頭人「叛變革命」，加入反抗者，但這一級別的人數不多。

自清末「改土歸流」後，康區各地的社會結構發生了很大變化，將之籠統地歸為「農奴制」並不準確。根據1954年6月的社會調查，康北大部、康東、康南小部分地區，擁有份地並自行耕種的差民，即「差巴」佔60%；擁

---

49 傅連璋（1894-1968），字日新，福建省長汀縣河田鄉伯公嶺村人，1925年出任長汀福音醫院院長。1932年1月創辦「中國工農紅軍中央看護學校」，培訓六十多名紅軍醫務人員。1933年初參加紅軍，中共建政後歷任中央衛生部副部長、中央軍委總後勤衛生部第一副部長等職，文革期間死於秦城監獄。

50 李耀宇，《一個革命親歷者的私人記錄》，頁31-32。

51 《阿壩黨史研究資料》第8期，頁30。

有少量份地，以服勞役為主的「科巴」約佔40%。在康南大部，康北、康東小部分地區，差巴佔90%以上，科巴不到10%。康東大部分地區大部分土地和牧場已經不歸土司、頭人、寺院所有，民眾也不再為土司頭人支差，科巴不到該地區農民總數的2%至3%。也就是說，這些地區絕大多數農民是自耕農。

差巴和科巴的身分可以轉換；差巴若轉讓份地，須留下部分財產，以便讓承接者繼續耕種。因此，他們對土司頭人的依附並不是絕對的。國民政府時期，這些地區的農民必須向國民政府和頭人雙重支差納稅，而且「在國民黨統治時期，差巴對政府的負擔，較之對封建主的還要重些」[52]。差巴並不一定貧窮，家中勞力有餘的差巴可以經商，也可以雇工。因此，藏區劃分成分時，地主、富農、中農主要是在被中共歸為「農奴」的差巴中產生。

康區各村都有大小不等的公地，包括牧場、荒地、耕地和山林。村民在公有山林裡可以自由打獵、採藥、伐木，也可以在公有牧場自由放牧。公有耕地由村民共同耕種，收穫用於佛事活動，或囤積備荒[53]。康區經濟以農牧業為主，農區和牧區交錯，絕大多數農民為半農半牧。差巴的土地雖不屬於自己，但牲畜卻是屬於自己的，牲畜擁有量成為農民生活貧富的重要標誌。因此，村莊裡的公用牧場對於農民來說至關重要。但土改時，大片的山林牧場收歸國有，公有耕地和荒地亦被徵收或「調劑」，有些在土改前就被政府組織開墾後分配給農民。

康區亦跟內地農村一樣，真正一無所有的人數量並不很多，大多數人屬於中等上下。土改是動員特定群體中最底層的人來剝奪該群體中相對富有的階層，但由於土改首先是政治運動，其次才是經濟運動，每個村莊、部落都必須按照事先規定的指標來劃分地主富農，作為「發動群眾」的靶標。各地區情況不同，因此「富有」的標準就完全是相對的。按照財富擁有量來看，一個地區的「地主」在另一個地區可能只是「中農」。在這種情況下，中等

---

52 詳見〈關於西康省藏族自治區基本情況的報告〉，《四川省甘孜州藏族社會歷史調查》，頁1-5。
53 張正明，〈甘孜藏區社會形態的初步考察〉，同上書，頁6-42。

階層的人命運極不確定，政策稍緊，他們可能被劃為「富農」，政策稍鬆，他們就是「中農」，有時端看一個地區是否有足夠的「地富」來完成指標。如果未能完成，就用這些人充數。由於這部分人數量較大，生產經營能力強，是納稅的主力，土改時總是強調要保護中農，以免「樹敵過多」。一個地區至少10%的人被劃為地富，說明相當數量的中農財產亦遭沒收。這使得他們中許多人參加反抗，不少人成為反抗中堅分子。

在中共的理論框架中，任意剝奪私人財產、隨意打人殺人的暴力行動是「革命」，而「革命」是天然正義的。對「革命」的抗爭就是「反革命」，抗爭者不管屬於哪個「階級」，都是「敵人」，必須被消滅。

於是，藏人的抗爭被定性為「反革命武裝叛亂」，為中共大規模軍事鎮壓提供了理由。

六

藏區暴動發生後，甘孜地委緊急做出政治和軍事兩方面的安排。政治上「大力加強上層統戰工作」，迅速安置一批尚未安置的上層人士，爭取穩定牧區；同時「大力發動組織武裝群眾，組織聯防，保衛勝利果實」，緊急招收藏人青年入伍，擴充藏民團，並計畫組織一批上層人士隨軍行動，以便「迅速分化敵人」。

當時，駐紮在甘孜的部隊有甘孜軍分區的三個步兵團、一個步兵營，即成都軍區公安內衛第67、68團，成都軍區第一藏民團和成都軍區公安內衛獨立第七營，共約五千多人；西藏軍區的西藏騎兵團七百多人，正規軍兵力約五千七百餘人；此外還有各縣民警隊約一千兩百多人，總共近七千人。面對突然發生的大規模藏民暴動，甘孜軍分區驚覺兵力不足，急派幹部到各縣組建兵役局，「爭取提前在3月20日之前完成動員新戰士的任務。」[54] 這些只

---

54 《甘孜藏族自治州民主改革史》，頁140。

經過一、兩個月緊急訓練的新兵被送上戰場，倉促補充的藏民團成為各參戰部隊中陣亡人數最多的部隊[55]。同時，甘孜地委和軍分區向上級請求軍隊增援。

1956年3月4日，即「色達事件」發生不到二十天後，五個團、一個營的增援部隊陸續趕赴康區。

3月7日，公安內衛第60團從成都開往康區。

3月19、21日，成都軍區軍士教導團從新津開往康區。

3月22日，重慶公安總隊第4團從重慶開往康區。

同日，康定軍分區完成作戰部署，決定以八個團二個營的兵力鎮壓康區藏民對暴力土改的抗爭。

3月25日，由成都軍區參謀長茹夫一、康定地委書記李春芳負責的康定前線指揮部成立。「康定前指」下轄南、北兩路指揮所。北路指揮所以臨時組編的重慶公安總隊第5團團部為基礎，由康定軍分區副司令白玉璋任指揮，李春芳任政委；南路以公安內衛第65團團部為基礎，由康定軍分區司令胡國鈞任指揮，軍分區副政委王啟任政委。

3月28日，公安內衛第65團從四川廣漢開往康區。

4月初，昆明軍區步兵126團進入康區，開往鄉城。蘭州軍區騎兵第2團開往色達。

4月，康定軍分區休養所擴建為康定陸軍醫院。各縣組織的武裝民兵共達19,055人。

1956年3月，土改運動開始不到三個月，康區即處於戰爭狀態。解放軍正規軍人數約1.5萬人；抗爭藏人為1.6萬人[56]，其中只有一半人擁有槍枝。正規軍與暴動藏人的比例約為1：1，實戰兵力的比例約為2：1。

按照作戰部署，康區第一戰從理塘開始。地方土改工作隊將在軍隊的支

---

55 根據《甘孜藏族自治州軍事志》頁303-367中甘孜州四年「平叛」戰爭陣亡官兵名錄統計。
56 1956年4月9日，中共中央發出的〈關於四川省彝族和藏族地區反革命叛亂情況的通報〉中為「一萬三千餘人」。詳見《統戰政策文件匯編》第3冊，頁1777-1781。

持下，以槍桿子為後盾，以戰爭為威懾，按既定計畫完成理塘農區土改，並以理塘為基地，在康南其他縣強制推行土地改革。

1956年3月16、17日，為配合原駐理塘的公安內衛第67團，公安內衛第65團、第68團第三、六連以及內衛一營二連兵分兩路，由康定縣新都橋鎮和義敦[57]出發，從東、西兩方開往理塘。

一場大戰即將展開。

---

57 原西康省義敦縣，1955年西康撤省後屬甘孜藏族自治州，1978年撤銷，併入巴塘、理塘兩縣。

第五章　理塘：彌勒之劫

理塘，藏語意為「平坦如銅鏡的草壩」，位於橫斷山系東南邊緣，甘孜西南部，與木里、稻城、鄉城、巴塘、白玉、新龍等縣相鄰。該地大部地區海拔3,600至4,600米，以牧業為主。

歷史上，康南一帶為理塘土司和巴塘土司領地。清末趙爾豐「改土歸流」時，康南二土司一逐一殺，並在原理塘土司領地設理化、稻城、定鄉三縣。民國期間，理化縣城設置外派官員，基層建保甲制，由各地頭人任保正、鄉長等。這些人又受理塘寺，即長青春科爾寺各康村管束，形成「雙重政權」，農民向頭人和政府雙重納稅。1950年中共進入理化，次年易縣名為理塘，對當地人來說，「漢官」換了，但「雙重政權」的形式並未改變。「解放」實際上並未給民眾帶來直接利益，而且稅收逐年提高。1953年理塘徵購糧食九萬斤，1954年提高到二十萬斤，增加122%，1955年雖減為十四萬斤，仍比1953年增加55%[1]。

理塘以毛埡草原為主，其中心毛埡壩距理塘縣城51公里。毛埡草原清末「改流」，民國土司復辟。毛埡土司祖先源於青海，遷至理塘後，世襲七代。藏人尊稱歷代毛埡土司為「雍若本」[2]。當時的毛埡土司名叫索南旺杰[3]，中共建政後，他被安置為理塘縣人大主席，但從未接受這個職位。中共亦一直未能進入毛埡草原開展工作，直到1955年8月，西康省藏族自治區牧區訪問團第三分團才首次進入毛埡牧區，初步打開局面。

---

1 《理塘縣志》，頁245。
2 「雍若」，亦譯「允日」，地名。藏語「本」意為「官」。
3 亦譯所隆旺吉、索龍旺吉。

1956年1月初，中共理塘縣工委開始部署農區土改前期的「三項改革」。第一步是培訓當地積極分子。按照中共土改經驗，最有可能率先被「發動」的人，通常是窮人、乞丐、閒散人員等處於社會邊緣的人。於是，一些這樣的人被召集到縣城參加訓練班，進行「階級教育」，開導他們「貧窮是因為頭人喇嘛的剝削壓迫」，鼓勵他們訴苦。反覆強化「階級意識」後，再把理塘長青春科爾寺的上層管事喇嘛們召來開會，讓他們聽「積極分子」們控訴，以此證明「群眾要求改革」。1月中旬，理塘縣工委宣布為了實現「和平改革」，令藏人上繳武器[4]。

理塘雖為邊遠之地，但並不封閉。理塘寺是甘孜最大的寺院，擁有雄厚商業資本，商業聯繫東至上海，西至印度加爾各答，還有不少人在拉薩、噶倫堡等地經商。內地土改時，藏區雖然暫時不動，但各種消息通傳入藏區，大家很清楚「改革」是怎麼回事。

藏區除了噶廈政府有一支脫產軍隊之外，其他地區保持「寓兵於民」傳統，部落裡的適齡男子平時為民，戰時為兵，通常沒有專門軍事訓練。根據財力，部落所屬家庭分為幾個等級，等級越高的家庭承擔的差役越重，並且必須擁有一定數量的槍和馬，發生衝突時，這些家庭的人、槍都得上陣；等級較低的家庭差役較低，作戰時通常由部落頭人發給槍枝，或者只出人，不出武器。因此，藏區擁有槍枝的主要是中等以上家庭，按照中共的階級劃分法，即中農以上家庭。土改收槍時，主要是沒收他們的槍，用來武裝本地民兵。

寺院也擁有一定數量的武器。寺院武器通常有兩種，一種是用來自衛的武器，還有一種叫做「神槍」。這種槍是發誓不再殺生的人，或者殺生後表示懺悔的人獻出的刀、槍。這些武器長年累月掛在護法神殿裡，大都嚴重鏽蝕，無法使用。

除了槍，藏區還有大量刀具。牧區男女老少都有小刀，吃肉時用來切割，屠宰牲畜也需要用刀；男人放牧時必須有武器，如果沒有槍，至少也得

4　詳見達瓦才仁，《血祭雪域》，頁90-92；2009年12月3日扎楚阿旺訪談。

有一柄鋒利的腰刀。因此，藏人擁有武器並不單純是尚武精神，也是生存需要。民間武器以土槍為主，有少數鋼槍。一支好槍價格昂貴，對家境一般的人來說，可能是全家最值錢的財產。土改收繳武器，私人和寺院的槍枝刀劍都在沒收之列。

收到交槍命令後，毛埡土司索南旺杰、理塘寺副堪布澤旺仁真，以及日格艮巴、定雍阿稱、亞瑪登珠[5]等人開會討論局勢，決定反抗。當時除了雍若本索南旺杰之外，理塘各部落頭人都已被召集到康定開會，於是年約二十五歲的雍若本成為理塘暴動的主要領導者之一。他們派出信使到鄉城、白玉、新龍、馬爾康等地，要求各地一同起事，並派人到拉薩要求噶廈政府支援武器[6]。

2月，理塘十個部落，允日地區三十七個部落，以及鄰近各地區許多部落各自召集人馬，共約三千多人，從四面八方趕到理塘。駐紮在理塘的解放軍將機槍大炮對準理塘寺，警告說如若不交武器，就要將之摧毀。僧人們有的主戰，有的主降，最後，年輕僧侶們在各自的康村[7]推選頭領，決定反抗。

雙方劍拔弩張，武裝衝突一觸即發。

寺院裡的老僧一籌莫展，只得聚集在經堂裡日夜念經，祈求神佛消災解難。

3月7日，藏人在河上築壩，切斷下游水源。兩天後，五名士兵到河邊挖堤放水，遭冷槍射擊，士兵二死一傷。藏人在寺院圍牆後面的山上修工事，解放軍發現後用機槍掃射，但未造成傷亡。

數日後的一天上午，一個消息在藏人中傳開：軍隊當日10點將進攻寺院！

各路頭領緊急開會。商量之後，決定先動手。當時的理塘縣城只有二千餘人，理塘寺就佔了縣城的三分之二。軍隊進駐理塘後，在寺院附近修築營

5　有關日格艮巴、定雍阿稱、亞瑪登珠的身分，漢藏兩方的資料都未詳細說明。
6　漢藏雙方均無資料顯示，噶廈政府曾給予康巴人器。
7　康村，亦稱僧院，為寺院基層組織，通常按照僧侶來源組成，因此各康村人數不等。

房，駐紮了幾百名士兵。這個營區也是炮兵陣地，八門炮對準大經堂和經堂下方的佛殿。藏人視之為對寺院的最大威脅，於是決定先攻打兵營[8]。這一帶還有學校、防疫站、倉庫、宿舍等。藏人突襲兵營，同時縱火焚燒，兩方展開激烈槍戰。

理塘之戰正式爆發。

二

從兩方資料來看，理塘之戰有好幾個回合，解放軍援軍趕到之前，雙方已經有過幾次激戰。藏人人數較多，但沒有重武器；解放軍人數較少，但武器精良，彈藥充足，雙方各有較大傷亡。

數日後，公安65團趕到理塘。團部及指揮所佔據理塘寺東山，其他各部隊調配到各處，對理塘寺形成一個大包圍圈。

自理塘土司在改土歸流時被廢後，該地由許多互不統屬的大小土司頭人割據。由於缺少最高統領，理塘寺逐漸成為各方都承認的權威。寺院下轄八個康村，寺院通過康村對各地施加影響。土司頭人之間若有糾紛，通常請理塘寺香根仁波切主持公道；民眾若不服頭人責罰，亦可到理塘寺「上訴」。理塘寺的仲裁，就是最後決定。加上寺院商業資本雄厚，理塘寺成為康南政治、經濟和宗教方面的權力中心。在藏傳佛教史上，理塘寺亦享有獨特地位，第七世達賴喇嘛就出生在理塘。

甘孜第一戰從理塘開打，四川方面頗具用心。此戰若能成功摧毀理塘藏人的反抗，控制了理塘寺，也就摧毀了康南的權力中樞。從這個角度來看，理塘之戰不僅僅是「鎮壓」，更是「奪權」。因此，理塘一戰，中共調動兩個多團的兵力，意欲速戰速決；而藏人視理塘寺如性命，毛埡土司索南多杰

8　根據《甘孜藏族自治州軍事志》，當時隸屬康定軍分區的成都軍區公安內衛第68團團部駐理塘。

等人決定反抗，即發誓與寺院共存亡。

理塘之戰註定將是一場血戰。

3月22日，成都軍區公安內衛第65團、68團主動出擊，發起進攻。

在縣城一帶的藏人不支，退往寺院。上午9時，藏人大都集中在理塘寺及其周邊各個點。解放軍指揮所立即召開作戰會議，決定以65團攻佔寺院周邊的殿堂，繼而攻佔理塘寺主要制高點──大經堂。與此同時，68團守住理塘寺西山防堵側翼。

下午2時，解放軍開始「攻堅戰」。先用炮火猛烈轟擊，一小時後攻佔周邊殿堂，士兵在炮火掩護下逼近寺院，用炸藥爆破圍牆，一個連的士兵衝過缺口，潮水般湧進寺院，直攻大經堂。

他們立刻陷入交叉火力網中。

理塘寺地處山腰，幾百座房屋鱗次櫛比，依山而建，數十條狹窄通道四通八達，地形不熟的人進入寺院，猶如鑽進一座迷宮。藏區傳統寺院建築的房頂和牆壁通常是黏土加石片夯成，十分堅固；藏式房屋為平頂，四周有矮牆，形成天然工事。

藏人佔據有利地形，居高臨下，從四面八方射擊，湧進寺院的士兵被逼入狹窄的巷道，死傷累累。一個連有去無回，指揮官又派一個連攻入，一個營的士兵先後發起三波攻勢，均被打退。解放軍攻堅戰失利，直至炮彈、炸藥消耗殆盡，而且「傷亡八十人，丟失60迫擊炮一門，各種槍六十八支，消耗子彈五萬三千多發，圍攻受挫，造成慘痛損失和不良影響」[9]。

藏人回憶中，這場戰鬥解放軍死傷幾百人[10]。從各方資料來看，此役解放軍損失近一個營的兵力，是一次慘重失敗。

3月23日，解放軍採取「緩兵之計」，一邊派藏人幹部進入理塘寺「政治爭取」，一邊等待65團二營運送彈藥。次日，各部隊用小組爆破的方式，在

9　《甘孜藏族自治州軍事志》，頁188。
10　達瓦才仁，《血祭雪域》，頁93。

火炮的掩護下，陸續攻佔理塘寺周邊各寺院，對理塘寺形成重重包圍，最近的包圍圈已達寺院牆下。

3月24日，甘孜地委派來進行「政治爭取」的幾名藏人幹部進入理塘寺，與部落首領們開會，轉達政府方面的條件。關於這點，中方資料中沒有提供資訊，藏人資料中有不同說法。一說只要藏人放下武器，解放軍答應三年不土改，並撤出理塘；另一說解放軍態度強硬，限寺內眾人一天內投降。還有一種說法是，這些幹部悄悄對他們說，繳槍一定不會有好結果，突圍也沒有勝算，解放軍在寺院外面圍了五層；但是不交槍，寺院可能被毀，還會死很多人，要他們自己拿主意。首領們回答說他們不能單獨做主，要跟大家商量[11]。

商量的結果，大多數人不肯投降。他們認為事到如今降是死，不降也是死，但繼續留在寺院裡，解放軍一定會派飛機轟炸。當時寺院裡除了僧侶和部落兵，還有許多附近村莊的民眾，一旦轟炸寺院，民眾將會大量傷亡。

不肯投降的人決定突圍。

3月25日、26日夜晚，各部落分頭突圍。有些成功逃出，有些被堵回寺院。

27日至29日，解放軍繼續「政治攻勢」，同時各部隊做好作戰準備，指揮部調動七門炮、500公斤炸藥、五個連的兵力，準備強攻理塘寺。

理塘寺之戰，兩方都留下了許多傳說。一個在理塘駐軍中流傳的版本是：理塘寺攻堅失利後，四川軍區急電中央軍委。國防部長兼中央軍委副主席彭德懷聞訊大怒，吼道：「派飛機，給我炸！」

彭德懷大怒或許有點誇張，接近真實的情況是：理塘寺內人數眾多，糧食充足，易守難攻，解放軍為速戰速決，並震懾該地區反抗藏人，向中央軍委請求調動空軍配合作戰。當時中國空軍唯一的遠程重型轟炸機部隊是空軍獨立4團，歸中央軍委直接領導。

於是，中央軍委亮出了絕密武器。

---

11 同上，頁95-96；然楚阿旺，《理塘歷史記錄》第2冊（藏文版）。

三

3月29日上午，兩架圖-4轟炸機從陝西武功機場隆隆起飛，向南穿過秦嶺，飛過漢中盆地和四川盆地，經康定，越過貢嘎山口，飛向理塘。機上攜帶十二枚一型子母彈，亦稱250公斤級一型集束炸彈。

有「公牛」之稱的圖-4轟炸機來自蘇聯，是史達林贈送給毛澤東的禮物。1953年1月，十架圖-4從蘇聯飛到石家莊機場，正式交給中國。3月15日，空軍遠程重型轟炸機獨立4團在石家莊成立。飛行員由蘇軍派專家培訓，並選送兩人到蘇聯學習。圖-4轟炸機當時是蘇聯的一線戰機，機組十二人，配置五個炮塔和十門23毫米機關炮，其中三個炮塔可對地掃射，既可由三人分別操作，亦可由單人遙控，還配備當時最先進的自動修正誤差瞄準具。獨4團成立後的第一場實戰，就是1956年的理塘之戰。

日到中天，高原明麗的藍天下，長青春科爾寺大經堂的金頂閃閃發光。兩架轟炸機飛到寺院上空。寺院裡的僧俗聽到空中傳來奇怪的聲音。他們抬起頭，看到從未見過的駭人景象：「天上飛來我們從來沒見過的東西。會飛的機器，像鳥一樣長著翅膀，猛地衝下來。」**12**

彈如雨下，爆炸聲震耳欲聾，整個山頭煙塵滾滾。寺院外，在七門火炮的掩護下，以寺院南北為分界線，68團、65團各兩個連從東、西兩方攻向大經堂，一個炮連由南向北攻向高地上的獨立房屋。雙方激戰五個多小時，少部分藏人突圍而出，大部分被堵回寺院。

3月30日凌晨，雙方再度激戰。解放軍近距離炮轟掩護，爆破組用炸藥炸開大經堂後門，突擊隊衝進大經堂，登上屋頂，奪取制高點，同時逐房搜索。

這時候，已經突圍的毛埡土司索南旺杰帶著部下，繞到了理塘寺山後。他們正在休息，幾騎快馬趕上來，帶來了理塘寺被攻破的消息。

聽到這個消息，索南旺杰不顧眾人勸阻，執意返回寺院。他的幾名同伴不肯丟下他逃命，寧願與他同生共死。他們撥轉馬頭，一同回到寺院。

---

12 Ani Pachen & Adelaide Donnelley, *Sorrow Mountain: The Journey of a Tibetan Warrior Nun*, p.110.

這天上午，同來者皆戰死，雍若本身邊只剩一個名叫達果·洛桑頓珠的同伴。槍炮聲中，兩人走進一座佛殿。彌漫的硝煙裡，佛像前的酥油燈閃著微弱的光芒。兩人走到佛像前，合十祈禱。槍炮聲、喊殺聲、呼號聲陡然消失，佛殿沉入片刻而恒久的靜默中。一豆星火，照著佛祖恬淡的微笑，也照著生生世世的輪迴之路。兩人取下護身符，放在佛像前。這時，寺院北門和辯經院已被解放軍攻破，逃不出去的人還在繼續作戰。索南旺杰和洛桑頓珠走出佛殿，走進他們無從逃避的殺劫中，從容赴死。

在藏民族的集體記憶中，毛埡土司雍若本之死已經成為一個傳奇。他戰至最後，同伴們先後陣亡，與他一同做最後祈禱的同伴洛桑頓珠身負重傷。解放軍指揮官下令在大經堂前灑汽油，聲言放火燒毀大經堂。這時，索南旺杰宣布投降。他拒絕向士兵們投降，要求「最大的官」前來受降。據說，前來受降的是一名團長：

雍若本穿著單衣，一手握著長槍的槍口，一手握著短槍的槍口，把槍交給團長。然後從口袋裡抽出一支短槍（有人說是從靴筒裡），閃電一般打死了團長，再開槍打死他身邊端著衝鋒槍的士兵，奪過衝鋒槍亂射一陣，最後他被打死。這天中午2點鐘停戰。

停戰後，解放軍把團長的屍體和雍若本的屍體擺在一起，拍了幾張照片。然後把雍若本的屍體用繩子綁著，要民眾拖屍遊行。達果·洛桑頓珠被捕，在醫院審訊，他說：「我好了以後，還要繼續反抗！」兩天後，他死在醫院裡。[13]

在《甘孜州志》中，關於這場激戰的記載十分簡單：「3月30日，解放軍某部圍殲據守理塘喇嘛寺的叛亂武裝，擊斃匪首毛埡土司所隆旺吉（按：即索南旺杰），理塘縣城解圍。」[14]

---

13 然楚阿旺，《理塘歷史記錄》第2冊（藏文版），頁48-51。
14 見《甘孜州志》，頁50，《理塘縣志》，頁15，《甘孜軍事志》，頁188。

理塘之戰前後持續了近三周，可能是康區最慘烈的戰鬥。藏人死亡人數一說八百，一說兩千；官方文件中只有「俘敵一千三百餘人」這個數字[15]。《甘孜藏族自治州軍事志》提供的資料是「殲滅叛首毛埡土司以下2,004人（斃311、傷80、俘1,613）」[16]，但這個數字只是3月30日解放軍向理塘寺發動最後總攻時，當時在寺院中的藏人死傷俘數字，並非理塘之戰的全部數字。

《甘孜藏族自治州軍事志・英名錄》中記載了從紅軍時期到1970年代在甘孜地區陣亡的官兵名錄，獨缺1956年3月理塘陣亡官兵名單，只記錄了八十三個無部隊番號、籍貫、職務、入伍及陣亡時間的名字。據此無法確定這就是理塘之戰陣亡官兵，也無法確定有營級以上軍官陣亡。根據《理塘縣志》的記載，理塘之戰中，65團陣亡「連長以下137名，傷排長以下122名」[17]，共傷亡259人。但這只是65團的傷亡資料，並不是所有參戰部隊的傷亡數字。參戰的除了正規軍，還有康定縣派來的武裝民兵，他們的傷亡人數未見記錄。

世人也許永遠不會知道，1956年3月，在理塘長青春科爾寺，有多少生命在烽火中逝去。

四

長青春科爾寺，意為「彌勒法輪寺」，俗稱理塘寺，位於理塘縣城北約1公里處之托洛納卡山腰，為理塘縣四十一所寺院之首，也是康南最大的寺院。該寺始建於明萬曆8年，即西元1580年，為第三世達賴喇嘛索南嘉措創

15　1956年4月9日，中共中央發出的〈關於四川省彝族和藏族地區反革命叛亂情況的通報〉中為「一萬三千餘人」。詳見《統戰政策文件匯編1-4冊》，頁1777-1781。
16　《甘孜藏族自治州軍事志》，頁188。
17　《理塘縣志》，頁356。

建[18]。創建之初，寺院僅數百僧人。經歷代擴建，至1950年，理塘寺南北長550米，東西寬300米，擁有房屋428幢，1,500多間，僧侶4,371人。

此役之前，理塘寺只有幾張黑白小照傳世，照片上看不出寺院的全貌和風采。好在清嘉慶15年（1810），一個名叫陳登龍的閩中書生曾到此一遊。他登山入寺，驚嘆之餘，寫下一段文字：

> 長青春科兒寺，亦曰大招，在理塘城北周圍，建樓閣數十處。凌霄犖漢，瓦蓋皆飾以黃金，內塑諸佛玉像，百寶鏤嵌，幢幡寶蓋，輝煌巨麗。供奉萬歲寶座，金花玉盞，四季常春。其左曰貯經堂，藏經板在其內；右為金剛寺，傍環大小寺數十座。一望重樓疊閣，滿目陸離，誠巨觀也。[19]

重樓疊閣中有一座六十四根柱子的大殿，壁繪釋迦百行傳，後殿供奉一層樓高的香泥彌勒佛像。彌勒佛，藏語「嘉瓦強巴」，亦稱「強巴佛」，是佛教世界中的未來佛，代表信徒們對未來「彌勒淨土」的期盼。

1956年3月，鐵鳥飛到了長青春科爾寺上空。在槍炮和集束炸彈的爆炸聲中，許許多多的未來期盼與硝煙一同飄散。

---

18 另有一說為第三世達賴喇嘛於1580年路過理塘時，將原苯教的邦根寺改為格魯派寺院之長青春科爾寺。

19 《理塘志略》，頁41。

第六章　鄉城：破碎的佛珠

────────────────　一　────────────────

　　碩曲河從理塘中部喇嘛埡發源，全長270多公里，依山勢由北向南流淌，注入金沙江。碩曲中段河谷豐饒，梯田成片，村莊民居隔岸相對。登高俯望，河流如線，村寨如珠，河谷猶如一條珠串。虔信佛教的居民稱他們的家鄉「卡稱」[1]（Chathreng），意為「手中的佛珠」。世居此地的藏人稱為「卡稱巴」。外來人發音不標準，久而久之，變音為「鄉城」。

　　鄉城北連理塘，西鄰得榮，東臨稻城，東北為巴塘，南端與雲南中甸接壤，其境原為「理化宣撫司」，即理塘土司所轄一部，包括上、中、下三部，及火竹六村一帶，因此亦稱「三鄉」。這一帶歷史上曾先後被雲南木氏土司、蒙古和碩部控制。清光緒34年（1908）趙爾豐「改土歸流」，取「平定鄉城」之意置定鄉縣，隸屬巴安府。1939年西康建省，定鄉入西康省治，1951年易名為鄉城縣。

　　在以豪勇剽悍著稱的康巴漢子中，卡稱巴頗具盛名。鄉城歷史上數次被外族攻佔，土司部落之間常有械鬥，加之地處川滇商道，常有盜匪搶劫往來客商，自衛和搶劫成為生活常態，養成了卡稱巴勇武好鬥的性格。據1941年的調查，鄉城「家無貧富，所庋多槍。據前數年之調查，三鄉私槍為五千支……最近之估計步槍為一千五六百支，手槍為六百餘支」[2]。

　　由於民風強悍，從清末到民國一直派駐軍隊。鄉城地處偏遠，全境以山地為主，交通不便，物產有限，駐軍向民眾租房而居，軍糧亦由本地徵收。

────────────────

1　亦譯「恰城」。
2　張朝鑑，〈三鄉一瞥〉，《康區藏族社會調查資料輯要》，頁411-418。

駐軍太少，則「匪特不能鎮攝」；人數太多，則不得不民口奪糧以養兵，加重民眾負擔，常常因此引發衝突。

鄉城有二十七座寺院，縣城邊的桑披寺是其中之冠。桑披寺，藏語「噶丹桑披羅布林」，意為「如意吉祥的寶寺」。該寺於1669年由五世達賴喇嘛倡建。1811年，桑披寺住持赤江仁波切松久曲麥成為第九世達賴喇嘛的經師，桑披寺因之名聲大振，成為藏東南名寺之一，也是鄉城的政治、經濟、文化中心。該寺「寺牆周圍約250丈，背依危岩，前臨險徑，聳然高踞，頗壯形勢」[3]。

清末以來，這座名寺屢遭劫難。趙爾豐改土歸流期間的鄉城一役，因寺院地勢高險，易守難攻，趙軍包圍數月，無法攻克。後來發現寺院的秘密水源，切斷寺院供水，迫使寺僧突圍，桑披寺攻破，寺內財物被亂兵洗劫一空，大經堂亦遭毀壞。1911年鄉城再亂，卡稱巴起兵圍城，邊軍統領顧占文派管帶丁誠信、劉贊廷率兵進攻，全軍覆沒。後尹昌衡西征，派孫紹騫再攻鄉城，桑披寺又遭毀壞。

然而，卡稱巴屢次反抗外來政權，究其原因，與外來政權的行為不無相關。

改土歸流後政府加重賦稅，是激發反抗的主要原因。1911年的鄉城暴動，鎮壓者孫紹騫也承認「獨鄉城之糧加重數倍，夷民困於擔負，遂有此次之變」[4]。民國38年（1949）出版的《新西康》雜誌中，有一篇題為「三鄉一瞥」的文章，談到鄉城當時的狀況，作者評論道：「三鄉飽受趙邊使、尹經略、陳步三[5]數度軍事慘禍，政治修明，民各安業，鄉人未一受享。其於流官觀感，自可推測。」[6]由於鄉城民眾對外來政權的敵意，西康省所設的鄉城縣政府形同虛設，1951年被中共接收時，只有「一樓一底面積約100平方米的藏

---

3 李中定，〈康南八縣紀要——定鄉〉，《康區藏族社會調查資料輯要》，頁423-428。
4 孫紹騫，〈平鄉記事〉，《康區藏族社會珍稀資料輯要》（上），頁258-271。
5 1912年尹昌衡西征時南路軍攻下鄉城的營長。該營駐守鄉城時，於1915年發生譁變。
6 張朝鑑，〈三鄉一瞥〉，《康區藏族社會調查資料輯要》，頁411-418。

房一座，幾張桌椅，大麥100石，小麥53石，蕎子1.5石。」[7]

中共進入鄉城，對卡稱巴來說，只不過又換了一批「流官」。

二

中共建政之初，新來的「流官」們小心翼翼地接近民眾。他們開了幾家商店，建了一所醫院，發放救濟糧款，提供免費醫療，還帶來許多大洋在當地購買、囤積糧食，並運來一些武器。卡稱巴弄不懂這些人是軍人還是「漢官」，對他們不甚信任，但逐漸習慣了他們的存在。

很快，鄉城又出現導致1911年暴動的狀況。當時康區許多地方依然使用藏銀，但中共幹部和職工的工資付的是大洋。國民政府時期的定鄉縣政府只有十來個人，給民眾帶來的負擔還不算太大。1951年後，進入鄉城的中共各類人員越來越多，流入的大洋也越來越多，導致藏銀貶值，糧食價格上漲：「在1956年以前的幾年裡，一個藏錢從原來能購小麥十批下跌到兩批。」[8]但在1952到1955年之間，除了部落械鬥外，卡稱巴與政府並未發生衝突。鄉城有影響的僧俗上層人士均得到安置，普通民眾與政府沒有接觸，依然稱縣政府為「衙門」。

1956年2月，鄉城縣工委和縣政府從下轄的五個區召集三百名「積極分子」到縣城開培訓班，引導他們「吐苦水、算剝削帳」，提高「階級覺悟」，在此基礎上成立土改工作團，中共鄉城縣工委書記任志高為團長。工作團有三名副團長，包括一個名叫扎西公布的藏人。工作團下轄五個分隊，計畫每個區派一個分隊去開展土改。

大約在2月中旬，藏曆新年前後，鄉城兩座主要寺院收到土改工作團的文件。藏人回憶中，這份文件包括七項內容：（1）喇嘛和僧人必須還俗；

7　《鄉城縣志》，頁16。
8　同上，頁197。

（2）寺院財產交公；（3）禁止從事宗教活動；（4）消滅有錢人；（5）所有土地收歸國有；（6）所有財產收歸國有；（7）全體人民服從並支持軍隊。工作團並威脅如果不同意，將訴諸武力[9]。這份文件可能是鄉城土改工作團頒布的「土改章程」。此章程至今未發表，無法確定藏人回憶中的內容與該章程是否相符，但從上述藏人的記述中，至少可以看出他們對「民主改革」的理解。

鄉城藏人領袖秘密開會商討後，派人給鄉城工委送去一封措辭強硬的回信，表示絕不接受如此「改革」，並要求工委撤出鄉城。至於武力威脅，卡稱巴的回答是：「既然你們已經做了打仗的準備，我們絕不退縮。」[10]中方資料透露，2月中旬後鄉城工委書記任志高曾四次去桑披寺談判，但未透露內容。談判顯然沒有取得進展，於是雙方都開始備戰。

中方資料將鄉城暴動歸罪於達賴喇嘛的經師赤江仁波切[11]，指控他「指派拉薩哲蚌寺宋翁活佛和理塘阿扎活佛來桑披寺，策劃武裝叛亂」，並派人到中甸、稻城、巴塘、得榮等縣的寺院中聯絡[12]。迄今為止，未見其他資料佐證赤江仁波切策劃了鄉城暴動。藏人資料提及，理塘藏人決定反抗時，曾派人到鄰近各縣聯絡，其中包括鄉城[13]，但據鄉城反抗倖存者回憶，民眾早就瞭解其他地區的土改，一聽說這樣的土改將在自己家鄉進行，立刻自發起來保護寺院[14]。

當時政府人員集中在縣政府樓、商業局、醫院三個據點裡。2月中旬之後，所有人員開始修工事、儲備水，做戰鬥動員。

9　Kargyal Dondrup, *History of Kham Chatreng Entitled "Golden Cluster of Grain"*, p. 160.藏文版，Matthew Akester英譯。
10　同上。
11　第三世赤江仁波切洛桑益西丹增嘉措（1900-1981），自1951年起擔任第十四世達賴喇嘛的副經師。桑披寺是赤江仁波切的祖寺。
12　《鄉城縣志》，頁19、275。
13　Carole McGranahan, *Arrested Histories: Tibet, the CIA, and Memories of a Forgotten War*, p. 76.
14　達瓦才仁，《血祭雪域》，頁97。

3月16日，來自各區的兩千多藏人聚集桑披寺。寺院僧人開始宗教儀軌。

3月20日，政府人員集中的三個據點被蜂擁而來的藏人包圍，雙方互射，至少一名藏人被打死。當晚，藏人在寺院四周的山坡上點燃篝火紮營。鄉城工委決定把醫院裡的人撤到縣政府。醫院工作人員將七萬塊大洋埋在地下，自行縱火燒毀樓房，然後順著水溝撤離，期間遭遇冷槍，一名藏族幹部被打死。

從雙方資料來看，這場被稱為「鄉城縣政府保衛戰」的戰鬥，藏人主要是包圍縣政府，切斷水源，試圖逼政府人員撤出鄉城，期間互射冷槍，但在「保衛戰」期間，並未發生理塘那樣的激烈戰鬥。鄉城縣政府是一座三層樓房，外面有圍牆，樓房裡共兩百多人，有一挺發生故障、只能單發的機槍和四十多支步槍，平均每支槍八十發子彈。為了節省子彈，政府方面自然不會隨便射擊；藏人沒有重武器，也無法強攻，有些人打算攻進去，被頭領斥退：「你們衝進去幹什麼？想搶漢人的東西嗎？」[15]

雙方之所以對峙十多天，主要原因是鄉城縣政府的電臺壞了，整整一周無法與康定地委取得聯繫。等到終於恢復聯繫，請求援軍，得到的回答是「由於發生叛亂的地方太多，地委有限的兵力都派盡了，鄉城又地處邊遠，交通不便，救援存在的困難大極了。所以，地委讓鄉城方面撤離。一是朝中甸方向，二是朝稻城，三是朝理塘，三個方向中，讓鄉城選一個最有利的方向突圍」[16]。

鄉城方面開了一個黨員擴大會討論局勢。他們自知武器不足，人數又少，突圍毫無勝算，於是決定直接向北京求援。

---

15 Kargyal Dondrup, *History of Kham Chatreng Entitled "Golden Cluster of Grain"*, p. 160. 藏文版。

16 《鄉城縣志》，頁278。

三

　　3月底的夜晚，海拔2,800多米的鄉城天氣寒冷，星光昏沉。卡稱漢子們抱著老舊火槍，圍坐在一簇簇篝火邊。誰也不知道會在這裡待多久，誰也不知道未來是什麼。篝火邊的卡稱巴是一群與世無爭的農夫牧民，祖祖輩輩在大山裡繁衍生息。他們並沒有「解放」他人的宏願，也無「改造世界」的夢想。他們對人生別無奢望，只想安度今生，期盼來世。然而，外部勢力總是以形形色色的名義，闖進他們的家園。卡稱漢子們粗糙的手握著火槍，在他們背後，碩曲河邊那些如佛珠般的村寨裡，有他們祖先傳下的家園和寺院。簡陋的小屋是他們今生的福祉，輝煌的寺院是他們來世的期盼，保衛家園、保護婦孺是男人的天命，滿面風霜的卡稱漢子別無選擇。

　　夜晚如往常一樣安詳，森林靜立，鳥雀無聲。一個名叫卡嘉頓珠的漢子坐在篝火邊，裹緊皮袍，頭伏在膝蓋上，昏昏欲睡。朦朧中，他想起自己的家鄉。一水如帶，從山中悠悠淌過，將河邊小村連成一串佛珠。房前的經幢，屋頂的經幡，門前的桑煙爐青煙裊裊。夏日裡，山坡上羊群緩緩移動，牧羊的卡稱姑娘站在坡頂，唱著久遠流傳的歌……

　　陡然間，一聲高唱利劍般劃破了夜晚的寧靜。卡嘉頓珠猝然驚醒，見夥伴們個個轉頭，望著縣政府的方向。卡嘉頓珠意識到，縣府的圍牆後面，一個卡稱女子正在唱歌。

　　篝火邊的卡稱漢子凝神靜聽。

　　歌聲高昂清越，正是卡嘉頓珠熟悉的家鄉曲調。在這個危機四伏的夜晚，卡稱女子的歌聲格外清亮，甜美的歌聲在夜空裡飄蕩：

假如你們現在還不煨桑[17]，
明天就會漫山桑煙。

17　煨桑，藏傳佛教中的一種常見儀式。信徒焚燒曬乾的柏樹葉、糌粑和其他香料，含有敬佛、祈福、驅邪之意。焚燒時的煙稱為「桑煙」。

歌聲有幾分緊張，幾分急切，像是叮嚀，像是示警，又像是緊迫的訴說。

「明天就會漫山桑煙」？卡嘉頓珠心中忐忑。他隱隱感到，圍牆後的女子似乎在傳遞著冥冥之中的某種信息[18]。

歌聲突然停止，夜晚重歸寂靜。山風陣陣，篝火呼嘯，火星四濺。燃燒的木塊畢畢剝剝地響著，光點流螢般竄入夜空。卡稱巴們低著頭，困倦地圍坐在篝火邊。長夜漫漫，時間一分一秒地流逝。

卡稱漢子們沒有想到，巨大的災難正朝他們步步逼來。

碩曲河靜靜流淌，桑披寺默默無聲。星光下，寺院金頂閃著微弱的光芒，經幡在夜風裡飄搖。這座歷經劫難的寺院，凝聚著世代卡稱巴的信仰和心願，大經堂一次次毀壞，一次次重建，見證虔誠，見證堅韌，也見證哀傷。

這時，在陝西武功機場，中共的秘密武器——圖-4遠程重型轟炸機已接到中央軍委命令，正在進行作戰準備。

幾天前，當卡稱漢子們在山坡上與強行改造他們的「流官」對峙時，一份求援電報送到了國務院總理周恩來的辦公桌上。

這是四川省委轉發的鄉城縣委求援報告，附加四川省委的說明：「鄉城百餘同志被圍半月有餘，現在缺彈藥、缺水、缺糧，還在堅持。省委無部隊可派調，請中央立即想法救援鄉城幹部。」[19]

周恩來在報告上寫了一行字，交秘書即刻處理。

電報轉交國防部長彭德懷。

數日後，鄉城縣工委收到四川省委轉發的中央回電。周恩來在鄉城報告上批示：「派降落傘兵部隊解救鄉城幹部。」[20]鄉城工委立刻電告中央，說

---

18 Kargyal Dondrup, *History of Kham Chatreng Entitled "Golden Cluster of Grain"*, p. 160.藏文版。

19 《鄉城縣志》，頁278。

20 同上。

明鄉城地形複雜，不適合派傘兵，建議從雲南派地面部隊，同時派飛機炸掉「叛匪的指揮部」，即桑披寺。

次日，鄉城方面收到回電。周恩來命昆明軍區派部隊四天內趕到鄉城[21]。隨後，昆明軍區發來電報，通知鄉城工委：部隊已經出發。

就是在那天夜晚，這個不知名的卡稱女子揚起歌喉，唱了那首煨桑的歌。至今為止，誰也不知道她是什麼人。只有在藏人的記憶中，那天夜裡，曾經有個女人唱了這樣一首歌。

四

3月29日。近午時，兩架飛機掠過山頂，在山谷上空盤旋。

圍牆背後的政府樓裡，電報員緊張地調試電臺，但無法聯絡。飛機扔下一堆紅紅綠綠的傳單，上面用漢藏兩種文字寫著：「我們知道你們當中大多數都是受了欺騙的好人，所以我們不忍將炸彈扔在你們的頭上。如果你們繼續聽信壞人的話，不肯撤銷包圍，繼續和政府作對，炸彈馬上就會落在你們頭上。那時，後悔也就遲了。」[22]

飛機在桑披寺對面的山上扔下一顆炸彈，以示震懾[23]，然後轉了個彎，飛向遠方，消失得無影無蹤。

次日，飛機再次飛來時，幾個藏人站在山口朝飛機開槍。飛機投下燃燒彈，山頭起火，藏人倉皇撤退，飛機轉回。

4月2日，朝霞散盡，太陽發出溫暖的光芒。9點左右，四架圖-4轟炸機呼嘯而來。機上的炮塔吐出一條條火舌，23毫米機關炮朝山坡和圍牆附近的人群掃射。山坡上無處躲藏，人們紛紛奔向桑披寺。下午，當山坡上的人悉數

---

21 《四川民族地區民主改革大事記》，頁111。
22 傳單影印件見〈牛潛將首話『公牛』〉，《兵器知識》2009年第7期，頁75-78。該文未說明這份傳單是撒在鄉城的，但根據藏人回憶中傳單的內容與此相符。
23 根據《鄉城縣志》頁279，飛機這天「打了幾排槍，撒了一些傳單」。

被趕入寺院後，轟炸機開始投彈：「下午4時，飛機往叛匪指揮中心投下了炸彈。這時大家看見，一聲巨響之後，灰塵和火光沖天，一根根木頭和煙霧一起上了天。」[24]

這次轟炸遠不止「一聲巨響」。幾十枚炸彈落進寺院，桑披寺受到毀滅性打擊：三座佛殿，約四十座僧舍被炸毀，兩百多名僧俗死亡。轟炸停止後，倖存的藏人衝出寺院，部分人投降，大部分人逃進山裡。

4月3日，昆明軍區所屬126團先遣營進入鄉城。歷時十三天的「鄉城縣政府保衛戰」告終，期間中方陣亡三人，其中有兩名是藏族幹部。

卡稱巴的苦難並未就此結束。

鄉城轟炸前後共持續了十天，碩曲河邊兩兩相對的村寨裡，許多民居和寺院被炸成廢墟，僧俗民眾死傷無數。為了逃避抓捕，青壯男人全部跑上山，村裡只剩老弱婦幼。殘牆斷壁下面，傷者的淒慘呼號聲聲可聞，可是沒人敢出來營救。軍隊佯撤，誘使男人下山，當人們開始營救時，飛機又來投彈，營救的人與先前的傷者統統被炸死。飛機離去後，倖存的老人婦女孩子出來尋找他們的兒子丈夫父親。被重型轟炸機轟炸過的村莊裡，找不到一具完整的屍體，斷肢殘軀散落遍地。卡稱漢子的血肉之軀抵擋不住集束炸彈，他們保護不了寺院，保護不了家園，也保護不了婦孺。萬象復甦的4月裡，村村寨寨彌漫著死亡的氣息。

1956年3月至4月，中國人民解放軍空軍遠程重型轟炸機獨立4團完成了組建以來的第一次實戰，轟炸目標為理塘長青春科爾寺、鄉城桑披寺和巴塘康寧寺。近一個月的作戰期間，獨4團完成了二十九架次物質空投，並在三天內進行了二十一架次轟炸[25]，共投下約三百枚集束炸彈。獨4團的康南轟炸為日後的高原作戰取得了豐富經驗，算得上解放軍空軍的一次成功實彈練兵。

---

24 《鄉城縣志》，頁279。

25 中國空軍網，〈空軍史——蘭州軍區空軍歷史沿革〉（http://www.plaaf.net/html/33/n-21733.html）；另見《甘孜軍事志》，頁188。投彈數量根據執行巴塘康寧寺轟炸的前圖-4機組成員劉恒訓回憶文章〈川西平叛紀實〉（http://www.jnzx.gov.cn:8080/Html/81012006515170747-1.Html）中所記載的炸彈數量推算。

這一波鎮壓中藏人死傷總人數，迄今仍未公布。

五

碩曲河邊佛珠般的村寨裡，老弱婦孺流著淚，舉行沒有喇嘛念經的水
葬，將親人的殘屍投入碩曲河中。絲帶一般的河水載著卡稱巴殘缺的屍體，
和著婦幼老人的眼淚，流過殘缺的桑披寺，經過殘缺的村寨，默默遠去，匯
入金沙江。滾滾長江東逝水，淘盡了卡稱巴的血淚，下游的人們聽不見集束
炸彈的轟然巨響，看不見噶丹桑披羅布林的斷壁殘牆。

湧進鄉城的大批軍隊佔據了尚未毀壞的民居。大批僧俗民眾被逮捕，其
中許多人後來被送去做苦工，修公路。

失去丈夫的卡稱女子攙著老人，背著幼兒，牽著孩子，離家棄舍，逃進
大山。

第七章　梁茹：珠姆之怒

一

1956年6月，吾亞部落敦庫村頭人阿登結束了西南民族學院的學習，幾個同鄉學員結伴返鄉。到了康定，甘孜州州長沙納[1]召他們談話，讓他們學習文件，討論「平叛政策」，阿登這時才知道，家鄉已經成了戰場。

各地戰火紛飛的時候，全區主要藏人領袖還在康定開會學習。阿登設法去見家鄉的幾個著名頭人，瞭解事情的原委。可是四周到處是眼線，他們無法深談。

阿登騎著馬，心情沉重地朝家鄉走去。

阿登的家鄉新龍縣，藏名梁茹（Nyarong），一譯「娘榮」或「娘絨」，亦稱「江堆珠母宗」。縣城附近有座不知何人修建、不知建於何時的古堡，傳說格薩爾王的愛妃珠姆曾在堡中居住，古堡因此稱為「珠姆堡」，亦稱「雌龍堡」。

歷史上，梁茹還有個更為史家所熟悉的漢名「瞻對」。相傳元初這一帶出了一位文武雙全的僧人，名叫羌堆喜饒降澤。他拜見元世祖忽必烈時，輕鬆地將一根鐵茅挽成一個鐵疙瘩，因此被封為「瞻對本沖」，意為「挽鐵疙瘩的官」。他是瞻對第一代土司。居住在瞻對的藏人稱為「梁茹巴」。

明代，瞻對土司家族分裂為兩支，瞻對因而分為上瞻、下瞻兩部，由兩

1　沙納（1918-1967），馬爾康縣黨壩鄉尕南村人，1937年參加共產黨，曾任康定專員公署副專員、西康省藏族自治區人民政府副主席、西康省人民政府民政廳副廳長、省民委副主任等職；1955年後，先後擔任中共四川省委委員、四川省民族事務委員會副主任、中央人民政府民族事務委員會委員、中共甘孜州委書記處書記、甘孜藏族自治州人民政府州長、康定軍分區副司令員等職。文革期間遭迫害致死。

個世襲土司家族分別管轄。清乾隆10年（1745），清廷封中瞻對長官司，瞻對從此分為上、中、下三部，遂有「三瞻」之稱。此後，清廷在瞻對屢次分封，千、百戶越來越多，領地越來越細小，千百戶們彼此爭鬥，摩擦不斷。瞻對在雅礱江上游，地處川藏南北道之間，地險人強，易守難攻，被清廷視為「百年邊患」。清雍正6年（1728）至光緒22年（1896），不到一百七十年中，清廷七次對瞻對用兵，期間各有勝負。道光28年（1848），瞻對爆發「工布朗結之亂」，瞻對土司工布朗結一度統一瞻對，佔領周邊土司的大片領地，並控制川藏商道。「工布朗結之亂」歷時十七年，經「清藏會剿」，於1865年結束。清廷認為瞻對民風強悍，難以管理，遂將該地交予第十二世達賴喇嘛，由噶廈政府派員管理。1911年瞻對「改土歸流」，藏官撤回，該地設懷柔縣，後改為瞻化縣。1936年紅軍經過該縣，成立「瞻對博巴政府」籌糧。紅軍走後，「博巴政府」自行解散。1950年中共進入瞻化，易其名為「新龍」。

將近兩個世紀裡，梁茹戰亂頻乃，民生艱難。「改流」並沒有給民眾帶來好處，反而加重了稅負和差役。1939年《康導月刊》刊登的〈瞻化上瞻區調查記〉記載：「烏拉一項，實為人民最痛心之事。關外各縣，凡本縣公務人員，及本縣之土兵，因公到本縣各村，照例支用烏拉，不給腳價。今年政令日繁，考察日眾，輸運日多，人民宛轉於烏拉差之下，幾無暇日！人民終日為政府牽牛找馬不暇，何暇自謀其生？」[2]由此可見，此時當地烏拉差役重負，多來自「改流」後的流官新政府。繁差重稅導致民眾成批逃亡，有的村莊整體遷徙，有的村莊半數逃亡。

民生艱難，爭戰不斷，練就了梁茹巴堅毅勇猛的個性。梁茹在康區中央，猶如康區的心臟。這顆心臟堅實有力，男人如此，女人亦如此。梁茹最著名的反抗者，就是一名年輕女子。

2　許文超，〈瞻化上瞻區調查記〉，《康區藏族社會調查資料輯要》，頁185-202。

甲日千戶家族住在新龍繞魯，是新龍四千戶之一，在當地很有影響力。中共進入新龍後，這一代千戶甲日尼瑪立即成為「統戰對象」，並被安置為縣長。

1955年底，康定地區機關和新龍縣幹部共一百三十多人組成的工作隊，從康定出發，前往新龍開展「民改」。

1956年1月中旬至月底，新龍縣工委召集全縣幹部和積極分子七百多人，舉辦「民改培訓班」，成立「民改工作團」由縣工委書記趙學剛任團長，藏民團營教導員張忠讓和兩名縣政府幹部任副團長。「工作團」下設四個工作隊，下到各區開始土改。

工作隊的任務之一，是對全縣每戶人家的財產、每個人的情況做詳盡調查，為第二階段，即「劃分階級成分」做準備[3]。

就在這段時間裡，甲日尼瑪得到甘孜將要全面開展「改革」的消息，具體方式包括：收繳武器、沒收財產、開鬥爭會批鬥有影響的頭人喇嘛[4]。

「鬥爭會」是中共在長期鬥爭中形成並廣泛使用的一種手段，它既是「對敵鬥爭」的工具，也是群眾動員的利器。鬥爭會的功能是雙重的，既能摧毀被鬥人的尊嚴和名譽，達到使被鬥人意志瓦解的目的，又能在民眾中煽動和放大仇恨，製造群體精神上的分裂。第二重目的比第一重更為重要。為此，鬥爭會總是鼓勵人們對「鬥爭對象」施以語言和行為暴力，用一系列方法來誘導、引發暴力。沒有語言和行為暴力，就達不到鬥爭會的真正目的，所以鬥爭會不惜依靠社會上道德約束力最弱的邊緣人群。鬥爭會上，幹部們讓事先經過動員而安排好的「積極分子」帶頭示範，對被鬥爭者施以暴力。血淋淋的場面對人們形成強烈心理衝擊，同時也最大限度地製造恐怖，是一

3　羅印俊，〈回憶新龍縣的民主改革〉，《甘孜州文史資料》第7輯，頁227-254。

4　新龍藏人反抗和被鎮壓詳情，見*Jangyang Norbu, Warriors of Tibet*; Carole McGranahan, *Arrested Histories: Tibet, the CIA, and Memories of a Forgotten War*, pp. 80-85；《甘孜軍事志》，頁189；《四川省志・軍事志》，頁297；《新龍縣志》，頁13、241；《建國五十年新龍之變化專輯》，頁45-67。

種有效的脅迫民眾、撕裂社會以達到「分而治之」的手段。這種方式從「湖南農運」起一直被廣泛使用，成為土改「發動群眾」的主要方式之一。

鬥爭會這種方式能夠在很短的時間裡，摧毀和改變一個地方原有的社會倫理結構。人們在幾百年中形成和維持的人際關係，往往在旦夕之間改變。社會精英在肉體上和精神上「被打翻在地」，同時改變的還有鬥爭者的心理障礙。人原有的善良天性一旦被突破，原來被約束和限制的人性惡的一面，就在「從眾」的掩護下浮現出來。社會上道德自制程度較弱的分子突然發現，只要響應「革命」的號召，任何自私自利的行為，即使是作惡的行為，都可以不承擔責任了。於是，「中國革命」過程中處處可見，原本懦弱的良善之輩，短短幾天裡就變成膽大妄為的兇神惡煞，瞬間完成從人變魔的逆轉。這種野蠻暴力在中共主導的「中國革命」期間一直如此，土改時期以更大的規模在全國各地發生。

考察「中國革命」不難發現，人們心理和行為的這種善惡突變，常常是從鬥爭會這種群眾動員形式發端的。鬥爭會達到了發動群眾的目的，也從根本上改變了人與人之間的關係，徹底摧毀了社會的倫理道德規範，對社會帶來難以恢復的負面影響。

藏民族是一個全民信仰佛教的社會。鬥爭會這種野蠻的動員方式與藏人的價值觀猛烈碰撞。藏人的回憶中，「鬥爭會」極其令人憤恨。藏語中沒有「鬥爭」這個詞，只能從漢語中音譯為thamzing。在鬥爭會上凌辱受到社會各階層普遍尊敬的高僧，差辱部落領袖，尤其讓藏人無法容忍。這是導致許多地區土改尚未展開，民眾就開始反抗的重要原因，也是反抗中各地「積極分子」和土改工作隊首當其衝，遭到攻擊的主要原因。

甲日尼瑪聞訊後立即趕回家，與妻子商量對策。甲日尼瑪的兩個妻子是一對年齡相差七歲的姐妹，姐姐叫諾欽拉莫，妹妹叫多杰玉登。當時姐姐年約三十，妹妹剛二十出頭。

他們商量之後，做出了一百多年來，梁茹巴遭遇外來壓迫時總是做出的選擇：反抗。他們從部落裡選了十八名青年組成「虎子隊」，作為護衛。這時，理塘諸部落正在醞釀反抗。理塘派人送信到甲日家，問他們是否願意於

藏曆1月18日⁵同時行動。他們回信同意。

1月中旬，甲日尼瑪被新政府召到康定，參加人大、政協聯席會議。

「康定會議」參加者共六十九人，涵蓋各縣主要上層人士。會議一方面傳達中央批准的土改文件，另一方面是與各地上層人士「協商」，使他們主動提交「要求民主改革的申請書」。「協商」的具體方法是：

在會議協商過程中，貫徹了對民族宗教上層的「提高贊成派、團結中間派、爭取頑固派、堅決孤立和打擊個別反動分子」的策略方針。具體做法上，動員大部分上層人士在會上承認和檢討自己剝削和壓迫群眾的事實；讓正在民幹校訓練的部分民改積極分子參加小組會，對上層人士進行說理鬥爭等。通過會議的大小會協商和會外的個別協商談話，如地委領導幾乎每天都要找各縣的主要上層談話，確有一部分上層人士對實行民主改革的重要性和必要性有了進一步的認識，在大會上發言表示贊成民主改革。⁶

換言之，「康定會議」本身就是一場對各縣上層人士的集中批鬥會。「晉綏土改」中鍛鍊出來的幹部，對這一套駕輕就熟。通過長達三個月隔離式的大會小會、個別談話、「說理鬥爭」，終於得到了官員想要的結果：「177名參加會議和未到會的民族宗教上層遞交了要求進行民主改革的申請書。」⁷

這就是中共幾十年來宣傳的「和平協商民主改革」。

除了「康定會議」，各縣還相繼召開縣人大、政協會議，用同樣的方式使藏人領袖通過「擁護民主改革」的決議。2月10日，全縣大小頭人共六十餘人被集中在縣政府樓上學習，宣傳土改政策等。諾欽拉莫也被叫去開會，留

5　大約是西曆2月底左右。
6　《甘孜藏族自治州民主改革史》，頁45。
7　同上。

下多杰玉登和一名侄子照料家事，「虎子隊」負責保護她和家人。

「申請書」也罷，決議也罷，只有宣傳上的意義。就在各級藏人領袖被隔離開會期間，不管他們是否「自願」，也不管他們是否「擁護」，土改實際上已經開始。這些會議除了批鬥之外，另一個作用是把各地上層人士控制起來，使意欲反抗的民眾群龍無首，並且「投鼠忌器」。

2月24日，縣工委發出建立自衛隊的通知。為了武裝自衛隊員，縣工委要求各工作隊向上層人士「借槍」。此後，工作隊調動本鄉和外地的「積極分子」，帶著軍人和幹部挨家挨戶收繳槍枝彈藥。

當日，駐上瞻繞魯土改工作組長楊國安等人在區裡開完會，直接到甲孜村頭人甲孜阿日家「借槍」。甲孜阿日不在家，他們取走一支槍後，又找到甲孜阿日，要「借」他隨身佩帶的英製手槍。甲孜阿日拒絕。當晚，該村幾十人包圍了工作組。這件事成為「新龍叛亂第一槍」。

3月9日，新龍縣河西區皮察部落三十多人馬進入縣城，計畫將他們的頭人皮察阿多接走。雙方發生短促槍戰，各傷亡兩人。這件事後來被稱為「皮察叛匪圍攻縣城」。

3月13日，下瞻區土改工作組和洛古鄉土改工作組同時遭到襲擊，縣工委組織部長兼土改工作隊長，以及十二名隊員陣亡。

3月7日，甲拉西工作組長帶人來到部落頭人兼區長居美家搜查。居美當時在康定，家裡只有他的母親妻兒和老管家。搜查的結果震動了整個新龍：居美一家老少竟然全部被槍殺[8]。此後，新龍各地區出現多次對藏人領袖及其家人的暗殺行動。

多杰玉登知道，她沒有時間等待丈夫和姐姐回來，也沒有時間等待理塘方面約好的日期了。她即刻派人聯絡新龍地區其他部落。

3月的一天，在多杰玉登家裡，幾十支步槍火槍架在一起，幾十個部落的

8　當時參加新龍縣土改的羅印俊在回憶錄中提及此事，承認「在當時那種特定的歷史條件和不同的時間、地點下，我們的同志在工作方法上也不可能不出一些問題，只是一種教訓罷了」。詳見羅印俊，〈回憶新龍縣的民主改革〉，《甘孜州文史資料》第7輯，頁227-254。

梁茹巴面容莊肅，用康巴漢子古老的方式發誓：決心反抗強加於他們的「改造」，願意同生共死。年輕的梁茹女子多杰玉登成為他們的領頭人。

大約就在這時，多杰玉登派往爐霍的信使被抓，反抗計畫洩漏。她決定提前行動。

至3月14日，新龍全縣除河西區兩個鄉四個村、下瞻區半個鄉外，其他地區相繼暴動。參與戶數達2,787戶，佔該縣農區總戶數70.16%，參與人數佔全縣總人口16.7%[9]。當時新龍全縣土司頭人只有六十一人，寺院上層七十三人，可見參加暴動的絕大多數正是中共所要「解放」的「廣大群眾」。

3月底，衝突激化，縣委幹部躲進珠母堡。多杰玉登率人將這座古堡包圍，並切斷水源。他們沒有重武器，無法攻入古堡，縣委幹部也無法突圍。兩方對峙。

4月上旬，成都軍區公安內衛60團趕到新龍。

四

康區土改從醞釀到實施的過程，從中央到地方，每一個環節都表現出國家權力的傲慢和霸道，以及地方幹部的無知和蠻橫。土改在即將春耕的時候開展，勢必一開始就遇到嚴重問題。一刀切地廢除債務，導致寺院停止放債，其結果是在春荒期間糧食短缺，需要借貸的農民無處借貸，而政府又沒能力為他們提供口糧，使得一些農民面臨斷糧之憂。

藏區傳統上耕種寺廟和頭人土地的農民，每個差戶都有一份與差役相等的土地，廢除差役後，這些份地就成了「多餘土地」被沒收。根據藏區傳統，種子是由土地所有者提供的。土地被重新分配後，地權轉換，原先的土地擁有者自然不再提供種子。於是，分到土地的農民有地無種子。康區在橫斷山脈中，可耕之地相當有限，文件上的「僧侶每人分配兩份土地，家中一

9　《新龍縣文史資料第1輯——建國50年新龍之變化專輯》，頁54。

份，寺院一份」，事實上無法兌現，要想讓「無地少地」的農民享受「勝利果實」，只能從寺院「調劑」。名義上缺少種子和口糧的農民由政府提供，但當時公路網尚未修通，而春耕在即，短時間內無法從外地調運糧食。於是，甘孜地委採取的辦法是「動員地主獻糧」，也就是以「獻糧」的名義沒收地主的存糧。而且，沒收的糧食並非全部分給農民，其中相當部分成了「公糧」，用來供應土改工作隊。這些做法都是導致農民不分階層，一致抵制土改的重要原因。

6月底，當敦庫村頭人阿登到家時，家鄉已經面目全非。梁茹的反抗被強大的正規軍鎮壓，身強力壯的男人幾乎全部逃上山，村裡只剩老弱婦幼。

阿登走進家門，妻子大吃一驚，幾乎不敢相信他真的回來了。妻子哭著告訴他，他不在家的日子裡，村裡開始土改，他家被劃成「農奴主」。工作隊帶人來抄家，家裡的土地牲畜、妻子的首飾、一口大銅鍋、一條在供銷社新買的棉被都被沒收，連他向朋友借的幾口袋糧食都被扛走了。鄰居們過來探望，告訴他許多關於「民主改革」的故事：沒收財產、批鬥頭人喇嘛……

阿登在家住了幾天後，回去報到。他質問他的頂頭上司，一個姓沈的幹部，為什麼把他這樣並不富裕的人劃成「農奴主」？他得到的回答是：黨的政策是將具有領導能力、民眾信賴的人統統劃成農奴主，在群眾面前暴露他們的醜惡面目，這樣才能讓民眾不再信任這些人。當然，這些人並非個個都是有錢人，這只是一種策略。再說這些人都是反動封建分子，只要有機會，他們肯定都會做農奴主。阿登也是其中之一。

接下來的幾個月，阿登和一名同在西南民院受訓的同學，以及兩名僧人奉派隨同代號3899部隊[10]、7809部隊的步兵第1團，即公安60團，前往新龍東部一個叫做塘卡的地方，協助軍隊進行「政治爭取」。一次軍事行動中，阿登又驚又怒地得知，軍隊受命對「叛匪」不分男女老幼，統統格殺勿論。

---

10 阿登回憶錄第一版出版於1979年，書中提及他被派與「3899部隊」去新龍東部。1999年出版的《甘孜藏族自治州軍事志》中證實，在新龍鎮壓反抗藏人的軍隊為成都軍區公安內衛60團，代號3899、7809部隊。

在他的回憶錄中，阿登記錄了他參與的一次群眾大會。一天，當地所有的民眾被召集起來開會。會上，軍隊幹部對民眾說，他們來此是為了「民主改革」，只有經過這樣才能得到徹底解放。「我們是來幫助你們的，我們將會給沒有土地的人分配土地。」幹部們一個接一個發言，說著類似的話。

民眾沉默不語。最後，人群中站起一名衣著破舊的老人。

「我叫索南瑪，」他說，「你們一眼就看得出，我又老又窮。今天我有幾句話要說。這幾句話最好還是我來說，反正我是個窮人，沒什麼財產可沒收；再說我也老了，活不長了。我有幾句話要對你們這些漢人說。自從你們到我們這裡來，我們實在受不了你們的行為。如今你們又把什麼稀奇古怪，不通情理的『民主改革』強加給我們，在我們看來，這就是一堆謊話。你們說要給我們土地，這算什麼意思？你們四下看看，那些土地打古時候起就是我們的。我們的祖先已經給了我們，難道你們還能再給我們一次？要說有人壓迫我們的話，壓迫我們的人正是你們。你們憑什麼到我們這裡來，逼我們接受你們那一套？我們是藏人，你們是漢人。你們回家去吧，回到你們的人那兒去。我們不需要你們。」

一個名叫阿培楚欽的人站起來，說了一番類似的話。民眾大聲叫好。軍隊幹部大怒，當場下令將二人逮捕。

幾天後，當地民眾被召集起來開鬥爭會，鬥爭索南瑪和阿培楚欽。他們被宣布為「支持叛亂分子」，幹部們找來四名乞丐，請他們好吃好喝了一頓，當眾稱他們為「積極分子」，要他們揭發索南瑪和阿培楚欽的罪行。四名乞丐試圖蒙混過去，但解放軍士兵拿槍指著他們，他們只好動手毆打。鬥爭會結束後，索南瑪和阿培楚欽被打得半死。四名乞丐每人得到一支步槍作為獎勵。三天後，其中二人攜槍上山，參加了反抗武裝[11]。

目睹這一切，阿登開始產生反意。不到兩年，他將放棄為中共工作可能帶給他的種種好處，帶著妻子女兒離開故鄉，踏上流亡之路。

---

11 Jamyang Norbu, *Warriors of Tibet: The Story of Aten and the Khampas' Fight for the Freedom of Their Country*, pp. 113-114.

第八章　九曲黃河第一彎

―

　　黃河從玉樹、果洛東流而下，在青海、甘肅、四川三省交界處突然轉向西北，返回青海，繞出一個近180度的大彎，是為「九曲黃河第一彎」。這裡有一片綿延數百里的蒼茫草原，涵蓋甘南瑪曲、四川阿壩州之松潘、紅原、阿壩、若爾蓋等縣。阿壩境內的大草原稱為「松潘草原」，草原上的世居民族以「西藏三區」之安多藏人為主體。

　　松潘草原行政上屬四川阿壩藏族自治州[1]。民國初，這一帶設松理懋茂汶屯殖督辦公署，後改為四川省第十六行政督察區，轄南部六縣，即松潘、汶川、理縣、懋功、靖化和茂縣。草原六十五部以遊牧部落為主，仍由二十餘名大小土司管轄。1951年1月，中共建立川西人民行政公署茂縣專區專員公署，兩年後撤銷茂縣專區，建立「四川省藏族自治區」。西康撤省後，康區大部併入四川，為甘孜藏族自治州，原四川藏族自治區遂改為阿壩藏族自治州。

　　阿壩州地形複雜，有高山深谷，大河草原，東南部以高山峽谷為主，西北部為海拔3,000多米的高原。千百年來，這裡的居民依地勢而居，形成農、牧、半農半牧等不同生活形態。南部諸縣如黑水、馬爾康（四土）等以農業為主，北部高原草地以牧業為主。

　　阿壩南部靠近漢區，南端的幾個縣為漢藏羌雜居區。1954年茂縣就開始合作化試點，並且開始建國營農場。1954年10月4日，四川省委批轉省民族工作委員會和茂縣地委〈關於四省藏族自治區岷江以東部分漢區及漢羌雜居地

1　1987年更名為阿壩藏族羌族自治州。

區進行土地改革方案（草案）〉，決定1954年冬至1955年春在汶川、茂縣、松潘、南坪漢區和漢羌雜居區開展土改。阿壩的前期土改，即「減租減息」和「調整債務」也比甘孜州早一步：

> 到1955年，整個馬爾康地區，除了有許多人還繼續給寺院當差、交租外，給土司頭人交租、還債的已經不多了，當差的面也比原來減少了約一半。相當多的娃子地位改變了，成為科巴或百姓，部分科巴也成為百姓。
>
> 據1954年6月的統計，全州半農半牧區的地租減少了80%以上。差役基本消除。一些土司、頭人、守備等，除了還能在自己所住寨子派一些差外，其他地方往往派不動了。娃子獲得解放的佔60%以上。大部分高利貸者，已不能收債了。寺院索債現象也顯著減少。[2]

阿壩地區的統戰工作亦頗有成效。1952年9月，堅持抵抗中共的大頭人蘇永和投降，意味著阿壩地區的主要藏人領袖都接受與中共合作。因此，1955年底，四川省委決定在藏區開展土改時，認為阿壩土改條件已經成熟。

1956年1月初，馬爾康召開第一次農民代表大會，成立土改委員會。兩個月後，3月17日，靠近壤塘和紅原的該縣日部地區就發生暴動。這時甘孜許多地區已經開始反抗，但現有資料無法判斷馬爾康日部地區的反抗與理塘、鄉城、新龍等地是否有聯繫。

暴動迅速從馬爾康發展到阿壩州其他地區。

4月，位於九曲黃河第一彎的若爾蓋牧民發生暴動，暴動涉及十五個部落，三千五百多人。

5月14日，地處岷江上游的黑水縣俄恩村[3]藏民暴動，據《黑水縣志》記載，駐該村土改工作組幹部被殺。緊接著，猶如多米諾骨牌效應，黑水縣麻窩、扎窩、木蘇、上下陰山等地相繼發生暴動，參與者共達4,786人，持「各

2　《阿壩藏族自治州概況》，頁139。
3　現阿壩藏族羌族自治州黑水縣紅岩鄉俄恩村。

種槍械」二千餘支。從1956年6月的新華社《內參》中透露的情況來看，當時被當作「叛匪」的人中，有相當部分是因抗拒土改而逃跑的部落民眾。

至1956年5月中旬，阿壩州十三個縣中有七個縣發生暴動，參與者一萬五千人[4]。

二

阿壩州藏民為什麼在1956年發生暴動？官方的解釋是：

這是由少數頑固堅持農奴主立場的地主分子，個別政界、宗教界上層人士，極少數漏網殘匪，暗中勾結，陰謀破壞民主改革的勝利成果，妄圖復辟封建農奴制，趁翻身農奴覺悟還不高，駐軍剛調出黑水的時機，利用歷史上長期遺留下來的民族隔閡和宗教影響，抓住民改工作中少數幹部在執行政策上的某些偏差，挑撥民族關係，造謠惑眾，煽動不滿情緒，裹脅受蒙蔽群眾，製造社會動亂，向新生人民政權發起的一場階級大搏鬥。[5]

根據《黑水縣志》提供的資料，該縣藏民暴動中有「國民黨殘餘匪徒」8名、「匪首和兇手」39名、「小匪首」117名，除此之外，參與暴動的全是中共要依靠的「基本群眾」。

黑水土改從1956年1月4日開始，其過程分為三個階段：

第一，宣傳、貫徹〈土地改革法〉和「依靠貧農、雇農，鞏固地團結中農，中立富農，有步驟、有分別地消滅封建剝削制度，發展農業生產」的路線。訪貧問苦，召開各階層會議，充分發動廣大群眾積極參加民改運動。第

4　新華社《內參》，1957年1月4日。
5　《黑水縣志》，頁38。

二，憶苦思甜，啟發群眾覺悟。第三，依靠群眾，調查摸底，查田清鄉，按政策規定，通過自報和民主評議的方法，逐戶劃分階級成分。第四，做好土地、山林、房屋、耕畜、農具、家具及多餘糧食的沒收、徵收和分配。後一階段：建立鄉村政權，建立團組織，發展互助合作生產組，成立武裝自衛隊。[6]

黑水縣藏民暴動發生在土改完成之後，原因之一是「民改工作中少數幹部在執行政策上的某些偏差」。雖未說明何處發生「偏差」，但顯然與沒收財產、「發展互助合作生產組」和組織民兵有關。黑水土改後直接開始辦合作社，同時收繳槍枝。當時黑水成立了十四個合作社，其中十三個社的農民參加了暴動，並有幾名駐社幹部被殺。

1956年6月21日新華社《內參》報導，「目前已叛亂地區很少有地主倒算的情況，並且他們每打下一處據點就搶糧食、貿易公司，然後把東西分給群眾。」[7]藏區暴動期間，搶糧是普遍現象，極可能與糧食短缺有關。分析各縣1953至1955年的糧食徵購量可見，1953至1955年的兩年中，各地糧食徵購量大幅提高。在許多地區，政府從1952或1953年起徵收糧食作為農業稅，同時控制糧食市場，禁止糧食私營。政府不僅將公糧徵收量大大提高，還強迫民眾將公糧、種子之外的「餘糧」，也就是農民的口糧，以壟斷性低價出售給政府。馬爾康縣1954年糧食總產量435.1萬公斤，糧食徵收量為6.5萬公斤，統購量為3.5萬公斤，統購總量為10萬公斤；1955年總產量610萬公斤，徵收量43萬公斤，增加561.5%，統購量12.4萬公斤，增加257.1%。馬爾康縣1955年糧食總產量比1954年增加40.2%，而徵購總量卻提高了455%[8]。可見糧食增產民眾非但未受益，反而加重了負擔。

黑水縣同樣如此。1954年黑水縣糧食徵收40萬斤，統購16萬斤；1955

6　《黑水縣志》，頁37。
7　〈阿壩藏區繼續發生叛亂〉，新華社《內部參考》，1956年6月21日。
8　《馬爾康縣志》，頁278。

年公糧徵收70萬斤,增加75%,統購34萬斤,增加112.5%,徵購總量比上年增加116%[9]。掠奪性的糧食徵購造成糧食短缺,政府再向農民出售「返銷糧」,農民購買糧食的價格高於出售的價格,用這樣的方式,政府把農民出售「餘糧」得到的錢再收回。合作社把農民的土地、農具、牲畜統統收歸公有,不僅造成農民絕對貧窮化,還使他們徹底失去自由,淪為生產機器,激起民眾反抗是很自然的事。

事實上,1956年暴動搶糧的事件在內地同樣發生。安徽省公安廳原常務副廳長尹曙生在一篇文章中回憶:

1955年4月5日到9日,蕭縣發生五起大規模群體性聚眾搶糧事件,哄搶糧食24萬斤,打砸四個區、鄉政府和糧站,被毆打幹部三十九人,其中十四人傷勢嚴重。公安廳給省委、公安部的報告說:「發生搶糧的原因是:主要是糧食定產偏高,統購數字偏大,群眾留糧過少,糧食供應先鬆後緊,以及幹部強迫命令,激起群眾不滿,反革命分子乘機煽動所致。」[10]

蕭縣「搶糧事件」的結果是逮捕108人,其中四名「為首煽動鬧事」的「反壞分子」被當眾槍決。安徽的「反革命分子」全是口糧不足的農民,阿壩的農民暴動同樣是對政府強制推行土改、統購統銷、合作化的反抗。不同的是,對藏人反抗的鎮壓更加殘酷。

三

阿壩州發生藏民暴動後,中共立即派軍隊鎮壓[11]。5月6日,中共茂縣軍

---

9 《黑水縣志》,頁393。
10 尹曙生,〈『大躍進』前後的社會控制〉,《炎黃春秋》2011年第4期。
11 〈阿壩藏區繼續發生叛亂〉,新華社《內部參考》,1956年6月21日。

分區副政委李啟堂、中共茂縣地委副書記郜志遠、夏河軍分區副司令李加夫率四個團、一個營的兵力組成的「聯合指揮部」，開入若爾蓋鎮壓牧民。經過二十多天的戰鬥，若爾蓋地區藏民被「殲滅」3,020人[12]。

5月30日，解放軍一個團、兩個營、四個連的兵力進入黑水縣鎮壓，進行「大小戰鬥四十三次，殲敵5,571人，共繳獲各種槍枝2,367支」。這個數字顯示，五千多名「敵人」中，擁有「各種槍枝」的人不到一半。

在此過程中，還出現解放軍部隊在未暴動地區濫殺藏民的事件，這就是當時反響很大的「墨窪問題」[13]。

公開資料中均未提及「墨窪問題」。1957年1月14日的新華社《內部參考》中，有一篇題為〈平息阿壩藏區武裝叛亂前後〉的報導，較詳細地介紹了「墨窪問題」的來龍去脈。

1956年6月，阿壩地區形勢緊張，阿壩自治州黨委、成都軍區前指黨委令墨窪工委撤出該地。墨窪工委率駐軍部隊和幹部連夜撤離，途中墨窪部落四十多名武裝人員尾隨，部隊開槍打死幾名藏人，己方亦有一人受傷。工委撤出後，貿易公司留下價值數萬元的貨物，銀行亦留下三萬多銀元。墨窪部落將商店裡的貨物分給窮人，但銀元一直保留未動。

次日解放軍搜山時，見「一群藏族騎兵坐地燒茶，用機槍射殺了數人，後來才知道這數人是墨窪老民」。「藏族騎兵」是語焉不詳的說法，墨窪是牧區，騎馬攜槍都是日常生活的常態，將這些騎馬攜槍的牧民稱之為「騎兵」，給人以「正規軍隊」的誤導，顯然是對槍殺無辜行為的開脫。

這些被槍殺的老民是唐克[14]部落的人。唐克部落當時並未暴動，但部落對政府相當不滿。1956年3月政府從重慶和成都動員一批青年，組織「青年墾荒隊」，到這裡來建立「唐克農場」。大面積開荒不僅破壞牧場，擠壓牧

---

12 《阿壩州志》，頁768。
13 〈平息阿壩藏區武裝叛亂前後〉，新華社《內部參考》，1957年1月14日。另，「墨窪」似應為麥窪，即現四川省阿壩藏族自治州阿壩縣所屬之麥窪鄉。
14 現四川省阿壩藏族自治州若爾蓋縣唐克鄉。

民生存空間，政府還強迫牧民集中放牧，並收繳槍枝，使牧民強烈不滿。從後來中央慰問團與當地部落頭人談判的情況來看，開墾唐克農場是導致當地「形勢緊張」的一個重要原因。

解放軍為何打死這些正在坐地燒茶的老民？《內參》報導說，「據唐克駐軍反映，唐克部落十三個老民集會，陰謀叛亂，被我部隊發現，上前查問，老民等即抽出腰刀砍傷我班長，並即上馬，準備射擊，部隊就用衝鋒槍將他們打死。」這個解釋與該報導的前一部分矛盾，先前的說法是這些人被打死後，部隊才知道他們是部落老民。十三名部落老民被解放軍打死這件事，在當地引起很大震動，《內參》報導中承認此事致使「墨窪情況更趨緊張複雜」。

「墨窪問題」直到1956年11月，中央慰問團到達阿壩，通過藏人領袖斡旋，中央慰問團派代表與墨窪頭人和唐克部落頭人談判，做出一些讓步和賠償，才得以解決。

1956年3月到6月期間，整個阿壩處於戰爭狀態。解放軍派出優勢兵力，在綽斯甲、馬爾康、若爾蓋、黑水、松潘等地先後「殲滅」了1,1500多藏區農牧民[15]。在未發生暴動的六個縣，主要勞力均被調去「支前」，參加「支前」的民工和參戰民兵達一萬三千多人[16]。

---

15 根據《阿壩州志》中的「平叛」資料統計。詳見《阿壩州志》，頁766-770。
16 〈阿壩地區繼續發生叛亂〉，新華社《內部參考》，1956年6月21日。

第九章　閃電與雷鳴之間

―

　　1956年四川藏區率先土改的目標之一，是作為以後改造西藏的樣板。1956年2月28日，中央統戰部長李維漢在第五次全國統戰工作會議上的發言中道明：「我們設想，在青海、甘肅、在四川，做出一個和平改造的榜樣，讓西藏地區的群眾、西藏地區的上層人物去看一看這個榜樣。如果他們覺得很好，回去也願意進行改革，這樣就加速了西藏的和平改造。」[1]

　　李維漢說明「和平改造」的方式是「教育說服」和「贖買」，並透露毛澤東要中央統戰部「研究一下，搞一個等量的辦法，他們在老百姓手中拿多少錢，我們就給他們多少錢，叫他們不要再去剝削老百姓，把土地給老百姓」。因此，統戰部「要做一個全面的調查，大體上調查一下有多少貴族、土司、頭人、阿訇、活佛、牧主等等，每年要花多少錢」[2]。

　　3月9日，中央統戰部正式發出關於調查上層分子和宗教職業者的通知[3]。但是，這份文件晚了一步：四川藏區土改已經鋪開，藏人的反抗也已經開始。可見這個「樣板」不僅違背藏人的民意，在中共黨內也是一開頭就混亂不堪。

　　1956年初，西藏自治區籌委會成立已是定局，西藏「改革」蓄勢待發，可是，作為「榜樣」先行一步的四川藏區土改剛開始，立即遭到藏人激烈反抗。2月到4月期間，甘孜和阿壩地區藏人暴動此起彼伏。當時甘孜和阿壩共有三十四個縣，短短幾個月中，二十五個縣發生武裝暴動，直接參與人數超

1　《四川民族地區民主改革資料集》，頁78。
2　同上，頁79。
3　《當代民族工作大事記》（上），頁82。

過三萬。這一情況顯然出乎中共各級決策者的意料。

　　面對四川藏區出現的反抗，最高層的第一反應是調動軍隊鎮壓，期望通過軍事行動產生震懾效果，阻止反抗向其他地區，特別是金沙江以西蔓延。然而，動用圖-4重型轟炸機轟炸理塘、巴塘和鄉城的名寺並未起到震懾作用。正相反，集束炸彈爆炸的聲浪，在金沙江兩岸掀起軒然大波，激起各地藏人更大的反彈。鎮壓逼迫大批民眾逃過金沙江，將土改過程中發生的種種情況傳播到各處，各種消息不脛而走，很快傳到拉薩。

　　西藏土改計畫並未因此暫停。1956年3月，緊鄰四川的西藏昌都地區召開黨代表會議，貫徹西藏工委黨代會精神，開始進行土改準備工作，昌都的氣氛立即動盪不安。昌都是西藏土改的試點，「測試」尚未開始，局勢就趨於緊張，在這種情況下，中共中央決定對康區一邊繼續鎮壓，「為政治解決創造有利條件」[4]，一邊對土改政策做出調整。

　　4月9日，中共中央發出〈關於四川彝族藏族反革命叛亂的情況通報〉。這個通報的核心內容是將彝、藏民眾對土改的抗爭定性為「反革命叛亂」，對此要「採取政治爭取為主與軍事打擊相結合的方針來平息」。通報發出時，解放軍在康南進行的第一波軍事行動剛結束。實際情況與文件精神正相反，是「軍事打擊」在前，「政治爭取」在後。通報還指出：「這樣平息叛亂是完全應該的，也是不能不這樣做的。」[5]中央這一表態無疑是為各地的軍事鎮壓提供支持。

　　這份文件中做出五項規定，包括對彝、藏族民眾的宣傳方針，對上層人士的統戰方針，以及在牧區繼續實行不鬥、不分、不劃階級、保護牧業經濟的政策。在牧區實行不同政策，不僅是為了分化瓦解反抗力量，還有一個原因：1956年初，中共與羅馬尼亞、匈牙利、保加利亞、南斯拉夫等國簽訂了貿易協定，中國將向這些國家出口農產品、礦石、羊毛以及皮張等畜產品。阿壩、青海、甘南等地牧區是中國主要牧區之一，必須避免社會動盪引起牲

4　《四川民族地區民主改革大事記》，頁102。

5　同上，頁62。

畜死亡，以保證出口畜產品的徵收[6]。

文件中還提到「保護宗教信仰自由和宗教寺廟的政策是人民政府對待宗教的既定政策，對於宗教寺廟方面的有關問題都要和宗教方面的上層代表人物進行協商，取得同意以後才去辦理；如果不同意，我們不勉強去辦」[7]。

幾天後，中央發出關於檢查民族政策執行情況的通知。之所以要求各地檢查民族政策，不是由發生在藏區的暴動而引發，而是因為一個多月前貴州畢節地區納雍縣馬場鄉苗民「騷亂」。期間民眾搶劫商品、糧食，並傳播「謠言」：「『毛主席在水城被圍住了，答應了我們不納稅、不辦社、不除四害、不搞萬斤肥、千斤糧等等』。」[8]「謠言」清楚地表達了民眾對高稅收、合作化和不合實際的增產計畫的抗拒，卻被當成是「敵人的破壞活動」。

面對各民族此起彼伏的反抗，中共發文令各地檢查民族政策執行情況，同時要求「正在平息叛亂的地區」黨委和軍隊檢查紀律和俘虜政策[9]。可是對於康南諸縣來說，這一指示已經意義不大。文件發出時，理塘長青春科爾寺、鄉城桑披寺、巴塘康寧寺已被轟炸。4月1日，在第一波戰事基本結束後，成都軍區政治部才對在藏區作戰的軍隊做出紀律規定，要求部隊「嚴守黨的民族政策、宗教政策和三大紀律、八項注意，不准放火燒房屋；對俘虜及投誠人員不准殺害、虐待、侮辱；對被圍於岩洞的敵人不得採用堵口、火燒的辦法消滅；不得因非戰鬥必需而損壞喇嘛寺院一草一木和群眾的佛龕及供物等」[10]。之所以做出這樣的規定，是因為這一切都已在藏區發生過，而且引起藏人的激烈反彈。

4月22日，康定地委做出〈關於完成改革地區若干政策問題的規定〉，

6　《中華人民共和國日史》（第七冊），頁27、34、60。

7　《四川民族地區民主改革大事記》，頁63。

8　〈畢節地委關於納雍縣馬場鄉發生少數民族群眾騷動、搶劫事件的報告〉，《民族宗教工作文件匯集 1949-1959》（上），頁475-476。

9　〈中央關於檢查民族政策執行情況的指示〉，《民族宗教工作文件匯集 1949-1959》（上），頁473-474。

10　《四川民族地區民主改革大事記》，頁64。

要求各地退回地主自住房屋，將徵收的耕畜改為收購，並將「無償動員出來的糧食一律改為徵購」。對於寺廟問題也做了幾項規定，如從寺院中「借出」的槍枝按政府規定價格收買，寺廟債務由政府歸還，多餘土地不再調劑等[11]。

同日，拉薩卻是另外一番景象。那裡正舉行盛大集會，由副總理陳毅為團長的中央代表團專程從北京趕到拉薩參加集會。達賴喇嘛在大會上致開幕詞，宣布西藏自治區籌備委員會正式成立。剛剛轟炸過理塘寺、桑披寺和康寧寺的圖-4重型轟炸機於當日上午10時飛臨拉薩，在布達拉宮前撒下300公斤彩色傳單[12]，營造出一種喜慶氣氛。

二

一年前，1955年，四川決定在藏、彝地區開展土改時，北京亦開始醞釀在西藏地區搞社會改造。那時，達賴喇嘛和班禪喇嘛正在北京訪問。1955年3月9日，周恩來主持國務院全體會議第七次會議，專門討論西藏工作，達賴喇嘛和班禪喇嘛參加會議並做簡短發言。四天後，《人民日報》發表題為〈西藏地方工作發展的新階段〉社論，暗示將在西藏進行改革，同時強調改革將由藏人自己來進行：

西藏民族為了謀取自己進一步的發展和進步，使自己逐步進入先進民族的行列，當然有必要在西藏內部穩步地進行一些改革。但西藏地方的內部改革必須適合西藏地方當前發展階段的特點，必須根據西藏民族大多數人民和他們的領袖人物的意志，由西藏民族自己去進行。[13]

---

11 《甘孜藏族自治州民主改革史》，頁58。
12 〈中國圖-4傳奇〉，《兵器知識》2008年第5期，頁32-35。
13 〈中華人民共和國國務院關於西藏工作的幾項決定〉，頁37。

7月31日，毛澤東在中南海懷仁堂召開省、市自治區黨委書記會議，做〈關於農業合作化問題〉報告；10月4至11日，中共召開七屆六中全會（擴大），通過〈關於農業合作化的決議〉。在這樣的大環境之下，西藏的改革不可避免地提上中共中央的議事日程。

　　10月23日，即七屆六中全會閉幕不到兩周，毛澤東接見西藏參觀團和西藏青年參觀團負責人，談話的重要內容之一就是改革。他向在座的西藏上層人士提出：「改革以後，貴族、喇嘛還要過和以前相等的生活。要不要改革，是你們自己的事，你們商量。改了以後，貴族、喇嘛的生活還是照舊，不能改壞。這些都由你們來定，你們不想改，還是改不成。」[14]

　　1956年2月12日是農曆正月初一和藏曆火猴年新年。當時在北京的幾位西藏上層人士到中南海向毛澤東等人拜年。毛澤東與他們的談話中談到改革，承諾改革後「貴族的生活不變，照老樣子，可能還有些提高。宗教信仰也全照老樣子，以前信什麼，照樣信什麼」。至於改革和社會主義，毛澤東明確說：

　　西藏現在不是搞合作社的問題，而是進行民主改革的問題。什麼時候進行，由你們自己去決定。自治區籌備委員會成立後，可以對這個問題進行研究，要由達賴喇嘛、班禪額爾德尼下決心，要由西藏的僧俗官員和寺院裡的喇嘛、堪布們決定。[15]

　　毛澤東雖然在談話中強調他不是要西藏立刻開始土改，而是要在座的上層人士「回去醞釀，報告達賴和班禪，可行即行」，但他的態度已經很清楚。當時在座的西藏上層人士包括拉敏·益喜楚臣、拉魯·策旺多吉[16]、桑

14　〈接見西藏地區參觀團、西藏青年參觀團負責人等的談話〉，《毛澤東西藏工作文選》，頁124-131。

15　〈同藏族人士的談話〉，《毛澤東西藏工作文選》，頁136-140。

16　一譯「次旺多吉」。

頗·登增頓珠和達賴喇嘛駐京辦事處處長頓旺·堅贊扎巴，班禪喇嘛駐京辦事處處長孫格巴頓，以及四川木里藏族自治縣的初基江錯仁波切。拉敏·益喜楚臣是班禪堪布廳的重量級人物，出生於第七世達賴喇嘛家族的桑頗·登增頓珠是「十七條協議」的藏方簽署人之一，拉魯曾任昌都總管和噶廈政府噶倫，加上兩位駐京辦事處處長，這些都是在拉薩和日喀則有很大影響的人物。毛澤東要他們回去報告達賴喇嘛和班禪喇嘛，並在拉薩和日喀則的上層人士中做工作，顯然是要利用他們的影響力來說服西藏上層，減少社會改造的阻力。

毛澤東一再對西藏上層人士談改革，其目的並不難理解。可是，在這個重大問題上，毛澤東並未按照自己公開說的那樣，真的由藏人來決定何時改革，而是緊鑼密鼓地暗中布局。1955年11月24日，即他與西藏參觀團和西藏青年參觀團談話的一個月後，毛澤東給達賴喇嘛和班禪喇嘛分別回信，隻字未提「醞釀改革」。可就在這次談話前後，張國華就向范明傳達了毛的秘密指示，在西藏準備改革，而且是「在打的基礎上進行準備」[17]。1956年1月，達賴喇嘛和班禪喇嘛分別給毛澤東發電報拜年，《毛澤東西藏工作文選》中收錄了毛澤東1956年1月21日給班禪喇嘛的回電，其中又根本未提「醞釀改革」。

然而，中共在西藏的社會改造，此時不僅僅是「醞釀」，而是即將開始實施。就在毛澤東給班禪喇嘛回信的時候，1956年1月16日至2月3日，中共西藏地區黨代會在拉薩舉行。關於這次會議，《中共西藏黨史大事記》中簡述為「聽取和討論了第一副書記張國華的〈關於四年來黨在西藏地區的工作總結和1956年的工作任務〉的報告」，選舉中共西藏地區監察委員會，以及選舉中共八大代表[18]。這份報告由工委副書記范明起草，「對1956年工作提出了十二條，其中最中心的是提出了進行民主改革的準備工作。」[19]3月，就

---

17 范明，《西藏內部之爭》，頁370。
18 《中共西藏黨史大事記》，頁60-61。
19 范明，《西藏內部之爭》，頁329。

在康巴人激烈反抗中共強制土改時，以陳毅為團長，張經武、汪鋒、天寶等人為副團長的中央代表團啟程前往拉薩。陳毅出發前，毛澤東向他交代幾件事，其中之一是準備改革[20]。

根據這些資料，不難看出中共對西藏工作的幕後策劃：先成立西藏自治區籌備委員會這樣一個具有政權性質的機構，以「逐步取代傳統西藏噶廈政府和封建社會組織」[21]，然後在籌委會主導下，參照四川等省的經驗，在西藏開展土改。而在此之前，毛澤東等人面對達賴喇嘛和班禪喇嘛的時候，還是以安撫為主，寬慰其心，以維持局面穩定，為下面的改革準備工作騰出時間來。

在自治區籌委會成立大會上，陳毅對來自西藏各地的僧俗領袖說：

……中央對於西藏民族內部的改革，一向主張要依據本民族的志願來做。中國共產黨和中央人民政府認為，只有西藏民族的領袖和人民有了一致的要求和決心的時候，西藏地方的改革才可以進行，而絕對不能夠由別的民族去代替進行。[22]

這時候，達賴喇嘛並不知道，中共中央已經批准了工委1956年工作任務報告，並且「補充了幾條，一是為了做好民主改革的準備工作，給西藏調一千二百名幹部，二是要西藏搞一個全年發展的規劃」[23]。陳毅到西藏後，「改革」計畫更加明確：「堅持改革，進行改革試點，三年完成改革任務」[24]。

西藏工委開始討論於1956年底進行試點[25]，緊接著，昌都解放委員會於5月下旬召開「人民代表會議」和各宗頭人會議，逼他們表態同意改革。所有

---

20 范明，《西藏內部之爭》，頁331。
21 梅·戈爾斯坦等，《一位藏族革命家——巴塘人平措旺杰的時代和政治生涯》，頁193。
22 陳毅，〈在西藏自治區籌備委員會成立大會上的講話〉，《有關西藏問題的文件和材料選編（國內部分）1949-1959》，頁168-170。
23 范明，《西藏內部之爭》，頁329。
24 同上，頁332。
25 梅·戈爾斯坦等，《一位藏族革命家——巴塘人平措旺杰的時代和政治生涯》，頁194。

這些計畫完全是在中共黨內討論做出的，既非藏人「本民族的志願」，亦未與藏人商量，只是在中共內部決定之後，採用各種方式，誘迫藏人同意。

籌委會成立時，康區已經戰火紛飛，西藏居然不明底細，還從直屬機關和各分工委抽調二十餘名幹部組成實習隊，由西藏工委政策研究室副主任張向明帶隊，到甘孜去「取經」。他們一到甘孜，立刻發現情況相當糟糕，根本不可能下到基層瞭解情況。這時，中央民委主任劉格平也奉派到甘孜來解決問題。於此同時，中央代表團在拉薩頻頻與各階層開座談會，瞭解西藏動向、上層人士的想法，以及康區暴動的原因。

三

甘孜發生的一連串事件，在一定程度上打亂了中共在西藏的布局。康區土改過程中發生的種種酷刑、對寺院徵稅、騷擾僧尼、強迫民眾「除四害」、沒收財產、批鬥頭人喇嘛等行為傳到拉薩，西藏貴族和寺院上層驚惶不安，達賴喇嘛和噶廈政府擬派人去康區瞭解實情。這些情況由中央代表團上報中央。5月8日，毛澤東對報告做出批語，要求四川省委和康定地委就中央代表團瞭解到的康區暴動原因「按實情加以分析」，並對「即將到來的拉薩考察團予以符合情況的說明」[26]。由於不明原因，「拉薩考察團」未成行，去康區的是中央代表團二分團。

5月31日，該團在返京途中進入四川甘孜，「在川藏線上有重點地對寺廟和副縣級以上的上層進行訪問、布施和饋贈」，並在德格、甘孜、道孚、康定四縣召開幹部、僧俗上層和農民座談會，聽取各方面的意見[27]。數日後，時任中共西藏工委委員、籌委會辦公廳黨組書記、西藏工委統戰部副部長的

---

26 毛澤東，〈中央轉發中央代表團關於當前西藏動態和代表團工作情況報告的批語〉，《四川民族地區民主改革資料集》，頁37-38。
27 《四川民族地區民主改革大事記》，頁116。

平措旺杰受張國華、張經武和汪鋒之託去康區瞭解情況。6月，平措旺杰向統戰部長李維漢和國家民委主任烏蘭夫直接彙報了他的調查結果，同時上交以張向明的名義寫的書面報告。

然而，此時西部「一波未平，一波又起」，西南局勢未穩，西北戰事又起。

1956年6月初，青海省黃南藏族自治州河南蒙古族自治縣，靠近甘南的達參部落牧民暴動，與當地駐軍和工作隊發生槍戰。緊接著，劃入甘南碌曲縣的西倉、拉仁關部落也參與暴動，現有資料無法證明達參、西倉和拉仁關部落的暴動與甘孜、阿壩有聯繫，但暴動期間同樣出現搶劫糧食、馬料，襲擊運糧車隊的情況，顯示這三個部落暴動很可能與糧食短缺有關。

青海、甘肅省委對此一事件應對的方式與四川相同，即「對公開叛亂的骨幹分子先實施軍事打擊，繼以政治爭取」。6月11日，解放軍步兵11師33團兩個營、一個山炮連和師騎兵偵察連從臨夏開往甘南，協同騎兵1團、73團四個連，動用步兵、騎兵、迫擊炮連和重機槍連，以優勢兵力，鎮壓阿木去乎、達參、西倉、拉仁關等部落。根據軍方資料，在這一波的鎮壓中，藏人死傷俘共達1,024人[28]。

這時，雲南、四川都有難民逃往昌都，昌都人心惶惶。就在這樣的情況下，西藏工委仍然加緊宣傳「改革」，《西藏日報》刊登文章展開宣傳攻勢，工委在社會上招收幹部職工，數千名內地幹部陸續進藏。「四川模式」的土改即將在西藏開展，各階層十分緊張。

與此同時，大批內地幹部進藏導致拉薩物價上漲，住房不足，引發拉薩市民不滿，形勢越來越緊張。達賴喇嘛得知理塘寺被轟炸的消息後，向張國華提出抗議，並親自寫信給毛澤東反映情況[29]。三大寺聯合上書反對「改革」，1952年後轉入地下的「人民會議」在拉薩市張貼傳單。

---

28 即「曬銀灘戰鬥」，詳見《中國人民解放軍步兵第十一師軍戰史》，頁220-222。「曬銀灘」，藏文「賽益塘」，在今甘肅省甘南藏族自治州碌曲縣尕海鄉尕秀村境內。該案於1984年覆查平反。

29 Dalai Lama, *Freedom in Exile*, p. 116.

7月1日，西藏工委向中央上報今後五年的工作規劃，提出「今冬明春在昌都和日喀則地區實行民主改革重點試辦」[30]，並提出招收四到六千名公安警察，增加二千四百名經濟警察，發展二到三萬名藏族黨員，三到五萬名團員，五到七萬藏族工人等指標，計畫五年內完成「民改」[31]。緊接著，各項準備工作迅速展開，形成「大發展」局面。

　　對此情況，達賴喇嘛和噶廈政府並非無動於衷。自從1951年決定從亞東返回，與中共合作以爭取實現「十七條協議」規定的自治權，「改革」就成為達賴喇嘛一直關注的問題。1956年8月，達賴喇嘛召見全體噶倫和政府高級官員，並做出指示，要求他們對以前做出的有關改革的事項做出檢查，效果如何。根據達賴喇嘛的指示，噶廈開會討論有關事宜。新華社《內部參考》有關報導顯示，會議中有不同意見，對於改革有的支持，有的反對，但最終噶廈會議做出以下決定：

一、廢除烏拉，但在未執行前請求中央給予補助，經中央批准後再執行。

二、改革試辦由籌委會統一領導。堪廳和昌都地區的改革試辦亦統一由籌委會領導。

三、在各宗成立小學。

四、根據土丹旦達（仲譯欽波，即大秘書）的建議決定：地方政府參加籌委會的負責幹部（處長級以上的）定期開會；彙報各有關的工作情況和請示有關問題，並已責成孜仲草擬會議組織方案。[32]

　　噶廈會議做出以上決定是在昌都分工委召開第四屆人代會，強制當地中、上層「勉強通過」有關「改革」的決議後做出的，而且這時江達縣頭人

30　《西藏的民主改革》，頁8。
31　張向明，《張向明55年西藏工作實錄》，頁302。
32　新華社《內部參考》，1956年9月8日，頁202。

齊美公布已經率眾上山，表示反對中共模式的改革。上述決定可見，在「改革」問題上，噶廈政府與各地中、下層意見並不一致。

然而，各種跡象表明，中共最高層對藏區的策略也有不同的考量，顯示黨內種種力量的博弈。四川藏區在鎮壓後，土改策略開始「收縮」，尚未開始社會改造的西藏，工委卻在「擴展」。

7月3日，鄧小平在北京對四川藏區土改做出三點指示：

一、對改革後群眾生活仍有困難的，要調撥糧食，救濟群眾，穩定糧價，使反對改革的人無所藉口，以利爭取群眾；

二、群眾生活所需其他物資也應大力供應，即使賠錢也在所不惜，也應採取有效措施，迅速辦理，以利爭取群眾；

三、政府撥款修復喇嘛寺，要康定地委立即進行檢查，立即動工，一定要派人參加進去與喇嘛寺的人共同主持修建。[33]

鄧小平的三點指示實質上是對康區鎮壓的善後，試圖通過修復被轟炸的寺院，改善民眾生活來挽回影響，穩定局勢。據此，四川省委即令康定地委迅速辦理修復寺院，停止「調劑」寺院土地等，並成立糧食小組，集資調糧。「三點指示」也說明，中共最高決策層完全明白康區暴動的原因以及鎮壓的後果。

可是，中央對甘孜的「善後章程」為時已晚，軍事鎮壓造成的影響已經無法挽回。

7月22日，毛澤東、周恩來、鄧小平以及中央統戰部、國家民委、國防部副主任在中南海接見天寶、李維漢和四川省委第三副書記、省政協副主席廖志高、苗逢澍、瓦扎木基等人，在政治局當面聽取他們的彙報。談話進行了四個多小時，但目前公布的內容顯然只是其中很少的一部分。在公布的談話內容中，毛澤東認為「民主改革是必要的，改革的決心是正確的」，並為甘孜發生

---

33 《四川民族地區民主改革大事記》，頁120。

的戰爭定性:「戰爭的性質基本上是階級鬥爭,而不是民族鬥爭。」[34]毛澤東承認「這個戰爭帶有群眾性」,為了奪取「民族和宗教的旗幟」,毛澤東指示統戰部和四川省委做出一些讓步,包括減少劃分地富的比例,以便「孤立地主,中立富農」,在戰區停戰談判,對寺廟「暫時不動」,發展少數民族黨員等等。

這些讓步的目的主要是為了減少對「拉薩方面」的影響。毛澤東在談話中說:「將來金沙江以西藏區的改革,一定要避免大戰,盡一切可能去做工作,打仗是可能避免的。」但隨即「附帶一小條,準備不可避免地小部分地打。一年三百六十五天,只有一天打,也要有準備。但要爭取不打」[35]。從這段話中可以看出,毛澤東雖有「建立在打的基礎上改」的想法,但尚未下決心在西藏通過戰爭推行社會改造。但是,就在1956年,西藏軍區炮兵308團從扎木移師拉薩,在拉薩河南岸,遙對達賴喇嘛夏宮羅布林卡東南方的地點修建營房,即藏人稱之為「新軍營」的炮兵陣地,或許與這次談話中的「附帶一小條」有關。

7月24日,周恩來召集在北京的各民族上層人士,傳達中央政治局7月22日討論四川藏、彝「改革」問題的報告。在這個史稱「中央七月指示」的報告中,周恩來首先宣布:

黨中央認為,四川甘孜藏族自治州和涼山彝族自治州的改革是必要的。我國各民族都要過渡到社會主義,少數民族地區都要進行民主改革和社會主義改造,消滅剝削制度。[36]

對於四川藏、彝人暴動的原因,周恩來歸罪於「一些過去站在群眾頭上

---

34 毛澤東,〈在聽取甘孜、涼山兩個自治州改革和平亂問題匯報時的談話〉,《四川民族地區民族改革資料集》,頁39-43。
35 同上。
36 周恩來,〈穩步地實現少數民族地區的民主改革〉,《四川民族地區民主改革資料集》,頁52-56。

的人，捨不得眼前的個人利益，對黨和政府不相信，有懷疑，有顧慮，害怕安置工作後得不到好的結果，不聽我們的話。也有些頭人想和政府較量……而發生了叛亂」。至於在那些地區的土改是如何進行的，期間發生了什麼，周恩來避重就輕，既未談及藏、彝民暴動的真正原因，亦未提及中共在這些地區的嚴酷軍事鎮壓：

同時我們也要估計到，我們的工作不是沒有缺點和錯誤的，有些缺點是工作中不可避免的，但也有些缺點是可以避免的。對能夠避免的缺點而沒有避免，就影響和加重了他們不相信政府的心理。並且這些缺點也很容易被叛亂分子當作反對改革的藉口。但是發生叛亂的主要原因還是有些人掌握武裝，想和政府較量較量。[37]

周恩來的報告中提出了五點意見：

一、力爭和平改革，有關政策的問題要根據群眾的意願，經過和上層人士的協商，取得上層人士同意再去進行。
二、對於地主多餘耕畜、多餘農具、多餘糧食和多餘房屋這四項浮財不動。
三、對藏區的寺廟採取更謹慎的態度，寺廟的耕地財產暫時不動。
四、一定要處理好民族問題，培養少數民族幹部。
五、對現在還在山上的叛亂武裝停戰和談。

從「中央七月指示」可見，在民族地區開展在中共意識形態框架內，以「消滅私有制」為理論基礎的「改革」勢在必行，絕不會因民眾的反抗而改變。「讓步」只是策略，而非原則。因此，無論在公開場合如何宣示，中共

---

37 周恩來，〈穩步地實現少數民族地區的民主改革〉，《四川民族地區民主改革資料集》，頁52-56。

在西藏的社會改造，必定亦是如此。

9月，中共中央統戰部副部長汪鋒和劉春、謝鶴壽在中共第八大第二次會議上做〈必須在少數民族中實現社會主義建設事業的大躍進〉的聯合發言，提出了「歷史唯物主義民族觀」：

根據歷史唯物主義的觀點，我們確定地認為民族只是一個歷史的範疇，它有自己的發生、發展的過程，不是什麼一成不變的。在共產主義社會實現了以後，不同的民族將要逐漸地融合起來，成為一個共同的整體，這是社會發展必然的不可避免的規律……不管資產階級如何喊著「維護民族純潔」、「維護民族特點」等民族主義的口號，但是掩蓋不了他們反對社會主義和反對社會主義民族關係發展的階級實質。[38]

這個發言被下發到各省，無形中抵銷了中央「檢查少數民族政策執行情況」的要求，為日後西南西北各省強制和加速同化非漢民族的行為提供了理論依據。這些行為，以及嚴酷的社會改造，勢必觸發更大範圍的武裝衝突。

四

1956年8月，四川甘孜、阿壩地區的軍事鎮壓大致告一段落。局部地區雖然還在發生零星戰鬥，大部分地區的局勢勉強穩定下來。

11月13日，以王維舟為總團長的中央慰問團來到康定。慰問團在康定停留約兩周，召開各階層人士座談會瞭解情況，宣傳「中央七月指示」，發放慰問品，以安撫民心。11月24日，慰問團兵分五路，到各縣展開宣傳活動。在甘孜十二個縣，三十九個「慰問點」，「歌舞團共演出四十場，觀眾達

---

38 汪鋒、劉春、謝鶴壽，〈必須在少數民族中實現社會主義建設事業的大躍進〉，《民族宗教工作文件匯集》，頁33-44。

五千七百人次，放映電影151場，觀眾十二萬餘人次，醫療隊給群眾免費治病兩萬人次，在康定、甘孜、理塘、雅江等縣還舉辦了有關祖國各項建設成就的圖片展覽，觀眾達七千餘人次」。慰問團還訪問了三十一座寺院，贈送禮品，發放布施，並發放了救濟糧、寒衣等[39]。

中央慰問團第四分團來到新龍縣，召開大會發放糧食和布，送給上層人士絲綢和各種禮物。慰問團當眾批評地方官員，對民眾說「改革」中的「錯誤」是地方幹部誤解了中央「和平改革」的精神，違背了上級指示。中央慰問團在甘孜地區停留了一個多月，在此期間，所有的「改革」活動全部停止。慰問團離開之後，各項活動重新開展，情況又逐漸惡化[40]，終於激起了另一波反抗。

中央慰問團的任務不僅僅是宣傳和安撫民眾。11月下旬，慰問團到達阿壩州，直接參與解決「墨窪問題」，說服阿壩大頭人華爾功臣烈[41]出面，約墨窪頭人談判。12月9到11日，慰問團與墨窪頭人澤郎華爾德談判三天，達成協議：部落中被解放軍打死的人，政府賠償其家屬3,000斤青稞，1,400元錢，打死的馬每匹賠償250元，作戰中繳獲的槍、馬指令部隊退還。貿易公司留在墨窪的貨物既已分給民眾，不再退回，作為政府救濟，銀元款項由澤郎華爾德派人送還政府。

慰問團與唐克頭人華爾謙談判不大順利。唐克頭人對四川省政策不滿，要求准許部落遷往甘肅，後來又提出十一項條件，要求政府賠償被部隊打死的十三名老民的命價，政府不干涉唐克部落的遷移，唐克農場不再開荒，部落搶走的物資不退還，對保護宗教要做出切實可行的規定等[42]。最終，慰問團與部落達成協議，部落武裝向中央慰問團投降，「墨窪問題」由此解決。

---

39 《甘孜藏族自治州民主改革史》，頁66-67。

40 Jamyang Norbu, *Warriors of Tibet: The Story of Aten and the Khampas' Fight for the Freedom of Their Country*, pp. 118-119.

41 華爾功臣烈（1915-1966），原阿壩墨頡士官。四川阿壩人。1949年後歷任四土、阿壩臨時軍政委員會副主席，阿壩藏族自治區人民政府副主席，阿壩藏族自治州副州長，四川省第二、三屆政協副主席，及第一至三屆全國人大代表。文革期間投河自殺。

42 〈平息阿壩藏區武裝叛亂前後〉。新華社《內部參考》，1957年1月14日。

但是，戰火並未熄滅，而且擴大到了金沙江以西的昌都地區。

西藏自治區籌委會成立之前，昌都是金沙江以西中共最早建政的地區。中共昌都工委成立於1950年10月6日，即「昌都戰役」開始的第一天。由於當時昌都歸屬未定，有一定獨立性，其工作精神是「執行十七條協議，又不受十七條協議約束。可以多進行些工作，以至進行民主改革性的事宜」[43]。

西藏自治區籌委會成立前，昌都地區就被內定為「改革」試點，要「為自治區樹立一個榜樣」[44]。籌委會成立的同一個月，西藏工委派工作團，到四川甘孜學習土改經驗，成員中約一半是昌都各分工委和軍代表。5月23日，昌都分工委召開第四屆人代會，召集三百多名上層人士開會「協商改革」。「協商」的方式與甘孜相同，將地方上有影響的人物隔離起來，要求他們同意「改革」，威脅說如果不接受「和平改革」，就要「武力改革」。

這時，金沙江以東的康區已經爆發戰爭，圖-4轟炸機已經轟炸了巴塘康寧寺、鄉城桑披寺和理塘長青春科爾寺；雲南德欽也開始土改。源源不斷的難民從甘孜和德欽逃到昌都，或經昌都逃往拉薩，帶來各地在「改革」中批鬥頭人喇嘛、強行收繳武器、沒收私人財產等消息。昌都即將開始「改革」一事，引起各階層的恐慌。

除此之外，芒康還發生了一連串事件。幾名強烈反對「改革」的部落頭人被捕，解放軍槍殺唯色寺僧人，轟炸甘孜的飛機飛過金沙江，「誤炸」了芒康洛拉寺，炸死兩名僧人，還用機槍掃射，殺死許多牲畜。昌都形勢因此動盪不安，大規模反抗一觸即發。

與此同時，內地調來大批幹部到昌都，充實各單位，準備啟動「改革」。

7月21日，昌都江達宗頭人、該宗解放委員會主任齊美公布抗拒土改，率眾上山。

11月7日，芒康十八頭人之首普巴本次仁堅贊召集「十八頭人會議」。會

---

43 李本信，〈昌都地區大事提要〉，《西藏黨史通訊》1984年第2期，頁45-59。
44 普巴本之子次仁多杰訪談，2011年12月4日，扎央翻譯。

議決定反抗中共模式的「改革」，並成立「雪域衛教志願軍」，各部落立即召集十八歲以上、六十歲以下的男性，按照部落召集的人數，編成連、排、班等。普巴本被選為雪域衛教志願軍的「馬基」，即總指揮[45]。

11月25日，普巴本率人襲擊看守瀾滄江渡口溜索橋的解放軍分隊，副連長以下二十一人陣亡[46]。但是，關於這二十一名官兵，范明在他的回憶錄中有如下敘述：

一天，竹卡橋只留一個解放軍看家，分隊全體官兵把槍留在房內，大家到河裡洗澡去了。叛匪突然來到橋頭，把他們堵住了，結果全分隊繳械投降，參加了叛亂，並成為叛匪打游擊的指揮者。這一嚴重事件發生後，我多次提出應將以上情況如實上報中央。但張國華認為有損十八軍的名譽，堅決壓下不讓上報。直到現在，還把那些叛變投敵的分子反說成是守橋解放軍「英勇犧牲」的英雄烈士載入史冊。[47]

在瀾滄江邊的槍聲裡，1956年艱難地走向終點。

這一年發生的眾多事件尚未結束。1956年2月色達草原的槍聲，3、4月間圖-4轟炸機集束炸彈的聲浪，從甘孜傳到拉薩，從拉薩傳到印度噶倫堡和加爾各答，繼而越過太平洋，傳到美國首都華盛頓。

1956年發生的一連串事件，將影響今後幾十年的歷史。

---

45 普巴本次子次仁多吉訪談，2010年12月4日，扎央翻譯；達瓦才仁：《血祭雪域》，頁333。
46 《中共西藏黨史大事記 1949-1966》，頁65-66。
47 范明，《西藏內部之爭》，338頁。另，作者曾於2010年12月4日採訪普巴本之子次仁多吉，他提及普巴本率人襲擊瀾滄江渡口駐軍一事，但未提及該分隊集體投降，藏人回憶中亦未見此說。

我們知道你們當中大多數都是受了欺騙的好人，所以我們不忍將炸彈扔在你們的頭上。如果你們繼續聽信壞人的話，不肯撤消包圍，繼續和政府作對，炸彈馬上就會落在你們頭上的。那時，後悔也就遲了。

ༀ། ཁྱེད་རྣམ་ས་མང་ཆེ་བ་ནི་སྐྱ་བ་དང་། མ་ང་རེ་ཐུ་ཁྱེད་ལ་གནོད་པར་མི་འདོད།

空軍從飛機上拋撒的傳單。

理塘寺舊照。

藏人手繪的理塘寺被轟炸的情景。（1957年7月1日《西藏鏡報》）

藏人手繪的鄉城桑披寺被轟炸的情景。（1957年7月1日《西藏鏡報》）

德格佐欽寺第六世佐欽仁波切。
（佐欽大圓滿寺網站）

1950年代初果洛康賽部落
紅保康萬慶及家人與中共
幹部合影。中排左二為康
萬慶。（央瑞智巴提供）

1955年7月，果洛第一屆政
協第一次全體會議合影。

1952年果洛工作團渡黃河，進入果洛地區。

作者採訪來自果洛康賽部落的僧侶丹炯。

著名的隆務寺第七世夏日倉仁波切於
1958年6月被捕， 1978年11月在獄
中圓寂，1980年10月平反。

夏河地區的一個遊牧藏人家庭。（拍攝年代不詳，魯嘉提供）

德格宗薩寺近照，依然可見殘存的廢墟。

前賽宗寺僧侶土登尼瑪。

塔爾寺反革命罪證展覽
（《青海畫報》5-6期1958年12月）

塔爾寺批鬥活佛喇嘛大會。
（《青海畫報》5-6期1958年12月）

第十章　風雲詭譎的 1956

一

　　1956，對世界、中國、西藏都是風雲詭譎的一年。這年發生的一系列事件，將與世隔絕的喜馬拉雅山區拖進冷戰，成為冷戰的一個「周邊戰場」。不過，在當時，這是一個秘密戰場，而且是「冷戰」中的「局部熱戰」。

　　一年前，從北京返回拉薩途中，達賴喇嘛開始瞭解中共「民主改革」的內容和方法。他對這樣的「改革」深感疑慮，一路西行，內地之行帶給他的希望和興奮漸漸消退[1]。

　　1956年默朗欽莫[2]期間，拉薩出現傳單，要求解放軍離開西藏。中方的反應是給噶廈施加壓力，迫使噶廈將三名組織者逮捕入獄。這件事激起了民眾的憤怒。康南轟炸寺院的爆炸聲餘音猶在，西藏自治區籌委會在拉薩成立。隨後，中央代表團各分團下到日喀則、江孜等地，對各界人士進行安撫。此舉雖然勉強穩住了西藏局勢，但坊間流言飛傳，有的說「籌委會成立貴族和解放軍享福，老百姓仍然倒楣」，有的說「達賴喇嘛的哥哥嘉洛頓珠已經去美國，不久將領著美國和英國軍隊來趕走解放軍」，還有人認為當雄機場飛機頻繁起落是不祥之兆，預示將來會發生戰爭[3]。

　　「改革」在甘孜和阿壩引發戰爭，西藏地區即將開始同樣的社會變革，這些情況並未能使噶廈政府和班禪堪布廳聯合起來，商討對策，共同應對可

1　達賴喇嘛訪談，2009年6月28日。
2　即傳召大法會，亦稱「傳大召」、「祈願大法會」、「祈禱節」等，由藏傳佛教格魯派創始人宗喀巴大師於西元1409年首倡。按照五世達賴喇嘛所制定的慣例，默朗欽莫在藏曆正月初三至二十一日舉行，為拉薩最重要的節日。
3　〈西藏自治區籌備委員會成立後謠言多、沒有席位的人表示不滿〉，新華社《內部參考》，1956年6月22日。

能出現的局面。在籌委會成立大會上，達賴喇嘛和班禪喇嘛各自表態，達賴喇嘛對「改革」言詞謹慎，班禪喇嘛則主動提出在自己的領地上先做試點，兩位喇嘛對即將發生的社會變革態度迥異，雖然背後有中共西南局和西北局的「內部之爭」，但也顯示出，在危機即將出現的時候，拉薩和日喀則的歷史積怨依然在起作用：

據悉，班禪堪布會議廳方面以計晉美為首的新派人物都積極擁護改革，並願帶頭進行……這種表現是因為他們想在這方面勝過噶廈，走在噶廈前面，進一步取得中央的支持和信任。他們的財產不多，改革後對他們的經濟生活影響不大。新派人物得到的好處較多，對中央的信任也較深，這也是他們積極擁護中央的措施的重要原因。[4]

於此同時，拉薩方面的一些官員卻對未能加官晉爵不滿：

……西藏有些藏族人士因為在籌委會中沒有席位，表示不滿。龔霞‧烏金多吉是西藏地方政府撤職噶倫拉魯‧策旺多吉的弟弟，他對記者說，現在的西藏這些大貴族越來越專權了，他們不滿意的人都排擠掉了。他說：拉魯是噶倫，解放後各方面支持了人民解放軍，學習也很努力，到內地參觀中思想進步很快，可是什麼職位也沒有，這簡直是欺負人。[5]

當時新華社記者收集了西藏各階層對「改革」的反映，從中可見幾年來各分工委對民眾的宣傳開始見效，西藏社會出現分化跡象。日喀則的頭人和大差戶們對「改革」感到恐懼，有些貴族怕被鬥，提出主動放棄莊園。日喀則地區的底層農民則希望改革，認為「改革以後不管怎樣至少會比現在好一

4　〈日喀則各階層對進行社會改革的反映〉，新華社《內部參考》，1956年6月22日。
5　〈西藏自治區籌備委員會成立後謠言多、沒有席位的人表示不滿〉，新華社《內部參考》，1956年6月22日。

些」[6]。

四川藏區的形勢並無好轉，康南鎮壓結束後，阿壩成為另一個戰場。難民從康區和安多源源不斷來到拉薩，尋求達賴喇嘛的保護。然而，西藏的政教領袖達賴喇嘛這時剛過二十歲，既無從政經驗，亦無國際聯繫。西藏面臨千年未有的變局，正在發生的一切超出了藏人領袖的歷史經驗，除了極少數人外，誰也無法對未來的走向做出明確的判斷。這極少數人包括達賴喇嘛的哥哥塔澤仁波切和嘉樂頓珠，卓尼欽莫[7]帕拉·土登維丹等人，以及1952年因「人民會議事件」[8]被迫辭職的代理司曹[9]，在中共標以「絕密」的文件中，被稱為「西藏頑固派之首腦」的魯康娃[10]。然而，那些人雖然身居高位，在社會上有很大影響力，與外界也有廣泛聯繫，但畢竟是少數，而且此時塔澤仁波切在美國，嘉樂頓珠在印度，魯康娃已經被迫辭職，他們並不能左右達賴喇嘛的決定。自1951年從亞東返回之後，達賴喇嘛就選擇忍辱負重地與中共合作，以此換取內部事務的主導權。時至1956年，形勢越來越明顯：無論他怎樣努力，都是徒勞無功。中共對西藏前景的設計既無意與藏人協商，亦不打算考慮藏人是否願意接受。

面對康區和安多發生的戰事，人民遭受的痛苦，達賴喇嘛內心非常難過。但根據十七條協議，康區和安多都不在他的管轄之下。籌委會成立之

6　〈日喀則各階層對進行社會改革的反映〉，新華社《內部參考》，1956年6月22日。

7　達賴喇嘛身邊的高級僧官，相當於侍從長。

8　即1952年3月31日，拉薩一個以商人為主，稱為「人民會議」的民間組織，向中央駐藏代表張經武提交請願書一事。這份文件有七十一人簽名。請願書內容從未公開發表。根據「人民會議」組織者之一阿樂群則的回憶，請願書包括六項內容：(1)解放軍進藏後，保持達賴喇嘛的固有地位和權利不變，人民表示感謝；(2)中央承允保護寺廟，寺廟收入不變更，希望施行到底；(3)十三世達賴喇嘛圓寂後十九年，西藏政府沒有負起發展的責任，發展西藏政府政治很重要，如何發展隨後呈文；(4)靠達賴喇嘛的恩典，過去西藏人生活自由自在，從鐵兔年（1951）起物價上漲，人民生活困難，但掌握支配利益的首腦們對大眾利益不關心，使寺廟供奉減少，人民生活窮迫，壞人行劫殺人，請政府改革時首先注意到這種情況；(5)如果改革西藏自己軍隊的制度，會引起人民的灰心，一個大國的制度不能相容於小地方，除依舊例保持少量兵力（指駐藏人民解放軍）外，其餘希望迅速撤退；(6)藉口漢藏和睦，封閉商路（指對外出口），使西藏羊毛銷售不出，商業倒閉，希望迅速商討，准予依照原來方法經商。詳見〈偽人民會議始末〉，《西藏黨史通訊》1989年第2期（總第24期），頁9-23。

9　噶廈政府高級官員，相當於總理。

10　《西藏人物介紹》，頁19。

後，噶廈政府已是形同虛設，對康區發生的事情，達賴喇嘛唯一能做的，只是向張經武和張國華提出抗議，並先後寫了兩封信，通過工委轉交毛澤東。此時，達賴喇嘛依然相信毛澤東給他的承諾，認為康區發生的一切只是下面的幹部肆意妄為，違背了毛澤東的指示。但是，他的信如同石沉大海。

達賴喇嘛十分灰心。他感到西藏陷入「專制壓迫和民眾憤怒的惡性循環」，自己為和平解決問題的努力一無所獲。

就在達賴喇嘛一籌莫展的時候，拉薩突然來了一位客人。他的出現為達賴喇嘛帶來一線希望。

二

1956年夏天，大約是5月底或6月初，錫金王儲巴登頓珠專程前來拉薩，轉交印度馬哈菩提協會給達賴喇嘛的一封信，邀請他前往印度，參加佛祖涅槃兩千五百周年紀念活動。馬哈菩提協會是一個民間組織，現有資料無法判斷，該組織出面邀請達賴喇嘛去印度，背後是否有印度官方意圖。

收到邀請信，達賴喇嘛非常高興。去印度朝聖不僅是每個佛教徒的夢想，更重要的是，在西藏孤立無助的時刻，他需要面見印度總理尼赫魯，希望能得到那位老牌政治家的指點，也希望尼赫魯運用與中國政府的友好關係，給中共施加壓力，改善康區和安多的狀況。他立刻告訴當時在拉薩主持西藏工委工作的范明，表示願意接受邀請，訪問印度。

范明的第一反應是阻止，要求達賴喇嘛以「工作繁忙」為由婉拒。但事關重大，范明不敢自作主張，立刻將這件事情報告中央。一個多月後，7月12日，達賴喇嘛收到周恩來從北京發來的信。這封信是達賴喇嘛5月28日給中央信的回覆。達賴喇嘛的信迄今尚未公開，無法得知其內容，也無法判斷這封信是否為對達賴喇嘛寫給毛澤東的信的回答。關於去印度的事，周恩來在信中明確表示：

最近印度和尼泊爾都曾經邀請你去訪問。我們同意你所做的答覆，那就是，在原則上不排除將來去訪問的可能性，但是，由於西藏自治區在籌備期間工作重要，現在不能去。我們覺得，暫時這樣答覆是比較好的，因為，一方面，西藏自治區籌備委員會的工作的確需要你主持；另一方面，也應該適當地注意到美、英帝國主義分子的破壞活動。因此，關於你出國訪問的問題，我們應該採取慎重的和有準備的步驟。[11]

那時候籌委會的主要工作，是在未得到達賴喇嘛和噶廈政府同意的情況下，積極進行「改革」前的準備。7月10日，西藏工委擬定〈1956年第二季度工作綜合報告和第三季度工作安排〉，主要工作是「在各階層人民中廣泛深入地開展宣傳」，並在社會上開展建黨、建團工作。正是此時，中央組織部在全國各地調來西藏進行土改的幹部陸續進藏。然而，就在周恩來給達賴喇嘛寫信的一周前，甘孜得榮和雲南中甸發生藏人劫持駝隊事件；兩天前，解放軍在乾寧縣[12]鎮壓藏人暴動，死傷人數不詳，四千多人投降[13]。馬爾康、黑水等地區作戰還在進行當中。周恩來的信中隻字未提這些事，卻提到達賴喇嘛在國外的家人，暗示中央清楚達賴喇嘛的二哥嘉樂頓珠在印度的活動：

至於你在國外的一些家屬，據我們知道，美、英帝國主義分子的確想利用他們來破壞西藏的團結進步事業。現在，美、英帝國主義分子正以噶倫堡作為他們的特務組織的中心，不斷地在策劃各種破壞活動。[14]

當時在印度有影響的藏人，除了達賴喇嘛的家人，還有1952年「人民會議事件」中被捕，釋放後去印度的阿樂群則，曾擔任西藏貿易代表團團長的夏格巴等「獨立派」中堅人物。可見周恩來在這封信裡軟硬兼施，不讓達賴

---

11 周恩來，〈給達賴喇嘛的信〉，《西藏工作文獻選編 1949-2005》，頁165-167。
12 1978年撤銷，其轄地分別劃入道孚和雅江兩縣。
13 《四川民族地區民主改革大事記》，頁122。
14 周恩來，〈給達賴喇嘛的信〉，《西藏工作文獻選編 1949-2005》，頁165-167。

喇嘛去印度的真正原因，是不想讓他與這些人接觸，以免受到他們的影響。

8月18日，毛澤東給達賴喇嘛寫了一封信。這封信一開頭就告訴「親愛的達賴喇嘛」，給他的兩封信都收到了，但是無法判斷，這兩封信是否就是達賴喇嘛通過西藏工委轉交毛澤東的信。這封信同樣避重就輕，輕描淡寫地承認「四川方面出了一些亂子」，雖然「我們的工作也有缺點」，但主要原因是「親帝國主義分子和國民黨殘餘分子在那裡煽動」。信中說西藏「目前還不是改革的時候」，只是先談談，做好思想準備，到各方面都安排好再開始實行，並且「希望西藏方面盡量避免出亂子」[15]。

這封信顯示，毛澤東對在西藏即將開展的「改革」有點猶豫。根據現有資料，很難確定是否與當時西藏昌都地區發生的軍事行動有關。在毛澤東給達賴喇嘛寫信時，甘孜和阿壩的第一波鎮壓大體結束，但戰火已經燃過金沙江。8月5日，蘇聯地質專家在妥壩[16]進行野外作業時，遭到藏人伏擊，解放軍死傷九人。8月13日，西藏軍區16團八十多輛汽車組成的車隊後尾遭到伏擊，解放軍死傷三人。就在「改革」即將開展，西藏局勢動盪不安，達賴喇嘛對與中共合作的前景越來越懷疑的時候，中共最高層直接給達賴喇嘛寫信，而且信中都對他表示信任，顯然是想安撫達賴喇嘛，藉此穩定西藏局勢，以便在推行土改時「盡量避免出亂子」。

達賴喇嘛大失所望。根據范明等人的提議，他開始著手安排一個代表團替他前往印度。

───────────── 三 ─────────────

事實上，就在毛澤東表示希望在西藏「盡量避免出亂子」的時候，「亂子」已經發生：「西藏要進行改革一事，已在昌都地區（主要是昌都以東、金沙江以西）引起了強烈反應。最近，這裡社會情況動盪不安，人心惶惶，搶劫事件連續發生，謠言百出。」[17]春末夏初時，王其梅用強迫藏人領袖同

---

15 毛澤東，〈給達賴喇嘛的信〉，《西藏工作文獻選編 1949-2005》，頁150。
16 昌都東部牧區，現屬西藏自治區昌都縣妥壩鄉。
17 〈昌都地區社會情況動盪不安〉，新華社《內部參考》，1956年9月7日。

意的方式，在昌都點著了火星；夏季裡，反抗之火開始燃燒。

7月下旬，江達縣召開人代會，宣布將要開展以土改為主要內容的「改革」。江達頭人、德格土司管家齊美公布與逃到江達的德格土司之子上山，佔據並封鎖了一片山區，誓言絕不接受土改。昌都解委會派副主任洛桑根曲去勸返，齊美公布說他不願接受江東那樣的改革，不相信中共「和平協商」的政策，拒絕返回。民眾傳言將要發生戰爭，紛紛逃進山裡，地裡成熟的莊稼無人收割。川藏公路崗托到昌都段沿線的三十多個道班，有十一個被搶劫，其中幾處被焚毀，工人受傷。

可是，儘管昌都地區各階層都抗拒，西藏工委仍派秘書長牙含章到昌都檢查「改革」準備工作，顯然打算強制推行。

8月底，西藏工委開始在各地成立基巧級[18]辦事處，與此同時，昌都地區兩次發生解放軍車隊被襲擊事件，中方死傷二十多人。作為西藏主要補給線的川藏公路運輸不暢，車隊頻遭伏擊，司機大都無作戰經驗，甚至不會射擊，因此產生恐懼心理；解放軍官兵們則憋著一股氣，想要報復。

至此，雲南德欽、四川甘孜和阿壩、甘肅甘南、西藏昌都均已發生規模不等的戰事。很明顯，藏區各地、各階層都反對中共推行的「改革」，上自達賴喇嘛、噶廈政府、三大寺，下至各地頭人和民眾強烈抗拒，許多部落不惜以死相拚。面對這樣的局勢，中共不得不調整政策。

1956年9月4日，中共中央指示西藏工委，將西藏的「改革」推遲。推遲的原因，首先是因為「從西藏當前的工作基礎、幹部條件、上層態度以及昌都地區最近發生的一些事情來看，西藏實行改革的條件還沒有成熟」，同時承認「西藏民族至今對漢族、對中央也就是說對我們還是不大信任」，而「採取一切必要的和適當的辦法，來消除西藏民族的這種不信任的心理，乃是我們黨的一項極其重大的任務」[19]。從這份文件可見，中共無視藏民族在

---

18 相當於內地的專署級。
19 〈中共中央關於西藏民主改革問題的指示〉，《西藏工作文件選編1949-2005》，頁182-184。

歷史、文化、語言、信仰等方面的同一性，把「藏民族」僅僅理解為「在西藏自治區籌委會管轄範圍內的藏人」，以不同政策的方式將其硬性切割。

這份文件還提出在處理國內民族問題時，「必須考慮到東亞洲地區各民族的影響，在對待西藏民族的問題上，尤其必須這樣。」五〇年代，中共一方面秘密向東南亞「輸出革命」，支持東南亞共產黨顛覆本國政府，奪取政權，一方面卻又希望與周邊國家保持良好關係。東南亞國家多為佛教國家，佛祖涅槃兩千五百周年是佛教界的一件大事，有「佛國」之稱的西藏一旦發生武裝衝突，勢必推翻一年前中國在「萬隆會議」上為自己製造的和平形象，引起東南亞諸國民眾對中共的疑慮。因此，中央不得不硬生生煞住西藏已經開始啟動的「改革」快車。

大致上就在文件下達前後，籌委會派阿沛・阿旺晉美、十六世噶瑪巴，以及邦達多吉[20]等人到昌都去安撫。阿沛主持召開了幾次上層人士座談會，傳達有關「改革」的文件，解答了一些問題。各宗代表們提出三條意見：

一、要求籌委會把江東實行改革中所發生的錯誤，呈報中央，對江東的叛亂應及時解決；已逃到昌都地區的人，說明他們就地安插或送回原地照常就業。

二、在西藏地區改革時的協商和自願，是否包括寺院喇嘛在內？改革時不進行鬥爭，是否包括非武裝鬥爭？寺廟收入不動，是否包括供奉和布施在內？有關改革等事情，希望由達賴、班禪和籌委會統一領導，即使有不正確的地方也願意接受。

三、在改革時，希望宗教不要受到影響。[21]

---

20 邦達倉家族為芒康大富商。1936年，邦達多吉（1905-1974）曾任博巴政府財政部長，1937年任國民政府軍康北騎兵大隊大隊長、義敦縣長。1940年曾與格達仁波切等人上書毛澤東，要求解放康藏。1950年後，歷任昌都解放委員會主任，西藏自治區籌委會常委兼副秘書長，西藏自治區第一、二屆政協副主席；第一至三屆全國人大代表，及第二屆全國政協委員。

21 〈昌都部分地區仍動盪不安〉，新華社《內部參考》，1956年10月22日。另，這份《內參》中說阿沛等人去昌都是8月初，疑有誤。《中共西藏黨史大事記》、〈昌都大事提要〉、1956年10月11日新華社《內參》均為9月。

從這幾條意見可以看出，中共以兩套政策來切割藏民族，事實上是做不到的。金沙江以西的藏人並不因為他們被劃入另一個行政區，就不再關心同胞的命運。這些意見還凸顯出一個事實，即上層人士最關心的不是他們自己的財產，而是宗教的前途和寺院的安全。他們寧願接受由達賴喇嘛和班禪喇嘛主導的改革，也表示他們對中共不信任。

就在昌都處於僵持階段，整個局勢依然動盪不安的情況下，達賴喇嘛去印度一事，突然有了轉機。

四

10月1日，印度總理尼赫魯向中國正式發出邀請，請達賴喇嘛和班禪喇嘛去印度參加佛教創始人釋迦摩尼涅槃兩千五百周年紀念活動。這不僅是佛教界的盛事，印度政府也有意藉此機會向世界展示自己的古老文化，以及一個新近獨立的大國形象。因此，印度對這個活動極為重視，邀請了佛教各派高僧，以及各國佛教組織參加。本來由民間宗教組織出面的邀請，變成了官方邀請，這使得中國政府不得不重新考慮達賴喇嘛訪印一事。然而，根據范明密報中央的情報，達賴喇嘛出訪印度，很可能會不再返回西藏[22]。中共必須認真評估達賴喇嘛出訪印度可能會遇到的種種問題。最重要的問題是：一旦達賴喇嘛宣布在印度政治避難，將對西藏的局勢產生什麼樣的影響？

就在中共舉棋未定之時，東歐發生了震驚世界的匈牙利事件。蘇聯坦克開上匈牙利首都布達佩斯街頭，世界輿論譁然。達賴喇嘛是佛教金剛乘代表性人物，如果缺席印度舉辦的重大宗教活動，顯然不合常理，在這樣的時刻，難免令世人產生種種聯想。

11月15日，毛澤東在中共八屆二中全會上發表講話，其中談到「達賴的

---

22 降邊嘉措，《毛澤東與達賴班禪》，頁173。

問題」。他的口氣頗有點悻悻然：

佛菩薩死了二千五百年，現在達賴他們想去印度朝佛。讓他去，還是不讓他去？中央認為，還是讓他去好，不讓他去不好。過幾天他就要動身了。勸他坐飛機，他不坐，要坐汽車，通過噶倫堡，而噶倫堡有各國的偵探，有國民黨的特務。[23]

毛澤東終於意識到，二十一歲的達賴喇嘛畢竟是藏民族的最高領袖，他不會充當傀儡，按照中共的旨意行動。毛澤東指示西藏工委和軍區做好準備，「把堡壘修起來，把糧食、水多搞一點」，至於達賴喇嘛，他說：「跑掉十個，我也不傷心。」

兩天後，中央發給西藏工委有關達賴喇嘛和班禪喇嘛訪印的指示，要西藏工委做好各種準備，包括軍事準備。

此刻，捲入戰火的康區新龍女子多杰玉登已經退入山裡，尼曲河邊的少年僧侶益丹離開寺院返回家中。青海果洛久治縣康賽部落的男孩旦曲白桑、鄂陵湖邊的牧女俄洛早已遷入冬窩子，度過高原漫長嚴酷的寒冬。北京、拉薩、新德里對他們十分遙遠，他們不知道這些起伏跌宕的故事，也不知道這一切將影響到他們的命運。

11月20日，達賴喇嘛離開拉薩，經日喀則前往印度。這時，他對嘉樂頓珠、夏格巴等人在噶倫堡的活動或許有所瞭解，但未必知道，在喜馬拉雅山南，一個秘密行動正在策劃之中。

---

23 《毛澤東西藏工作文選》，頁152。

第十一章　喜馬拉雅山南的秘密

一

1956年5月，康區暴動的消息傳到印度，報紙首次報導西藏東部的戰事。據新華社《內參》報導，1956年6月20日，在噶倫堡的「一群反共的藏人」，包括達賴喇嘛的大哥塔澤仁波切[1]，寄給印度總理尼赫魯一封請願書。這是前西藏江孜寺住持土登寧捷寫的一封信，指責「共產黨中國人在今年4月轟炸理化中打死了四千多藏人」，並引用了張國華4月26日在拉薩一次演說的話：「我們轟炸了理化（按：原文如此），並且將以同樣的方式消滅所有這樣的叛亂。」[2]此後，英美印等國媒體多次報導藏東發生藏人反抗「紅色佔領者」的消息。

這些消息開始引起美國方面的注意。

二戰結束後，共同敵人被消滅，意識形態與價值觀的對立開始凸顯。大戰期間的盟友美國和蘇聯化友為敵，歐洲各國間的關係因之重新組合。1947年3月12日，美國總統杜魯門在國情咨文中提出美國政策的新主張：「支持抵抗掌握武裝的少數人征服企圖，或遭受外來壓力的自由民族。」這個被稱為「杜魯門主義」的主張被認為是「冷戰」之始。然而，早在1918年，史達林就在〈不要忘記東方〉一文中提出：「共產主義的任務就是要打破東方被壓迫民族數百年來的沉睡，用革命的解放精神來感染這些國家的工人和農民，喚起他們去反對帝國主義……不這樣做，就休想社會主義取得最後勝利，

1　亦譯「當才活佛」。
2　新華社《內部參考》，1956年6月23日。

休想完全戰勝帝國主義。」[3]1920年9月，蘇聯組織召開的「巴庫會議」上，二十多個國家的代表簽署〈巴庫宣言〉，號召東方各民族「在共產國際的紅色旗幟下」，為了「將全人類從資本主義和物質主義奴役的鎖鏈下解放出來」，對歐洲的資本主義堡壘發動「聖戰」[4]。可見，「冷戰」的種子早在一戰以後就已播下。

1949年4月，西、北歐十二國在美國首都華盛頓簽署〈北大西洋公約〉，8月24日，「北約」正式成立。不到一周，蘇聯成功試爆第一顆原子彈。1950年1月31日，美國總統杜魯門指示國務院和國防部重新評估美國的防務和外交策略。4月7日，美國國家安全委員會呈交杜魯門總統一份秘密報告，這就是著名的〈國家安全委員會第68號文件〉。[5]1952年，希臘、土耳其加入「北約」；1955年5月6日，聯邦德國（西德）加入「北約」。同年5月14日，包括民主德國（東德）在內的東歐八個社會主義國家簽署〈華沙公約〉。

兩個對立的軍事同盟就此形成，標誌著世界政治版圖正式分裂成以美國為首的「資本主義陣營」，和以蘇聯為首的「社會主義陣營」，這兩個新的敵對陣營。兩大陣營之間在政治、經濟、軍事等方面的競爭和衝突，史稱「冷戰」。在此期間，兩方的明爭暗鬥不時激化，使得「冷戰」在局部地區上升為「熱戰」。

面對這一現實，兩大同盟之外的國家，特別是亞洲和非洲國家，不得不做出反應。1954年，印度首任總理尼赫魯在斯里蘭卡發表演說，首次提出「不結盟」概念。翌年4月，就在西德即將加入北約，蘇聯等國即將成立華約的數周前，印尼、緬甸、錫蘭（斯里蘭卡）、印度和巴基斯坦五國發起，二十九個國家的代表參加在印尼舉行的「萬隆會議」，標誌著美蘇兩大陣營之間的第三種政治力量，即「不結盟運動」浮現，世界遂成三足鼎立之勢。幾年後，拒絕加入「冷戰」的「不結盟」國家，將組成世界最大的鬆散政治

3　《列寧史達林論中國》，頁37。
4　〈巴庫宣言〉網路英文版：*Manisfesto of the Congress to the Peoples of the East. Baku Congerss of the Peoples of the East*. http://www.marxists.org/history/international/comintern/baku/manifesto.htm
5　即NSC-68，該文件已於1975年2月27日解密。

聯盟，即「不結盟運動」。

就其發源地來看，「冷戰」本是歐美諸國之間的敵對。表面看來，歐洲、北美之外的國家盡可置身事外。然而，兩大陣營之間的擴張與遏制，以及雙方的軍備競賽，不可避免地對其他國家產生影響。加入兩大陣營的國家，基本上包括了世界主要工業國，而宣布不與之結盟的國家為了自身的發展、建設和國防，不得不根據兩大集團的態勢調整自己的外交策略。因此，「不結盟」的國家並不能保持絕對中立，它們時常調整立場，時而「親蘇」，時而「親美」，時而中立；兩大陣營對「不結盟」國家的外交策略亦很靈活，有時拉攏，有時打擊，有時冷落。「冷戰」期間，世界局勢變幻莫測，各種勢力分分合合，各種陰謀層出不窮。

中共建政時，正是「冷戰」緊張發展的時候。在蘇聯幫助下成立的中共本為國際共運的一部分，是蘇聯的「天然盟友」；加上毛澤東對蘇聯「一邊倒」政策，中共自然成為「冷戰」中蘇聯陣營的一員。中共建政後，即展開一系列公開和秘密軍事行動，通過介入韓戰、越南抗法戰爭[6]，以及支持東南亞共產黨在本國開展武裝鬥爭等，與北約國家軍隊直接或間接交手，咄咄逼人地出現在國際政治舞臺上。韓戰將「冷戰」從歐洲引向亞洲，使亞洲成為「冷戰」的戰場之一。這一切，使得「通往巴黎的路必須經過北京」這句被認為是列寧所說的名言變得十分真切。在這種背景下，美國開始重新審視其遠東政策。

1953年11月3日，美國國家安全委員會呈交總統第166號文件，這份文件題為〈美國對共產黨中國的政策〉，定下了美國的遠東政策：由於中共奪取政權，遠東力量結構發生突變，歐洲勢力被逐出，蘇聯勢力急速擴張，美國遠東政策的首要問題是應對一個「強大並敵對的共產黨中國，以及共產黨中

6　1950至1954年間，據不完全統計，中共援助越南人民軍槍15.5萬餘支（挺）、槍彈5,785萬發、火炮3,692門、炮彈108萬多發、手榴彈84萬多枚、汽車1,231輛、軍服140萬多套、糧食和副食品1.4萬多噸、油料2.6萬多噸，以及大量醫藥等其他軍用物資。轉引自劉軍、唐惠雲，〈試析中國對越南的經濟與軍事援助（1950-1978）〉，《東南亞縱橫》2010年第5期。

國與蘇聯結盟導致的遠東力量變更」[7]。

此後，北約開始認真對待「亞洲問題」。

1955年5月11日，美國國務院收到一封發自巴黎，美國駐北約代表處的電報，電文為美國國防部國際安全部副部長麥圭爾·珀金斯向國務院彙報當日上午北約理事會全體會議內容。會議主要討論「亞洲問題」，重點為北約對中共以及亞洲形勢的分析、判斷和策略。會議認為由於「中共採取好戰姿態，從多方面來說，共產主義在遠東的挑戰比在西方更危險」：

......俄國十月革命後，安靜和鞏固了一段時間。此後，蘇聯漸漸強大，除了芬蘭和波蘭，未介入公開武力。中國的革命比蘇聯的十月革命更激烈，時間更長。秘書長[8]回顧了中共好戰行動之歷程，從征服大陸開始，繼之以在北韓阻止統一的努力，北韓入侵以及中國公開介入，最終迫使負有抵抗入侵之責的聯合國軍退回。接下來是征服西藏，通過越南介入印度支那，獲得奠邊府[9]勝利。印度支那停戰後，共產黨加強在臺灣海峽的行動，轟炸並佔領離島，進行好戰宣傳。[10]

會議指出東亞形勢的四大特點：

一、中國的行為特點顯示出與蘇聯不同，某種程度上，中共政權比蘇聯呈現更好戰的姿態。

二、中國的人口數量和文化在整個遠東都有影響，而俄國的野蠻習性歷

7　"Statement of Policy by the National Security Council", NSC 166/1.FRUS 1952-1954. Vol. XIV, Part 1, p. 278.

8　原文未指明是否為當時的北約組織秘書長伊斯梅爵士。

9　即在中共軍事顧問團策劃、指揮，以及大量武器彈藥和補給支持下，越南軍隊於1953年5月與法軍的戰役。此役法軍大敗，法國在越南的殖民從此結束。

10　Telegram from the Office of the Permanent Representative to the North Atlantic Council to the Department of State. FRUS, 1955-1957, Vol. XXI, East Asian Security; Cambodia; Laos, Document 52. http://history.state.gov/historicaldocuments/frus1955-57v21/d52

史上就被西歐排斥。

三、中國人遍及遠東各國，代表中共有能力從（那些國家的）內部破
　　壞。雖然西歐共產黨有類似作用，但並不完全相同。

四、遠東的自由國家缺少團結，不像歐洲那樣努力達成一致。政治、經
　　濟、文化和宗教分別趨向於產生分裂。亞洲自由國家在周邊形成一
　　道薄弱、散亂的線，無法實現有效的團結一致。[11]

這份電報中提及美國遠東政策的主導思想：

美國在亞洲的目標與歐洲相同。美國相信（1）堅定地面對進攻威脅；
（2）集體安全；（2）避開對自己的攻擊，政策導向為將戰爭可能限制到最
低限度。[12]

由於美國將中共視為比蘇聯更危險的敵人，對中共在周邊國家「輸出革
命」勢必千方百計加以圍堵，以防亞洲全面「赤化」，形成「多米諾骨牌效
應」，使亞洲成為蘇聯通往歐洲的跳板。因此，美國通過與日本、臺灣、菲
律賓等國家簽訂共同防禦條約，以及1954年簽訂的「東南亞條約組織」，在
中國周邊建立了一個「新月形包圍圈」，其目的「正如在西方那樣，在東方
遏止共產主義」[13]。

與印度接壤的西藏，是通往南亞的「後門」。宣導「不結盟主義」，與
中、蘇、美等國都保持良好關係的印度，因此成為幾方面共同爭取的對象。

就在這樣的背景下，美國人得知了康巴人暴動的消息。

---

11 Telegram from the Office of the Permanent Representative to the North Atlantic Council to the
　Department of State. FRUS, 1955-1957, Vol. XXI, East Asian Security; Cambodia; Laos, Document
　52. http://history.state.gov/historicaldocuments/frus1955-57v21/d52
12 同上。
13 同上。

1949年之前，美國政府對西藏的情況所知有限，並無明確的「西藏政策」。二戰期間，除了一次簡短接觸之外，西藏並不在美國的國際視野中。1949年4月，中共將要全面奪取政權時，美國政府才注意到西藏「在意識形態和戰略上的重要性」，一度考慮承認西藏為獨立國家。經過各方面考慮後，美國政府認為，一旦承認西藏的獨立地位，有可能加速中共佔領，同時激怒國民黨政府。權衡之後，美國政府決定，在不給中國當局留下「對西藏政策有所改變」印象的前提下，與西藏政府保持友好關係[14]。

昌都戰役後，年僅十六歲的達賴喇嘛提前執政。12月，他前往靠近印度邊境的亞東避難，同時觀望形勢的發展，隨時準備出走印度。這時，中共和美國都在積極爭取達賴喇嘛。中共希望達賴喇嘛返回拉薩，美國則希望達賴喇嘛流亡。達賴喇嘛經過慎重考慮，決定返回拉薩。此後，美國與西藏之間有過幾次秘密聯絡。1953年7月27日，朝鮮停戰協定在板門店簽字，次年9月3日、22日，中共炮轟金門、馬祖，引爆「臺海危機」。這時候，達賴喇嘛和班禪喇嘛正在內地訪問，「統戰大戲」演得熱火朝天。

解放軍入藏之後，美國對西藏內部情況的瞭解，有不少來自錫金王族。錫金王族與西藏貴族世代聯姻，當時的王儲巴登頓珠之妻是西藏貴族之女，他的妹妹，著名的白瑪次登公主（庫庫拉）嫁給江孜官員之子，在拉薩生活了好幾年。錫金王儲和公主都在印度大吉嶺接受英式教育，與印度的上層人士和外交官有廣泛聯繫。達賴喇嘛的二哥嘉樂頓珠是美國瞭解西藏情況的另一個資訊來源，但這些消息基本上是通過難民和商人，輾轉傳到印度的，很難得到確認。

1955年康區情況緊張，康巴人開始設法與美國駐印度使館聯絡，尋求支援。通過曾經在芒康地區傳教的蘇格蘭傳教士喬治·派特森牽線，富商邦

---

14 "Status of Tibet". FRUS 1949. The Far East: China Vol. IX, 1064-1097.

達倉家族的繞嘎・邦達倉與中情局特工見面[15]；後來的「四水六崗衛教志願軍」總指揮，理塘商人貢保扎西的外甥格桑・嘉妥倉也在加爾各答與美領館的人交談[16]，但這時康區的反抗力量尚未聯合，與美國方面亦只是初步聯絡，並無實際結果。

1956年康巴暴動發生後，情況有了變化。嘉樂頓珠將江孜寺院住持土登寧捷的信寄到美國駐英國、新德里、加爾各答、香港和臺北的大使館和領事館，以及印度主要報紙《政治家報》。英-美、印度都未公開發表這封信，但信被轉發美國國務院、中情局以及美國海陸空三軍[17]。

藏區民眾的自發反抗符合「杜魯門主義」，但中情局對反抗的範圍、程度，以及反抗者的實際需要缺乏瞭解；而且，中情局覺得，他們需要達賴喇嘛本人，或者噶廈政府出面要求援助，只有這樣才能確切無疑並且「師出有名」地援助藏人，否則，他們不知底細，不知道得到援助的是些什麼人，他們的最終政治目標是什麼，中情局即使想援助，心裡也不踏實。

6月28日，錫金王儲從西藏返回印度，來到美國駐加爾各答總領事館。美國人這才得知達賴喇嘛有可能赴印度一事。王儲告訴總領事藏東發生激戰的消息，建議美國為反抗藏人提供武器和訓練，還說達賴喇嘛「顯然有意離開他的國家」[18]。尚無資料表明，這時達賴喇嘛已決定藉此機會在印度政治避難，但不排除避難是可能的選項之一。

11月6日，達賴喇嘛得到通知，中央批准他去印度。

消息很快傳開。中情局在印度的工作小組，以及在噶倫堡的流亡藏人社區，立即開始行動。

中情局遠東部派駐印度加爾各答的情報員約翰・赫斯金斯得到指示，令他立即去噶倫堡，與嘉樂頓珠接觸。

---

15 Kenneht Conboy and James Morrison, *CIA's Secret War in Tibet*, p. 26.

16 格桑・嘉妥倉訪談，2009年5月10日。

17 Warren W. Smith, Jr., *Tibetan Nation: A History of Tibetan Nationalism and Sino-Tibetan Relations*, pp. 410-411. 該書作者引述的原件日期是1956年7月20日，比新華社《內參》報導晚一個月，但從《內參》引述的內容來看，應為同一文件。

18 Kenneht Conboy and James Morrison, *CIA's Secret War in Tibet*, p. 28.

在噶倫堡的流亡藏人圈中，「留下達賴喇嘛」是明確的目標。

在拉薩，張經武等人忙著教達賴喇嘛如何回答可能被問及的各種問題，並為他起草在印度公開演講的講稿。

11月21日，達賴喇嘛率領赴印代表團和隨他前往的參觀團，帶著民眾的深切期望，告別拉薩前往日喀則。次日，他與班禪喇嘛及其隨行人員一同前往亞東。

三

初秋，我專程來到噶倫堡，尋訪半個多世紀前，年輕的達賴喇嘛在這裡留下的痕跡。

正午時分，我站在噶倫堡主街邊。沐浴在炙熱陽光下的街道隨山勢起伏曲折，各種汽車尖叫著，從曾是馬幫來往的街道上駛過，警察握著兩尺來長的細竹棍，懶洋洋地指揮交通。街道兩邊的樓房帶著一道道雨季留下的黑印，破舊的樓房還保留著殖民地的痕跡。英國人建造的旅館早已換了主人，名稱雖然改變，建築依然保持原樣，失修的牆和屋頂記錄著歲月滄桑。

主街兩邊的樓房投下兩道陰影，落在鐵欄杆隔出的狹窄人行道上。不同民族的男女老少在人行道上穿梭來往。到達噶倫堡的那天，恰好是當地的「民族日」，政府鼓勵市民穿自己的民族服裝。廓爾喀女人裹著粉紅格子布紗麗，男人穿著灰布長衫，頭戴黑色船型帽，帽側飾一枚金色廓爾喀式彎刀別針。尼泊爾女人裹著大紅繡金紗麗，印度姑娘穿著各色「旁遮普套裝」。一個中年男人坐在小店門口，條紋襯衫外套著紫色織錦緞藏式背心。人流裡有幾個裹著絳紅袈裟的年輕僧侶，目不斜視地走過。喜馬拉雅山區的各族文化在紛亂熱鬧的噶倫堡街頭匯聚，融合成兩條色彩繽紛的人流，每一組色彩記錄著一段歷史。

靠近大吉嶺的山城噶倫堡，是喜馬拉雅山中著名的商城。在漫長的歲月裡，這座城市是喜馬拉雅山中的重要商品集散地。長長的馬幫從西藏三區各

地走來，騾馬氂牛馱著牛皮、羊毛、氂牛尾等傳統貨物，踏著古老的商道，越過雪山，穿過山谷，涉過冰河，走向蔥蘢蒼翠的山脈之南。在這座帶有殖民地風格的商城裡，馬幫卸下藏地土產，換上印度和歐美的貨物，掉頭北返。藏地土產從噶倫堡運到西里古里，再到加爾各答，裝入遠洋貨輪，運到英美各國。

由於這樣的商業聯繫，噶倫堡歷史上一直有藏人居住。他們經營貿易，開客棧、商店、餐館，供往來馬幫落腳歇息。中共入藏後，一些西藏官員移居噶倫堡，或者附近的另一座名城大吉嶺。

1952年，達賴喇嘛的二哥嘉樂頓珠在大吉嶺和噶倫堡之間的某地買了一座房子，與家人住在這裡。

在達賴喇嘛的家族裡，嘉樂頓珠是個很特殊的人物。五兄弟中只有他從未剃度出家，而且從小就接受漢語教育。1946年，他進入國民黨南京中央政治學校學習，期間，蔣夫人宋美齡親自關照他的生活，學費亦由蔣家以獎學金的名義支付。兩年後，嘉樂頓珠在上海與他的同學朱丹結婚，證婚人為中華民國行政院新聞局長沈昌煥。1950年5月，嘉樂頓珠經由印度去臺灣見蔣介石。滯留一年多後，翌年8月離臺，繞道美國返回印度。1952年3月，他隻身到拉薩見達賴喇嘛，兩個多月後帶著秘書和僕人，經不丹回到印度。嘉樂頓珠精通漢語，「一切舉止均與漢人無異」，使得噶廈的一些官員認為他「親漢」；他與國民黨政要的密切關係，又使得中共認為他「很可能係國民黨特務和國際間諜」[19]，兩方都擔心他對達賴喇嘛施加影響。然而，在達賴喇嘛看來，他二哥真正的忠誠是對西藏，而非國共兩方。

噶倫堡和大吉嶺這兩座風景優美的名城，一直是印度的度假勝地。在印度平原酷熱的夏季裡，海拔1,800米，坐落在雪山下的山城空氣清涼，是避暑佳境，吸引了各國外交人員和印度上層人士。形形色色的人聚居於此，蜿蜒高低的街道上，走著身裹紅袈裟的西藏僧侶、穿著黃衣的印度瑜伽師、身分不明的西方人士、印度勞工、臺灣特務、印度情報人員、中共間諜，以及流

---

19 《西藏人物介紹》，頁8-9。

落在此的康巴漢子。

　　噶倫堡還有一份藏文報紙《西藏鏡報》。這份報紙創辦於1925年，創辦人兼主編是一位改信基督教的庫努人，名叫戈根多杰次仁塔欽，藏人尊稱他為「塔欽老爹」。這份被中共稱為「反動報刊」的報紙，只是一份慘澹經營的小報，報館是一間簡陋的鐵皮小屋。然而，它是多年裡唯一的藏文報紙。十三世達賴喇嘛圓寂前，一直是這份藏文報紙的訂戶。從西藏三區輾轉傳到印度的消息，以及藏人手繪的圖畫，常常出現在這份報紙上。

　　那天，我順著彎曲的山路從主街走下，在噶倫堡市中心附近的一條小街上，找到了街邊那座荒棄的長方形鐵皮小屋。窄窄的網狀條形窗上爬著碧綠藤蘿，透過一人多高的雜草，可見一塊鐵皮板橫著封住小屋的兩扇木門。門上方掛著黑漆大木牌，上面用英文、藏文和孟加拉文寫著幾行白色大字：噶倫堡，西藏鏡報。左下角的小字寫著：創辦於1925年。

　　就在這間簡陋的小屋裡，「塔欽老爹」為後世留下了許多寶貴的歷史資料。1956年達賴喇嘛訪問印度期間，《西藏鏡報》刊登了許多獨家報導和照片。

　　逃出西藏後的幾年中，嘉樂頓珠漫不經心地經營一樁進出口生意。閒暇之時，他帶著家人出入大吉嶺的上流社會圈，加入網球俱樂部，還是當地網球冠軍。

　　1956年11月的一天，嘉樂頓珠拎著球拍去俱樂部。這天人比平時略多，球友們索性上場雙打。嘉樂頓珠的搭檔是個與他年齡相仿的陌生美國人。一場終了，兩人下場休息，一邊擦汗，一邊寒暄。他的搭檔不失時機自我介紹，嘉樂頓珠與約翰‧赫斯金斯就這樣「不打不相識」。

　　數日後，嘉樂頓珠與專程從美國趕來的塔澤仁波切前往錫金。在乃堆拉山口的另一側，他們見到了久違的家人，這個大家庭裡的五兄弟，第一次相聚。

　　11月25日，達賴喇嘛和班禪喇嘛分乘兩架飛機，抵達新德里。在機場迎接的除了印度政要和率領中國佛教代表團訪印的喜饒嘉措大師，還有許多旅

居印度的藏人。理塘寺還俗僧人格桑‧嘉妥倉站在人群裡，雙手合十；另一個理塘寺還俗僧人阿塔諾布，以及他的朋友洛澤，也在人群裡翹首眺望。

━━━━━━━━━━ 四 ━━━━━━━━━━

到達新德里的當日，達賴喇嘛立即開始一連串的外事活動。歡騰熱烈的公開活動，掩去了另一串緊張的行程。

11月26日，尼赫魯接見達賴喇嘛。從印度方面公布的談話內容中，未顯示達賴喇嘛向尼赫魯提出了避難請求，但達賴喇嘛在自傳中回憶，談話中

> ……我向他解釋西藏東部令人絕望的局勢，而且我們都擔心，更壞的狀況會擴展到西藏其他地區。我說我不得不相信，中國人確實打算永久毀滅我們的宗教和傳統，從而割斷我們和印度的歷史關係。我告訴他，所有藏人現在都把希望寄託在印度政府和人民身上。然後我解釋說，為什麼我想留在印度，直到我們用和平的手段贏回自由。[20]

尼赫魯明確表示，印度幫不了西藏的忙。他認為達賴喇嘛應該返回西藏，「心平氣和地試著執行十七條協議」。

兩天後，中國國務院總理周恩來到達新德里。此番前來印度進行國事訪問，周恩來還有另一個使命：說服達賴喇嘛回國。這年2月，赫魯雪夫在蘇共第二十次代表大會上做關於史達林個人崇拜的秘密報告，清算史達林。國際共運因此一片混亂，社會主義陣營的裂痕有公開化的跡象。「秘密報告」餘波未息，社會主義陣營中又爆發了舉世震驚的「匈牙利事件」。這兩大事件動搖了蘇共作為國際共運領袖的地位。對於有意取代蘇聯來領導世界革命的

---

20 達賴喇嘛與尼赫魯的第一次談話內容中譯本，見李江琳，《1959：拉薩！》，頁37-38；英文原文見 *Selected Works of Javaharlal Nehru*, Second Series, Vol. 35, pp. 520-521。另見達賴喇嘛，《我的土地，我的人民》，頁154。

毛澤東來說，一旦達賴喇嘛在印度政治避難，意味著中共「和平解放西藏」神話的破滅；如果由此導致局面失控，解放軍在高原大開殺戒，無疑是另一個「匈牙利事件」，對中共的國際形象大有損害。雖然在達賴喇嘛赴印前，毛澤東在內部放了狠話，但在實際操作中，他還要盡力爭取達賴喇嘛。

到達新德里的次日，周恩來與達賴喇嘛進行了長達四小時的談話。這次談話的內容迄今只發表了很少的一部分，且只有周恩來的「一面之詞」，達賴喇嘛的話未收入。談話中，對自己親自寫信不讓達賴喇嘛赴印的事，周恩來做了截然相反的解釋。關於康區土改，周恩來承認「工作中有偏差，有些事情沒有搞好」，卻把責任推給地方：「四川省在制定政策時欠考慮，出了偏差也沒有抓緊糾正，是有責任的。」[21]他當然不會提及，四川省的土改計畫得到中央批准，而且出動圖-4重型轟炸機轟炸理塘、鄉城、巴塘的寺院，是由中央軍委下的命令。按照「黨指揮槍」的原則，如此軍事行動不可能未經中央批准。

11月30日晚，周恩來出席中國駐印度大使館的酒會後，在使館宴請了達賴喇嘛，以及他的母親、姐姐、兩個哥哥和兩位經師。宴會上，達賴喇嘛的哥哥坦率地對周恩來表達他們的真實想法：

幾百年來，西藏尊重中國為重要的友好鄰邦。可是，現在在西藏，中國人對待藏人的方式，好像他們是死敵。他們蓄意利用藏人中最壞的、無法進入西藏社會的人來挑起不和，忽略藏人中很多能夠改善漢藏關係的愛國者。他們在世俗事務中支持班禪喇嘛，以便重新撕開他的前世和我的前世之間的裂隙，以此降低我們政府的威望。他們在西藏，尤其是拉薩，保持著如此龐大、不必要的軍隊，使得我們的經濟崩潰，物價飛漲到藏人面臨饑餓的程度。最為激烈地反對中國人佔領的，不是西藏的統治階級，而是人民大眾。正是他們在要求軍隊必須撤出，要求雙方平等地簽訂新協議。但是拉薩的中

21 周恩來，〈同達賴喇嘛的談話〉，《西藏工作文獻選編1949-2005》，頁185-188。

國人不肯傾聽民眾的意見。[22]

對這些尖銳的話，周恩來「一如既往地保持禮貌和矜持」：

他向我哥哥保證，中國政府無意利用不合適的藏人，或者利用班禪喇嘛，來降低我的權威，製造不和。他們不想干涉西藏的事務，不想成為西藏的一個經濟負擔。他承認，由於當地中國官員中缺乏理解，可能造成了一些困難；他答應去改善拉薩的糧食供應，一旦西藏能管理自己的事務，就逐漸撤離軍隊。他又說，將把他們的抱怨向毛澤東匯報，並設法解決這些問題。他說，這些不是空口說說而已。我哥哥如果願意的話，可以留在印度，看他的承諾是否兌現，如果沒有兌現，他們完全可以自由地批評中國政府。[23]

宴會上，周恩來向達賴喇嘛的哥哥提出一個要求，希望他們說服達賴喇嘛返回拉薩。

次日，周恩來和達賴喇嘛繼續各自的訪印日程。

五

這段時間裡，另一些活動也在緊張地進行。理塘寺還俗僧人格桑·嘉妥倉和他的二十多名夥伴以自願警衛的名義，跟隨達賴喇嘛各地旅行。通過嘉樂頓珠的安排，這群年輕氣盛、血氣方剛的康巴漢子拜見了達賴喇嘛，希望得到他的支持，拉起一彪人馬公開反抗。達賴喇嘛規勸他們忍耐，以非暴力方式爭取自由。於是，格桑和幾名夥伴通過秘密管道，試圖在拉薩「製造一

---

22 達賴喇嘛，《我的土地，我的人民》，頁154-155。有關達賴喇嘛和班禪喇嘛地位的問題，見范明《西藏內部之爭》。
23 達賴喇嘛，《我的土地，我的人民》，頁155。

點事情」。康巴漢子們相信，一旦拉薩出事，達賴喇嘛無法返回，只好留在印度，但消息走漏，事情未成[24]。

嘉樂頓珠和他新結識的網球搭檔討論了美國可能提供的幫助。他們決定先挑選幾名可靠的青年，由中情局提供訓練，教會他們基本特工技巧，然後送回西藏收集情報，以便中情局確認幫助的對象和方式。在菩提迦耶，達賴喇嘛的大哥塔澤仁波切為跟隨達賴喇嘛來到此地的康巴漢子們拍照，並與他們單獨聊了聊。這些照片被秘密送到中情局。

12月16日，毛澤東在北京發出指示，決定將西藏的「改革」推遲六年。這就是史稱「六年不改」的讓步政策。但「六年不改」的承諾僅針對西藏自治區籌委會管轄之下的區域，並不涵蓋康區和安多。

12月27日，達賴喇嘛在菩提迦耶得到緊急通知，要他立即返回新德里。三天後，在中國駐印度大使館，周恩來與達賴喇嘛第二次談話。他向達賴喇嘛轉達了「六年不改」的決定[25]。周恩來再次要求達賴喇嘛不要去噶倫堡，並且暗示尼赫魯不會接受他留在印度。談話中，周恩來明確表示，如果西藏出現「叛亂」，中共將會嚴厲鎮壓。

1957年元旦當天，周恩來第三次與達賴喇嘛談話。此次談話的前一天，周恩來與尼赫魯進行了長時間的秘密會談。會談中，周恩來提起西藏問題，談起麥克馬洪線，並提出「等到達賴喇嘛返回拉薩後」，將就「接受這條線」做出決定[26]。

此刻，周恩來胸有成竹，在達賴喇嘛在印度政治避難這件事上，他與尼赫魯已經達成默契。

至於康區的戰事，周恩來輕描淡寫地說，那只是「有些不瞭解情況的人起來鬧事，包圍了我們一個部隊，使幹部戰士幾天吃不上飯。為了保衛那個部隊，我們才派空軍去投糧。於是又發生了軍事衝突」。他表示「希望拉

---

24 格桑・嘉妥倉訪談，2009年5月10日。格桑未詳談他們意欲製造的是什麼事件，只說計畫未成功。
25 周恩來，〈同達賴喇嘛的談話〉，《西藏工作文獻選編 1949-2005》，頁190-192。
26 *Selected Works of Jawaharlal Nehru*, Vol. 36, pp. 600-601.

薩方面派人去視察並幫助處理善後問題」。談到「達賴與班禪方面的關係問題」時，周恩來對達賴喇嘛說：「我們從過去到現在均認為在西藏達賴的領導是主要的，班禪是幫助達賴領導。因此我們希望能將自治區早點成立起來，那樣就更好統一領導。行政上統一了，達賴就更便於領導」[27]。這是相當明顯的「利誘」：只要達賴喇嘛願意配合，他將保有在西藏的地位和權力。

<hr />

<h2 style="text-align:center">六</h2>

　　我走下主街，路過喧鬧的替斯塔市場，走向城郊。街邊的低矮小屋，還保持著歷史原貌。善於小本經營的藏人，在這條街上開小餐館、縫紉店和雜貨店，一座黃色樓房，牌子上書「白瑪旅店」，算是大生意。

　　小街在城外變成環山公路，一側靠山，一側臨谷，天藍山碧，景色如畫。走到一片濃蔭下，路邊出現一道高牆。牆上長滿苔蘚和羊齒類植物，看不出是石牆還是磚牆。牆後立著一排幾十米高的大樹，樹幹上爬著粗藤。順牆走去，面前突然出現一座大門。鏽跡斑斑的綠色大鐵門關著，方方正正，色彩斑駁的黃色門框頂端，一片長方形寶藍色銘牌上，寫著黃色藏文和英文大字：不丹莊園。這就是當地人稱之為「不丹宮」的不丹皇家花園。花園佔地18英畝，但從前面看來，並無「庭院深深」的感覺。正對鐵門的車道通向一座淡黃色、紅頂綠窗的兩層西式小樓，門廊對著一座白色佛塔。不丹王國是獨立國家，因此這座花園享有外交特權。門外由印度士兵守衛，門內由不丹警察保護。

　　「不丹宮」建於十八世紀，是噶倫堡最古老的建築之一。在不丹王國的歷史上，這座看上去並不豪華的花園宅院曾經有過重要作用。這裡曾是噶倫堡的社交中心，殖民地時期，這裡名流薈萃，各國外交官、印度、尼泊爾、

<hr />

27 周恩來，〈同達賴喇嘛的談話〉，《西藏工作文獻選編 1949-2005》，頁193-195。

西藏的王公貴族曾是這座洋房裡的座上客。如今這一切已成往事。「不丹宮」現在是不丹國王祖母的產業，但她並不在此長居。小樓寂寞地立在喜馬拉雅山南的秋陽下，默默守護著歷史的記憶。

這座小樓曾是十三、十四兩世達賴喇嘛下榻的地方。1912年，被藏人尊為「偉大的十三世」的第十三世達賴喇嘛避兵禍於此，在「不丹宮」二樓住了三個月。這座樓房裡至今保留十三世達賴喇嘛的法座，他的鍍金塑像，以及他贈送給花園主人的佛龕。1957年，第十四世達賴喇嘛訪問噶倫堡時，亦在這裡住過，而且就住在十三世達賴喇嘛居住過的房間。

我站在大門前，凝視黃色小樓。白色門廊，綠色圓窗，窗後垂著白紗簾。兩個絳紅色身影從歷史深處向我走來，時空交錯，身影重疊，歷史在這裡輪迴，又從這裡延續。十三世達賴喇嘛在流亡印度期間，初次接觸到另一種文明，返回拉薩後，在沒有來自東鄰的壓力下，他親自推動了一系列改革，使西藏邁出了走向獨立和現代化的第一步。也是在印度，十四世達賴喇嘛初次接觸到不同於中共的另一種政治制度和另一種政治方式，為他日後的政治體制改革提供了最初的參照。

古老與現代在這裡驟然交集，就像源自高原的河流，從高山奔下平原，最終歸於浩瀚大海。

七

1957年1月22日，二十一歲的達賴喇嘛率隨行人員離開加爾各答，前往噶倫堡。這個決定表面看來並不重要，但其中有深刻的內涵。某種意義上來說，這是達賴喇嘛個人的「獨立宣言」：他沒有屈從中共的壓力，也拒不遵從毛澤東的旨意。他關心的不是中共領袖對他的態度，而是藏民族的前途。

在噶倫堡，不久前從拉薩到印度來朝聖的前司曹魯康娃來拜見達賴喇嘛。他力主達賴喇嘛留在印度，按照傳統儀軌，噶廈政府派出以噶倫宇妥為首的代表團，祈請達賴喇嘛返藏，私下裡，宇妥卻勸達賴喇嘛不要回去。達

賴喇嘛的哥哥塔澤仁波切和嘉樂頓珠也持同樣意見，他們語焉不詳地告訴達賴喇嘛和其他官員，美國會支持藏人的反抗。

　　阿沛‧阿旺晉美則認為，美國的支持並不可靠，再說藏人沒有具體計畫，在此情況下，達賴喇嘛應當返回拉薩。1月31日，阿沛因妻子臨產先行返藏。阿沛顯然明白，此舉意味著他將賭注下到了中共一邊。在歷史的緊要關頭，誰能知道往前踏出的那一步，是走向深淵，還是走向坦途？回到拉薩後，他立刻向當時在西藏主持工作的軍區政委譚冠三要求入黨，並且要求一旦解放軍撤出西藏，他和全家也要跟隨[28]。

　　是去是留，達賴喇嘛又一次面臨抉擇。他知道自己已被唯一可能的盟友印度所背棄。遠在大洋彼岸的美國，即使對西藏提供有限幫助，也不是「因為他們關心西藏的獨立，而是作為他們反對共產主義國家的全球戰略的一部分」，這種支持並不可靠。另一方面，他對毛澤東「六年不改」的承諾亦感懷疑。猶疑之下，達賴喇嘛按照傳統方式請示神諭。神諭指示：返回。

　　考慮到周恩來的承諾和尼赫魯的意見，達賴喇嘛最終決定返回西藏。面對極有可能將是深不可測的苦難，年輕的西藏政教領袖別無選擇。

　　2月初，達賴喇嘛率領隨行人員離開噶倫堡，前往錫金。這時，他並不知道，在噶倫堡，離「不丹宮」不遠的地方，六名年輕的康巴漢子，正朝著另一個方向走去。他們將成為西藏歷史上第一批接受美國中央情報局訓練的特工。

28　梅‧戈爾斯坦等，《一位藏族革命家——巴塘人平措旺杰的時代和政治生涯》，頁201-202。

第十二章 1957：不祥的 3 月

———— 一 ————

1957年2月，達賴喇嘛返回拉薩途中為大雪所阻，滯留錫金近一個月。這些天裡，他終於得以擺脫政治的糾纏，習經打坐。除了中國駐印使館不時催問歸期，他的日子過得還算平靜。2月25日，達賴喇嘛一行到達亞東。前往拉薩途中，他在亞東、江孜、日喀則等地召集民眾大會，向民眾傳達周恩來的承諾，以此安撫民心。

然而，就在他努力想要穩定西藏局勢的時候，中共做出了一個重大決定。

2月27日，毛澤東在最高國務會議第十一次擴大會議上做〈關於正確處理人民內部矛盾的問題〉的講話，公開了在西藏「六年不改」的決定，並承諾「三五」期間是否進行，將根據那時的情況再定。中共上下都明白，這是在達賴喇嘛的堅持下，毛澤東向達賴喇嘛做出的一個讓步。可是，西藏地區「六年不改」，並且將已鋪開的改革攤子急速收縮，其他藏區怎麼辦？

2月底，四川省委書記廖志高專程到康定，召開州委委員和縣委書記會議，就土改是否繼續進行下去徵求基層意見。甘孜土改當時已成「騎虎難下」之勢，仗打了，人殺了，寺院炸了，就此停下等於承認1956年的土改錯了，縣委書記們當然不肯接受「半途而廢」的局面。因此，他們的意見是：「繼續改，堅決改，即使民改停下來，四川甘孜州局勢也未必能穩定，叛亂還是不會停止，對穩定西藏局勢也沒有好處。」[1]中共四川省委據此寫成〈中共四川省委關於甘孜自治州是否繼續進行民主改革的意見〉，於3月5日上報

1　《四川民族地區民主改革大事記》，頁176。

中央，提出六條理由，認為「改革」應該進行下去，並表示這六條理由已經得到劉格平和朱德的同意[2]。

　　同日，在北京，中共中央書記處書記鄧小平主持西藏工作會議，聽取張經武的匯報。中央有關部門負責人和西藏工委負責人張國華、范明、周仁山、王其梅等人參加了會議。這次會議對衛藏地區做出的決定是：

　　中央書記處認為，西藏今後在六年內不改革是肯定的，這是對外已經宣布了的，內定不改的時間還要長，可能十一年不改（即第三個五年計畫之內不改）。中央書記處認為，西藏的人員、機構、事業、財政要大下馬。目前西藏工作以大下馬為緊急任務，下馬越快越好，人員內撤越快越好。要堅決地迅速地下馬，堅決地迅速地內撤。[3]

　　會議決定說明在西藏「暫不改革」，是毛澤東提出，中央政治局常委多次討論決定的，其主要原因是：

　　……西藏現在不具備改革的條件，即使實行了改革，經濟建設等一系列工作也跟不上，多用錢也辦不了好事。同時，就國際關係來說，暫不改革，也有利於爭取若干年的和平環境從事建設。[4]

　　3月9日，達賴喇嘛還在返回拉薩途中，中共中央書記處又一次召開會議，這次討論的是四川甘孜州的問題。中共中央書記鄧小平主持會議，並做總結發言。會議紀要決定：「江東堅決改。」至於打仗：

　　只要向上層表示江東要堅決改，就要打，建築在大打上，仗越打得大，

2　〈中共四川省委關於甘孜藏族自治州是否繼續進行民主改革的意見〉，《統一戰線文件匯編》第3冊，頁1696-1698。
3　《中共西藏黨史大事記》，頁73-74。
4　《鄧小平年譜》，頁1349-1350。

越打得徹底，越好，這條一點都不能放鬆。可能打幾仗就解決問題，不要猶豫，越猶豫越壞。要會打，要打得狠，準備大打。要向上層說清楚方針，要打就打，現在也在打，你不打，人家氣焰越高。軍事上要部署，兵不夠，江西加一點，不行就從外面加。南路一面爭取一面打，一有機會就打。這是戰爭狀態，不能說昨天他們未打，我們今天就不能打，應集中力量一塊一塊地搞，一片一片地平息。始終不要放鬆政治爭取和軍事打擊，打一些好仗，才能爭取。[5]

兩天後，毛澤東在四川省委的報告上批示：「我認為應當同意這個方針。」[6]

這個史稱「中央三月指示」的文件下發不到兩周，甘孜州委再次修定土改政策。在1956年的短暫收縮後，四川藏區土改措施再度轉向強硬。

與此同時，西藏工委則根據「三月指示」決定安排人員內撤。計畫將當時西藏的四萬五千名幹部、學員、工人裁減至三千七百人，將近五萬軍人裁減至一萬三千到一萬八千人，當時西藏的工作點和軍事據點大部撤銷。但是實際落實時，人員雖然減少，但據點並未按照計畫撤銷，各地已建立的分工委亦未撤[7]。已經招收的3千名「民族幹部」均被送去受訓，作為未來土改時的幹部儲備。

中央書記處的兩個會議，對甘孜和西藏採用了截然不同的政策。西藏「堅決撤」，康區「堅決改」，一邊是胡蘿蔔，一邊是大棒，看似矛盾，但有其內在聯繫。在康區和安多揮舞的「大棒」是對西藏地區的示威，顯示中共不顧藏人拚死反抗，不惜一切代價，按照其意識形態改造藏區的決心。

此外，不惜以武力推行土改，將康區和安多拖入「戰爭狀態」，還有至關重要的經濟和戰略因素。1956年5月6日，總參謀長粟裕在成都軍區軍事聯

---

5 〈中央書記處對甘孜州改革問題的結論紀要（摘要）〉，《四川民族地區民主改革資料集》，頁27-29。
6 《四川民族地區民主改革資料集》，頁44。
7 《中國西藏黨史大事記 1949-1966》，頁70。

席會議上的發言，很清楚地表明了這點：

> ⋯⋯川康地區、雲南北部、甘肅的南部、青海的南部這些少數民族地區，有很豐富的地下礦藏，金、銀、鐵、銅、錫、鎢各種各樣的東西都有。從中國的經濟地理說來，礦藏量最多的地方，都在少數民族地區，而漢族最多的沿海地區，除東北和山東有一些而外，浙江、江蘇人口最多的地方直到現在還沒有發現更多的礦藏。既然這個地方地下的礦藏很多，當然應該把這些豐富的資源開發出來，這對於建設強大的工業國是有重大意義的。但是假如不把少數民族這幾百萬人口解放出來，不把這個地區工作做好，就沒有辦法開發這個地區的礦藏，更談不上要這個地區建設強大的工業⋯⋯從國防上來說，也有它非常重大的意義。[8]

因此，為了發展工業所需的礦產資源，中共對康區和安多絕不會手軟。「三月指示」基本上決定了西藏三區的命運。

─────────────── 二 ───────────────

4月1日，達賴喇嘛到達拉薩。

拉薩全城桑煙裊裊，五彩經幡在和風中飄蕩。穿著各色綢緞官服的政府官員、三大寺僧侶，以及拉薩市民傾城而出，迎接他們的領袖歸來。布達拉宮頂響起雄渾的長號聲，手捧哈達和燃香的人們排列在達賴喇嘛入城之路的兩邊，隨著隊伍走近，人們深深弓腰，雙手將哈達高捧至額。

歡迎達賴喇嘛歸來的人群中，站著許多康巴人和安多人。他們有些是拉薩康巴商人圈中的人物，也有些是近年來先後逃到拉薩來的難民。安多女子卓嘎吉身穿盛裝，頸上掛著昂貴的珊瑚項鍊，站在人群中。她看著遠遠而

─────────────────────────

8　粟裕，〈民族改革的意義、方針和政策〉，《粟裕文選》第3卷，頁253-273。

來的隊伍，眼角眉梢帶著掩飾不住的憂慮。卓嘎吉來自甘南拉卜楞地區科才部落[9]。那裡是純牧區，生活艱辛，但日子平靜。可是，幾年前家鄉發生大變故，她的生活被徹底攪亂，不得不背井離鄉，追隨逃亡的丈夫，流落到拉薩。她在拉薩做小買賣，勉強維生。雖然思念母親和家鄉，但在達賴喇嘛的庇護下，卓嘎吉的日子過得還算安寧。

可是，拉薩的局勢越來越緊張。卓嘎吉只是個外來的安多女子，她別無所能，只有憂心忡忡地祈禱，祈願佛祖的慈悲幫助藏人平安度過此劫。康區和安多戰事發生後，達賴喇嘛的印度之行是人們最後的希望。無數雙眼睛急切的望著歸來的達賴喇嘛，目光中流露出深切的期待。

二十一歲的達賴喇嘛注視街道兩邊的族人，從人們臉上的焦慮，他讀出他們內心的擔憂。他想起尼赫魯的勸告和周恩來的承諾，想起嘉樂頓珠轉達的美國方面的態度，一切懸而未決。但是，達賴喇嘛知道，西藏目前的處境，與1951年一樣孤立。他們的生死存亡，只能依靠自己的掙扎，自己的努力。

離開不過短短幾個月，他發覺拉薩的氣氛變得相當古怪。城外空地上的帳篷增加了很多，形成凌亂的難民營。大昭寺周圍的中方機構窗口和屋頂上修了簡易工事，城裡的軍人增加了一些，這是因為原駐扎木的西藏軍區155團調來拉薩。

毛澤東做出「六年不改」的決定後，雖然原本在西藏開展土改的意願來自於最高層，但西藏工委不得不把「冒進」的責任承擔下來，承認「為了完成這些過高、過早、過急的任務，接踵而來的便是增加機構，擴大編制，增加人員。在培養民族幹部上發生了強迫攤派，重量不重質的偏差。在全區形成了民主改革『山雨欲來風滿樓』之勢。因此，使西藏出現了嚴重的形勢」[10]。

形勢嚴重到什麼程度？1月10日晚，拉薩市發生一起流血事件，藏人二死

9　今甘肅夏河縣科才鄉。藏人稱夏河一帶為「拉卜楞」。
10　《中共西藏黨史大事記 1949-1966》，頁69。

三傷,還有一名回人死亡[11]。這一事件是政治案件還是刑事案件,沒有更多資訊,但1951年解放軍進入拉薩後,這是第一起武裝衝突事件。《內參》報導說,這次衝突是「壞分子」對「藏族幹部進行挑釁」而引發,雖有傷亡,但發生在藏人之間,事件並未擴大。後來發生的「馬夫更桑事件」,則是解放軍和藏人之間的衝突,幾乎引發解放軍和藏軍的火併。

根據傳統,噶廈政府在歷代達賴喇嘛的夏宮羅布林卡為當世達賴喇嘛修建寢宮,建築過程中,馬車須去拉薩河灘拉石頭。3月的一天,拉石頭的馬車被154團轄下之拉薩大橋守衛連士兵阻擋,雙方發生爭吵。一個名叫更桑的馬夫舉鞭欲抽,士兵開槍,將馬夫打死。這件事引起了藏人的強烈憤慨。事後,藏軍一個營包圍了守衛連營房,154團又派增援部隊將藏軍反包圍。西藏軍區遂令155團七日內步行從扎木趕到拉薩[12]。雙方武裝衝突一觸即發。後來張國華去羅布林卡就此事向達賴喇嘛道歉,事件通過協商解決,但在拉薩民眾中引起了很大反響。

歡迎達賴喇嘛的人群中有一群康巴漢子。他們姿態英武,滿面風霜,神情堅毅。達賴喇嘛想起日前在堆龍德慶與西藏軍區政委譚冠三的會面。譚冠三和平措旺杰特地在堆龍德慶等他,告訴他康區局勢仍然不穩,建議他派一個高層代表團去康區勸說民眾放下武器[13]。

達賴喇嘛的儀仗隊伍走向布達拉宮,歡迎的人們各自散去。這群康巴漢子們互相招呼著,走向另一個地點:恩珠倉宅。

三

這時的西藏三區,正經歷著歷史上從未有過的大分化。在中共強大的

---

11 〈拉薩發生武裝騷亂事故〉,新華社《內部參考》,1957年1月14日。
12 《心向自由——中共炮兵營長投身西藏抗暴記》,頁11-12;另見《西藏文史資料選輯》第4輯,頁33。
13 達賴喇嘛尊者訪談,2009年6月30日。

政治、軍事壓力下，傳統權力結構分崩離析。不管是真心還是假意，原先處於權力頂峰的上層人物，紛紛成為中共的「統戰對象」，領取豐厚的薪俸，成為「黨的同路人」。底層民眾在中共的宣傳攻勢下，有的出於恐懼，有的得到鼓勵，也有些人接受了中共的理念，因此，藏區社會在大動盪中權力重組。人們根據各自的利益或者理念，重新調整自己在社會上的位置，對於中共建立的新權力結構，有的進入，有的摒棄。原先的社會下層有的加入反抗軍，有的加入民兵，有的加入藏民團、藏民連，還有的成為「積極分子」，充當「民改」的急先鋒，以此進入新的權力圈。

藏人有句俗話：「康巴的人，安多的馬，衛藏的官」。二十世紀中葉，面對千年未有之變局，「安多的馬」鞭長莫及，「衛藏的官」束手無措，「康巴的人」素以勇猛剽悍著稱，此刻，他們義無反顧，走到了歷史的前臺。戰爭狂飆把一個名叫貢保扎西的理塘商人推到時代的風口浪尖。這一年的拉薩，恐怕沒有人會想到，這個中等身材，年過五十，寡言少語的理塘商人，會做出一番驚天動地的事業，將自己的命運與本民族的生死存亡緊緊相連，並為此獻身。

1905年，貢保扎西生於理塘一個名叫莫拉卡薩的小村。他的家族名叫莫拉卡薩恩珠倉，因此，他有時被稱為恩珠·貢保扎西。村裡只有二十幾戶人家，家家半農半牧。貢保扎西八歲喪父，自小放牧家裡的牲畜，十三歲才開始在寺院裡學習讀寫。當時理塘一帶盜賊橫行，他十七歲就與強盜交過手。二十歲那年母親去世，貢保扎西成為一家之主。他開始經營羊毛、鹿茸、麝香生意。生意越做越大，貢保扎西成為當地富甲一方的商人。他交遊廣闊，出手大方，漸漸成為遠近名人。

貢保扎西很早就跟中共打過交道。1949年，他的商隊運送110馱羊毛和香煙去康定，途中被中共幹部以「走私國外商品」為由沒收，他手下的趕馬人也被關押。經過反覆交涉，人被放回，貨物卻被扣留。中共進入理塘後，貢保扎西作為當地名人和富商，也是統戰對象之一，還被選入赴內地參觀團，他藉故推辭，派了一名僕人替他前往。

貢保扎西在拉薩有所宅院，他時常住在拉薩，是拉薩理塘商人圈裡的

活躍人物。1952年「人民會議」事件中，他是請願書簽署人之一。「人民會議」的三名組織者被捕之後，他積極奔走，設法將活著的兩人保釋出獄。

1956年，家鄉告急的消息傳到拉薩。他知道，面對強大的中共軍隊，各部落零星的反抗無濟於事，必須將各地反抗力量聯合起來。1957年初，貢保扎西開始醞釀一個整合三區武裝力量的民間軍事組織。他很清楚，藏人武器老舊，缺乏訓練，需要外部支援。

貢保扎西找噶廈政府請求援助，遭到婉拒。於是，他將目光投到境外。貢保扎西有三個外甥，即嘉妥倉三兄弟旺堆、布崗和格桑。三兄弟自幼喪母，由貢保扎西撫養長大。此時，他們都在噶倫堡。達賴喇嘛訪問印度期間，三兄弟也在自願做他保鏢的二十多名年輕康巴漢子中。他們在印度幫助貢保扎西購買武器、電臺，傳遞消息，是他的得力幫手。1955到1959年之間，貢保扎西與中情局駐印度人員似乎並無直接接觸，但他的侄子格桑通過一名潛伏在噶倫堡的臺灣間諜，與美國使館方面有過短暫聯絡[14]。得到中情局願意提供訓練的消息後，貢保扎西親自挑選了六名康巴漢子前去受訓，其中包括他的外甥旺堆[15]。

人人都知道，拉薩到處是中共耳目，貢保扎西又是拉薩的康巴商人圈的活躍人物，要在拉薩召集眾人開會，討論聯合反抗中共統治，很難不引起中共方面的注意。

達賴喇嘛返回拉薩後，貢保扎西產生了向達賴喇嘛敬獻黃金寶座的想法。此舉有兩個目的：一方面可以通過製造金寶座的工程公開召集各方領袖，商談整合民間反抗力量一事；另一方面藉此向達賴喇嘛表達藏人對他的效忠，促進各階層之間的團結。他通過侍從長帕拉向達賴喇嘛轉達了敬獻金寶座的想法[16]。得到同意後，貢保扎西廣泛聯絡各方人物，尋找場所，聘請工匠，製造金寶座的工程熱火朝天地展開。在工程的掩護下，貢保扎西著手

---

14 格桑・嘉妥倉訪談，2009年5月10日。
15 有關此次訓練的詳情，見李江琳，《1959：拉薩！》第十章。
16 Gompo Tashi Andrugtsang, *Four Rivers, Six Ranges*, p. 51.

籌備民間武裝。一個多月後，一座美輪美奐的黃金寶座鑄造完工，一個叫做「四水六崗」的民間組織也開始成形。

7月4日，在羅布林卡舉行的盛大宗教儀式上，黃金寶座被敬獻給達賴喇嘛。同時敬上的，還有一封上書。各地代表請求達賴喇嘛領導整個西藏三區，讓這些地區也在六年內不進行土改。這是康巴漢子們最後的希望。

他們不知道，一個多月前，5月4日，中共中央給西藏工委的指示中，已經就這個問題加以說明：

　　在西藏地區至少六年不進行改革，但是在四川和雲南藏族地區，則必須採取和平改革的方式繼續進行和完成民主改革，這都是中央已經確定的方針。過去西藏一部分上層分子曾經反對四川藏族地區的民主改革，估計今後他們還可能進一步提出反對在那裡進行改革的意見。對於他們這種意見，應該嚴正地加以解釋。必須向他們說清楚，西藏地區是根據憲法實行區域自治的，國務院根據西藏的歷史情況已經決定西藏自治區包括昌都在內，在這個區域內，西藏人民有自己管理內部事務的權利。其他藏族地區和西藏的歷史情況不同，分別屬於其他省份，並且早已分別單獨建立了自治地方，在這些自治地方的內部事務，也應該有那裡的人民自己管理。[17]

這段話明確表示，達賴喇嘛無權過問西藏自治區籌委會管轄範圍之外的藏區事務。同一時段裡，中共也在籌劃下一步行動。

四

1957年4月到5月間，就在貢保扎西和他的朋友們秘密策劃整合民間反抗時，中共方面的一連串軍事安排，正在成都緊鑼密鼓地進行。

---

17 《西藏工作文獻選編1949-2005》，頁199。

3月22日，康定軍分區組建康北、康南兩個「平叛指揮部」。

3月底，中共中央書記處派總參謀長粟裕前往四川成都，代表中共中央和中央軍委，部署「在軍事上保障金沙江以東少數民族地區民主改革的問題」。4月2日，即達賴喇嘛自印度返回拉薩的次日，粟裕率總後勤部副部長張令彬、總參作戰部部長王尚榮、總後勤部衛生部長饒正錫，以及總參、總政、總後、總幹的部分幹部乘火車離京。4月6日，粟裕及隨行人員到達成都，兩天後即召開會議，聽取成都軍區和四川省委的報告。

4月9日，四川省委和雲南省委達成協議，作戰期間，鄰近雲南的四川鄉城、稻城、得榮三個縣暫由雲南麗江地委領導。

5月2至6日，粟裕在成都軍區召集川、甘、青、滇四省軍分區負責人及昌都工委書記舉行軍事聯席會議，交流經驗教訓，並解決各地相互配合作戰的問題。粟裕轉達中央意圖：「軍事上我們仗越打得好，消滅敵人越多越能促成談判，越容易把群眾發動起來。」並指示在「我們絕對優勢」的情況下，用「擒賊先擒王」的辦法，「把主要的打掉，其他就害怕了，就不敢打了，促成他內部動搖，影響全域」的作戰方針[18]。粟裕還將具體戰術編成一首易懂易記的口訣，供各軍區代表參考。

本月，中共中央指示雲南「藏族農業區必須以政治爭取為主，軍事為後盾，發動群眾平息叛亂，準備改革」[19]。雲南麗江軍分區隨即組成「中甸前指」，準備挾強大軍力，強制推行土改。

新一波軍事行動即將開始。

這時候，遙遠的塞班島上，六名康巴漢子的訓練行將結束。中情局正在緊張準備將他們送到印度。格桑·嘉妥倉負責採買他們所需要的藏袍、藏碗、藏靴等物品，為他們重返西藏做準備。

就在各種力量緊張角力時，雅礱江邊，新龍女子多杰玉登和她的家人在山裡躲避解放軍的追擊，被吸收為中共基層幹部的敦庫村頭人阿登已有反

---

18 粟裕，〈民主改革的意義、方針和政策〉，《粟裕文選》第3卷，頁253-273。
19 《迪慶州志》，頁35。

意。

　　甘孜縣與色達縣交界的尼曲河邊，少年僧人益丹收拾經書，隨父母妹妹躲到山上，戰火終於燒到了他的家鄉。

　　昌都處在戰爭狀態，民眾堅拒中共模式的「改革」，持械上山的農牧民繼續與擁有現代武器的解放軍對峙。

　　青海果洛，黃河源頭水草豐美的牧場上，一個牧人們難以理解的新詞在部落裡流傳：合作化。牧女俄洛和她的家人緊張不安，不知該怎麼辦。劃歸久治縣的「中果洛」康賽部落人心惶惶，各種流言四處流傳。

　　幾個月後，碧綠的青海草原將被洶湧而來的紅潮吞沒，果洛將遭受遠遠超過馬步芳「七屠果洛」更為慘烈的滅頂之災。

第十三章　果洛草原的槍聲

―――――――――――　一　―――――――――――

　　1958年5月15日，青海果洛州久治縣東部的智青松多草灘上彩旗飄飄，一座大帳房附近搭著臨時講臺，備好鑼鼓和留聲機，久治縣第一個公私合營牧場成立大會即將召開。當時這裡是日慶區[1]所在地，也就是日慶部落的駐牧地。日慶部落為康賽部落紅保（千戶）康萬慶所轄的部落。「三果洛」之「中果洛」的阿什姜（亦稱阿穹）有三大部落，即康賽、康干和哇賽。康賽部落下轄四個大部落，二十一個小部落，共749戶。會場就在康家大帳房邊。康賽公私合營牧場成立時，紅保康萬慶正在成都治病，部落事務由他任久治縣副縣長的長子尕藏才旦負責[2]。

　　10點，預定的開會時間到了，區、縣兩級官員騎馬來到會場。他們驚訝地發現，會場裡冷冷清清，與布置出來的喜慶氣氛很不協調。幹部們一打聽，原來多數來開會的牧民聚在距此1公里左右的地點，勒馬不前。區領導差人去請，不料幾名倫布[3]和措紅[4]當場表示，他們不同意成立公私合營牧場。情況即刻彙報給縣委書記。縣委書記當即請尕藏才旦在大帳房召見這些倫布和措紅，加以勸導，並派七名幹部隨同前往。與此同時，跟隨部落頭領的牧民們被遠遠擋在帳房外。幾名武裝警察隨即佔據制高點，疾速架起一挺機槍，氣氛立時緊張起來。

―――――――――――

1　即今之果洛久治縣政府智青松多鎮所在地一帶，時為康賽部落的傳統牧場。日慶部落為康賽部落大紅保（千戶頭人）康萬慶直轄部落。
2　有關康賽部落抵制公私合營牧場事件，詳見達杰，《果洛見聞與回憶》，頁101-114；喇嘛丹炯訪談，2010年11月21日；旦曲白桑訪談，2010年11月30日。
3　果洛部落組織中，輔佐紅保（千戶）的職位，相當於謀士，為世襲職位。
4　大部落所屬之小部落稱為「措哇」，其頭人稱為「措紅」。

康萬慶是康賽倉家族世襲五代的千戶，他與果洛、甘南上層家族有種種聯繫，其妻阿珍[5]是甘南拉卜楞寺第五世嘉木樣仁波切的妹妹；中果洛另一個大部落，康干部落紅保康克明是他的堂兄弟，其妻阿賽是康萬慶的妻妹。馬步芳侵擾果洛時期，康萬慶曾聯合果洛各部抵抗，在果洛深得民心。他與中共一直緊密合作。1952年，他曾親率250多騎部落精兵，協助中共在甘南與國民黨殘軍馬良、馬元祥部作戰，得到中共西北軍政委員會嘉獎。同年，中共果洛工作團和平進入果洛，途中未遇到任何抵抗，果洛主要部落首領都來迎接，並提供了很多幫助。1953年，果洛工作團向康賽部落派出分團，康萬慶將智青松多草灘劃出，作為分團駐地，後來政府在該地建立久治縣城。

康萬慶本人並不反對成立公私合營牧場，但此事在部落裡顯然未取得一致意見。

當時中共在牧區推行的「合作化」有兩種基本形式。1958年3月8日，在中共青海省委二屆五次擴大會議的總結報告中，當時的青海省委副書記兼組織部長朱俠夫對此有具體解釋：

> 對畜牧業進行社會主義改造，包含著兩個根本性質不同的部分，一個是通過合作化的道路，把勞動牧民的個體私有制改變為集體所有制；另一個是採取和平改造的方法，即首先經過公私合營的步驟，把牧主經濟改變為公私合營經濟，然後再進一步把它改變為全民所有制。在社會主義改造過程中同時完成民主改革任務。[6]

康賽部落是比較富裕的部落，因此中共一開始就在該部落實行「公私合營牧場」。但宣傳並不能取代常識，牧民們很清楚，「公私合營牧場」對他們來說將意味著什麼：將全部牲畜交出去辦牧場，無異於將他們的全部財產充公。

5　阿珍於1959年3月被批鬥致死。
6　朱俠夫，〈中國共產黨青海省第二屆委員會第五次全體會議「擴大」總結報告〉，《民族宗教工作文件匯集1949-1959》（上），頁259-280。

大帳房裡氣氛凝重。尕藏才旦向倫布和措紅們說明，成立公私合營牧場是康萬慶的決定。眾人不信。他們懷疑康萬慶被政府控制，要求見到康萬慶，才能接受成立牧場的決定。他們強調並不反對共產黨，也不反對社會主義改造，但要求推遲成立牧場的日期，讓縣裡派幹部同部落代表一同去成都，面見康萬慶，當面請示，不管康萬慶怎樣指示，他們都接受。對此要求，尕藏才旦表示，身為紅保的長子，他可以做決定。

這時，一個叫察西索莫的頭人說：「你是紅保的長子，但現在還不是紅保。我們要等紅保回來，聽他的決定。現在我們不同意全部落的牲畜充公。」

談話陷入僵局。

尕藏才旦向縣領導轉告倫布和措紅們的要求，縣委書記一口回絕。久治另外兩大部落，即康干部落和哇賽部落的紅保也在場，縣委書記遂派哇賽部落紅保去勸說，倫布和措紅們仍然不肯答應。成立大會沒開成，成立公私合營牧場一事只得延期。

事情並未到此結束。

縣裡的幹部返回後，當即組織了十人一組的四個「戰鬥組」，每組配一挺機槍。雖然康賽部落並無作戰計畫，亦無作戰準備，但當天下午4點半，縣政府的戰鬥組卻各自佔領縣城周圍的制高點，以防部落武裝襲擊。康賽部落聞訊，趕忙召來幾十名武裝牧民，在牧民們營地一側的山上守衛，以防縣武裝人員襲擊。傍晚時分，兩邊開始互射，但兩方相距甚遠，並無傷亡。

次日早晨，縣政府的一個戰鬥組摸向牧民營地附近的一座山頭，不料被山上的部落武裝哨兵發現，雙方開槍，政府死三人，部落死一人，「戰鬥組」的機槍被奪。這天上午，部落裡的一些人還搶劫了從阿壩向久治運送物資的駄隊。頭人們感到事態嚴重，召開緊急會議商討，決定「走為上計」。

康賽部落抵制公私合營牧場，以及隨後發生的武裝衝突，是為「果洛草原第一槍」。2001年出版的《青海省志‧軍事志》中，將1958年5月15日，康賽部落抵制成立公私合營牧場的事件稱為「公開叛亂」[7]；2005年出版的《久治縣志》中，這次事件被描述為「5月15日，康賽部落局部地區在個別牧主的

策劃下，發動了武裝叛亂，後蔓延到康干部落」[8]。但迄今為止，並無康干部落「叛亂」的具體資料。

二

果洛「康賽事件」的背後，是當時席捲了整個中國的「大躍進」狂潮。

1955年12月8日，汪鋒到青海「調研」牧業「社會主義改造」問題。所謂「調研」並非實地調查，而是由省委召集海南、海北、海西、黃南四州地、縣、區三級黨委書記十四人，包括四名藏人幹部，在西寧開了十一天座談會，然後召集八十多名省市級民族代表座談一天，就算完成了調研，回到北京向中央統戰部遞交調查報告。報告中提出「在社會主義改造的過程中，順帶地廢除那些尚存的封建特權和封建剝削」，訓練一萬名積極分子，當年秋冬就開始在七個「條件較好」的縣裡推廣。報告中還提出一系列牧區劃分階級成分的方法和改造「牧主經濟」的方法[9]。

1956年2月17日，中央統戰部、中央民委黨組就民族地區牧業改造問題，向中央呈交報告，提出了後來被稱為「兩步併作一步走」的設想：

青海省委同志和汪鋒同志他們根據青海部分地區的經驗，認為可以採取適當辦法，在對封建性牧主進行社會主義改造的過程中，同時消滅封建特權和封建剝削，同時完成民主改革和社會主義改造的雙重任務，而不再經過一個民主改革的階段。[10]

7　《青海省志·軍事志》，頁520。
8　《久治縣志》，20頁。
9　〈汪鋒同志關於青海畜牧業社會主義改造問題的調查向中央統戰部的報告〉，《統戰政策文件匯編》第3冊，頁1656-1662。
10　〈中央統戰部、中央民委黨組關於研究在少數民族牧業區對畜牧業經濟實行社會主義改造問題向中央的報告〉，《統戰政策文件匯編》第3冊，頁1653-1656。

中央的意見是組成一個「牧區工作小組」，以烏蘭夫為組長，對此事「認真加以研究」，但只給了這個小組一周時間來進行研究，然後準備召開全國牧區工作會議，討論牧區的「社會主義改造」問題。

就在這時，四川藏區爆發民眾反抗事件。青海省委決定立刻放緩牧區合作化進度，盡可能防止果洛、玉樹、海南、黃南等牧區受甘孜、阿壩的影響，發生民眾反抗事件。

為了安撫人心，1957年2月到5月間，青海省委第二書記、省長孫作賓和副省長扎喜旺徐帶領青海省民族歌舞團去海南、玉樹、果洛等地「視察慰問」。他們在這些地區召集民族宗教上層人士開座談會，聽取各方意見，瞭解問題，重申牧區「不鬥不分、牧工牧主兩利」的政策，以此安撫上層。在果洛，孫作賓和扎喜旺徐瞭解到上層人士對「社會主義改造」仍有相當顧慮，於是「再三宣布，目前果洛地區還不進行畜牧業社會主義改造」。他們交給青海省委的報告認為，「只要在現有的條件下努力做好工作，發生大的叛亂可能性很小，甚至是不會的」，並且得到了幾個大部落上層人士「只要政策不變，我們絕不變」的保證[11]。

1957年11月，青海省委二屆四次全會擴大會議中，提出了牧區合作化問題。當時的設想是將全省牧區分為三類，根據各類地區的具體情況，逐步開展合作化。

但是，僅僅幾個月後，1958年2月2日，《人民日報》發表社論〈我們的行動口號——反對浪費，勤儉建國〉。社論提出了國民經濟「全國大躍進」的口號。次日，《人民日報》再次發表社論〈鼓足幹勁，力爭上游！〉，吹響了「躍進號角」。於是，青海省委加快合作化步伐。

1958年1月3日至3月8日，青海省委召開二屆五次全委（擴大）會議。會議「以五十五天的時間進行整風反右鬥爭，錯誤地批評處理孫作賓等四人；

---

11 孫作賓，〈視察果洛地區工作的報告〉，《孫作賓》，網路版：中共中央黨校網「中國魂」：http://www.1921.org.cn/book.php?ac=view&bvid=93785&bid=1239

以十天的時間討論生產，不恰當地批判『右傾保守思想』」[12]。其實這一切本來就是一場從最高層自上而下發動的黨內鬥爭。

3月8日，中共在成都召開政治局擴大會議，史稱「成都會議」。就在當天，青海省委副書記朱俠夫在中共青海省第二屆委員會第五次全會做總結報告，要求「五年內完成畜牧業的社會主義改造」。

3月11日，《青海日報》大幅報導青海省委第五屆全體（擴大）會議。報導有五層標題，分別為：「全省大躍進的戰鬥號角響了」、「苦戰五年改變青海落後面貌」、「省委第五次全體（擴大）會議確定今後五年奮鬥目標」，「認為必須鼓足革命幹勁不斷克服右傾保守思想實現全面大躍進」、「徹底粉碎了右派分子孫作賓等人的反黨罪行並已將其清除出黨」[13]。「全面大躍進」自然包括畜牧業的大躍進。

3月26日，「成都會議」閉幕。在這次會議上，毛澤東做了六次講話，提出「破除迷信，解放思想」，「敢想、敢說、敢幹」的口號。會議通過三十七份文件，包括1958年計畫和預算第二本賬的指標：要求比1957年工業總產值增長33％，農副業增長16.2％，財政增長20.7％，基本建設投資增長41.5％，鋼煤等產品增長30％至35％，糧食增長16.6％，棉花增長24.8％。

「成都會議」結束後，參加會議的青海省委書記高峰返回西寧，立刻於3月29日召開二屆六次全委（擴大）會議，傳達「成都會議」精神，並且在十天內通過了四十五個文件，制定了一連串躍進計畫[14]。

5月24日，《青海藏文報》報導了省委5月9日到12日召開的農墾會議上，制定的另一個「建設新青海的雄偉規劃」：「我省五年內將墾荒1萬畝，生產糧油52億斤（累計），建立新農場三百個，建立場營工廠六百多個」[15]。

這一連串「雄偉規劃」標誌著「大躍進」在青海全面展開。

---

12 《中國共產黨組織史資料》第5卷，過渡時期和社會主義建設時期（1949.10-1966.5），頁807。
13 《青海日報》，1958年3月11日。
14 《中國共產黨組織史資料》第5卷，過渡時期和社會主義建設時期（1949.10-1966.5），頁807。
15 《青海藏文報》，1958年5月24日，第2版。

僅僅幾周後，青海全省建立了566個牧業合作社，九十四個公私合營牧場，加入的牧戶佔總牧戶的14.6%。

　　5月5日，中共八大第二次會議在北京召開，這時，各省省委書記都明白，「大躍進」已是既定國策。各地爭先恐後，你追我趕，唯恐落後一步就成了「右傾」。青海省委第一書記高峰甚至先於中共八大二次會議，率先開始「牧業大躍進」。

　　5月1日至3日，就在八大二次會議召開之前，青海省委在海南州召開牧區各州、縣委書記會議，決定「加速畜牧業的社會主義改造」，推翻了不到兩個月前制定的「五年內完成畜牧業社會主義改造」計畫，要求在「今年內基本上實現畜牧業的合作化」。會議還定出了具體時間表：海西、海北兩州5月內實現合作化，海南州6月實現合作化，黃南州8月前實現合作化，玉樹州爭取10月實現合作化。至於「工作基礎較差」的果洛州，「則採取多點試辦的方法，能快就快，爭取今年加入牧業合作社和公私合營牧場的牧戶達到總牧戶的20%以上。」[16]康賽部落成立公私合營牧場是5月15日，也就是會議結束後不到兩周，顯然是「能快就快」的結果。

　　資料顯示，1950年代青海牧民的生活狀態，各部落有很大差異，但總體說來，並非如日後宣傳中所說的那樣貧窮。1956年，達日縣達哇部落的調查可見牧民為什麼抵制合作化。達哇部落共八十七戶，其中三戶「牧主」平均牲畜擁有量折合1987.66頭羊，六戶「富牧」平均牲畜擁有量折合798.5頭羊，二十七戶「中牧」平均牲畜擁有量折合388.8頭羊，五十一戶「貧牧」平均牲畜擁有量折合76.09頭羊。中共只計算兩極：「牧主每戶佔有畜為貧牧的二十六倍多，每人佔有畜為貧牧的將近十一倍」，但即使如此，該部落最窮的戶平均擁有二十頭羊，而且沒有一無所有的「赤貧戶」[17]。

　　果洛瑪多縣和科部落1958年前牧民牲畜擁有資料也顯示，該部落無牛無

---

16 〈青海加速對畜牧業的社會主義改造〉，新華社《內部參考》，1958年5月13日。
17 《青海省藏族蒙古族社會歷史調查》，頁85。

羊的「赤貧戶」僅占總戶數的2.87%[18]。「畜牧業社會主義改造」事實上是對所有牧民財產的掠奪，自然遭到各階層的抵制。

然而，青海省委牧區工作會議強調「社會主義革命不論採取什麼方式，終歸是一場翻天覆地的消滅階級的鬥爭」，因此「剝削階級是不會甘心死亡的，他們程度不同的有抵觸情緒，一些死硬派還會堅決反抗」[19]。對社會狀態做出這樣的政治定性後，康賽部落抵制公私合營牧場這件事就理所當然地被當成「階級鬥爭」來對待，政府的直接反應是武力鎮壓。

這時候，果洛周邊的甘南、阿壩等地都已發生藏民暴動。

1958年5月，四川、甘肅、雲南藏區已是戰爭狀態。年初，青海黃南州部分地區發生暴動，波及十九個鄉，參加者一萬一千餘人[20]。2月28日，甘南瑪曲縣歐拉部落殺死三名地方幹部；3月18日，卓尼縣車巴溝尼巴村發生暴動。至5月中旬，甘南各地藏民暴動已達三萬餘人[21]。

3月，中央統戰部長李維漢、副部長汪鋒和中央民族事務委員會副主任楊靜仁前往西北，先後兩度參加甘肅省委會議，討論甘肅局勢。4月3日，三人向中央呈交〈關於平息甘南藏區叛亂問題的意見〉。在這份文件中，他們認為甘肅的「叛亂」不只是甘肅的問題：「很明顯平息甘南的叛亂，不只是同這個地區的反動上層做鬥爭的問題，同時也是同整個藏區特別是西藏反動上層做鬥爭的問題。」因此，「必須集中優勢兵力堅決地打、狠狠地打。每次戰役和戰鬥要有充分準備，力爭打殲滅戰，每打必勝，徹底殲滅叛亂武裝，防止逃跑流竄。請四川、青海兩省委予以配合防範，必要時三省可以會剿，以便及早全部殲滅。」[22]

這份報告明確提出：「過去『以政治爭取為主』的方針，已經不符合當

---

18 《瑪多縣志》，頁79。
19 同上。
20 《黃南州志》，頁1031。
21 《甘南州志》，頁1264-1265。
22 〈李維漢、汪鋒、楊靜仁三同志關於平息甘南藏區叛亂問題的意見〉，《統戰政策文件匯編》第3冊，頁1792-1794。

前甘南的實際情況」，應改為「軍事清剿與政治爭取相結合，靈活運用」。他們還瞭解到，這一地區的藏人在長期與外來勢力衝突時，得出三條經驗：「一是有槍，而是養大牲口，三是保護頭人。因為頭人是組織者和指揮者。」於是，他們建議甘肅省委「以各種適當的方式，盡快地把頭人特別是影響較大的頭人根據目前控制在我們方面，有叛亂可能的要監視起來」，並且「首惡分子大張旗鼓的殺幾個」[23]。

4月12日，中共中央將李維漢等人的意見轉發甘肅、四川、青海省委，除了「開殺戒的問題」要在「叛亂平息之後，再行研究和處理」，其他的意見均表同意。

於是，青海省委開始做軍事和政治上的準備。根據李維漢等人的意見，青海省委迅速以各種名義，將有影響力的民族宗教上層人士控制起來。這件事成為青海藏人暴動的導火索。

4月17至25日，在青海循化撒拉族自治縣爆發了「循化事件」。在這個被官方稱為「反革命武裝叛亂」的事件中，步兵163團、165團共約四個營、炮兵306團一個混合炮兵營、55師工兵營，以及循化縣兩個民兵騎兵連於24日夜晚度過黃河，25日拂曉到達循化縣城。清早6點，解放軍向聚集抗議、要求釋放遵照中央指示控制起來的溫都寺加乃化仁波切的民眾開火。在未遇抵抗的情況下，「戰鬥」進行了四小時，民眾死傷719人，緊接著逮捕2,499人[24]。這是青海發生的第一個大規模軍事鎮壓事件。

資料顯示，青海軍區政治部早在1958年4月12日就發布了〈對牧區平息叛亂中的政策規定〉，該文件由青海省委批轉至各州委、軍分區黨委，並上報中央。可見在「循化事件」尚未發生時，青海省委已經做好了對牧區的作戰計畫。

4月25日，就在解放軍和民兵在循化縣城對民眾大開殺戒的當天，「青南

---

23 〈李維漢、汪鋒、楊靜仁三同志關於平息甘南藏區叛亂問題的意見〉，《統戰政策文件匯編》第3冊，頁1792-1794。
24 詳見李江琳，《1959：拉薩！》，頁59-61。

平叛指揮部」成立。青海軍區副司令孫光,青海軍區副政委齊渭川,黃南州委書記宋林,55師師長武志升,55師政委王文英,青海軍區參謀長劉斯起,青海軍區政治部副主任戴金瑛分別擔任司令、政委等職。軍事部署完成後,青海省委於4月30日正式下達作戰命令〈關於平息武裝叛亂的指示〉。

這份文件認為,「這次叛亂(按:指黃南州藏民武裝抗爭和「循化事件」)不是局部問題,而是整個藏族地區的問題。」果洛、玉樹、海南的一些地區被認為是「也發生叛亂和積極準備叛亂」。對這些「準備叛亂」的地區,「必須通過各種方式積極開展群眾工作和統戰工作,揭露謠言,捕捉外來反革命分子等,以爭取不叛亂和遲叛亂。」[25]這就是被稱為「防叛」的方針。

康賽部落的牧民們不會知道,5月15日,也就是他們拒絕參加公私合營牧場成立大會的當天,果洛的形勢已經被報告到中共最高層。這天的新華社《內部參考》有如下報導:

> 在準備叛亂的地區,以果洛的中上層頭人最為囂張。甘德縣頭人丹增尖錯(自治州副州長、是果洛最有勢力的上層)在最近召開的州人民代表會議上,公開串聯,破壞普選工作……久治縣頭人康克明(自治州副州長)拒不參加州人代會,假借念經為名,到處串聯,抗拒社會主義改造。達日縣的頭人一尹旺杰(自治州副州長)已經把幾個部落的人集中起來,並造謠煽動說:「共產黨不如馬步芳好」、「反正死的時候到了,糧食不夠吃,餓死不如打死」。[26]

康賽以及果洛諸部落在劫難逃。這片遠離政治中心的高寒土地,將被拖進一場長達三年多的血腥戰爭之中。

---

25 〈青海省委關於平息武裝叛亂的指示〉,《民族宗教工作文件匯集1949-1959》(下),頁1054-1058。

26 〈青海黃南等地發生武裝叛亂〉,新華社《內部參考》,1958年5月15日。

三

　　5月18日，部落裡一片混亂。漢子們持槍守在營地旁邊的山頭上，各帳圈的男女老少牽馬趕牛，收拾物品，拆下帳篷，扛著牛皮筏子，匆匆趕向黃河渡口。聽說要打仗了，十一歲的旦曲白桑又緊張又興奮，跟著部落裡的孩子們跑來跑去。媽媽叫住他，吩咐他去趕犛牛。她一邊說著「這些漢人現在要開始吃我們了」，一邊手忙腳亂地收拾雜物。家裡的四十頭犛牛沒法都帶上，旦曲白桑和姐姐趕上幾頭就走，剩下的留在營地。整個部落匆匆忙忙趕到黃河邊，與已經到達渡口的其他部落會合。

　　部落離黃河不遠，家家戶戶都有牛皮筏子。那是簡陋但方便的傳統渡河工具，曬乾的整牛皮吹鼓，幾個並排，綁上一排木桿，就成了筏子。旦曲白桑和媽媽、姐姐坐在筏子上，跟在幾匹馬後面渡河。他不知道「打仗」是怎麼回事，可是，突如其來的搬遷，大人凝重的神色，部落裡說不出的氣氛，一切都很怪異。旦曲白桑想起老人們講的有關「外來人」的故事，心裡開始害怕。

　　部落裡的男人趕著牛馬下水，有的泅渡，有的抓著馬尾巴，一時間河裡馬嘶人喊，水花飛濺。不過兩個鐘點，康賽部落的幾百戶人家渡過黃河，各家趕著自己的牛馬，來到一片草場。這片牧場屬於甘肅省甘南州瑪曲縣阿萬倉部落。康賽紅保康萬慶與瑪曲阿萬倉部落紅保旺嘉是姻親，旺嘉的妻子是康萬慶的姐姐。兩個紅保是親戚，兩個部落之間的關係自然不是一般。遊牧民族危難時守望相助，常常靠的是這樣的親緣關係。

　　媽媽和姐姐卸下家常什物，支起帳篷，一家三口跟著部落暫時在阿萬倉部落的地面上落腳。誰也不知道會在這裡待多久，也不知道將會發生什麼[27]。

　　智青松多草灘上，縣政府的戰鬥組經過一度挫折，不再出戰。紅保康萬慶在成都未歸，負責部落事務的尕藏才旦被「保護」起來，與部落沒有接

---

27 旦曲白桑訪談，2010年11月30日，印度達蘭薩拉。

觸。兩天後縣政府才知道，康家的牲畜已經全部趕走，人帳房也搬走，整個部落投奔了黃河對岸的瑪曲阿萬倉部落。縣工委把分散在各區的工作隊調回，開始在機關周圍挖壕溝，修碉堡，儲備食水，做好防守準備。其實這段時間內，康賽部落在黃河對岸，其他部落照常在自己的草場上放牧，並未與政府發生衝突，果洛州境內亦未發生部落武裝「圍攻縣城」的事[28]。

　　儘管各地牧民強烈抵制「牧業區合作化運動」，而且已經建立的合作社缺乏會計，沒有財務管理制度，派去的幹部不懂藏語，無法開展工作，但青海省委並不打算暫緩推行。6月2日，青海省委向中央提交〈關於牧業區社會主義改造情況簡報〉，計畫在6至8月，海南、黃南、玉樹三州「基本實現合作化」，果洛次年6月實現合作化[29]。

　　6月18日，青海省委向中共中央上報「青海省委對全省鎮壓叛亂問題的指示」，報告青海地區的「反革命武裝叛亂」已經「蔓延為全域性問題」。毛澤東於24日批轉了這個報告，並肯定「青海省委的方針是完全正確的」[30]。這無異於為青海省委大開殺戒提供了一把「尚方寶劍」。29日，青海省委將此批示和報告轉發全省各地。

　　7月，中共中央下達「七月指示」，指出「藏區的問題是一個戰略的問題，也是一個革命的問題。革命問題一定要用革命的辦法，要採取革命的辦法就要快、要徹底……青海開始時和平講得多了，現在採取革命的辦法是對了」。在中共語境中，「革命」意味著「暴力」和「流血」，中央認為青海「採取革命的辦法是對了」，意味著中共中央對青海省委的行動予以肯定和支持。不僅如此，「青海的辦法」還被中央推廣到其他地區：「改了的地方今後要補課，沒有改的地方要採取青海的辦法，革命的辦法」，「頭人除不開殺戒，其他戒都要開了，如看、關、管、調（離）。」[31]

28　達杰，《果洛見聞與回憶》，頁112。
29　〈青海省委關於牧業區社會主義改造情況簡報〉，《統一戰線文件匯編》第3冊，頁1699-1701。
30　《建國以來毛澤東文稿》第7冊，頁286。
31　《甘孜藏族自治州民主改革史》，頁157。

「革命」的血色風暴旋即席捲青海草原。短短幾年內，這場風暴將吞沒果洛至少48.9 %的人口，四萬八千多各階層男女老幼將死於非命[32]。

四

　　7月22日夜晚，蘭州軍區騎兵第一師開進久治縣。

　　騎一師創建於1932年，為「中國工農紅軍陝甘游擊隊騎兵大隊」，歷經多次征戰。中共建政後，騎兵大隊於1952年整編為騎兵第一師。久治的牧人們對騎一師並不陌生。1952年，康賽部落二百餘名部落武裝曾與這支部隊並肩作戰，一同清剿馬步芳殘部。六年後，騎兵一師再次開進果洛，目標是消滅他們從前的盟友，那些不肯與中共合作交出牲畜和槍枝的牧人。

　　次日下午，空中烏雲密布，大雨傾盆。騎一師兵分三路，冒雨出征，朝久治中部一個叫久達爾松多的地方疾馳而去。久達爾松多是一片山地，山坡平緩，山上長著灌木，山谷溪流縱橫。泥格曲河蜿蜒流過山中，兩河交會點的平灘，是水草豐美的牧場。這裡是康干部落的駐牧地[33]。康干紅保康克明是康萬慶的堂兄弟，時任果洛州副州長。1958年，康干部落有十四個直屬部落，約1,176戶。

　　1958年夏季，無數與世無爭的牧人趕著牲畜，馱著帳房，扶老攜幼逃離家園，遁入深山，躲避中共以「民主改革」為名，強制進行「社會主義改造」而發起的戰爭。數千牧人從甘南等地逃來，聚集在久達爾松多一帶躲避。牧人們支起帳房，女人擠奶燒茶做飯，少年和孩子放牧牛羊，男人持槍在附近的山頭守衛。

　　天亮時分，騎一師三路兵馬到達該地，隨即發動攻擊。槍聲驟起，守衛的牧人們立刻跨上馬，疾奔上山，消失在雨後的茫茫霧氣中。此役牧民死傷

---

32 李江琳，〈青海草原上消失的亡靈〉，《動向》2011年2月號。
33 康干部落傳統駐牧地為今久治縣之白玉鄉、索乎日麻鄉、哇爾依鄉。

七十二人，未有軍方傷亡報導。當天下午，騎一師主力兵分兩路，一路朝東南方向，馳往白玉寺一帶，包圍康干部落；另一路朝東北方向，奔襲索乎日麻以北的尖木達。

此刻，在中共強大的軍事打擊下，傳統的部落組織已近解體。生死關頭，大部落之下的所屬部落無法像從前那樣，通過由來已久的議事方式商討對策，更無法與其他部落結成聯盟，共同抵抗。大家只能各自做出決定。有些部落自知無法抵抗，繳械投降；有的部落不懼強暴，奮力反抗，全體覆滅。果洛是格薩爾王的土地，那些聽著格薩爾王的故事，沐浴著草原風雪長大的漢子們，留下了許多傳奇。

7月25日，康干部落被打散，紅保康克明和他的弟弟，即白玉寺果欽活佛兼久治縣縣長，帶領三十人逃往班瑪縣。康干部落下屬的阿繞部落，在尖木達組織了激烈的反抗。這是個不大的部落，十來名年齡不等的男子，就是整個部落的兵力。尖木達是一片草山環繞的三角形平地，章達與尖木兩河之間，聳立著一座寺院。這片草灘背依神山，面對雙河，盡得山水之靈秀。

十幾名部落漢子在頭人曲堅的帶領下，拚死抵抗。他們只有古舊的步槍，屈指可數的子彈，他們面前是一整團久經沙場的騎兵。臨時挖掘的淺淺壕溝阻不住疾奔的戰馬，血肉之軀擋不住橫飛的子彈。十幾名部落漢子相繼倒下。

向晚時分，槍聲漸漸稀疏，終於停止。蜂擁而來的軍人衝上山坡。

草山頂上，橫七豎八倒臥著十幾具屍體。曲堅的步槍架在一邊，長刀插入染血的草地。夕陽如火，晚霞滿天，死去的果洛漢子以古老的勇士之姿盤膝而坐，背靠腰刀，面對神山，披著落日金暉，宛若一座圖騰[34]。

---

34 央瑞智巴訪談，2011年7月25日。

五

　　且曲白桑握著念珠坐在草地上，和著眾人的聲音，喃喃念誦。媽媽坐在旁邊，一邊搖轉經筒，一邊拭淚。全部落的老人、女人、孩子和僧人圍坐念經，為征戰的男人祈福。遠處傳來槍聲，時而激烈，時而零星。陡然間炸出幾聲驚雷，且曲白桑渾身一顫。他抬起頭，藍天裡沒有一絲浮雲，太陽高懸，光芒刺眼。

　　有人低聲說：「漢兵打炮了！」念誦聲突然停頓，好像每個人都屏住了呼吸。坐在前面的老僧吃力地站起來，往燃著的「桑」堆上撒幾撮糌粑。空氣裡漫起濃烈的焦香，一縷青煙飄搖而上。老僧緩緩坐下，疾速搖動轉經筒，一遍一遍急促地重複六字真言：

　　「嗡嘛呢唄咪吽……嗡嘛呢唄咪吽……」

　　且曲白桑想起表哥。這天一大早，他聽到喧嚷騷動，急忙鑽出帳篷。舅舅的兒子牽馬背槍走過來。數百個部落漢子騎著各色駿馬，背著火槍步槍獵槍，正待出發。領頭的是部落帶兵官霍托色。他中等個頭，身材壯碩，長髮編成辮子盤在頭上。一個叫洛熱的人牽著兩匹馬，站在他身邊。部落裡的帶兵官負有指揮作戰之責，通常會帶一匹馬備用，一旦座騎被打死，換匹馬還可繼續指揮。

　　一些人在低聲議論。有人說，漢人要從渡口那邊過來，帶兵官霍托色帶人去阻攔；有人補上一句：那邊地勢平坦，只有幾座不高的山坡，霍托色他們要守在山上，等漢人過來。有人憂心忡忡：康賽部落從前能召集三百多部落兵丁，但這次沒有全部召齊，能攔得住嗎？有人回答說阿萬倉部落也會出人，兩邊加起來，有好幾百人呢，都是部落裡最強悍的年輕人……

　　表哥是舅舅的兒子。舅舅是頭人，部落打仗，頭人的適齡兒子必須身先士卒，這是古老的傳統。表哥騎在馬上，姿態英武，斜背一桿鋼槍。帶兵官霍托色縱身上馬，發出一聲尖利的呼哨，馬背上的漢子們齊聲發出「格……」的吶喊。表哥朝且曲白桑展顏一笑，撥轉馬頭。駿馬嘶鳴，一小隊人馬朝黃河方向疾馳而去。且曲白桑心裡湧出不祥的感覺。他緊緊抓住媽媽的手，呆呆地望著馬隊絕塵而去，消失在圓渾的草山背後。

遠處又傳來幾聲炮響。旦曲白桑一邊念誦，一邊轉頭，朝遠處眺望。藍天碧草之間，升起幾朵烏黑的雲。

康賽部落帶兵官霍托色帶著幾百人組成的部落武裝，埋伏在黃河渡口不遠的一座山上。山坡下的草灘平坦如氈，是上好的牧場。陽光下，牧草綠得發亮，叢叢鮮花開得生機勃勃。遠方，碧綠中一彎晶亮閃閃發光，那是瑪曲──黃河。瑪曲縣因河而名。黃河在此轉出一個180度的大曲折，是為「九曲黃河」之首曲。黃河首曲部河流縱橫，水流平緩，豐美的牧場孕育出著名的「河曲馬」、「歐拉羊」和「阿萬倉犛牛」。

有人喊道：「漢兵來了！」霍托色跳起來，憑藉自小放牧練出的目力，遙見長長一行人馬從黃河渡口方向，朝草灘過來。部落武裝沒有重武器，沒有機槍，甚至沒有幾支快槍。幾年來處處局勢緊張，大家紛紛變賣家產買槍自衛，子彈貴如黃金，射出一發就少一發。霍托色叫眾人沉住氣，等著軍隊走近。遼闊的草原上，人馬像一行螞蟻，朝山坡開來。小小的隊伍越來越大，數倍於部落兵。猛然間霍托色發一聲高喊，飛身上馬，揮著長刀，吶喊著從山坡上衝下。幾十名武裝牧民緊跟著他，策馬衝向山坡下的草灘，試圖衝散這些士兵。

槍聲大作，群馬疾馳，彈飛如雨，康賽部落的武裝牧民退回山上。稍後，霍托色帶領眾人，又一次縱馬衝下山坡。

猛然間一聲巨響，一枚炮彈落在人群中。彈片橫飛，部落眾人大亂。炮彈接二連三朝疾馳而來的部落兵飛去。大炮對土槍，這是一場毫無懸念的戰鬥。

爆炸聲中，馬嘶人喊，霍托色勒住馬，駿馬揚起前蹄，人立而起。帶兵官掃一眼周遭，黑煙瀰漫中，有人落馬，有人奔逃。阿萬倉部落的帶兵官不知去向，為他牽馬的人無影無蹤。草地上橫陳著倒下的馬，倒下的人。頭人的兒子，那個剽悍英武的青年，仰面倒在碧綠的草地上。他的身旁，一攤鮮血紅得刺眼，宛如一叢在陽光下怒放的花。

霍托色撥馬回轉，發出撤退信號。正在這時，機槍響了。子彈驟雨一般

掃來。霍托色的座騎突然劇烈顫抖，他來不及跳下，中彈的馬砰然倒地。帶兵官從馬腹下抽出腿，就勢臥在死馬後面，把槍架在馬屍上。他不緊不慢地開槍，彈無虛發。

漢兵一波又一波，像黃河浪湧。霍托色的手突然停下。他已經射出了最後一粒子彈。

帶兵官扔掉槍，站起身。成群的軍人端著槍朝他衝來。霍托色看著那些年輕的面孔，他們帽子上的五角紅星，在陽光下紅得刺眼，像斑斑血花。這些漢兵，他們的家鄉在哪裡？他們為什麼要到這裡來，帶走頭人，關押喇嘛，沒收牲畜，強迫孩子們進他們的學校？果洛的牧人與世無爭，從不走出自己的地方騷擾他人，為什麼外來的勢力，從馬步芳到共產黨，都不肯放過他們？

幾聲槍響。聲音好像從很遠的地方傳來。霍托色胸前綻開一朵殷紅的花。他揚起雙臂，彷彿對天祈禱。硝煙已經散盡，天空蒼藍，陽光明麗，大地綠草如茵，繁花似錦。記憶的碎片在他腦中飛旋。父母的大帳房，三兄弟，四姐妹。父親給每個女兒指定了一個兒子保護，霍托色從少年起，就是妹妹的保護人。當初馬家軍屠果洛，霍托色帶著妹妹逃亡；出門打仗，他要先安置好妹妹。妹妹已經長大了，嫁了個好男人。她是個勇敢的女子，那年跟馬家軍作戰，她也騎上馬，像男人一樣揮著腰刀，保護部落。妹妹的兒子，那個十五歲的稚嫩少年，將會長成一條漢子，像他的父母一樣勇敢……

又一聲槍響。康賽部落的帶兵官展開雙臂，撲倒在草地上，最後一次擁抱養育他的草原[35]。

---

35 丹炯訪談，2010年11月21日，印度達蘭薩拉，扎央翻譯。丹炯的奶奶即康賽部落帶兵官霍托色的妹妹。

六

8月中旬，康賽各從屬部落以帳圈為單位，趕著牛羊，牽著騾馬，馱著帳房，帶著經書佛像，走向黃河古渡。

長河浩浩，藍天茫茫。各家各戶將牛皮筏放進水裡，再渡黃河。

這時候，青海全省藏人的反抗已經波及五個自治州、二十四個縣、240個部落、307座寺院，公開反抗者達十萬多人。中共投入五個師和三十個包括各兵種的團隊的兵力，加上十五個民兵騎兵連和八個民兵步兵連[36]，動用空軍、炮兵、步兵、騎兵、裝甲兵等軍種，在青海展開大規模軍事鎮壓。

果洛已處在青海軍區制定的第一波鎮壓計畫之中。康干部落已被打散，哇賽部落繳槍投降，「三果洛」戰火紛飛，家鄉已非安居之地。可是，轉場的季節快要到了，康賽部落幾百戶人家，怎能在冬季裡客居他鄉？阿萬倉部落自身難保，各地硝煙四起，遼闊的草原找不到一塊平靜的草灘。紅保不在，帶兵官陣亡，部落走投無路，只能返鄉。

渡河之後，部落女子扶老攜幼，趕著牲畜前行，數百名青壯男人騎馬攜槍，遠遠跟隨保護。天蒼蒼，野茫茫，在浩瀚的草原上，一群人馬牲畜卑微渺小，如同一簇螻蟻。高寒草原遠離漢藏兩方的政治中心，向無外力保護，一代代牧人雖然渺小卑微，但剛健頑強。戰火和冰雪練就鋼筋鐵骨，外來勢力一波波侵擾，牧人一次次反抗，果洛草原的男子，向來是聲名遠播的勇士。

且曲白桑跟著媽媽和姐姐，默默走上歸途。那個夕陽如金、晚霞如火的傍晚，表哥被人抬回部落。且曲白桑站在表哥旁邊，凝視他胸前的一片烏黑。十一歲的男孩懂得了戰爭和死亡。

那天，他告別表哥，也告別了童年。

幾天前，舅舅跟媽媽商量，要把他和部落裡的幾個男孩送到康賽寺去。且曲白桑不願意離開媽媽，可這是部落的傳統，每當形勢吃緊，小男孩必須

---

36 根據《青海省志·軍事志》頁518、《玉樹州志》頁664資料統計。

送到安全地點，以免部落徹底滅亡。

後方突然傳來激烈的槍炮聲。且曲白桑渾身一震，轉身朝槍響的方向望去，藍天碧野之間，又見一朵朵黑色的雲。

保護部落的男人被解放軍包圍，困在一座山包上。激戰中，又一批男人血沃碧草。在不可一世、視人命為草芥的政權面前，康賽部落的數百名男子，除了一腔熱血，還能用什麼來保護他們的父老妻兒？頭領看著洶湧而來的士兵，一聲長嘆：「投降吧！」

在無數紅星的環繞中，在一排排烏亮的槍口下，曾經與馬家軍決一死戰的康賽勇士，一個個放下他們的老舊武器。

9月7日，解放軍騎兵一師2團在一個叫泥格當臥的山溝裡，發現幾縷炊煙。四個連的兵力立即散開。三、四連攀上左右兩側的山坡，一連和機槍連守住溝口。下午3點半，整整一個營的士兵對正在燒茶的康克明等三十餘人發起攻擊。近一小時後，康克明和他弟弟等十二人陣亡，其餘二十人被俘[37]。

根據青海省委的指示，軍隊「有大仗打，就抓住機會殲滅敵人；無大仗打，就協同地方黨政，深入發動群眾，搜剿、逮捕反革命分子，收繳槍枝，改造政權，推行牧業合作化」，無論「大打」還是「清剿」，其目的是一致的：「都是為了徹底摧毀封建統治，實現黨對畜牧業的社會主義改造，後者的作用更為顯著。」[38]

9月，青海省委下達捕人指標，抓捕權下到區級。荷槍實彈的軍人和民兵在一個個帳圈搜查，各部落的成年男人幾乎全部被抓。且曲白桑的部落裡，三十戶人家中，十六歲以上的男子只剩五人。整個久治縣，1958年抓捕了802人[39]。

高原的9月，花謝風冷，牧草萎黃，白雪初降。且曲白桑站在通往縣城的

---

37 《青海省志・軍事志》，頁527。
38 〈青海省委對全省鎮壓叛亂問題的指示〉，《民族宗教文件匯編1949-1959》（下），頁989-992。
39 達杰，《果洛見聞與回憶》，頁223。

路邊，注視著一隊又一隊牧人從草原深處走來。他的父老鄉親被反綁雙手，不分僧俗，五人十人地串成一行，在騎馬持槍的軍人押解下，履冰踏雪，步步艱難，走向縣政府所在地智青松多。部落裡的老人趕著幾頭犛牛，馱著糌粑和一些簡單用具，跟在他們後面。八百多名人父、人夫、人子，就這樣被強行帶離父母妻兒，兄弟姐妹。他們中的大多數，就此一去不返，其中包括他新婚僅僅一周的姐夫。

這些被官方稱為「叛匪」的牧人，被分批押送到縣裡集中，關押數月後，又被分送到格爾木或其他地區的「勞改農場」。草原上躍馬橫槍、自由自在的漢子，從此淪為「人民共和國」的奴工。三年內，久治縣共有1,050人被抓，該縣總人口近10%被關進監獄。今後的幾年裡，他們將在不為人知的狀況下，成批死於饑餓、勞累、疾病、刑罰。五年內，他們中的57.5%死在獄中[40]。許多人被關押多年，到八〇年代初，康賽部落幾百名被抓走的牧人中，只有二十多人返回家鄉[41]。

據官方資料，果洛州至少有9,262人被捕[42]，其中絕大多數為青壯年男性。僅僅四年內，果洛草原諸部落青壯年男女比例嚴重失調，「許多地方青壯年男女的比例在一比七以上，有的地方達到一比十幾。」[43]

1958年10月10日，久治縣宣布實現「人民公社化」。中果洛諸部落變成「紅星」、「紅旗」、「光明」、「先鋒」、「前進」等「人民公社」。公社收繳了牧民的全部財產，只給每戶留下一頂牛毛帳房、一口鍋、一把勺子、一把茶壺、一個糌粑箱、一個燒火吹風用的牛皮袋，以及一人一只碗[44]，印證了十世班禪喇嘛在《七萬言書》中所說的情況：「人們說：『在人民公社中

---

40 達杰，《果洛見聞與回憶》，頁223。

41 旦曲白桑訪談，2010年11月30日，印度達蘭薩拉。扎央翻譯。

42 《果洛州志》中公布的該州的捕辦人數為8,735人，但根據果洛州所屬之六縣縣志中提供的資料統計為9,262人，其中達日縣公布的1,758人僅為「錯處理」人數，而非該縣被捕總人數；瑪多縣僅為1958年當年的資料，未提供平反人數。因此，果洛州「平叛」、「防叛」被捕人數應多於此數。

43 〈青海牧區婦女的要求〉，新華社《內部參考》，1962年2月2日。

44 達杰，《果洛見聞與回憶》，頁115-116。

每人只有一身衣服、一床被褥、一碗一筷三樣私有物」。」[45]事實上,在中共建造的「社會主義天堂」裡,許多家庭甚至連「一碗一筷」都沒有,不得不「用痰盂當鍋、用牛角當勺、用罐頭盒當碗」[46]。

這就是中共在藏地強行「民主改革」的實質:以「革命」為名的屠殺,以「改革」為名的掠奪。

這一年,果洛草原的牧民被「人民子弟兵」炮兵狂轟,飛機濫炸,騎兵橫掃,步兵圍攻。紅色狂飆肆虐過後的果洛草原,幾乎沒有一個完整的家庭,「果洛三部」淪為「三寡婦部」。

那些失去丈夫、父親、兄弟、兒子的女人,成為「人民公社」的「女放牧員」。她們美麗的金銀珊瑚首飾被沒收,用於「支援國家建設」。在「雙辮化」、「褲子化」,以便「加速民族融合」的過程中,她們被迫解散滿頭細長髮辮,將之編成兩條長辮;她們不得不脫下藏袍,穿起漢式長褲,幹力所不能及的重活。

在沒有寺院、沒有佛龕、沒有喇嘛,也沒有父親、沒有丈夫、沒有兄弟的漫長歲月裡,果洛草原上堅強的牧女,懷著對佛祖不變的信仰,以苦難無法銷蝕的慈悲,用她們柔韌的臂膀,支撐起殘破且一貧如洗的家。她們照顧老人,撫養稚子,熬過饑荒,挺過迫害,維護著家族和部落的生存,也維繫著信仰的延續。

七

幾十年後,在印度達蘭薩拉大昭寺旁邊的一家咖啡館裡,丹炯喇嘛對我敘述他的家史。1958年夏季裡,康賽部落帶兵官霍托色在作戰中陣亡。不久後,霍托色的弟弟瓊丹喇嘛和妹夫,即丹炯的爺爺,被捕入獄。丹炯的父親

---

45 班禪喇嘛,《七萬言書──班禪喇嘛文論選集》,頁94。
46 〈青海牧區婦女的要求〉,新華社《內部參考》,1962年2月2日。

當時是十五歲的少年，亦被帶走，關押數日後釋放；其他人再也沒有返回家鄉，家人至今不知他們死於何時何地。

「奶奶常常說，幸虧霍托色是作戰死的。」丹炯喇嘛對我說，「後來，部落裡的頭人、喇嘛都被拉去開鬥爭會，會上被打得很慘。我們紅保的太太，就是黃正清的妹妹阿珍……」

「第五世嘉木樣仁波切的妹妹？」我說。

丹炯喇嘛點點頭。「她就是在鬥爭會上死的。鬥了一整天。奶奶說，要是霍托色沒有死在戰場上，一定會在鬥爭會上被一拳一拳地打死，那樣會更慘。」

1989年，甘肅省政協文史資料委員會出版的《甘肅文史資料選輯》第30輯，為黃正清口述、師綸記錄整理的《黃正清與五世嘉木樣》專輯，書中隻字未提1958年發生在青甘牧區的戰爭，未提其妹阿珍之死，亦未提妹夫康克明之死。

然而，這一切銘刻在藏人的集體記憶中，通過家族和部落長者的口述，代代相傳。

1990年夏季，出家不久的丹炯騎著馬，來到阿萬倉部落的那片草場。那片草灘被稱為「康賽虎子們戲耍的地方」，幾十年來，阿萬倉的牧民們從不在那裡放牧。草灘上堆著一個個小石堆，當年的參戰者告訴丹炯，石堆是那場戰鬥的標記，這裡那裡，曾經死過一匹馬，曾經死過一個人……

年輕僧人從懷裡取出一條經幡，走上山坡，將經幡繫在樹枝上。長風呼嘯，經幡飛舞，發出呼呼的聲響，彷彿歷史的回音。他恍惚看見，他的舅爺，康賽部落帶兵官騎著馬，揮舞長刀，吶喊著從山坡上衝下。他們被猛烈的炮火逼回，退到山頂，片刻之後，又一次衝下。

丹炯站在坡頂，雙手合十，為當年戰死在此的族人祈禱，也為那些遠道而來、死在他鄉的士兵祈禱。

我放下筆，一時不知說什麼。陽光從門口射進來，照在對面的牆上，桔紅色的牆壁亮得耀眼。咖啡館門外傳來響亮的鼓號聲，大昭寺裡，南捷扎倉的僧侶開始誦經。

我不由得想起一個多月前對果洛、玉樹兩個自治州人口資料的研究。不同時期的官方資料顯示，那場戰爭之後的幾十年中，那些死在槍炮炸彈下的農民、牧民、僧侶、商販，那些被押進監獄、從此一去不返的牧人，一次又一次被「調整」出官方統計資料，彷彿他們從來不曾存在，彷彿殺劫從未發生。

　　然而，蒼天為證，青史為憑！

第十四章　瑪曲：河水為什麼這樣紅

————— 一 —————

　　初知這場戰役，是2007年10月，我在《我故鄉的悲慘史》這本書中，看到一小段有關「克森大屠殺」的描述。該書原文為藏文。作者扎益仁波切，名丹增白華爾，他根據「當時擔任共軍翻譯的工作人員才仁和王某某」的敘述，簡短描述了這場「圍殲戰」的大致經過。據書中記載，1958年4月，河南蒙旗一個靠近黃河，名叫「克森陀洛灘」的地方，解放軍蘭州軍區騎兵第一師對數萬蒙藏牧民進行了一場大屠殺。這段描述使我震驚，也使我對中共官方有關「平叛」的歷史陳述產生了懷疑。以這個事件為切入點，我開始了對那段歷史的追蹤。

　　要確定這個事件的基本情況，首先需要確定事件發生的時間和地點。可是，作為史料，這段敘述過於簡略，許多關鍵細節不清楚。「1958年4月」是藏曆還是西曆？「河南蒙旗」和「克森陀洛灘」在哪裡？在互聯網上搜索「克森陀洛大屠殺」，指向該書的網路版，並無其他線索。扎益仁波切已經圓寂，無法對他進行訪談，確證一些關鍵細節。而且，他留下的這段記錄並非第一手資料，是轉述他人的敘述。

　　但是，發生過的重大事件，絕不可能在歷史中徹底消失，一定會在各種史料中留下蛛絲馬跡。我仔細閱讀扎益仁波切的簡略敘述，注意到一些部落的名字：達參、白斯、阿柔、斯菇窮巴等等。於是，我就從這裡入手，開始追尋那個鮮為人知的事件。

　　我在文獻中找到了「達參部落」所在地。達參部落是一個高度藏化的蒙古部落，位於今青海省黃南藏族自治州河南蒙古族自治縣賽爾龍鄉。那麼藏人所說的「河南蒙旗」，即青海省黃南州河南蒙族自治縣。

2010年盛夏，我在香港中文大學埋頭閱讀大量枯燥的藏區地方志。《河南蒙古族自治縣志》第五編第七章第六節中的第二段，「1958年平息局部地區武裝叛亂戰役」，引起了我的注意。這段敘述顯示，1958年5月，「河南蒙旗」發生了大規模牧民「叛亂」；6月1日，「黃河彎曲部北岸和柯生瑪尼灘柯斯托洛乎小山包上」，「平叛部隊包圍聚殲」了數千名「叛匪」。由此可見，1958年，「河南蒙旗」確實發生過一場解放軍對牧民的大屠殺。可是，《河南蒙古族自治縣志》中的「柯生瑪尼灘」與藏人敘述中的「克森陀洛灘」顯然是不同地名。

　　這場屠殺到底發生在哪裡？我打開青海省地圖和黃河流域圖，對照所有能找到的資料，細細搜尋。經多方比較後，我鎖定黃河第一彎曲部。

———————————————　二　———————————————

　　黃河[1]從果洛久治縣向西流出青海，進入甘南瑪曲、四川阿壩，復從東北返回青海，形成一個橢圓形右旋，是為「黃河第一彎」。黃河復歸青海處，為甘青兩省分界。河之北為青海省黃南藏族自治州河南蒙古族自治縣，河之南為甘肅省甘南藏族自治州瑪曲縣。兩省交界處，黃河水流平緩，一路左彎右旋，留下片片豐美草灘。

　　1958年6月1日凌晨，黃河北岸的柯生托洛草灘上萬籟俱寂，數千座帳房沉浸在黎明前的黑暗之中。草灘四周的山包上，一些部落漢子荷槍守衛；不遠處，黃河靜靜流淌，水面上閃著微弱星光。

　　濃黑夜色中，沒有人知道，或許也沒有人想到，在他們東面的甘南瑪曲縣歐拉草原上，許多軍人在夜幕掩飾下，正在緊張地行動。

　　一群訓練有素的戰馬被趕下河，馬群拖著一長串用鐵鍊橫繫的橡皮舟。

———————————

1　黃河，藏語稱為「瑪曲」，其意有不同解釋。據得榮·澤仁鄧珠所著之《藏族通史·吉祥寶瓶》，「瑪曲」意為「紅色的河」。見該書第9頁。

馬群把橡皮船拉過河,一群士兵迅速地在船上鋪上木板,黃河上即刻出現了一條臨時軍用舟橋。解放軍騎兵第一師的士兵們踏著舟橋渡過河,在河對岸集結,一聲令下,士兵們飛身上馬,朝柯生托洛草灘疾奔而去,沉悶的蹄聲消失在夜色中。

此刻,草灘上靜謐安詳。帳房外,牛羊騾馬寂寂無聲;帳房裡,男女老少安然酣睡。牧人以為兩省交界處是天羅地網中的空隙,他們終於逃到了一個遠離戰爭的地點。

酣睡中的人們渾然不知,死神正朝他們步步逼來。

《河南蒙古族自治縣志》記載,1958年5月3日,黃南州所屬的河南蒙古族自治縣發生了「局部地區的反革命武裝叛亂」。

河南縣是純牧區,居民以和碩特蒙族為主,因此亦稱「河南蒙旗」。歷史上,蒙旗最盛時曾有四旗,人數達二十餘萬。至民國初年,四旗駐牧地大大縮小,至中國建政時,和碩特末代首領,女親王扎西才讓[2]所統屬的河南蒙古族只剩三旗,六大部落,即斯柔瓊哇(斯菇窮巴)、達參、藏阿柔、外斯(白斯)等,其中藏阿柔部落為藏族部落,並且是和碩特直轄的四大部落之一。這些部落雖然被外族人統稱為「河南蒙旗」,但他們已經與藏文化高度融合,藏語為通行語言,藏文為通行文字,生活習慣也深受藏文化影響。和碩特女親王扎西才讓的夫婿,是拉卜楞寺第五世嘉木樣仁波切長兄黃正清之子黃文源。黃正清是康藏近代史上的名人,他的大妹阿珍嫁果洛康賽部落紅保康萬慶,二妹阿賽嫁康干部落紅保康克明,由此可見,「河南蒙旗」與藏人關係十分密切。

歷代和碩王爺均為夏河拉卜楞寺寺主,盤根錯節的親緣關係和久遠以來的宗教聯繫,使得和碩特王爺在青海的黃南、果洛、海北、海南,以及甘肅夏河一帶擁有很大影響力,在河南蒙藏民眾中有相當高的威望。中共建政

2　扎西才讓(1920-1966),青海和碩特蒙古前首旗末代女王爺,1948年任國民政府第一屆國民代表大會代表,1954年任青海省河南蒙古族自治區主席,1955年任河南蒙古族自治縣縣長。文革中受到迫害,於1966年自殺。

後，扎西才讓是中共極力爭取的統戰對象。1955年，她被選為河南蒙古族自治縣縣長。沒有資料表明，她對中共強力推行的「畜牧業社會主義改造」表示過反對；亦無資料表明她當時是否被中共控制。

河南縣牧民抵制「合作化」的參與者共1,597戶，7,487人，「絕大多數為被裹脅的牧民群眾」。該年河南縣總人口為2,218戶、10,500人，其中「牧業人口」為9,927人，也就是說，「極力反對合作化運動」的民眾，佔總戶數的72%，「被裹脅的牧民群眾」佔牧民總數的75%[3]。換言之，中共的「合作化運動」遭到牧民普遍抵制。

迄今為此，沒有任何資料顯示，這些牧民對工作隊或者縣政府發動了攻擊。據《黃南州志》記載：「1958年5月3日開始，河南縣之達參、斯柔群哇、柯生術、外斯等部落公開叛亂後，叛眾攜帶家屬、馱帳房雜物、驅趕牲畜陸續向柯生托洛灘集結，企圖渡過黃河與甘南叛匪會合。」[4]可見河南縣的「叛亂」，事實上是這幾個部落的民眾自5月3日開始，對中共強制推行的「合作化運動」採取不合作態度，趕著牲畜，馱著帳房集體逃亡。各部落在柯生托洛灘集合，意欲渡過黃河，逃往甘南瑪曲的歐拉草原。官方資料中的「柯生托洛」與《我故鄉的悲慘史》中「克森陀洛」音同字異，應為同一地名的不同音譯。據此可以確定，那場「戰役」的地點，就在黃南州河南蒙古族自治縣的柯生托洛灘。

這只是牧民部落為求生存的一次躲避，一次逃亡。但是，在中共看來，拒不合作就是「叛亂」，就是「你死我活的階級鬥爭」，就要動用軍隊武力鎮壓。

1958年4月7日，即「循化事件」爆發前十天，中共黃南州委召開大會，州委第一書記宋平做〈平叛動員報告〉。兩天後，黃南州委及軍分區黨委發出〈關於黃南地區備戰的指示〉，並成立以宋林為總指揮的「平叛指揮部」。不管牧民是否「叛」，是怎麼「叛」，中共都將予以軍事鎮壓。

3　《河南蒙古族自治縣志》，頁193、731。
4　《黃南州志》，頁1032。

拂曉，騎兵一師趕到柯生托洛灘，佔據草灘周圍的制高點。這時，草灘上數千座帳房中，可能還沒有人知道，他們已經被一支久經征戰的騎兵師包圍。

　　天剛破曉，幾發信號彈升上曙光初現的天空。緊接著，激烈的槍炮聲撕碎了清晨的寧靜。

　　被中共稱為「柯生托洛灘圍殲戰」的大屠殺，就這樣降臨在清晨的黃河灘上。

三

　　「柯生托洛灘圍殲戰」是1958年青海省主要軍事行動之一。這場針對逃亡牧民的大屠殺，中共至今未公布詳情。研究者只能根據目前所見的公開資料，盡可能探尋這場屠殺的大致情況。

　　根據扎益仁波切的轉述，當時在柯生托洛灘「聚集著來自陀戈、達參、百斯三部和措霍爾、斯菇窮巴、阿柔、艾瑪格、果洛等地為逃避漢人鎮壓而流亡的三千多戶人家的上萬名牧民與幾萬頭牲畜」[5]。解放軍某部夜晚偷渡黃河，將聚集在該地的牧民包圍，「子彈和炮彈像雨點般地落在牧民居住區，整個山地火光沖天，硝煙彌漫」。扎益仁波切的資料來源沒有提供死傷數據。

　　河南蒙古族自治縣方志編纂委員會1996年編輯出版的《河南蒙古族自治縣志》，提到了這次「戰役」，並承認「參叛人數」中「絕大多數為被裹脅的牧民群眾」，總數為7,487人[6]。如此精確的資料，應該是這幾個部落全部人口的總和，也就是說，其中包括部落中的婦女老人兒童和僧侶。這些人中有「持械叛匪1,732人，槍枝1,357支，乘馬2,535匹」[7]。

　　據此資料敘述，當時集結黃河邊的，並非全部「被裹脅的7,487名牧民群

5　扎益仁波切：《我故鄉的悲慘史》，頁78。
6　《河南蒙古族自治縣志》，頁731。
7　同上。

眾」，而是1,732名擁有槍械的男人。

然而，1999年，作為《青海省地方志叢書》之一、由黃南藏族自治州地方志編纂委員會編寫的《黃南藏族自治州志》中，提及這場「戰役」說：

> 1958年5月3日開始，河南縣之達參、斯柔群哇、柯生術、外斯等部落公開叛亂後，叛眾攜帶家屬、馱帳房雜物、驅趕牲畜陸續向柯生托洛灘集結，企圖渡過黃河與甘南叛匪會合。至5月31日，在該地共集結7,487人，其中，可充作戰的叛匪1,732人，所持各類槍1,357支，戰馬2,535匹。[8]

比較以上敘述可見，《河南蒙古族自治縣志》和《黃南藏族自治州志》中所說的牧民人數、擁有槍械的男性牧民人數，以及馬的數字完全相同。但當時聚集在柯生托洛灘的牧民人數到底有多少？《河南縣志》語焉不詳，《黃南州志》則清楚說明，全部7,487人都聚集在柯生托洛灘。「甘南叛匪」即瑪曲縣的歐拉部落，該部落為拉卜楞寺直轄之八大部落之一。1950年代初，果洛地區有一個兩百餘戶的部落遷入甘南，因此，扎益仁波切所說當時在草灘上的還包括來自果洛地區的數千人，並非沒有可能。

可以判斷的是，當時在柯生托洛灘「集結」的牧民，至少有河南縣四大部落的7,487人。他們中「可充作戰」者，即各部落青壯年男人，占總人數的23%；擁有槍械者為總人數的18.12%。也就是說，21.7%的「可充作戰」者沒有槍，最多只有「各種刀矛」。《黃南州志》中將「乘馬」改成「戰馬」，製造出「騎兵」的印象，可是「戰馬」比有槍的男人幾乎多出一倍，顯然這些馬不是「戰馬」，而是逃亡牧民各部落所攜帶的全部馬匹。

這場「圍殲戰」的過程，在《河南蒙古族自治縣志》中只有一句話：「……6月1日，持械叛匪全部集結在黃河彎曲部北岸和柯生瑪尼灘柯斯托洛乎小山包上，被我平叛部隊包圍聚殲。」這句話給人的印象是：不足兩千名

8　《黃南藏族自治州志》，頁1032。

「持械叛匪」在另一片草灘上，被番號不明的解放軍某部「包圍聚殲」。

根據漢藏兩方的描述，「柯生托洛灘圍殲戰」的地點，在今青海省黃南州河南蒙古族自治縣東南部，距縣城約75公里的柯生鄉一帶。從衛星圖可見，黃河北岸的柯生鄉與黃河南岸甘南瑪曲縣的歐拉鄉之間，黃河繞了兩個彎，彎曲部形成一大一小兩片平坦的草灘。能夠容納近萬人、幾萬頭牲畜的柯生托洛灘應為其中較大的一片，即靠近歐拉鄉的那片大草灘。從現柯生鄉政府附近的香扎寺到瑪曲歐拉鄉有兩個渡口，一個在香扎寺附近，一個在歐拉鄉境內。《青海省志‧軍事志》中的「1958年平叛略圖」標明，6月1日，蘭州軍區騎一師從東面渡河，兵分兩路，從南北兩個方向鉗狀合圍柯生托洛灘。衛星圖顯示，東西向的黃河在歐拉鄉附近拐了兩個南北向的U字形大彎，從歐拉鄉渡河突襲柯生托洛灘，正是南北向的黃河彎曲段。

從《河南蒙古族自治縣志》中可見，柯生瑪尼灘曾為「香扎寺農場」的一部分，應該靠近香扎寺，和柯生托洛灘有一段距離，可能在今毛曲村附近。那裡有一大片平坦地區，至今依然可見開墾痕跡。《河南蒙古族自治縣志》所說，「可充作戰」的男人全部聚集在一個遠離部落的山頭，而不是在部落營地四周警戒，這是有違常識的。沒有資料顯示，這幾個部落曾經攻擊過解放軍或中共工作隊，他們是逃亡的部落，只想逃避外來的災難，在這樣的情況下，部落裡可以作戰的男人只是一些要保護自己部落的人，而不是一支有作戰目的的武裝。這些男人在危險並未解除的情況下，全部離開部落營地，集中在一座小山包上，於理不合。

《黃南藏族自治州志》提供了略微詳細的資料：

……此時，黃河對岸歐拉地區已有集結叛匪四百餘人，6月1日晨乘大霧天氣渡河支援。解放軍騎兵一師採取遠距離奔襲戰法，於當日拂曉將該處叛匪包圍並發起攻擊，於當日18時戰鬥結束。繳獲各種槍枝1,404支，槍彈10,976發，刀、矛865把。[9]

9　《黃南藏族自治州志》，頁1032。

從中可見，這場「圍殲戰」是騎兵一師於拂曉開始攻擊，歐拉部落是在早晨，解放軍開始圍攻柯生托洛灘上的牧民之後，才渡河支援的。這段敘述還說明，作戰進行了十幾個小時，到下午6點結束。

照理說，有關作戰的資料，軍方應該更為詳細，可是，2001年出版的《青海省志・軍事志》中，對這場大戰的敘述只有一句話：「6月1日，騎兵第一師在友鄰部隊配合下，在河南縣柯生托落灘殲滅了叛亂武裝一千二百餘人。」[10]然而，「1958年平叛略圖」中顯示，「柯生托洛灘圍殲戰」中被「殲滅」的人數為一千六百人。這些公開資料顯示，出版年代距今最近的《青海省志・軍事志》資訊最少，「殲滅」數字也最低，而且在同一本書中的數據相互矛盾。

幾十年後，一個曾在瑪曲黃河彎曲部作戰的31團士兵回憶：

在老虎嘴我們包圍了大量的土匪。老虎嘴四周是山，中間是一片散得很寬的草地。我們在山上能夠清清楚楚地看到土匪的帳篷白晃晃的一片，草地上還有土匪搶奪的成千上萬的牛羊馬匹，我們請求空軍支援。兩架戰鬥機飛過來了，這是我們這些新兵第一次見到飛機參加戰鬥，大家都很興奮，看了一天的新奇。戰鬥機向下攻擊的時候速度很慢，但向上爬升的時候速度很快。飛機的攻擊給這股土匪的打擊是毀滅性的，我們連戰場都沒有打掃就執行新的任務去了。[11]

他所說的「老虎嘴」是在他的部隊用橡皮船架起舟橋，渡過黃河之後的地帶，地形符合「柯生托洛灘」的地貌。被包圍的地帶有大量帳篷和牲畜，也符合藏人回憶和官方透露的信息。

飛機轟炸的可能是甘南瑪曲的歐拉部落。該部落5月下旬轉場至黃河渡口

---

10 《青海省志・軍事志》，頁519。
11 李祿山口述，劉英福整理，〈戰鬥在甘南和西藏〉，旺蒼縣黨政公眾網：http://www.wangcang.gov.cn/html/article/view/1565.html

南岸，距柯生托洛灘不遠的地帶。《瑪曲縣志》有如下記載：

　　5月30日，歐拉一部進至縣冷庫一帶，遭偵察情況的飛機轟炸後稍緩其勢。5月31日，中國人民解放軍進軍瑪曲，6月1日黃河第一彎曲部平叛開始，經過柯生托羅灘等戰鬥，至8月下旬，迅速平息了這次反革命武裝叛亂。但由於當時受「左」的指導思想的影響，沒有堅決貫徹執行「軍事打擊、政治爭取和發動群眾相結合」的方針，出現了嚴重的擴大化錯誤。[12]

　　1958年6月1日，騎兵一師及其「友鄰部隊」在青甘交界處，黃河北岸的大草灘上，到底做了什麼？《黃南藏族自治州志》語焉不詳地承認：

　　由於叛亂的策劃者脅迫部分群眾參加，在公開叛亂地區形成叛匪與群眾混雜，加之叛首及其骨幹分子一遇部隊圍剿，把脅迫參叛的群眾驅趕到前沿抵陣，有些圍殲叛匪的戰鬥中對分化瓦解的爭取工作做得不夠，以致誤傷了一些群眾。在整個平叛過程中，出現過擴大化的錯誤。[13]

　　為保護部落而戰的男人，在作戰過程中卻將自己的家人「驅趕到前沿抵陣」，這是不符合邏輯和常理的。「誤傷」了數量不明的「群眾」，犯了「擴大化的錯誤」，才是軍方資料對這場屠殺避而不談的真正原因。

四

　　1958年6月1日，青甘兩省交界的黃河北岸大草灘上，數千座帳房中的男女老少被激烈的槍炮聲驚醒。清晨的霧靄之中，營地彈片橫飛，人喊馬嘶，

12　《瑪曲縣志》，頁676-677。
13　《黃南藏族自治州志》，頁1032。

血流遍地。黃河南岸歐拉部落的幾百名部落武裝渡河馳援，有槍的男人拚死抵抗。作戰過程中，蒙古部落兵奪取了解放軍的幾挺機槍，守住一個山口，但寡不敵眾，全數陣亡。兩路軍隊的鉗狀夾擊下，退往山地的通路已被阻隔，營地裡的男女老少除了坐以待斃死於炮火，只剩下一條路：黃河。

這條路是逃生之路，也是赴死之路。

激烈的槍炮聲中，懷抱幼兒的母親，風燭殘年的老人，在子彈炮彈的追逼下，一個接一個跳進黃河[14]。

這是非常慘烈的場景，後人很難相信、也很難想像那天清晨發生在黃河邊的戰鬥。官方正史不會記載正規軍隊對牧民部落追殺的細節，如今我們只能從當年參與過「平叛」戰鬥的解放軍回憶敘述中，得知這些牧民的命運。雖然無法確定下面這段回憶就是「柯生托洛灘戰役」，但是有足夠理由相信，同樣的情況在這片大草灘上，一定發生過：

叛匪和群眾實際上是混在一起分不清的。我們只見身背叉子槍的、揮舞經幡佛珠的、趕著牛羊的、馬背上馱著孩子的都攪在一塊，在渾濁的黃河裡向岸邊湧動，拚著命想爬上岸來。而迎著他們的是部隊的機槍，隨著一陣陣的槍聲，一具具屍體在河面漂流，一股股血水溶入河流……[15]

瑪曲，來自雪山神界，如吉祥孔雀羽毛一樣清澈美麗的河，請接納你的兒女！

《河南蒙古族自治縣志》記載了騎一師的戰績。這支紅軍時代成立的軍隊，在一支不知是空軍還是步兵的神秘「友鄰部隊」配合下：

擊斃265人（其中匪首2人，骨幹38人），擊傷143人（其中匪首5人，骨

---

14 扎益仁波切，《我故鄉的悲慘史》，頁78。
15 陳有仁，未出版的書稿《一場湮沒了半個世紀的國內戰爭——記1958年青海牧區平叛擴大化及其糾正過程》。

幹11人），生俘584人（其中匪首13人，外地骨幹40人），納降476人（其中匪首7人，骨幹59人），泅逃溺水115人，其他原因死亡12人，合計殲匪1,595人，佔集結叛匪的92.09%；繳獲各種槍枝1,404支（其中步槍1,272支、土槍115支、輕機槍3挺、短槍14支），各種子彈10,976發，各種刀矛865把，手榴彈5枚，望遠鏡5副，銀圓1萬多元，人民幣1,500元，其他物資多種；逃散叛匪137人（匪首8人，骨幹12人），攜走槍枝約100支。[16]

這段敘述將「集結人數」改成「集結叛匪」，將所有攜帶武器的部落男人移到「柯生瑪尼灘」的一座山包上，造成這些被「殲滅」的人與部落隔離的印象，使後人忘記，他們其實不到當時在柯生托洛灘上全部人數的五分之一。

手無寸鐵的6,130人呢？他們顯然是部落裡的老人、婦女、僧侶、兒童，他們的命運如何？1958年6月1日，有多少老弱婦幼被「誤傷」，倒在平坦寬闊、水草豐美的柯生托洛大草灘上？「泅逃溺水」的是什麼人？「其他原因」是否處決俘虜？目前公開出版的三份中方資料中，均對此保持沉默。

資料僅僅透露了一點：從破曉到傍晚，柯生托洛灘上的屠殺持續了整整一天。

向晚時分，槍炮聲終於停止，草原重歸寂靜。

蒼茫暮色裡，夕陽映照瑪曲，將紅色的河水鍍上一層金黃。一河金紅的水吟著下游人們聽不見的悲歌，淌過血跡斑斑、屍橫遍野的草灘，從今生流往後世。

五

《河南蒙古族自治縣志》中還提供了另一組資料：

16　《河南蒙古族自治縣志》，頁731。

1958年至1961年四年中，全縣共捕判、勞教、拘留、集訓1,513人，佔1961年全縣總人口的14.44%，其中捕判967人，佔1961年全縣總人口的9.23%，據當時覆查，錯捕錯辦的即有705人，佔全部捕辦人犯的46.60%。[17]

　　這組資料不包括1958年6月1日，倒在柯生托洛灘上，跳進黃河中的男女老少。

　　1958年7月15日，中共黃南州委向青海省委提交〈黃南地區平息叛亂、發動群眾、開展訴苦運動情況的報告〉。青海省委於7月24日將該報告轉發全省。報告中提到：

……澤庫、河南兩縣，因叛亂平息較遲，訴苦運動正在開展。截至目前，全州共召開了訴苦大會一千多次，約七萬五千多人（次）參加，訴苦控訴的有四萬多人（次），鬥爭了六百多個惡霸、地、富、牧主和反動的民族、宗教上層，並取得了一定的成績。
　　……
　　由於勞動群眾政治覺悟的提高，反動分子已經完全孤立起來，真是眾叛親離，出現了兒子鬥父親、妻子鬥丈夫的生動事例。[18]

　　那是1958年。隨後到來的是席捲大地的大饑荒，大饑荒以後不久就是文革。黃河河邊那些失去了青壯男子的牧民部落，是怎樣度過那些年的，《河南蒙古族自治縣志》和《黃南藏族自治州志》均無一字交代。在我讀到的所有有關那個地方、那個時期歷史的官方敘述中，沒有一句話提到過他們的命運。

17　同上，頁710。
18　〈黃南地區平息叛亂、發動群眾、開展訴苦運動情況的報告〉，《民族宗教工作文件匯集 1949-1959》（下），頁1049-1054。

第十五章　燃燒的玉樹

━━━━━━━━━━━━━━━━ 一 ━━━━━━━━━━━━━━━━

1958年6月4日，一個由四十輛卡車組成的車隊翻越巴顏喀拉山口，朝西南方向行駛。車隊發自青海省府西寧，載著分配到玉樹地區工作的衛校畢業生、下放幹部、一批西寧公安幹校學員共約四百多人[1]，以及增援玉樹的大批戰略物資，由青海軍分區一個排護送，前往玉樹州政府所在地結古。翻過山口後，車隊進入玉樹州稱多縣，沿查曲河一路駛向西南。查曲河從縣境東北方的鄂陵湖淌出，自西南流入稱多，匯入扎曲河，兩河相會之處有一個小鎮，即清水河鎮，是扎朵肖格[2]駐地，也是出入玉樹的交通要道。

這天一早，駐紮在清水河的肖格政府工作人員接到上級電報，通知他們車隊當日將經過清水河。清水河離稱多縣政府駐地周筠約80多公里，離玉樹州首府結古200公里左右。如無意外，當天差不多能趕到結古。前一天清水河一帶下過雪，對路況會有影響，但無論如何，當日經清水河趕到稱多縣政府，應該是不會有問題的。車隊通常會在清水河停下略事休息，肖格政府的工作人員做好接待準備。

也許是由於路況，直到下午車隊才接近清水河。車上的人們並不知道，他們進入了以勇猛尚武著稱的百日麥瑪部落駐牧地；他們當然更不會知道，此刻，百日麥瑪、稱多、旺波三部落的數千名部落武裝，正埋伏在一個險要

1　有關該車隊的人數，迄今為止沒有準確數字。《青海省志·軍事志》中未提及這場伏擊，《玉樹州志·大事記》中提到此事，但未提供當時車隊所載人數，只提到陣亡人數，詳見《玉樹州志》頁30、673。當時在清水河的的土改幹部趙益航在其回憶文章〈雪域高原的平叛鬥爭〉中，提到車隊約四百多人，詳見《今日磐安報》，2011年7月15日。藏人資料為六百多人，詳見達瓦才仁，《血祭雪域》，頁145-202。

2　肖格為藏語音譯，即區級政府。

處等待他們。

3點左右，在距離清水河15公里左右的地方，車隊駛入一道狹窄山谷，公路順著山勢，與扎曲河一同彎成S形。四十輛卡車首尾相接，減速駛進彎道。突然，山谷裡響起激烈的槍聲，子彈雨點一般從路邊射來。

車隊登時大亂。幾輛卡車起火燃燒，車隊停在公路上，動彈不得。

車隊所載的幾百人中，正規軍只有一個排，公安幹校的學生雖然受過訓練，但無實戰經驗。沒有資料表明，當時除了護送的解放軍外，還有其他人攜帶了武器。這些人如果是剛從內地到青海的話，很可能尚未適應高原反應，遑論對突如其來的戰鬥做出反應。

車上運載的幾百人有些被當場打死打傷，其餘的人在驚惶中各自躲藏，哭喊聲、呼叫聲、槍彈聲、哀號聲響成一片。護送車隊的士兵迅速還擊，雙方互射約半小時後，部落武裝在各自帶兵官的帶領下，持刀槍劍斧衝上公路，雙方展開肉搏。這是一場十分慘烈的戰鬥。近距離作戰時，解放軍的武器優勢無法發揮作用，一些士兵雖然勇猛，但寡不敵眾，沒有戰鬥力的青年在追殺下到處亂跑，有的跳進扎曲河。戰鬥持續幾小時後，三部落大獲全勝，護送車隊的士兵全體陣亡，部落武裝死傷十餘人，運載的物資悉數被劫。

這就是著名的「龐智溝事件」。

迄今為止，中共軍方尚未公布準確的死亡人數。《玉樹州志》中提供了兩個不同資料。〈大事記〉中的資料是「打死黨政幹部和民警四十多人，毀壞汽車八輛，大批物資被劫」[3]；〈政治志〉中的資料是「四十三人遇難，五十七人負傷，三十八輛汽車被擊毀九輛」[4]。藏人方面的記錄是打死六百多人[5]，兩方的數字相差極大。但是，《玉樹州志・大事記》所說的四十多人僅指「黨政幹部和民警」，似乎沒有包括車隊的司機、護送士兵、公安幹校學生等等。據134師副師長、玉樹平叛指揮部副司令兼參謀長房揚達回憶，他隨

3　《玉樹州志》，頁30。
4　同上，頁673。
5　達瓦才仁，《血祭雪域》，頁153。

部隊返國，受命參加甘青「平叛」，蘭州軍區參謀長派人向他介紹情況，告訴他說：「給青海運送物資的幾十輛汽車，也在清水河附近被叛亂分子打了伏擊，車上的物資被搶，汽車被燒，人也全部被殺害了。」[6]車隊的全部人員肯定不止四十多人，因此，《玉樹州志》中所說數字頗為可疑。

「龐智溝事件」被認為是玉樹地區的「武裝叛亂第一槍」，也是中共在玉樹的一次嚴重挫敗。也許正因如此，官方資料鮮少提及這一事件。在這個事件中，有多少非「黨政幹部」埋骨異鄉，至今仍然是個秘密。

———————————————— 二 ————————————————

百日麥瑪等三部落為什麼會伏擊車隊？官方資料中沒有提到引發民眾反抗的具體原因。

1956年1月下旬，玉樹州召開全州縣長聯席會議，通過〈進行社會主義宣傳，有條件的建立互助組和重點試辦合作社的決議〉。3月19日，日後在藏區作戰中發揮了重大作用的玉樹巴塘機場通航。與此同時，全州派出七個工作組分赴各地展開宣傳，開始進行建立互助組、試辦合作社的前期準備。

但是，1956年2月發生的甘孜「色達事件」打亂了這一步驟。

玉樹地區雖然早已被劃入青海省，卻是傳統西藏三區之康區的一部分。地理上玉樹與劃入四川的石渠、德格等縣接壤，該地的千百戶與甘孜、阿壩的頭人有密切聯繫。青海方面十分擔心「色達事件」對玉樹的影響，中共也擔心各地藏區聯合暴動，使形勢一發不可收拾。於是，4月間，青海省委派工作組急赴玉樹，一方面對玉樹的情況進行評估，另一方面安撫中上層人士，穩定形勢。此後，甘孜土改引發藏民全面暴動，進而發展成戰爭，不少人從甘孜、阿壩逃到玉樹，玉樹僧俗各階層緊張不安，但未發生武裝反抗。1956

6　房揚達、黃亞明，《擊楫中流》，網路版：http://blog.sina.com.cn/s/blog_4b50a1d30100gahr.html

年以來，青海省委按照中央民委的指示，在牧區進行「社會主義教育」、「除四害」[7]、「有神論與無神論的大辯論」等運動，這些運動，特別是「除四害」和在寺院裡討論無神論，引起僧俗中上層人士的不安和不滿，但尚未影響整個局勢。1956年，玉樹州委根據省委指示，對「社會主義改造」運動按兵不動，僅試辦了四個合作社，建立了幾個作為試點的互助組。

1957年2月28日至3月17日，青海省委第二書記兼省長孫作賓和副省長扎喜旺徐去玉樹視察，這是中共建政以來，青海的省級官員第一次去玉樹。3月9日，他們在玉樹召開區長以上的民族宗教代表人物座談會。返回西寧後，二人向青海省委遞交了兩份報告。第一份報告的日期為1957年3月22日，即孫作賓、扎喜旺徐視察玉樹返回的第五天。這份題為〈正確處理好民族關係〉的報告提出了許多他們在玉樹發現的具體問題，並綜合報告了十五條玉樹上層對政府的意見和要求：

（1）表示擁護社會主義，但對社會主義改造有懷疑，不僅中上層頭人和寺院、喇嘛有懷疑，就是部分牧民群眾也仍然有懷疑，希望走慢一些；（2）要求今後少調動州、縣機關黨員負責幹部，過去調動太多，影響工作；（3）要求黨和政府不要組織群眾在護山（神山）上搞挖藥材、打獵等副業生產，以保神山；（4）要求政府對寺院免稅，他們說：若不取消寺院的稅收，我們心裡的石頭更大了；（5）要求政府對牧民群眾的自食牲畜免徵屠宰稅，自用自鞣的皮張免徵交易稅；（6）要求政府積極調解存在的糾紛；（7）要求黨和人民政府教育民族幹部尊重頭人、尊重本民族的風俗習慣，特別是宗教信仰；（8）要求政府嚴辦小偷；（9）要求黨委對州人委的工作予以大力支持，過去州人委的決議往往是不能實現的；（10）要求省上對玉樹的基本建設多照顧，多投資；（11）要求省上對玉樹地區的交通運輸、物資供應予以照顧，過去年年在冬春季節有許多物資脫銷，對牧民群眾的生產和生活影響很大；（12）要求黨員負責幹部，經常的誠懇的反覆的指導、教育幫助他

7　牧區的「四害」指旱獺、野鼠、毛毛蟲和狼。

們，過去對他們幫助太少了；（13）要求黨和政府不要廣泛地向群眾宣傳消滅剝削，要教育他們，由他們自己自動地逐步放棄；（14）要求黨和政府不吸收阿卡[8]工作；（15）過去七年來，黨的領導和各項政策他們都滿意，希望今後就這樣做，政策不要變。[9]

　　報告中提到的諸項問題中，稅收是個對各階層都有影響的大問題。早在1952年10月，玉樹地委書記冀春光就向青海省委提出了這個問題，承認「商業稅馬匪時期即為4%稅率，現在的稅率則一般的高過4%，尤其昌都、西康均低於玉樹，引起一般商人不滿，糧食交易稅和屠宰稅，群眾也有意見」[10]。從孫作賓的報告看來，五年後情況非但沒有改善，反而更加嚴重。鞣製一張牛皮價值九元，繳稅就要繳八元。時任玉樹州長的末代囊謙千戶扎西才旺多杰抱怨，念經會上燒的香要繳稅，寺院在貿易合作社給阿卡捎買仁丹和紙也徵稅，他的妻子從西藏帶回來幾張水獺皮，徵的稅超過了雇牲口的腳價；連民眾屠宰自食的牲畜、自用的皮張也要繳稅[11]。

　　除了稅收，省裡派下的各種任務也相當不合實際：

　　如州鹽務局幹部說，玉樹地區現有的五個鹽池，年產量約5萬餘擔，而省鹽務局布置任務為七萬擔，我們雖曾提過意見，但省鹽務局不接受。州計委幹部說，在一、二季度中牧民出賣的羊毛較少，1956年第一季度省上布置任務四十萬斤，只完成了十五萬斤，今年仍布置為四十萬斤；1956年省教育廳規定招生任務470名，實完成兩百餘名，即便能招到470名學生，也沒有足夠的校舍和教師。[12]

8　安多藏語，意為僧侶。

9　孫作賓、扎喜旺徐，〈正確處理好民族關係〉，《孫作賓》，中華魂網：http://www.1921.org.cn/book.php?ac=view&bvid=93782&bid=1239

10　〈青海玉樹地委書記冀春光同志關於民族政策執行情況的檢查報告〉，《民族宗教工作文件匯集1949-1959》，頁501-505。

11　孫作賓、扎喜旺徐，〈正確處理好民族關係〉，《孫作賓》，中華魂網：http://www.1921.org.cn/book.php?ac=view&bvid=93782&bid=1239

12　同上。

新成立的互助組主要由部落最底層、最貧窮的牧戶組成。這些人在工作隊的鼓勵和支持下，往往做出一些「出格」的事情，使其他人反感和不安。座談會上有人反映，一個合作社的社員搞副業，把瑪尼塔拆了燒石灰，「引起一般代表人物和廣大群眾的不滿」。

　　青海省的正副兩位省長在報告中提出他們對「牧區社會矛盾的認識」：

　　在牧區搞許多工作，雖然都包含著階級鬥爭的內容，但在目前主要的還是民族矛盾，階級矛盾被民族矛盾包著，不要把民族關係簡單化，因為歷史上遺留下來的民族隔閡是很深的，不是短時期內可能完全消除的。如果不搞清這個問題，工作就會出毛病。**13**

　　他們寫這份報告時，大概沒有想到，一年後，這份報告將成為他們的罪狀。

　　三周後，兩人又寫了一份報告。這份報告題為〈切實做好玉樹地區的各項工作〉，日期為1957年4月15日。這是一份不痛不癢、內容空洞的「黨八股」報告。該報告隱去了前一份報告中的十五個問題和建議，只提出「據瞭解玉樹地區50%以上的漢族幹部尚不安心工作」這樣一個問題，但建議當年不再試辦合作社，在宣傳畜牧業「社會主義改造」時：

　　既要宣傳對畜牧業進行改造的必要性和重要性；又要宣傳鑑於牧業區當前所處的情況不同，經驗不足，辦社條件還不完全具備，今年再不試辦。至於今後進行的時間、步驟、方法等，均要根據當地公眾領袖人物和廣大牧民群眾的意見來辦，外來漢族幹部絕不包辦代替。對於寺院的土地、牧畜、差役、高利貸、槍枝，根據上層和群眾的意見，不予變動。**14**

---

13 同上。
14 同上。

這第二份報告被青海省委轉發各州黨委並轉中央。可是，沒有資料表明第一份提出問題的報告被轉發到各州黨委，青海省委統戰部1959年編印的《民族宗教工作文件匯集1949-1959》中亦未收入。這份指出問題的報告顯然被省委壓下了。這是典型的「報喜不報憂」的做法。中共奪取政權後建立的那套官僚體制決定了，這樣的情況必然會發生。

一年後，孫作賓和扎喜旺徐彙報的問題和僧俗上層人士的反映，使得孫作賓成了「剝削階級牧主、頭人在黨內的代理人」，扎喜旺徐成了「地方民族主義分子」，雙雙遭到整肅。

被扣壓的報告還披露，孫作賓和扎喜旺徐到結古寺附近的幾戶牧民的帳房中去看了看，他們「印象最深刻的是，他們的生活太苦，比我們原先想像的情況苦得多」。可是，該報告隨即提到，玉樹州委彙報說，該州「現有牲畜320萬頭，比1949年解放時增加了一倍左右」。這表明玉樹州的牲畜雖然幾年中增加了一倍，但稅收也隨之大幅增加，民眾的生活並未改善。

1958年4月，青海省委第五屆全體（擴大）會議吹響了「躍進號角」。僅僅一個多月後，玉樹全州辦起農牧業生產合作社399個，公私合營牧場二十個，入社、場的牧戶6,751戶，佔總牧戶的22.5%。若無強迫命令，這顯然是不可能做到的。

5月18日，稱多縣委書記項謙帶領工作隊前往扎武部落所屬之增達村，宣傳「社會主義改造」。在召集村民開會時，被一個名叫格扎的村民所殺。不到兩周，玉樹州召開「第一屆人大全體會議」。「人大代表」均為各部落頭人和寺院高層，會議從5月29日開到8月21日，整整開了將近三個月。這三個月內，與會者在幹什麼？《玉樹州志》披露：「會議期間重點開展了向黨交心等活動」[15]。在中共語境中，這意味著辦學習班當眾表態，期間不排除發生過批鬥等事。更為實際的作用，是將部落上層與部落民眾隔離監控，使得民眾「群龍無首」，無法組織反抗。日後的發展證實，當民眾自行組織反抗

---

15 《玉樹州志》，頁30。

時，這些部落頭人和僧侶成為人質，有些部落因顧慮頭人的安危而不得不放棄反抗，束手就擒。

不過，百日麥瑪部落百戶扎巴昂加事先得到消息，沒有參加「人大代表會議」。他即刻召集部落中有影響力的人開會，眾人一致反對建立合作社。根據歷史經驗，他們知道，反對官府一定會遭到鎮壓。

百日麥瑪是一個有反抗傳統的部落。這個部落的祖先為蒙古爾津部落，為稱多地區較早的部落之一，是早已藏化的蒙古後裔。幾百年來，他們在今稱多縣珍秦鄉和清水河鄉一帶駐牧。1937年，玉樹城防司令馬馴上任後，以增稅方式加重對各部落的盤剝。百日麥瑪和休瑪兩部落堅決抗命，為此不惜與馬馴的軍隊大戰，重挫馬家軍後，部落全體牧民逃亡至西藏黑河與玉樹交界地區。1942年，馬步芳派他的騎兵團長馬忠義帶領一千騎兵，趕至黑河地區，對百日麥瑪和休瑪兩部落進行報復。兩部落不畏強暴，召集部落武裝迎戰，終於寡不敵眾，遭到滅絕性屠殺。1944年底，兩部落被招撫回原駐牧地，但人口財產損失極大。中共建政時，百日麥瑪部落僅剩180戶，1,000人，比民國初期減少一半。至1958年，該部落人口恢復到450戶，2,203人，百戶扎巴昂加任稱多縣副縣長，副百戶扎巴求加任珍秦肖格長。

稱多部落是一個以農業為主的部落，該部落也反對「合作化」。稱多和旺波百戶得知縣委將以開會為名將各部落頭人控制起來，遂逃離部落躲進寺院。他們從寺院向各自的部落發出召集令，兩部落共召集130餘人。三部落的武裝合在一起，駐紮在百日麥瑪部落屬地，靠近清水河，一個叫做東格日宗的地方[16]。

這一帶恰是二十一年前，百日麥瑪部落與當時的玉樹城防司令馬馴的軍隊交戰處。

對於這個曾經不惜以卵擊石，幾乎全體覆滅的部落來說，中共強制推行的「社會主義道路」，無異於歷史的又一度輪迴。世代生活在高寒地帶的牧人並無「國家」、「民族」、「階級」、「主義」這樣的概念，他們的第一

16 詳見達瓦才仁，《血祭雪域》，頁145-199。

忠誠是對部落，而非「祖國大家庭」，對於他們來說，以「合作化」名義奪取他們財產的中共，跟以「加稅」名義掠奪他們的馬步芳，只有一個區別：馬步芳奪取他們的部分財產，中共奪取他們的全部財產。

三

1958年4月，在朝鮮的54軍接到中央軍委命令，令該軍所屬之134師提前返國，開赴甘肅，暫歸蘭州軍區指揮。4月29日，134師偵察科副科長王廷勝、通信科長王旭率該師150人組成的先遣隊，直奔蘭州。

5月，134師全體開赴甘肅，師直、401團駐蘭州市區，400團、402團駐民和、享堂，炮團和教導營駐武威[17]。當時該師士兵並不知道，軍委調他們先期歸國，並將他們安排到蘭州的目的，是要他們增援在甘青非漢民族地區，鎮壓藏、回、蒙等民族的部隊。這年，中共在藏區的戰爭從康區轉移到安多，以青海和甘肅為重點。這年6月，空軍25師從陝西武功機場轉到西寧機場。

就在玉樹州委以「人大代表全體會議」為名，將各部落上層人士關在結古「向黨交心」期間，「玉樹平叛指揮部」成立[18]。該指揮部陣容強大，以青海省軍區司令孫光為司令員兼政委、內蒙古軍區烏蒙軍分區副司令員額爾敦侖和玉樹軍分區司令員朱廷雲為副司令員、134師副師長房揚達為副司令員兼參謀長、青海軍區政治部副主任戴金瑛為副政委兼政治部主任，主力部隊為134師400團、401團、師炮兵團兩個營，獨立工兵營、偵察營、內蒙軍區騎兵13、14團；其他參戰部隊還包括空13師、23師、25師，以及濟南軍區和瀋陽軍區合編舟橋營、摩托大隊、汽車團、野戰醫院等。

---

17 王廷勝，《往事回眸》，頁134。
18 「玉指」成立的日期，《青海省志·軍事志》為1958年7月15日，但這時玉樹作戰已經開始；《玉樹州志》頁30為1958年4月19日，但其時玉樹作戰主力134師尚在朝鮮。「玉指」成立時間應在5月。

接受命令後，蘭州軍區向134師指揮官通報情況：青海六個以藏人為主的州均發生「叛亂」，十幾個縣已被「叛亂武裝和當地的喇嘛」攻佔，一些地區的工作人員被圍困，交通中斷，還特別提及運送物資的車隊在清水河遭到伏擊的事件，即「龐智溝事件」。這一切自然都歸罪於「頑固分子」和「帝國主義」的策劃[19]。

6月，134師副師長、「玉指」副司令兼參謀長房揚達率參戰部隊從蘭州出發，前往青海民和縣享堂。民和位於青海省東部邊緣，為黃土高原到青藏高原的過渡地帶，參戰部隊在這裡進行適應性訓練。

6月24日，毛澤東在青海省委〈對全省鎮壓叛亂問題的指示〉這份文件上批示，明確表示「青海反動派叛亂，極好」，「亂子越大越好」，因為這就有了放手大打一場的機會，「那裡的勞動人民就可以早日獲得解放」[20]。

毛澤東同時將此件批交國家主席劉少奇、中共中央總書記兼國務院副總理鄧小平、國務院副總理兼國防部長彭德懷，以及中央軍委副秘書長兼國防部副部長黃克誠，並指示要鄧、黃辦理。

這個批語事實上是批准軍隊大開殺戒。6月29日，隨軍征戰並負責趕修公路、架設軍用便橋的工兵營到達享堂。工兵營已經在黃河蘭州段進行了一個多月的架橋訓練。各路兵馬在享堂集結，領取高原裝備和補給，同時對士兵進行戰鬥動員。這並不困難。剛剛在朝鮮與聯合國軍交過手的士兵，聽說「帝國主義」和「國民黨特務」居然在國內策動叛亂「企圖推翻政權」，自然義憤填膺。接著，他們被告知，此次玉樹作戰是「維護祖國統一，解放藏族人民的光榮任務」。經過如此動員的士兵們，個個摩拳擦掌，士氣十足。

7月1日，各參戰部隊集中召開誓師大會，經過政治教育的官兵們莊嚴宣誓：「為了保衛大西北的社會主義革命和社會主義建設的勝利完成，消滅一切吃人的封建農奴制度，解救受苦受難的藏胞，全部、徹底、乾淨地消滅反

---

19 房揚達、黃亞明，《擊楫中流》第五章，網路版：http://blog.sina.com.cn/s/blog_4b50a1d30100gahr.html
20 毛澤東，〈轉發青海省委關於鎮壓叛亂問題的報告的批語〉，《建國以來毛澤東文稿》第7冊，頁286-287。

革命武裝叛亂。不取得勝利，絕不收兵。」[21]這些士兵們顯然不知道，他們以「解放者」身分進入這些地區，將要消滅的正是他們誓言要去「解放」的「藏胞」，並且帶去了藏民族歷史上最大的劫難。

雖然1958年4月17日，在青海「循化事件」發生之前，青海省軍區政治部就做出了〈對牧區平息叛亂中的政策規定〉，「玉指」副司令兼參謀長房揚達在他的回憶中說：

當時，中央曾明確指出：「叛亂是少數反動頭人，在帝國主義的支持下，煽動不明真相的藏民進行叛亂和分裂，想把我們的政權搞垮，對此必須實行鎮壓，而對廣大藏族勞動人民還要以宣傳黨的政策盡力爭取為主。」

中央的這個方針無疑是正確的，但如何執行呢？在軍區平叛戰前分析會上我提出了這個問題，當時蘭州軍區主任說：「這次平叛：三分軍事，七分政治。」

然而，無論是房揚達回憶錄，還是其他參戰士兵留下的回憶文章，均未提到青海軍區政治部的這份文件，也沒有提到曾據此對士兵們進行過或接受過「政策教育」。房揚達回憶錄中既未提到「政治爭取」的實例，亦未講述他的部下是如何進行「政治爭取」的。

幾十年後，當時為圖-4重型轟炸機大隊長、後任空軍第11軍軍長的張國祥將軍在一次訪談中承認：

說句實在話，叛匪和普通的藏族農牧民從衣著打扮上看沒什麼分別，尤其是藏族牧民也都騎馬背槍。我們轟炸一般都是根據陸軍部隊的情報，有時

---

21 彭治耀，〈一個老兵的平叛日記〉，新華網兵團頻道：http://bt.xinhuanet.com/2007-09/13/content_11141281.htm

就是在飛機上看見下面的武裝人員躲著我們亂跑，或向我們開槍就轟炸。**22**

向轟炸機開槍或可被視為軍事行動，但無法判斷是否為普通農牧民的「武裝人員」看到飛機驚懼而逃，居然也成為轟炸的理由，可見，至少在1958年，所謂「平叛政策」實質上是一紙空文。有了毛澤東授予的「尚方寶劍」，軍人並不在意他們投下的炸彈炸的究竟是誰，即使「誤炸」，也只需給死傷者貼上「叛匪」標籤就夠了。這也是在解放軍的戰績報告中，「叛匪」人數及其在藏人人口中的比例經常高得不合常理的原因。

1958年7月1日，中共建黨三十一年紀念日。

這天上午，一支由186輛軍車組成的車隊，載著全體參戰官兵，浩浩蕩蕩從享堂出發，前往西寧。車隊當晚到達，青海省委組織了三萬多市民舉行盛大歡迎會，將官兵們的士氣刺激得益發高昂。

鎮壓藏人的軍隊於中共建黨紀念日這天出征，具有強烈的象徵意義。這不僅是「黨指揮槍」的體現，更是一種武力宣示：「反對共產黨、反對社會主義、反對合作化」將會帶來什麼樣的結果。

7月2日，大軍從西寧出發，經格爾木，進入現屬果洛瑪多縣的花石峽。主力部隊在這裡集結數日，統一作戰部署，分配作戰任務，然後兵分三路，以左、中、右合圍之勢，一路殺進玉樹。

四

「龐智溝事件」給中共上下帶來了很大的震動，但「龐智溝事件」只是稱多三個部落的行動，當時整個玉樹州並未發生全面暴動。玉樹州委召集「第一屆人大全體會議」後，局勢急轉直下。

---

22 張國祥、孫勇口述，林儒生整理，〈中國圖-4傳奇〉，《兵器知識》2008年第5期，頁32-35。

據當時在果洛州久治縣當基層幹部，後任果洛州州長的達杰回憶，1958年春中央曾下達文件，指示各地「盡快把頭人，特別是影響較大的頭人控制在我們方面，有叛亂可能的要監控起來」。這是李維漢等人向中央提出的建議。青海省委據此要求各州、縣「採取開會學習等方式，將民族宗教上層人士集中控制起來，防止發生叛亂」[23]。這個從中央到地方的「防叛」措施，效果適得其反。4月中旬，循化縣政府控制深受民眾敬仰的高僧加乃化仁波切，是「循化事件」的導火索之一；「龐智溝事件」的起因之一，也與這個「防叛」措施有一定關聯。部落首領和民眾敬仰的僧侶被控制後，一些本無反抗計畫的部落也開始反抗。

在傳統部落組織裡，頭人與民眾之間的關係遠非中共後來宣傳的那樣是一種階級壓迫關係。藏區部落中各階層之間的關係，與漢地鄉村傳統宗法社會中內部各階層的關係相似。近年來，對於土改前的中國鄉村社會形態和各基層之間的關係，已有不少研究。研究顯示，在中共以土改的方式改造鄉村，以「建立農村根據地」，實現「農村包圍城市」奪取政權之前，鄉村各階層的關係並不像後來宣傳的那樣單純是階級和階級鬥爭。在藏區更是如此。

在藏人遊牧部落，一個較大的部落往往由歷史上的一個或若干個「核心家庭」繁衍，加上其他小部落的加入或兼併而成。家族之間往往有盤根錯節、或遠或近的親緣關係。高寒地區遊牧的生存環境和生活方式決定，只有高度緊密的群體，才能確保個體的生存。無論是個人還是單獨的家庭，脫離部落通常生存會發生極大困難，這些人往往成為在草原上漫遊的流浪者，他們從一個部落到另一個部落，靠幫人放牧、剪羊毛或者做手工活兒維生，相當於短工或者季節工。中共建政前，這些人的數量並不多。

在部落組織中，頭人必須承擔維護部落生存的重任。發生衝突時，大部落頭人或許可以由專職的帶兵官上陣指揮，中小部落的頭人則通常親自上陣。1937年，休瑪和百日麥瑪兩部落反抗馬馴時，兩部落頭人一邊跟馬馴談

---

23 達杰，《果洛見聞與回憶》，頁112-113。

判，一邊暗中將部落男女老少轉移到安全地點。武裝衝突剛開始時，兩部落佔據了有利地形，但也只是堅守陣地，並不出擊。然而，作戰的當天午後，百日麥瑪部落百戶才羅在陣地被打死，兩部落參戰人員當即群情激憤，部落武裝由自衛一變而為報仇心切的「哀兵」，作戰立刻從守勢轉為攻勢，重創馬家軍。

1942年，馬步芳派騎兵團長馬忠義對兩部落施行報復性屠殺時，兩部落百戶為掩護部落逃脫，身先士卒相繼戰死，當時還是幼兒的百日麥瑪部落百戶之子由母親緊抱懷中，在護衛的保護下衝出重圍，這是兩部落百戶家族僅剩的倖存者[24]。因此，部落實質上是一個生存共同體，個體的生存與部落整體的生存休戚相關。頭人與民眾之間的關係，遠非「剝削與被剝削」那樣簡單，而將部落內部的人際關係說成是「奴隸主和奴隸」，是建立在馬克思主義意識形態基礎上，出於共產黨革命的動員需要而刻意構造的宣傳。

在各地形勢動盪，民眾情緒緊張不安的情況下，將部落頭人，特別是民眾敬仰的高僧們「控制」起來。在中共來說或許是「防患於未然」之舉，在民眾看來則是將他們的頭人統統逮捕關押。這件事成為民眾反抗的催化劑[25]，也是日後引發「拉薩事件」的主要原因。如果中共確有「壓出叛亂」之意，此舉可謂達到了目的。

根據藏人資料，部落首領們被控制後不久，玉樹當地政府在禪古寺和結古鎮兩地進行了針對「不穩定分子」的大逮捕。禪古寺為玉樹最大的噶舉派寺院，距結古鎮約5公里，寺院所在的禪古村以寺得名。就在寺院舉行法會的過程中，突然被玉樹駐軍包圍，逮捕了數百人，這件事直接導致玉樹州政府附近的結古寺反抗[26]。

---

24 詳見羅建忠（洛周尖措），〈玉樹休瑪、百日麥瑪部落慘遭鎮壓和反抗鬥爭紀實〉，《青海文史資料選輯》第13輯，頁134-140。

25 1987年3月28日上午，第十世班禪喇嘛在第六屆全國人大西藏代表團小組討論發言時說：「1958年我在青海聽到黨內文件上說要挑起叛亂，壓出叛亂，然後在平叛過程中，徹底解決宗教和民族問題。」但有關文件尚未解密。詳見班禪喇嘛，《七萬言書──班禪喇嘛文論選集》，頁112。

26 詳見達瓦才仁，《血祭雪域》，頁156。

在結古召開的第一屆「人大代表全體會議」期間，「人大代表」雖然被配備的「警衛」緊密監視，但百密一疏，還是有少數百戶偽裝後潛逃，有些則假裝積極，被放回部落說服民眾繳槍。他們返回部落後立即召集部落武裝，不少民眾紛紛加入其他部落的反抗組織。玉樹州府結古被前來「要人」的各部落武裝包圍，一度爆發激戰，但並未被佔領。

在「玉指」主力誓師西進時，玉樹各地的反抗已成燎原之勢。在高原美麗的夏季裡，近萬名解放軍開進高原，玉樹成為西藏三區六年戰爭中最慘烈的戰場。69,400多玉樹農牧民將死於戰爭和隨之而來的饑荒，死亡人數超過戰前玉樹總人口的三分之一[27]。

五

據「玉指」副司令兼參謀長房揚達回憶，他們開進玉樹時，「根據上級通報和我們偵察部隊的實地偵察，玉樹地區有九股叛匪，約一萬六千多人，踞守在玉樹巴塘機場附近。」

幾十年後，時任該師偵察科副科長的王廷勝在回憶錄中如此描述他的「實地偵察」：「我們到玉樹後，因各縣已叛亂，只好在結古通過自治州政府瞭解一些情況，到結古寺拜見了活佛，參觀了寺廟，勘察了通天河直門達渡口。」[28]這就是部隊瞭解「敵情」的方式。

房揚達所說的「九股叛匪」，是在今玉樹縣東南部、稱多縣南部一帶駐牧的幾個部落，包括扎武、百日麥瑪、休瑪、卡納、稱多、拉布、百日多瑪等等。他們並非「叛亂」之後「踞守」在那裡。那一帶是他們的家園，他們祖祖輩輩就在那裡駐牧耕作，繁衍生息。房揚達沒有說明，一萬六千這個數字指的是那幾個部落的成年男子，還是部落的全部人數。

---

27 詳見李江琳，〈青海草原上消失的亡靈〉，《動向》2011年第2期，頁77-78。
28 王廷勝，《往事回眸》，頁135。

在玉樹州將各部落首領召到結古「向黨交心」，又在禪古寺和結古鎮內逮捕數百人之後，原先並無反抗計畫的部落紛紛被逼反。各部落武裝主要在自己部落所屬的區域活動，未能形成有效的聯合，亦無統一指揮，但他們活動的地區恰好在通天河兩岸，距離玉樹巴塘機場不遠，而且就在西寧－結古公路幹線一帶。為保證公路運輸線暢通和機場安全，進入玉樹的軍隊首戰通天河以北地區。

7月28日，134師步兵400團、工兵營、炮兵營、偵察營，以及內蒙軍區騎兵13、14團到達清水河。他們得到空軍偵察報告說，在一個叫「卡那灘」的草原上，發現「集結帳篷百餘頂，有數百人之多。大多數人有馬匹背叉子槍，來來去去活動頻繁。不遠處還有一座寺院」**29**。於是，卡那灘就成為「玉指」的主攻目標之一。

卡那灘位於今稱多縣珍秦鄉，為卡那部落的駐牧地，扎曲河從西南流入稱多，在清水河轉向南，至竹節寺一帶轉向東，流入四川石渠境內。卡那部落的牧地就在扎曲河兩岸。「不遠處的寺院」可能是卡那寺，亦譯「喀耐寺」，是卡那部落所屬的兩座寺院之一。那一帶還有竹節寺、歇武寺、群科寺等。藏人資料中提及，當時卡那等幾個部落武裝曾駐紮在卡那寺對面的平地，空軍曾來投彈，但由於那一帶有大片濕地，炸彈效果不佳。

次日中午，內蒙軍區副司令兼「玉指」副司令額爾敦侖率騎兵13、14團自清水河出發，由東線馳往稱多南部的卡那灘。幾小時後，步兵400團與混合炮兵營亦從清水河出發，由公路推進，佔領位於珍秦鄉的竹節寺一帶，對百日麥瑪、卡那、稱多、旺波、休瑪等部落武裝形成包圍。

7月30日，各部隊分頭對那一帶的各部落發起進攻。幾十年後，「玉指」副司令兼參謀長房揚達在他的回憶錄中說：

這一帶的叛匪雖然人數較多，但他們多是沒有什麼戰鬥力的「散兵游勇」，我們部隊沒到之前，他們圍困當地政府，看上去人數眾多，但見到部

---

29 〈回憶玉樹平叛鬥爭片段〉，http://blog.sina.com.cn/s/blog_61b56c560100edp0.html

隊後，立即跑得沒了蹤影。很多時候並沒有打仗，似乎也不需要我們打，那些叛匪就跑了，但是他們往往採取偷襲的方式對付我們，總是躲在暗處向我們打黑槍。這一點防不勝防，讓我們吃了不小的虧。[30]

但兩方作戰人員的回憶均不支持這樣的說法。關於卡那灘之戰，中方參戰人員如下描述：

合圍「卡那灘」之敵，這一仗從傍晚戰鬥打響，激戰到拂曉，槍聲不斷炮聲隆隆，信號彈、滑光彈、照明彈此起彼伏。大草原上閃爍之光，瞬間改夜如畫。光電的輝映顯出遠處群山峰巒疊嶂，各展雄姿，景色奇特壯觀。[31]

藏人資料中提及，當時卡那部落的男人大部分去了歇武和周筠，卡那灘被包圍的那些帳篷裡，並沒有多少部落武裝。「卡那灘之敵」到底是什麼人？解放軍指戰員都未加說明，參戰人員只提到在卡那灘「斃敵百餘人，俘獲匪徒近百人。收繳一批槍枝及刀矛武器、馬匹、物資。並解救一批被裹脅群眾。活捉頭人休瑪百戶。」[32]

在竹節寺，被包圍的三百多名部落武裝與解放軍進行了三個多小時的激戰，經過逐房逐屋的爭奪，部落武裝被摧毀[33]。竹節寺當時有240名僧人，中方資料未提及他們是否包括在「三百多名叛匪」之內，一同被「殲滅」。

軍隊推進至歇武鎮，即今玉樹州稱多縣歇武鄉。房揚達說：「打稱多前，我們偵察得知歇武地區也有叛匪，等到我們趕到的時候，叛匪也都逃跑了」。一線人員的回憶卻全然不同：

---

30 房揚達、黃亞明，《擊楫中流》網路版：http://blog.sina.com.cn/s/blog_4b50a1d30100gahr.html

31 〈回憶玉樹平叛鬥爭片段〉，玉樹臨風00的博客：http://blog.sina.com.cn/s/blog_61b56c560100edp0.html

32 同上。

33 彭治耀，〈一個老兵的平叛日記〉，新華網兵團頻道：http://bt.xinhuanet.com/2007-09/13/content_11141281.htm

400部（按：原文如此，應為400團）火炮連進到一個叫歇武鎮的地方。見左右兩面山上各有寺院，人來人往。炮兵向左面山上寺院發射了二十多發榴彈炮。頓時房垮牆倒，煙塵滾滾，驚恐萬狀者亂竄，只得下山繳械投降。解放軍對右山寺院和村子開展了政治攻勢：宣傳繳槍不殺，投降不殺。此時，頭人歇武百長從懷裡掏出一條白哈達獻給解放軍，並連連點頭說：我們投降，投降。並把所有人員叫到路邊交出槍枝、刀具，接受政策教育。解放軍對歇武村和寺院未發一槍，獲全部解放。[34]

為什麼是向「左邊寺院」，而非「右邊寺院」開炮，軍人未說明理由，亦未說明來往的是什麼人。軍隊一到該地即刻對準寺院開炮，顯然是以濫殺來宣示武力。

在「稱多解圍戰」中，重機槍連士兵張承作回憶：

我是六班的班長，記得打稱多縣時，我們遇到的敵人特別多也特別強勁。我們一個班抵擋不住了，連長叫我去聯繫五班的班長。聽到命令後，我便從林子裡飛奔出去，但被敵人發現了。三個敵人圍著我打，子彈在我耳邊亂飛，當時，我發現前面不遠處有很大一塊石頭，我一下子就滾到了石頭後面。敵人打一會兒沒發現目標就停了，那時候，我才摸了摸自己的頭部及耳朵，發現只是受了點小傷，耳朵還在。[35]

從稱多到結古，必須渡過通天河。在參戰士兵的回憶中，「偵察連官兵輕裝神速而至，激戰一小時拿下渡口兩岸制高點。舟橋部隊緊隨其後，僅

---

34 〈回憶玉樹平叛鬥爭片段〉，玉樹臨風00的博客：http://blog.sina.com.cn/s/blog_61b56c560100edp0.html

35 〈古稀老人張承作入黨50年奉獻50年一路艱辛〉，《武陵都市報》2011年7月1日，網路版：http://cq.qq.com/a/20110701/000301.htm

三、四小時就在長江上架設了一道寬而穩的舟船浮橋。」[36]他不知道的是，偵察連官兵在渡口邊的村莊被包圍，他的指揮官房揚達帶領舟橋營幹部到通天河去看地形，不料中了埋伏，被包圍的偵察連通過報話機得知，立刻突圍接應，在機槍的掩護下，用渡船將他救出[37]。

主力部隊通過舟橋渡過通天河，駛向玉樹州首府結古鎮：

> 先頭部隊到達結古鎮時，用多門重炮對準策劃、煽動叛亂的主巢結古寺院實施了炮擊。彈著點處猛烈爆炸，聲如驚雷，瓦礫亂石騰空而起，硝煙滾滾，頑敵斃命，亂處橫屍，猶山欲崩，地將裂，少數驚魂失措之匪鼠頭四竄。不多時，山上幾十處院落，數百間房屋全被擊毀，死裡逃生者全被生擒活捉，無一漏網。繳獲若干槍枝和物資。[38]

藏人資料中也記錄了軍隊對結古寺的猛烈炮擊。

結古寺，藏語「結古頓珠林」，始建於1398年，由兩座噶舉派寺院的基礎上建立。「結古」為「養育眾生」之意，因此漢譯「結古義成洲」。結古寺是玉樹最大的薩迦派寺院，鼎盛時曾有一千五百多僧眾。寺中供奉幾千尊佛像，擁有近萬卷經書，以及大量珍貴文物。1937年藏曆十二月初一，第九世班禪喇嘛卻吉尼瑪返藏途中在結古寺圓寂，結古寺在藏人的心目中地位更加崇高。結古寺的三位仁波切中有兩位在1958年圓寂，沒有資料說明他們的死因是否與此次炮擊有關。

「稱多縣戰鬥」進行了五天，百日麥瑪、休瑪、卡那、稱多、旺波五部落幾乎全體覆滅。永夏部落逃往黃河源，騎兵13團的兩個加強連從卡那灘追擊。解放軍騎兵在追擊逃亡部落時，包括馬料在內的給養均由飛機空投，因

---

36 〈回憶玉樹平叛鬥爭片段〉，玉樹臨風00的博客：http://blog.sina.com.cn/s/blog_61b56c560100edp0.html

37 房揚達、黃亞明，《擊楫中流》，網路版：http://blog.sina.com.cn/s/blog_4b50a1d30100gaht.html

38 〈回憶玉樹平叛鬥爭片段〉，玉樹臨風00的博客：http://blog.sina.com.cn/s/blog_61b56c560100edp0.html

此得以輕裝、快速奔馳。追至8月11日，永夏部落在曲麻萊投降。此役藏人共有1,228人陣亡，139人負傷，2,094人被俘，繳槍2,797支，子彈33,019發，刀矛8,290把，「被解救的群眾」人數未公布，解放軍死傷人數不詳[39]。

六

8月20日早晨7點，一支騎兵從結古鎮出發，朝北馳去。

目標：距結古鎮約50公里的讓娘寺。

這支騎兵為騎兵第1師2團4連，由玉樹軍分區參謀長鄧少池親自率領，前往讓娘寺偵察。下午4時30分，玉樹軍分區司令員朱廷雲率騎兵1、2、3連、步兵400團一個加強排離開結古鎮，開往讓娘寺。

騎兵連衝進群山峻嶺間的一道山溝。山溝風光秀麗，溪水從山中潺潺而來，匯入一條清澈小河。溪河相會處的蔥綠山坡下有座大寺院，下方匍匐著一個小村。寺院名叫讓娘寺，全稱「讓娘彭措帖慶林」，意為「圓滿大乘洲」，是玉樹最古老的寺院之一。寺院僧眾並未參與包圍結古鎮，但附近部落搗毀安沖肖格政府後，部分人避入寺院。

騎兵連到達時，寺院裡除了老少僧侶，還有幾百名附近村莊趕來保護寺院的部落武裝，共約一千多人。部落武裝分守讓娘寺周圍的山頭，發現前來偵察的騎兵連後，雙方當即交火。部落武裝佔據了有利地形，居高臨下出擊，騎兵連遭受損失後撤退。

下午7點，朱廷雲帶領的人馬趕到，隨即佔領寺院南邊的山頭。各山頭上的部落武裝抵擋不住，紛紛退入寺院。鄧少池、朱廷雲遂令2、3連擔任主攻，分別從東西兩側進攻，1連的一個排佔據區政府，以阻擋可能出現的增援部落；兩個排佔領寺院下方的村莊，4連佔領寺院南北兩邊的山頭。21日凌晨，軍隊部署完畢。晨6時15分，軍隊向讓娘寺發起進攻。

---

39 《玉樹州志》，頁674。

在藏區，寺院通常是最堅固的建築，尤其是歷史悠久、僧侶眾多的大寺院。這些寺院屋高牆厚，易守難攻。「玉指」副司令房揚達在回憶錄中說：

那些寺院有的幾百年了，非常堅固，攻下來我們的傷亡也很大，有時我們也被迫撤出戰鬥……藏民族千百年來篤信佛教，寺院是他們的精神中心，所以修建得非常堅固，無法接近，更無法進去，我們都是用炮轟擊，用炸藥包炸開的，否則根本攻不進去。[40]

讓娘寺正是這樣一座寺院。

讓娘寺被稱為「康區三大寺院」之一，始建於1295年，曾屬直貢噶舉派，明萬曆年間，由第三世達賴喇嘛改為格魯派寺院。七百多年來，寺院培養出無數高僧大德，擁有許多奇珍異寶，並有若干座直屬寺院。1958年，該寺院有四座經堂，435間僧舍，450多名僧侶[41]，九位仁波切，寺主為康究仁波切。寺院外牆又高又厚，常規武器很難攻破。藏地民眾視寺院如性命，守護寺院的僧俗不惜以身殉教，作戰時異常勇猛。朱廷雲、鄧少池指揮四個連的兵力連攻兩天，無法攻破讓娘寺，遂向指揮部求援[42]。

8月22日黃昏，「玉指」得到情報，急令402團3營趕往讓娘寺。3營連夜急行軍120里，當夜11時，先頭部隊到達讓娘寺。23日拂曉前，增援部隊全部趕到。晨6時30分，總攻開始[43]。

天亮時分，讓娘寺裡的僧俗人眾發現，寺院周圍的山頭全部被解放軍佔領，他們已被團團包圍。不久，士兵們山洪一般從山上衝下來，朝寺院步步逼近。處於寺院圍牆外的幾座僧舍很快被包圍，隨即槍聲大作，手榴彈爆炸

40 房揚達、黃亞明，《擊楫中流》第五章青藏平版，網路版：http://blog.sina.com.cn/s/blog_4b50a1d30100gahr.html
41 中華讓娘佛學會的數字為「超過千人」，中華讓娘佛學會網站：http://www.rangniang.org/TEMPLE/INDEX.HTM
42 〈讓娘寺攻堅戰〉藏人資料，見達瓦才仁，《血祭雪域》，頁172-181。
43 《青海省志·軍事志》528-529頁為1958年8月23日零時8分對讓娘寺發起總攻。

聲此起彼伏。寺院下方的村莊和隆寶部落百戶的宅院很快被佔領，屋頂上豎起一面血紅旗幟，旗下架起機槍。

面對擁有現代武器的軍隊，寺院裡的幾千僧俗生死繫於一線。他們知道對方人數眾多，武器充足，最後的結局並不難預測，但他們願與寺院共存亡。被包圍的牆外宅院裡，僧人在槍林彈雨中用大刀與石頭搏鬥，直至全部陣亡。

高原旭日下，百年古寺被頭戴五角紅星、手持精良武器的士兵們包圍。寺院裡，穿著藏袍、裹著袈裟的部落武裝和僧侶握著步槍和土槍，各自佔據經堂、僧舍等制高點，等待對方進攻。一邊是在朝鮮戰場上與聯合國軍交過手的中共正規軍，一邊是聽著《格薩爾王》史詩長大，精騎射、善歌舞的熱血康巴；一方認為自己是「衛國」，另一方無疑是「保家」，兩強遭遇，鐵血相逢。

轟然幾聲巨響，寺院大門被炮彈轟開，外牆也被轟出幾個缺口。在機槍和大炮的掩護下，步兵7、8、9連的士兵們從寺院東面的村莊衝來，騎兵2、3連從東、西、北三個方向逼近，幾百名士兵潮水般自倒塌的山門和寺牆缺口中湧進寺院。五座經堂上的部落武裝近距離射擊，組成嚴密的火力網，將逼近的士兵打退，負責攻佔大經堂的8連無功而返。隨即在炮火掩護下，又發起另一波衝鋒。寺院僧俗拚死抵抗，將第二波衝鋒擊退。如此反覆數次。

幾十年後，房揚達回憶他的「青藏平叛」經歷，如此解釋他「親自指揮打下了四個寺院」的赫赫戰功：

每當我下命令爆破寺院的時候，心裡也非常痛苦，這些民族歷史文化古蹟，這些經過千百年風雨洗禮的古老建築是中華民族的寶貴文化遺產。但是，我是軍人，現在是在執行我的職責，寺院裡有叛匪，國家給我的任務是要消滅叛匪，保證戰鬥的勝利，在這兩難的選擇中，我只能執行國家給我的任務，因為我別無選擇。[44]

---

44 房揚達、黃亞明，《擊楫中流》第五章，網路版：http://blog.sina.com.cn/s/blog_ 4b50a1d30100gahr.html

對寺院裡不惜以死相拚的僧俗人眾來說，寺院不是什麼「中華民族的文化遺產」，而是他們的身家性命。他們沒有背叛自己的宗教，自己的鄉親父老，自己的祖先，他們沒有到他人的土地上去殺人放火，摧毀家園；他們既不認為自己是「叛」，更不認為自己是「匪」。在他們心目中，這些帶著精良武器來攻打寺院的人，是不折不扣的侵略者，是佛法的敵人。

讓娘寺久攻不下，房揚達斷然下令：炸藥爆破。

首爆目標：讓娘寺大經堂。

一個排的士兵帶著炸藥衝進寺院，衝向經歷了幾百年雪雨風霜的讓娘寺大經堂。大經堂是一座寺院的心臟，在這裡，拚死抵擋的部落武裝集中火力，爆破兵無法接近。部隊隨即組織強大火力掩護。經堂大門正對著小河對岸的村莊，無數子彈飛進經堂，大殿裡，幢幡襤褸，佛像斑駁。

一個排的士兵終於衝到大經堂前。高原夏日的午後，讓娘寺大經堂頂上的雙鹿法輪閃閃發光，被彈片割斷的經幡低低垂下，在此起彼伏的爆炸聲中，印著經文與佛像的五色經幡隨著聲波氣浪飄舞。

一包包炸藥迅速傳送到大經堂牆下。接近黃昏時，讓娘寺發出幾聲驚天動地的巨響，百年大殿轟然倒塌。

大軍乘勢衝進寺院，逐屋推進。寺內僧俗自知無望生還，在廢墟中繼續抵抗。幾十名僧侶揮著長刀，做自殺式衝擊，全部戰死在佛塔旁邊。躲在僧舍中的村民驚惶中四處奔逃，紛紛中彈倒下。

是夜，明月高照，夜色蒼茫。爆破排的士兵們利用月光連續爆破，院牆一節節斷落，經堂一座座垮下，僧舍一間間坍塌。寺院裡屍體累累，血流成河。幾十名倖存僧俗趁夜突圍，從後門衝出寺院，奔上後山。他們背後，明亮的月光下，寺院火光沖天。半夜裡，經堂悉數被攻佔。房揚達回憶說：「整個戰鬥過程比較順利，八連無一傷亡，只是在搜索殘匪時，有幾個戰士被叛匪冷槍擊中。」

那是因為，讓娘寺中近千名僧俗人眾，除極少數得以逃脫之外，大多數已戰死。

24日上午10時40分，戰鬥結束。

《青海省志·軍事志》中記錄了「讓娘寺攻堅戰」的戰績：「殲叛匪224人，俘11人，繳槍517支，其中步槍41支、衝鋒槍1支、土槍475支，子彈507發，腰刀335把，望遠鏡3具。部隊指戰員犧牲36人，傷47人。」這個資料沒有提到寺院幾百名僧侶和村莊裡避難的村民的命運。《軍事志》似乎暗示，幾近兩個團的騎兵和步兵整整打了差不多五天，才攻克了一個由兩百多人守護的寺院。

「讓娘寺攻堅戰」中，到底有多少僧俗民眾死傷，有待相關資料的解密。但是，歷史將會記住：1958年8月24日，有七百多年歷史的讓娘寺被徹底摧毀。同時被摧毀的，還有讓娘寺旁邊的村莊[45]。

134師於12月撤出玉樹，返回駐地休整。該師在玉樹五個多月的「戰績」為：「殲敵90,557名，繳輕機槍2挺、長短槍20,387支。」擁有槍枝者為被「殲滅」人數的22.5%。

---

45 這個村莊戰後成為廢墟，現在的村莊是另外選址重建的。讓娘寺於1985年重新開放，但原來的圍牆內已無一座完整的房屋。重建的讓娘寺不足原寺的十分之一。

第十六章　血沃中鐵溝

一

　　2010年9月，我從香港到印度，直接從德里乘火車去印度南方喀納塔喀邦，孟古德西藏難民定居點。被稱為「印度三大寺」，即在印度重建的甘丹、哲蚌、色拉三大寺都在印度南方，其中甘丹寺和哲蚌寺就在孟古德西藏難民定居點內。我希望能在這裡找到來自青海海南州興海縣的第一代難民，瞭解五十多年前發生在該地的戰爭，至少弄清楚主要戰鬥發生的地點。

　　「打仗的地方就在中鐵鄉，」哲蚌寺果芒扎倉的老僧土登尼瑪對我說。他盤腿坐在小床上，身後的牆壁粉刷不勻，白灰中顯出一道道黃色潮跡。印度南方的雨季已是尾聲，但每天還會斷斷續續地下雨。空氣陰涼潮濕，小屋的牆和地面上泛出片片潮氣。

　　老僧背後的牆上，透明膠帶黏著一張彩畫。光亮的厚紙上印著碧綠的草原，高原特有的藍天，一片藏式寺廟建築窩在嶙峋石山下。土登尼瑪告訴我，那是他少年時出家的寺院──賽宗寺。寺院在1958年和文革期間被毀，畫上的賽宗寺是在原址上重建的。

　　「中鐵本來就是個險峻的地方，走進去不遠就是深山老林，汽車開不進去。」老僧繼續說。「各個地方跑來的人就聚集在中鐵那個地方，後來就把他們說成是叛亂，把他們鎮壓。鎮壓以後三年，山上流下來的水沒法喝，有味道，因為山上死人死馬太多，三年沒人喝那裡的水。」

　　「打仗死人太多，那裡的水幾年沒法喝」，是一個我已熟悉的描述方式。幾年的採訪中，好幾個來自不同地區的藏人用這句話對我形容戰爭的慘烈。這個描述還隱含了另一層意義：戰後，部落裡的青壯年男人大多被捕，寺院也被摧毀，戰場無人打掃，親人無法收屍，只得任死者曝屍荒野。

「到中鐵的人不僅僅是我們興海的，有貴德那邊的，還有其他地方來的。大家都是自己跑去的，根本沒有什麼組織，各地的人就這樣跑過來，有僧人，有俗人，聚在那裡。鎮壓的時候只要看到人就殺，統統殺掉，當時就是這樣，見到人就殺。」[1]

　　老僧土登尼瑪向我描述的狀況，是發生在青海省海南藏族自治州興海縣中鐵溝一帶的大戰。這場大戰是青海省1958至1959年鎮壓反抗和逃亡藏人的幾場主要「戰役」之一，在中共官方出版物中，被稱為「興海東南地區圍殲戰」。來印度哲蚌寺之前，我已經通過公開和內部資料瞭解了這場戰役的基本情況，但只要有可能，我會努力尋找口述歷史，將兩方資料對照，以期對事件有更全面的瞭解。機緣巧合，我走進了來自興海縣賽宗寺的老僧土登尼瑪的小屋。

————————————— 二 —————————————

　　1958年6月11日，青海日報社主辦的全國第一家省級藏文報紙，漢藏雙語的《青海藏文報》在第2版上刊登了一篇報導：「海南藏族自治州已基本實現了牧業合作化」。該報導說，截至5月28日，「全州已建起牧業社678個（內含老社26個）。公私合營牧場113個，共計入社、入場牧戶10,424戶，佔全州總牧戶13,272戶的78.68%。」[2]

　　另一篇報導披露，1957年冬至1958年春季以來，在全國和全省大躍進的形勢下，各級領導「解放了思想，鼓足了幹勁」，截至5月底，「青海全省已建起1,311個牧業社，221個公私合營牧場，共有23,278戶牧戶入了社場。他們佔全省總牧戶的34.9%。」[3]

1　土登尼瑪訪談，2010年9月6日，南印度哲蚌寺果芒扎倉。桑杰嘉翻譯。
2　《青海藏文報》，1958年6月1日，頁2。
3　同上。

青海牧區從1955年底開始宣傳合作化運動。1955年12月21日，青海省委發出在牧區試辦合作社的指示。不到一個月，興海縣上阿曲乎部落就成立了全省第一個牧業合作社，「燈塔牧業生產合作社」。至1956年4月，海南州牧區四縣建立了十八個牧業社，各地也開始大力宣傳「走社會主義道路」。

該日報紙還刊登了6月2日青海省委給海南州的賀電：「……繼海西、海北兩個自治州於5月初旬基本實現合作化後，海南自治州又在畜牧業社會主義改造方面取得了決定性的勝利，黃南、玉樹、果洛三個自治州和河南蒙族自治縣也正在加速步伐向合作化道路邁進。從目前廣大牧民群眾積極要求辦社、建場的情況來看，我省牧業區於今年8月前基本實現合作化是完全可能的。」[4]也就是說，按照青海省委的計畫，將在1958年8月底之前，將該省的66,699戶牧戶全部納入「牧業合作社」和「公私合營牧場」。

表面看來，「合作化運動」的目標是通過「徹底消滅私有制」來控制糧食資源，但「合作化」並非單純的經濟運動，同時也是政治運動。「合作化」的另一重意義，是通過「社政合一」的方式建立基層政權，以此取代鄉村社會傳統的宗法和部落組織，完成權力轉換，將「黨的一元化領導」滲透到鄉村基層。因此，「合作化運動」也是在中共意識形態框架內的全方位鄉村改造。對藏人來說，「合作化」意味著對他們生活方式的徹底顛覆。

6月11日的《青海藏文報》沒有報導的是，截至1958年5月底，「正在加速步伐向合作化道路邁進」的黃南、玉樹、果洛三州，已經發生了牧民對「合作化」的激烈抵抗。這篇報導發表七天後，青海省委發出〈對全省鎮壓叛亂問題的指示〉，承認「青海地區的反革命武裝叛亂已經蔓延成為全域性的問題。全省牧業區共六個自治州，都或多或少地先後發生了叛亂」。這份文件將牧民對強制合作化的抵抗定性為「帝國主義與反動派陰謀分裂活動和社會主義改造與反改造的反映，是一場尖銳激烈的你死我活的階級鬥爭」。由於藏人的大規模抗拒，青海省委向中央軍委要求增兵：

4　《青海藏文報》，1958年6月1日，頁2。

海南、海北、海西、柴達木各地均有勞改農場，一旦發生意外，危害極大，但我省軍區兵力不夠，難免顧此失彼，同時各級軍區也要有一定的機動兵力和機動作戰的性能，以配合整個戰局靈活作戰，不失時機地消滅，隨時消滅小股叛亂。這些問題請軍委及蘭州軍區加以考慮。[5]

6月24日，毛澤東批轉這份文件：

此件請克誠[6]同志印發軍委會議各同志。同時請小平同志印發各省、市、自治區黨委，先發川滇黔藏。使大家知道這件事。青海反動派叛亂，極好，勞動人民解放的機會就到來了。青海省委的方針是完全正確的。西藏要準備對付那裡的可能的全域叛亂。亂子越大越好。只要西藏反動派敢於發動全域叛亂，那裡的勞動人民就可以早日獲得解放，毫無疑義。

至1958年6月底，中共在政治、軍事上都已做好準備，不顧民眾反對，不惜使用武力，在藏區強制推行以「合作化」為名的社會改造。對這種改造的任何抵制，都將被當成「你死我活的階級鬥爭」來對待。

《青海省志‧軍事志》記載，1958年4月17日「循化事件」爆發後，至6月上旬，隸屬黃南、海南兩州的同仁、尖扎、澤庫、河南、共和、貴德、同德、興海等十個縣，共三十九個鄉「相繼發生武裝叛亂，其中興海縣最為嚴重」[7]。

《海南州志》記載：

5 《對全省鎮壓叛亂問題的指示》，《青海省志‧軍事志》，頁1133。
6 即黃克誠（1902-1986），軍銜大將，1952年起任解放軍副總參謀長兼總後勤部部長，1954年兼任國防部副部長、軍委秘書長，1959年10月任總參謀長。1959年在廬山會議上與國防部長彭德懷一同被整肅。
7 《青海省志‧軍事志》，頁519。

是月（按：1958年6月），同德、貴南、興海三縣部分地區，在極少數反動民族、宗教上層分子的煽動下，發生了反革命武裝叛亂。他們突襲工作組、武工隊、圍攻縣、區、鄉人民政府。6月17日至7月6日，共殺害國家幹部、公安幹警、民兵和貧苦牧民積極分子126名，重傷98名。[8]

藏人資料中亦證實，在同德縣和貴南縣，藏人與當地政府發生過激烈戰鬥。同德縣若干個部落的牧民包圍了縣政府，縣委書記馬廷讓被打死，民眾縱火燒毀了政府機關[9]。據《同德縣志》記載，同德縣委書記馬廷讓「（1958年7月2日）帶領第三行政區武工隊和縣民警班五十八名戰士，乘馬出擊叛匪，行至羊拉干保地區與叛匪遭遇，激戰中馬廷讓等五人不幸犧牲」[10]。

但據《青海省志·軍事志》：「同德縣科及部落的武裝叛匪三千餘人，圍攻縣委、縣政府，縣主要領導率五十餘人突圍時全部犧牲。」[11]雖然記載不同，上述藏漢兩方的資料都顯示，在同德縣境內，該縣積極建立牧業合作社和公私合營牧場的半年後，藏人與當地幹部和民警發生了激烈武裝衝突。

然而，迄今為止兩方資料都未顯示，興海縣的牧民與該縣政府或工作隊發生了武裝衝突。

與其他地區相同，興海縣的「社會主義改造」是從宣傳開始的。自1956年起，外來幹部通過部落頭人或者寺院喇嘛召集民眾開會，然後通過藏人翻譯對民眾描述「社會主義」的種種好處。

這些宣傳與牧民的日常生活經驗距離太遠，牧民們聽得莫名其妙：「他們當時說『社會主義』就是把牛羊都合在一起，然後就會有很多好處。羊毛一起收，酥油合在一起弄。」土登尼瑪說。

「合作化」的內容之一，是通過「信用合作」來達到國家對金融的控

8　《海南州志》，頁31。
9　扎益仁波切，《我故鄉的悲慘史》，頁79。
10　《同德縣志》，頁16。
11　《青海省志·軍事志》，頁515。

制。因此，幹部們動員牧民儲蓄：「如果有一塊錢的話，要放到銀行裡面，不能放在家裡。如果放在家裡會變成老虎，最後把你吃掉。」

「階級鬥爭」是怎麼回事？幹部問牧民們：「如果農民種的東西被蟲子吃掉，牧民的羊被狼吃掉，那麼這些狼和蟲子該打不該打？」大家異口同聲回答：「狼和蟲子當然要打！」但是民眾不知道，「狼和蟲子」指的是活佛和僧侶。

幾十年後，喇嘛土登尼瑪笑著對我說：「這是用詩歌的方式講話。」[12]他指的是一種隱喻的表達方式。

牧民們對「社會主義」這個概念一頭霧水，但他們既不可以質疑，又不可以打聽。不過，瞭解「合作化」的實質是怎麼回事，無需高深理論，只需基本常識。除了少數極貧窮的農牧民之外，大多數農牧民不願交出自己的土地牲畜成立合作社，這是十分自然的事。

就在一年前，1957年4月5日，青海省委第二書記兼省長孫作賓在海南州政協擴大會議上講話，向該州僧俗上層人士保證：

> 對思想問題不能強迫，實質上也是行不通的。以上政策（按：宗教信仰自由，牧工、牧主兩利，不鬥不分等）都是永遠不變的。將來走社會主義道路，也是將用和平協商的辦法，同意就辦，不同意就緩辦，這完全是人民內部的事情，絕不會把縣長將來去鬥爭一下，這完全是不可能的。[13]

然而，1958年1月13日至3月18日，中共青海省委二屆五次全委（擴大）會議期間，孫作賓被當作「極右分子」遭到集中批判，不久後被開除黨籍，貶為青海省圖書館館長。他的主要罪名就是「誇大民族矛盾，否認階級鬥爭」，「成為剝削階級牧主、頭人在黨內的代理人」等。孫作賓以省長的身分，代表政府在海南州對上層人士的承諾，自然不算數了。

---

12 土登尼瑪訪談，2010年9月6日，南印度哲蚌寺果芒扎倉。桑杰嘉翻譯。
13 孫作賓，〈充分調動各界人士的積極性〉，《孫作賓》，中國延安精神研究會官方網：http://www.1921.org.cn/book.php?ac=view&bvid=93783&bid=1239

1958年4月，興海開始大規模「社會主義改造」運動。到了實際操作階段，興海縣連甘孜式的軟硬兼施，迫使上層表態同意「民主改革」這一步驟都免了，直接拿民族宗教上層人士開刀：「全縣開展訴苦鬥爭，召開訴苦大會130多次，參加六萬多人（次），訴苦兩萬多人（次），所有牧主、頭人、宗教上層人物均被批鬥，集訓宗教人員217人。」[14]這些人曾是中共「統戰對象」，在1953至1957年間，這些千戶、百戶、頭人、喇嘛、管家等曾紛紛被委以省、州、縣級的各種職務；他們與中共關係良好，1956至1958年，興海縣五十三戶僧俗上層人士「為地方工業投資款達530,272元」[15]。

當時興海縣總人口不到兩萬人，一個月內開展如此規模的批鬥會，不僅批鬥頭人喇嘛，還把兩百多名有名望的宗教上層人士關押「集訓」，帶來的社會震盪可想而知。

不久後，解放軍在賽宗寺槍殺僧人事件，時稱「賽宗寺事件」，將民眾逼到了絕路。

三

5月的一天，賽宗寺的五百多名僧侶在不安中開始新的一日。突然，大批荷槍實彈的解放軍衝進寺院，佔領各殿堂，同時在各僧舍搜查，將所有僧人趕進大經堂裡，緊接著，軍人在經堂的各窗口和門前架起機槍。一名幹部通過翻譯要求僧人繳槍，威脅說如果不交，就把他們統統槍斃。

「寺院根本沒有武器，要他們繳武器，繳什麼呢？這就是欺負人嘛！」幾十年後，當時的賽宗寺僧人土登尼瑪對我說。「而且寺院的僧人根本沒有反抗。」

這天，解放軍在賽宗寺大開殺戒，當場打死包括喀加仁波切、涅爾哇

---

14 《興海縣志》，頁24。
15 同上，頁289。

（管家）吉美俄色、毛蘭木、格西貢去乎、嚴培、加日老師等在內的十八名僧人[16]。2000年出版的《興海縣志》承認，1958年該縣「平叛擴大化錯定性」瑪積雪山、賽宗寺、汪什代海三大案件，但是，這三大案件的詳情至今未見公布。「賽宗寺案件」中，解放軍到底槍殺了多少僧人？當天有多少僧人被捕？其他僧人的命運如何？半個多世紀後，「賽宗寺事件」的詳情依然是一個秘密。

賽宗寺，藏語「扎嘎者宗托桑雲丹達吉林」，意為「白岩猴寨聞思功德興隆洲」，是興海最大的寺院，其所在地賽宗山為安多地區佛教四大名山之一。賽宗寺始建於1923年，由同仁隆務寺第三世阿饒倉仁波切洛桑隆朵丹貝堅贊創建並任寺主。至1958年，賽宗寺有大小殿堂、佛塔十八座，昂欠十五院，僧舍150多院，共計1,086間，寺僧共619人。賽宗寺也是興海最富有的寺院，擁有一個馬場，一個牛場，一個駱駝場，三個羊場，幾千畝土地。1958年之前，該寺曾為地方工業投資四十萬元。

賽宗寺在青海湖一帶有許多屬寺，阿饒倉仁波切在環湖地區和甘南州享有盛譽，深受民眾敬仰。1950年，他被選為青海省政協委員，1954年為青海省政協副主席、省人大代表，1957年被選為中國佛教協會常務理事。

一夜之間，阿饒倉仁波切從「黨的同路人」變成解放軍的階下囚。

賽宗寺之劫對民眾的刺激不難想像。很明顯，牧民無論是武裝反抗，還是集體逃亡，並非「帝國主義與反動派陰謀分裂活動」，與「反對祖國統一」也無關，而是民眾對中共以「社會主義改造」為名，對他們施行暴力壓迫的自然反應。

1956年6月，就在青海省委電賀海南州「基本實現牧業合作化」後不久，該州貴南、同德、興海縣牧民開始抗爭。

據1958年6月3日《青海日報》頭版報導，貴南縣入社、場的牧戶佔牧戶總數89.21%，同德佔57.2%，興海佔80.81%[17]。

---

16 扎益仁波切，《我故鄉的悲慘史》，頁79；土登尼瑪提及兩名僧人被控曾經做法事咒漢人，因而被處死，寺院裡的主要僧人全部被抓走。

17 《青海日報》，1958年6月3日，頁1。

資料顯示，貴南縣十九個鄉中，有十四個鄉發生全面或局部暴動，參與者7,587人[18]，佔當年總人口的27.4%，其中有武器的人僅佔6.6%；同德縣十八個鄉中，有九個鄉發生全部或局部暴動，參與者約四千五百多人。資料說明，反抗者基本上是那些在1958年初被「突擊入社」的牧民。

「最為嚴重的興海縣」，據《興海縣志》提供的資料，1956年6月，該縣「反對中國共產黨的領導，反對社會主義制度，反對合作化運動」的人數達「2,340戶、9,820人和十座寺院的僧眾1,020人，共10,840人」。1958年興海縣總人口為16,572人，其中牧民為10,028人；共有十三座寺院，宗教人員1,430人。也就是說，參與「武裝叛亂」的牧民佔該縣牧民總人數的97.9%，僧眾佔宗教人員的71.3%。

興海縣成為中共所說的「全叛區」。

《青海省志・軍事志》中，興海「叛亂」的「匪首」名叫更藏，該書沒有說明的是，更藏是賽宗寺管家。他曾經是興海縣委的重點統戰對象之一，常常被召去開會，回來後向寺僧傳達；政府方面召開民眾或者僧人大會，也必須通過他來召集。「賽宗寺事件」後，更藏與逃離寺院和部落的僧俗民眾一道上了山。

據1958年7月26日的新華社《內部參考》報導，興海縣牧民「襲擊和包圍」了瑪積雪山、隆務龍、汪什代海三個區政府，燒毀和搶劫了溫泉地區的房屋和物資，「並積極尋找我武工隊和民兵作戰」[19]。《興海縣志》中並未說明該縣牧民主動攻擊過政府，只提及「隆務龍、汪什代海、瑪積雪山地區少數反動頭人、宗教上層人士煽動群眾抗拒收繳槍械，發動武裝叛亂」[20]。

《海南藏族自治州志》中提到1958年7月下旬，原州政協副主席占德爾、

---

18 根據《貴南縣志》頁19的資料統計：「戰場擊斃71人、打傷、迫降、捕辦共計1,616人，解救被裹脅群眾五千八百餘人。」

19 新華社《內部參考》，1958年7月26日。瑪積雪山於1958年劃入果洛瑪沁縣，即現在的瑪沁雪山鄉。

20 《興海縣志》，頁24。

原興海縣副縣長夏知布、原興海縣四區副區長更藏等人，以及近一萬多僧俗民眾「與同德、貴南、大吾麥倉逃至興海之叛眾兩千餘人，槍枝九百餘支，糾集一起，分為數股，盤據於俄合沙寺[21]以東及中鐵溝以南地區，企圖東依黃河、北依曲什安河、西靠瑪積雪山長期頑抗」[22]。

中鐵溝位於興海縣東南，距縣城約70多公里，為靠近同德縣和果洛州瑪沁縣的偏僻山區。該地區屬阿尼瑪卿山系，山高谷深，溝澗縱橫，易守難攻。中鐵溝底有一條較寬大的山谷，兩邊山坡上覆蓋著茂密的原始森林。當時那裡沒有公路，汽車開不進去，牧民們認為比較安全。沒有資料證實，當時逃往中鐵溝一帶的民眾意欲「長期頑抗」。

「當時我們家鄉就是這樣，能逃的人，年輕人和小孩子，能走的都趕著牛羊跑掉了。不能跑的人，老人，就丟下了。（他們）後來不知道是餓死了，還是被殺了，總之，沒能活下來。當時沒有什麼反抗，大家跑到山上。被追趕的時候會有些零星的反抗，除此之外，沒有什麼反抗。」在印度哲蚌寺果芒扎倉的僧舍裡，前賽宗寺僧人土登尼瑪對我說。「我們家鄉的牧民是有槍的，但是大部分是火藥槍。馬步芳跑的時候，丟下的武器有人販賣到我們那裡。我們家有一支火藥槍。那些武器能反抗嗎？當時我們村裡有些男人，因為草山糾紛，為了保護草山，他們會騎著馬背著火槍去保護，但是根本沒有反抗一個國家的能力。你有什麼東西（武器）可以（用來）反抗呢？」

1958年，興海牧民集體大逃亡，土登尼瑪家所屬的部落在靠近果洛的偏僻地區，也加入了逃亡之列。「所謂的『叛』是後來漢人說的，其實沒有什麼『叛亂』，大家都往山上跑，為了禁止（大家）往山上跑，就說成是叛亂。」土登尼瑪說。

將逃亡牧民「說成是叛亂」，還有一重意義：為調動軍隊屠殺民眾提供理由。

---

21 亦譯「俄合薩寺」。
22 《興海縣志》，頁346。

1958年8月，以步兵134師師長白斌及該師部分機關人員組成的「海南平叛指揮部」成立，統一指揮騎兵1、3團、步兵163、165團、134師402團和蘭州軍區步騎大隊。

8月8日，「海指」開進興海縣府所在地大河壩。29日，402團團部進駐興海。

四

6月30日，也就是毛澤東批轉青海省委〈對全省鎮壓叛亂問題的指示〉一周後，朱德離開北京，飛往陝西、甘肅、青海、內蒙視察。朱德在此時飛往西北，似有代表中央去實地瞭解情況之意。

中共中央文獻研究室1986年出版的《朱德年譜》記載，1958年7月8日，朱德在蘭州「致函中共中央、毛澤東，反映視察甘肅省的情況」[23]，反映的是大辦地方工業的成績。該書沒有記載當天夜晚，朱德致函彭德懷、毛澤東及中央，報告甘青川三省牧區的情況：

> 甘、青、川牧業區反革命武裝叛亂，從3月18日開始先後發生以來，經過三個多月的圍剿，已經搞掉了二萬六千多人，現在成股流竄的約還有一萬五千多人，主要是在甘南的夏河、青海的果洛、玉樹和川北的唐昆等地區。[24]

對於甘青兩省委的「平叛」方針，朱德表示同意：

> 甘青兩省委關於平息叛亂的方針是完全正確的，即在武裝平息叛亂的基礎上，徹底發動群眾，堅決進行社會主義改造，開展對敵鬥爭，清除一切反

---

23 《朱德年譜》，頁434。
24 〈朱德同志關於平息叛亂和軍隊開展地方工作的意見〉，《青海省志·軍事志》，頁1134-1135。

動分子，以剷除發生叛亂的根源。甘肅省委提出三條要求：所有反動頭子一律捉掉，一個不留；所有槍枝一律收繳，一支不留；政教分離，寺院不得干涉政治。這些做法也是對的。[25]

　　7月10日，朱德飛抵青海西寧。在西寧期間，他接見駐軍師以上指揮官，聽取彙報，並做出指示。

　　既然得到最高層的支持，軍隊大開殺戒就毫無顧忌了。

　　戰前，「由於時間緊，偵察力量有限，對原始敵情知之甚少……主要依靠興海縣政府所掌握的『概略的情況』為依據，說敵人盤踞在以俄合沙寺為中心的附近地域」[26]，於是，8月28日，「海指」集中三個步兵團、兩個騎兵團，加一個步兵和騎兵混合大隊，約六個團的兵力，兵分幾路，開向興海縣東南地區。

　　9月2日，402團1營前衛排渡過曲什安河，與某個部落發生槍戰。

　　9月3日，該團各部隊到達指定地點，對中鐵溝一帶達成大合圍。他們在俄合沙寺南北均發現「大股敵人」。這天，134師偵察科副科長王廷勝用高倍望遠鏡發現瑪積雪山東南山脊有「千餘叛匪」，他們下方的山腳和一道山溝裡有兩千多「被裹脅群眾」。他親自繪出地形圖，並提出作戰方案[27]。

　　9月4日上午，「鐵鳥」飛到瑪積雪山和中鐵溝上空。瑪積雪山上的牧民們好奇地指點著空中的大鐵鳥，他們不知道，這是一種殺傷力極大的現代武器。他們更不知道，這兩架飛機是來進行「空中偵察」的。隨之而來的事件，將超過牧民們的想像力：六個團的正規軍，運用包括轟炸機在內的現代武器，對他們展開屠殺。

　　在藏人的記憶中，「興海東南圍殲戰」是這樣開始的：

25　〈朱德同志關於平息叛亂和軍隊開展地方工作的意見〉，《青海省志‧軍事志》，頁1134-1135。
26　王廷勝，《往事回眸》，頁138。
27　同上。

凌晨，附近的山頭發出了各種顏色的信號彈，隨後，中共軍隊開始向藏人居住的山頭開火；轟炸機在低空用機關槍向山頭瘋狂掃射，任意扔下無數枚炸彈，槍聲、炮聲、轟炸聲交織在一起，震天動地。[28]

在1997年出版的《海南藏族自治州志》中，這場以騎兵、步兵、炮兵、空軍配合，對一萬多牧民進行的立體作戰過程，被簡化為：「參戰部隊於8月28日開始運動，9月3日達成合圍，在空軍的密切配合下展開攻勢。經過兩天戰鬥，殲其一部。」[29]

2000年出版的《興海縣志》隱蔽了解放軍兵力、軍種和作戰過程，僅以「為了解救廣大貧苦牧民，中國人民解放軍和廣大民兵、幹部進行平叛鬥爭。平叛主力部隊於1958年8月進入興海地區」這樣兩句話，描述發生在本縣境內，以本縣牧民為主要消滅目標的這場大戰。

2001年出版的《青海省志・軍事志》中，這場被軍方稱為「興海東南部地區圍殲戰」的主要戰役，變成「各部隊於8月28日開始行動，9月3日對敵形成合圍。在各部隊密切配合下，經兩天戰鬥，殲敵兩千五百餘人」。書中指明，「各部隊」指的是騎兵1、3團，步兵163、165團，402團和蘭州軍區步騎大隊[30]。

2003年出版的《國防歷史》中，對這場載入中共軍史的戰役「一言以蔽之」：「（1958年）7月31日，集中主力六個團，採用分進合圍，多路合圍的戰法，殲滅了興海東南部的集股叛亂武裝七千餘人」[31]。

上述資料顯示，2000年之後的公開出版物中，在「興海東南部地區圍殲戰」中發揮極大作用的空軍神秘地消失了。

不過，當時執行轟炸的空25師飛行員後來寫下了作戰經過：

---

28 扎益仁波切，《我故鄉的悲慘史》，頁79。
29 《海南藏族自治州志》，頁653。
30 《青海省志・軍事志》，頁525。
31 《國防歷史》（下），頁12。

一次，集結起來的數千叛匪，被我軍包圍在瑪沁雪山的山頂上。開始，陸軍從四面向山上發動強攻，由於敵人居高臨下，山勢險峻，沒有成功，而且我軍還有不少傷亡。平叛指揮所下達了立即出動轟炸機對瑪沁雪山上的叛匪實施轟炸的命令。

周廷彥機組經過仔細搜索找到了聚集在瑪沁雪山頂上的叛匪。叛匪們大概還未曾嘗到人民空軍鐵拳的滋味，竟向飛機打起了排子槍。周庭彥機組準確地將所有的重磅炸彈全部投下，當場炸死炸傷叛匪約三百餘人。與此同時，陸軍部隊乘勢進攻，勇猛地衝上山頂，一舉全殲了這股頑抗的叛匪。[32]

據當時的蘭州軍區空軍政委關盛志回憶，周廷彥機組在瑪沁雪山上，投下了九枚100公斤炸彈，全部命中目標[33]。「瑪沁雪山」即瑪積雪山，當時為興海縣的一個區。

2008年，親自偵察並制定作戰方案的王廷勝將這場戰鬥簡化為一句話：「4日上午在我航空兵和炮火掩護下，騎1團、3團從南面，402團1營、3營從北面一起向堅守在尕狼山（按：瑪積雪山主峰）東山脊之敵發起攻擊，一舉將敵殲滅」，並解救兩千多「被裹脅群眾」。

王廷勝回憶錄中有一張在戰場上留下的照片。這張小照看不出戰爭痕跡，像是一張悠閒的風景照。

他在回憶錄中說，戰鬥結束後，他得到師長白斌的表揚。他表示謙虛，但「從心底裡確有無比的自豪和舒心感⋯⋯這是一個革命者應有的享受觀嘛！」直到2008年，他似乎還不知道，「瑪積雪山」之戰已於1991年定為興海縣1958年「平叛擴大化錯定性」的三大案件之一。

---

32 江達三，〈74歲老飛行人員的博客〉：http://blog.sina.com.cn/s/blog_4bf5830401000ajh.
html-type=v5_one&label=rela_prevarticle
33 關盛志，〈追憶航空兵25師歷史片段〉，空軍25、23師戰友網：http://kong25.bokee.com/
viewdiary.15648002.html

瑪積雪山轟炸僅為「興海東南部圍殲戰」第一階段中的一部分。這一階段中，解放軍以傷亡345名官兵的代價，取得勝利：

　　通過兩個多月的搜剿和招降，進行大小戰鬥百餘次，該地區之叛匪基本肅清，計殲滅（包括俘、降）占德爾以下7,755人，繳獲各種槍1,153支，刀矛1,317把。戰鬥中人民解放軍指戰員陣亡149名，負傷196名。[34]

　　以上戰績可見，七千七百多死傷俘降藏人的全部武器，包括「刀矛」，共2,470件，佔全部人數的32%。也就是說，這些被六個團的正規軍和空25軍轟炸機組「圍殲」的「叛匪」，三分之二以上的人事實上手無寸鐵。這場戰役中，藏人死傷人數迄今未公布，各種資料中只有籠統的「殲滅」數字。

　　這7,755人是否當時躲藏在中鐵溝一帶的全部人數？

　　據《興海縣志》記載，當時在「俄合沙寺以東及中鐵溝以南地區」的人數為「被裹挾的群眾2,340戶、9,820人和十座寺院的僧眾1,020 人，共10,840人」，加上「同德、貴南、大吾麥倉逃至興海之叛眾兩千餘人」，也就是說，當時被「圍殲」的共有僧俗民眾近一萬三千人。同德等地逃來的人共有九百餘支槍，意味著至少一半人無作戰能力。

　　目前可見的資料中，只有《興海縣志》提供了一個較為詳細的資料：至1958年底，「興海東南地區圍殲戰」第一階段結束時，共「殲滅叛匪6,898人，解放群眾6,630人，另有幾百人在逃」[35]。也就是說，當時被包圍在俄合沙寺以東及中鐵溝以南地區的藏人，有近一萬四千人。

　　扎益仁波切在他的書中使用了我已經很熟悉的描述：

　　在這次悲慘的事件中，至少有六千名吐蕃人和他們的牲畜被中國軍隊大規模地殺戮……中共軍隊的此次屠殺後，因無人收拾屍體，方圓幾里的地方

---

34 《海南州志》，頁654。
35 《興海縣志》，頁346。

充滿了腥臭味。三、四年後,發源於此地的河流仍帶著腐屍的腥味,致使連牲畜都不飲此水。[36]

1958年8月29日,中共中央通過〈關於在農村建立人民公社問題的決議〉。9月10日,《人民日報》刊出這份文件。一個月後,10月9日,興海縣「一步登天」實現「人民公社化」,全縣成立燈塔、溫泉、黃清、夏塘、五龍、龍泉六個人民公社,並「實行包括伙食、穿衣、居住、醫療、文化、教育、養老育幼、理髮洗澡、婚嫁死葬、日用品在內的供給制」[37],真正做到了「跑步進入社會主義」。被「解救」的牧民們成為「公社社員」,他們的所有財產都被「共產」,而那個寫在紙上的「供給制」從未實現。

1958年12月12日,七十高齡,深受民眾敬仰的高僧阿繞倉仁波切在被捕不到一年後,死於西寧南灘監獄[38]。

五

在槍炮和炸彈聲中,高原冬季緩緩來臨。雪花一片又一片,一層又一層,遮住河灘、山林,草山上無人掩埋、無法天葬的屍體,彷彿上天的垂憫。

冬季裡,取得「興海東南地區圍殲戰」大捷的解放軍主力撤出興海,返回駐地休整。

軍隊撤出後,該縣牧民又開始另一波逃亡潮。據《興海縣志》記載:「僅五龍、溫泉兩地從1958年12月至1959年5月外逃一千九百餘人,加之回竄漏網叛匪和外地逃竄來的共二千七百人,集結在曲什安河以南,切木曲河以

---

36 扎益仁波切,《我故鄉的悲慘史》,頁80。
37 《興海縣志》,頁24。
38 1981年6月,中共海南州委為阿繞倉仁波切平反。詳見《興海縣志》,頁472。

北地區，利用複雜險要地形與解放軍對峙。」[39]

曲什安河，藏語意為「青色的河」，發源於瑪積雪山西南，在興海與同德交界處的曲什安鎮（大米灘）匯入黃河。切木曲河位於今果洛州瑪沁縣雪山鄉以北。曲什安河以南，切木曲河以北涵蓋今興海縣龍藏鄉、中鐵鄉和瑪沁縣雪山鄉在內的大片山區。這一帶地勢險要，山谷縱橫，有好幾座海拔近5千米的高山，其中的中鐵溝和雪山鄉一帶，就是「興海東南地區圍殲戰」第一階段的戰場。

大戰過後，為什麼已經被納入合作社的牧民們冒著再次被「圍殲」的危險，又一次逃亡？

因為政府實行統購統銷和掠奪性的高徵收，造成了牧區嚴重的糧食短缺。

中共「統購統銷」是1953年12月開始的。一般認為統購統銷中，國家只規定了城鎮人口每月的糧食定量。實際情況並非完全如此。嚴格說來，國家規定的是「非農業人口」的每月糧食定量。牧民亦屬「非農業人口」，因此他們的口糧也是每月定量的。各省在「統購」中加入一定數量的「地方附加」，「統銷」時又加入一定數量的扣除，這樣一來，就造成了統購時的「加碼」，銷售時的「減料」。除了糧食，其他生活資料如肉、蛋、糖、食油、棉布等等，都在被國家控制之列，不准自由買賣。

1957年，興海縣開始實行統購統銷。牧民的口糧標準定為每人每年65公斤，平均每月5.4公斤，宗教人員另加15%。就這樣的供應標準，政府還要予以控制，取消供銷社代銷糧食，由各級區鄉開購糧介紹信購買。1958年，牧民糧食供應標準減少，七歲以上兒童每人每月5公斤，七歲以下每月3公斤。1957年，興海牧民口糧供應為272.74萬公斤，1958年為143.35萬公斤，減少47.4%[40]。

與此同時，政府實行掠奪性的高徵收。1957年，興海縣糧食總產量為105

---

39 《興海縣志》，頁346。
40 同上，頁227。

萬公斤，政府徵購60.13公斤，佔總產量57.31%。照該縣當時的人口，徵購前人均糧食62公斤，徵購後人均糧食26.4公斤。1958年，該縣糧食總產量159萬公斤，徵購57.15萬公斤，佔總產量35.94%。徵購後人均糧食78公斤。這是興海縣牧民人均一年的口糧。理論上，牧民以肉類和乳製品為主食，但統購統銷之後，肉類和酥油也在徵購之列。1957年，興海縣油脂徵購量佔總產量的88.6%，1958年佔83.5%，牧民日常生活必需的酥油基本上被搜括一空。成立「牧業合作社」之後，牧民擁有的牲畜被「無代價入社」，實質上是另一種形式的沒收，成為產權不明的「集體財產」，私人不再有支配權。在這樣的情況下，饑荒勢在必然。

《興海縣志》中有這樣一條記載：「（1959年）8月，溫泉鄉因發生麻疹、肺炎、流感等傳染病和牛肺疫、牛炭瘟、羊快疫、羊豆疫等人畜傳染病，死亡330人，佔總人口的25.58%，牲畜死亡38768頭（隻），佔牲畜總數的33.43％。」[41]

這份公開資料中，沒有說明溫泉鄉因何發生人畜傳染病，導致將近三分之一的人口死亡。但是在1959年出版的內部資料中，對此有詳細的說明。富有諷刺意味的是，牧區嚴重缺糧的情況，竟然是由「平叛」的解放軍發現，並報告給青海省委的。

1959年5月24日，海指（海南平叛指揮部）提交了一份報告，題為〈關於更廣泛更深入地開展政治爭取工作的幾點意見〉，給地方政府提出了幾條建議。其中提到興海縣溫泉鄉的情況：

目前牧區糧食甚為緊張，加上管理不善……如興海縣溫泉鄉群眾因糧不夠，吃去冬死去且已發臭的牛羊肉，生病、死亡甚多。雙龍溝拉毛德（女）打柴時，遇到六個叛匪問：投降殺不殺？她答：「回來沒吃的，不殺掉也要餓死」。該鄉去年11月（按：1958年11月）至今已病死319人，佔全鄉總人口的24.7%，群眾反映是餓死的（實際原因很多），對我不滿，從去年12月

---

41 同上，頁25。

至今年5月10日，外逃為匪者165人。糧食問題反映甚為普遍，並已影響對敵爭取。據悉，省委原規定牧區口糧標準，每人每天半斤，但有些地區為求節約，減為5兩，加上管理不善，未積極找代食品，以致造成緊張。[42]

從這份資料來看，1958年11月溫泉鄉就開始發生嚴重糧食短缺，牧民大批死亡事件。就在牧民已經到了不得不以死畜充飢的地步，兩個月後，1959年1月9日，青海省委書記高峰在青海第二屆省委十次全體會議上做題為〈繼續克服右傾保守，鼓足幹勁為今年更大、更好、更全面的躍進而奮鬥〉的報告。報告中說：

1958年是各項建設事業全面大躍進的一年，也是牧業區社會主義革命取得決定性勝利的一年……糧食總產量達到22億斤，較1957年增長71.96%，增產的絕對數等於第一個五年計畫期間五年增產的糧食（5.38億斤）近一倍，一步越過黃河……按現有人口計算，每人平均糧食近1,000斤。[43]

實際情況是：1958年，興海縣糧食作物播種面積11,089畝，糧食總產量159萬公斤；平均畝產143.39公斤，人均口糧一年不到100公斤，這還是徵購前的人均糧食量。

就在這一年，興海縣安置了六千名河南屯墾移民，第一波鎮壓後散失的牲畜被解放軍「收集」，建了三個軍用牧場。

將牧民們逼上山的還有另一個原因：對投降人員的濫殺。「海南平叛指揮部黨委」報告說：

再看興海情況，該縣從去年（1958年）部隊撤離至今年2月，曾爭取回來235名，但由於不能正確貫徹政策，亂加捕殺，給工作帶來嚴重惡果，如溫泉

---

42 《民族宗教工作文件匯集1949-1959》（下），頁1006。
43 高峰，〈繼續克服右傾保守，鼓足幹勁為今年更大、更好、更全面的躍進而奮鬥〉，《民族宗教工作文件匯集1949-1959》（上），頁309-326。

鄉將投誠分子逮捕判刑有十人，有名可查錯捕的四人，錯殺的五人，如麥黑浪部落頭人拉什則是縣委大洛書記寫信叫回的，拉什則回來時還帶五十餘人歸降，但不久即被捕法辦；垮什科部落小頭人招降回來後，在解往大河壩途中被殺。目前由於揭發不夠，究竟全縣錯捕錯殺多少，尚無法查清，甚至殺人的人都找到，卻找不到負責人，事情雖過去半年，但由於有些群眾親眼看見殺人，有的被殺屍體被群眾挖出，因此影響極壞，叛匪也反映：『共產黨說話不算數』拒不投降⋯⋯故自2月以來，還未爭取回來一人，相反群眾逃亡為匪者卻達千人。**44**

濫殺並非只是興海或者海南州的情況，也非1958年後才出現。1956年康區暴動發生後，藏區各地局勢不穩，在藏區工作的幹部有強烈不安全感，由此產生了報復情緒。1957年3月，原青海省長孫作賓在果洛州考察四十四天，之後曾向青海省委遞交一份報告，提及在一個名叫劉仲茂的幹部被殺後：

不少幹部情緒波動，工作不安心，有的幹部說：「藏民沒良心，將恩不報反而為仇」，有的說：「不如一個帳房一個手榴彈，全給收拾掉」，幹部下鄉時向別的幹部說：「今天出去不知能不能回來，如果不能回來，就永遠再見了」。有的幹部下鄉見前邊有人就放機槍等。**45**

濫殺俘虜也並非僅限於地方政府的行為。1959年3月15日，中共中央決定利用3月10日爆發的「拉薩事件」，在西藏進行「總決戰」，並在整個藏區全面開戰。為了「利用政治攻勢瓦解消滅叛匪」，在人力、物力、財力等方面減少損耗，避免青海藏區成為西藏的「大後方」，青海省委發出〈關於對叛匪開展政治攻勢的指示〉，要求各部貫徹執行「少捕、少殺、大改造」的方針，並要求有關州、縣「全黨動手，立即行動起來，在4、5月做出顯

---

44 《民族宗教工作文件匯集1949-1959》（下），頁1004-1005。
45 孫作賓，〈視察果洛地區工作的報告〉，《孫作賓》，中國延安精神研究會官方網：http://www.1921.org.cn/book.php?ac=view&bvid=93785&bid=1239

著成績」**46**。解放軍1958年在青海展開鎮壓，直到1959年5月，獨立騎兵2團才開始禁止打罵、槍殺俘虜，糾正一些官兵「『多打死，少捉活』的錯誤思想」，士兵們這時才懂得「我們是解放藏民，不是消滅藏民」，並教士兵們學會用藏語說「站住！不要跑！」、「交槍不殺」、「投降優待」等**47**。這時候，幾場大規模殺傷藏人的主要戰役早已結束。

1958年底至1959年夏，被槍桿子押送進「社會主義天堂」的牧民們，實實在在地掉進了人間地獄：合作化帶給他們前所未有的大饑荒，被迫成為公社社員的牧民淪為一無所有的饑民，面臨著「不殺掉也要餓死」的絕境。數千牧民不得不趕著原本屬於他們的牲畜，再次逃亡，進入興海縣東南部山區。這是牧民們僅剩的奪路逃生之舉。

1959年6月，休整後的解放軍騎兵第2、3團，步兵第163、164團和海南民警大隊，以及四個地方民兵連，共五千一百餘人再次開往興海，將逃往山裡的二千七百多牧民包圍，開始了「興海東南部地區圍殲戰」的第二階段。

六

高原牧草如茵的夏季裡，解放軍兩個騎兵團、兩個步兵團，以及各團配屬的民兵連，分為十一路，從南、北、西三個方向，朝興海東南山區進發。東面，是從雪山奔流而下，以千古不斷之水，孕育著大草原的黃河。海南民警大隊、同德一個民兵連和貴南的一個民兵排沿著黃河排開，佔領黃河東岸的主要渡口，截斷牧民東渡黃河的逃生之路。軍隊形成數個大小包圍圈，在阿尼瑪卿神山下撒開天羅地網。

6月6日，包圍圈開始收緊。至6月10日，這一帶形成六個包圍圈，將按

---

46 〈關於對叛匪開展政治攻勢的指示〉，《民族宗教工作文件匯集1949-1959》（下），頁1058-1060。

47 〈獨立騎兵二團爭降叛匪工作的經驗〉，《民族宗教工作文件匯集1949-1959》（下），頁1081-1082。

部落躲藏在不同地點的牧民們分割包圍。10月，「興海東南地區圍殲戰」第二階段結束。兩千五百多牧民被「殲滅」，另有一千多人被「解救」。第二階段的戰鬥中，賽宗寺管家更藏被當成「叛匪頭目」，成為軍隊的「活靶子」。「前指」黨委向部隊提出「活捉更藏，爭取立功」的口號：「立刻在整個部隊掀起了一個聲勢浩大、千方百計捉更藏的高潮，就連戰士們在夢中也在喊：『追殲更藏……』」[48]在這個階段的戰役中，更藏陣亡。

或許是執行了青海省委〈關於對叛匪開展政治攻勢的指示〉中「少捕、少殺、大改造」的指示，興海縣抓捕人數似乎比其他縣略少。1980年代初，興海為1958年「錯定性」的瑪積雪山、賽宗寺、汪什代海三大案落實政策，679人被宣布無罪[49]。這僅僅是二十多年後「平反」的數字，而非當年抓捕的總人數。這是《興海縣志》記載的唯一與抓捕有關的數據。

1990年，輾轉逃到印度，進入印度哲蚌寺修行的前賽宗寺僧人土登尼瑪返家探親。

「我回到家鄉，」土登尼瑪對我說，「整個部落的人就像換了一樣，除了家裡的人，其他人都很陌生。」他昔日的朋友夥伴一個不剩，部落裡幾乎沒有老人，同齡人亦寥寥無幾。他的一個兄弟在逃跑途中被打死，另一個兄弟在寺院裡被關押後精神失常，兩個叔叔和兩個舅舅都在1958年死於饑荒。

「跟我同齡，在寺院同班的一個人，他是頭人的兒子；還有一個叫洛澤的人被鬥死。」土登尼瑪繼續說，「他們都是一般的僧人，沒有犯任何罪。這兩個人好像還比我小一歲左右。他們跟我們一樣一直在寺院，沒有做什麼事。我一直想不通為什麼會這樣。」

我望著土登尼瑪和他背後重建的賽宗寺圖片，無言以對。1958年，賽宗寺住持阿饒倉仁波切死在獄中；1959年，賽宗寺管家更藏死在戰場。寺院的僧人有的被鬥死，有的被逼瘋，有的還俗，有的流散。賽宗寺的殿堂僧舍大都淪為廢墟，倖存的房屋成了公社的牲口圈。

---

48 《平叛英雄傳》第1集，頁146。
49 《興海縣志》，頁288。

1958年青海省軍事鎮壓略圖

圖　例

└·┐·└·┘ 清剿區及戰鬥分界線

清剿區

⊘ 殲敵

搜剿和追擊方向

合圍及鉗擊

集結地域

阻擊和撤退

冷湖　　花海子

馬海　魚卡

大柴旦

東台吉乃爾湖　小柴旦

達布遜湖

南霍魯遜湖

烏圖美仁

多喀克河

格爾木　　諾木洪

401團3營
10.25

海

奈齊郭勒河

納赤台

修溝郭勒河

青

不凍泉

烏蘭烏拉湖

可可西里

曲麻萊大隊
(內衛2團5連
熱倉一個民警連)　10.31

通

扎曲

二道溝

曲麻萊

402團3營

蘇河

400團騎兵大隊

天

共殲敵5000人
清　8.5-9.5
400

赤布張湖

木　當烏

扎河

400團3營　治多

8.20-24
400

騎兵13、14團，分區騎兵支隊
9月12日至10月15日遠距離追擊
1500公里，大小戰鬥80餘次，
共殲敵5500餘名

分區騎支
10.4

高雲青山

雁石坪

西卡山

10.20

曲

溫泉

分區騎支

騎14團
9.20

格乃煤礦

400團

分區
騎兵支隊

400團
3營

唐古拉山口

騎13團
10.3

扎西拉武寺
扎多

9.15

結扎 騎13、14團
分區騎兵支隊

藏布

查乍拉山口

騎14團

扎

加

西

安多

騎13團

老巴青

10.15 著曉
東巴
分區騎支

聶榮

索縣

騎13團(各一個連)
分區騎支

吉尼賽 10.18

費謙
11.17

扎布

巴青

怒江

那縣

藏

類烏

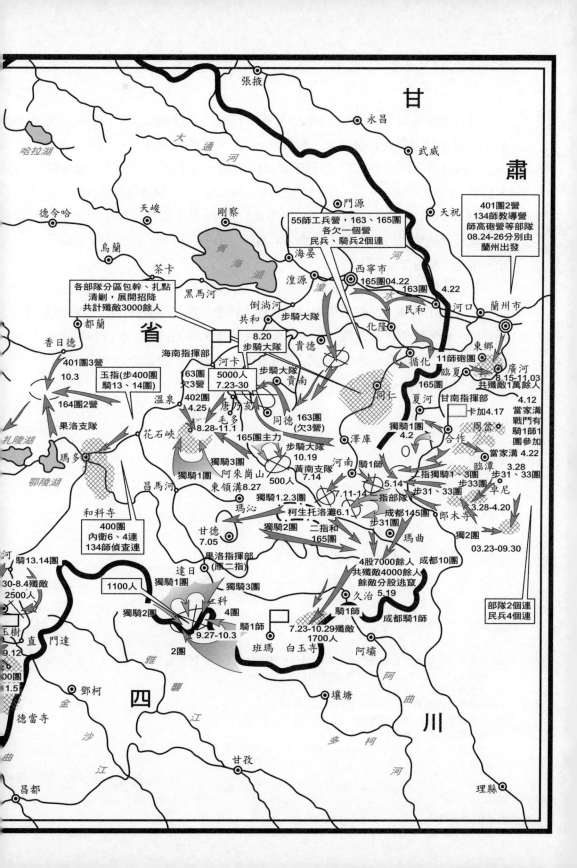

據青海軍區統計，至1958年12月底，軍隊「共作戰623次，殲滅叛匪60,864名（其中擊斃10,415人，擊傷2,648人，俘虜21,958人，投降25,843人）。繳獲各種槍48,793支，各種子彈482,901發，刀矛57,356把」[50]。該資料未包括「被解救的婦幼」。其中僅玉樹即作戰243次，「殲滅叛匪29,024人，繳槍18,903支（挺）」，其中土槍12,878支，即68%是土槍[51]。

此外，這年青海全省還「懲治」了四萬二千多名牧主、地主、反革命分子、壞分子和右派分子[52]。

在此期間，中共動用的軍隊包括二十八個步兵團和騎兵團、二十九個民兵連、二個工兵團、三個汽車團以及其他「特種兵和保障分隊」[53]，其中包括兵站、野戰醫院、獸醫院，以及一個作用不明的防化連[54]。至1958年底，空軍出動十二架飛機，共486架次，除了偵察、運輸、空投補給外，還進行了「必要的轟炸掃射」[55]。

50 薛克明，〈關於當前對敵鬥爭形勢和鬥爭中幾個政策原則問題的意見〉，《民族宗教工作文件匯集1949-1959》（下），頁1093-1101。
51 《玉樹州志》，頁672。
52 新華社《內部參考》，1959年3月5日，頁13。
53 《國防歷史》（下），頁128。
54 《玉樹州志》，頁663。
55 《國防歷史》（下），頁129。

「四水六崗衛教志願軍」成員。（然楚阿旺提供）

「四水六崗衛教志願軍」總指揮恩珠倉‧貢保扎西。（1960年代初攝於印度）

「四水六崗衛教志願軍」成員。

「四水六崗衛教志願軍」右翼總指揮然楚阿旺加入印度藏軍戎裝照。（然楚阿旺提供）

在美國科羅拉多海勒營接受中情局訓練的藏人。（布魯斯‧沃爾克檔案）

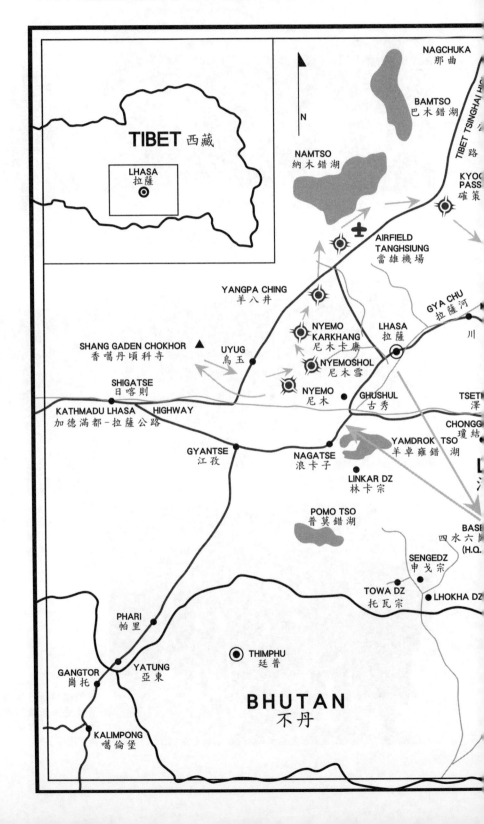

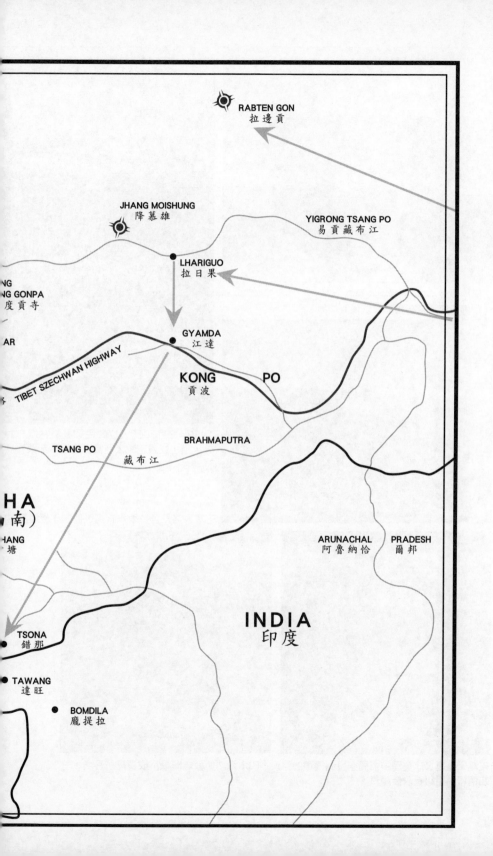

美國中情局（CIA）受訓人員在上課。
（胡佛研究所藏布魯斯‧沃爾克檔案）

1959年3月10日，拉薩民眾聚集在羅布林
外，阻止達賴喇嘛去西藏軍區司令部觀看演

芒康人洛桑舍拉對作者講述他的作戰經歷。

東堯‧嘉噶倉，美國中情局空投到邊壩的第
四情報小組組長兼發報員。

「四水六崗衛教志願軍」成員嘉絨丹增。

1959年3月31日，達賴喇嘛進入印度後，在帳篷裡休息。

「拉薩戰役」親歷者卓嘎吉，1950年代攝於拉薩。

海勒營受訓人員手繪的圖畫。（布魯斯·沃爾克檔案）

達賴喇嘛在逃亡途中。

「拉薩戰役」親歷者卓嘎吉，作者攝於2010年10月21日，印度喜瑪偕爾邦德拉東頓珠林西藏難民定居點。

1959-1960年西藏自治區作戰地圖

新　疆　山
崑
崙

班公湖

日土

革吉

西　藏

改則

岡
底
斯
山
脈

噶爾昆沙

扎達

噶大克

拉冲

尼瑪

坦芊湖

文部

唐古拉攸穆湖

申扎

隆格爾

措勤

巴噶

普蘭

印

度

高倫

康馬爾

薩西克寺

三號地區鎮壓
1960.7.6-7.29

仲巴
(扎東)

薩嘎

梅康薩

南木林

謝通門

扎東以西地區鎮壓
1960.6.27-7.28

昆木加

木斯塘

榮哈

吉隆

昂仁

拉孜

日喀則

尼

泊

爾

轟拉木

珠穆朗瑪峰

定日

定結

崗巴

錫

爾

金

加德滿都

安來克干吉

甘托克

亞非

萬倫堡

西里古里

圖　例

* **重大軍事衝突發生地**
* **解放軍進攻及包圍**

多格錯仁
(靈特喀木湖)

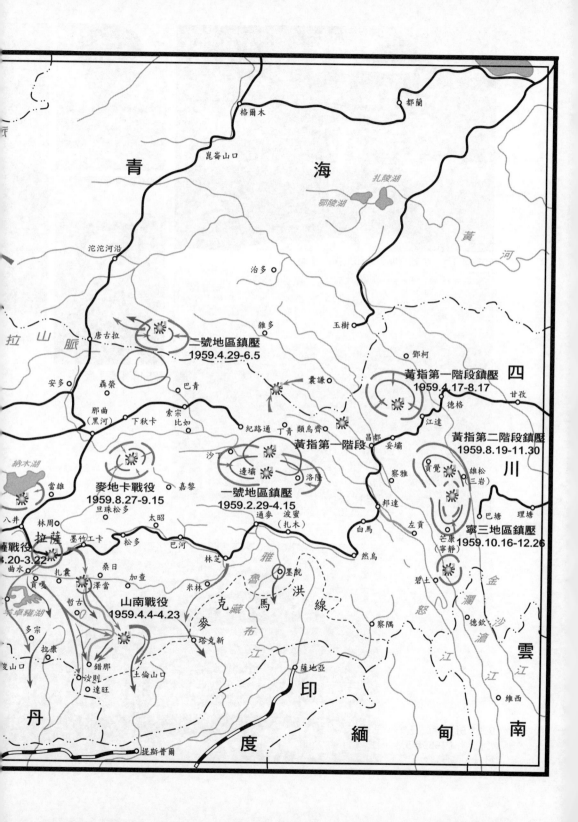

青　海

都蘭

格爾木

崑崙山口

扎陵湖
鄂陵湖

黃　河

沱沱河沿

治多

玉樹

鄧柯

唐古拉

二號地區鎮壓
1959.4.29-6.5

雜多

囊謙

黃指第一階段鎮壓
1959.4.17-8.17

四

德格

甘孜

安多　聶榮

巴青

索宗
那曲　下秋卡　比如
（黑河）

紀路通
丁青　類烏齊

昌都　妥壩

江達

黃指第二階段鎮壓
1959.8.19-11.30

川

納木湖

沙丁
邊壩

察雅

貢覺

雄松
（三岩）

麥地卡戰役
1959.8.27-9.15

嘉黎

黃指第一階段

洛隆

當雄

旦珠松多　太昭

一號地區鎮壓
1959.2.29-4.15

邦達

左貢

巴塘　理塘

八井

林周
拉薩　墨竹工卡

松多
巴河

通麥　波密
（扎木）

白馬

芒康
（寧靜）

寧三地區鎮壓
1959.10.16-12.26

曲水

戰役
.20-3.22

扎囊

桑日

林芝

然烏

金

貢嘎

哲古　澤當

加查

米林

雅
魯
藏
布
江

墨脫

洪

碧土

瀾

沙

怒

多宗

拉康

發山口

錯那
浪則
達旺

土倫山口

塔克新

克
藏
麥

線

江

江

江

德欽　滄

雲

維西

南

丹

印

緬

甸

提斯普爾

度

薩地亞

察隅

山南戰役
1959.4.4-4.23

1959年4月，達賴喇嘛到達印度提斯普爾。

成都軍區副司令黃新廷。

第54軍軍長丁盛。

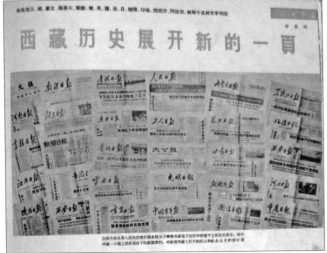

1959年4月《人民畫報》。

1959年5月北京「五一遊行」。（1959年5月2日《人民日報》）

清绪高原，郊区的前菜长得特别好

拉薩的布达拉宮，依然金碧輝煌

藏區發生全面戰爭期間，1959年8月16日
《人民畫報》上刊登的拉薩照片。

「雪域衛教志願軍」總指揮普巴本次子次仁
多吉。作者攝於2010年12月5日，印度達蘭
薩拉。

馬背上的父子倆。攝於1956年的照片令我
想起帶著年幼女兒逃亡的甘孜新龍人阿登。

益丹喇嘛對作者敘述他的經歷。

逃亡途中失去
全家的甘孜新
龍人阿登。

第十七章　哲古湖邊的雙劍旗

━━━━━━━━━━━━━ 一 ━━━━━━━━━━━━━

1958年2月18日，拉薩。

理塘商人貢保扎西的住宅裡來了一群客人。貢保扎西是拉薩康巴商人圈裡的名人，家中時常高朋滿座，各色人等來他家聚會乃是常事，恐怕沒有人會想到，這天的聚會將載入歷史。

這天在貢保扎西家聚會的有四十二人[1]，代表二十三個部落，以來自理塘、巴塘、昌都、結塘[2]、鄉城、梁茹等地的康巴人為主，此外還有幾名嘉絨人、幾名安多人，以及兩名藏軍甲本[3]。從參與者的名單來看，並無三大寺代表。

一個名叫宗益貢覺多杰的昌都人宣讀若干項規定，主要內容包括：願將反抗中共的戰鬥進行到底，願為保護藏人的政教權利而戰，不惜為此喪失生命；嚴格遵從 「四水六崗」指揮官的命令；參與者必須自備武器和馬匹；反抗計畫不得向任何人洩漏等等[4]。

無人表示異議。眾人在文件上簽名，按手印，接著輪流走進貢保扎西家的佛堂。

1　貢保扎西回憶錄中未注明開會時間和地點。 藏人資料中開會日期是1958年2月18日；參加會議的人數，據2010年10月23日作者採訪與會者之一嘉絨丹增的記憶是三十人，另一位參與者扎楚阿旺在他的回憶錄中記錄的數字是四十二人。詳見Carole McGranahan, *Arrested Histories: Tibet, the CIA, and Memories of a Forgotten War*, pp. 96-97. 《中共西藏黨史大事記》中記載，開會的日期是1958年4月20日。

2　今雲南中旬。

3　藏軍職銜，下轄一百名士兵，相當於連長。

4　這份後來被中共稱為「同盟書」的文件下落不明，至今未見中藏兩方公布。1959年3月的「拉薩戰役」中，貢保扎西的住宅是炮兵轟炸目標之一，有可能在作戰過程中被摧毀。

「我在佛像前跪下來發誓，然後磕了三個頭。」五十多年後，在印度德拉東頓珠林西藏難民定居點，嘉絨人丹增對我說。「沒有多少儀式。對我們藏人來說，發誓就夠了。」[5]

西藏難民定居點的圍牆外，一些印度人靠牆蓋了一長排小店，販賣各種小商品。丹增的家靠近定居點的大門，此刻，敞開的窗子飄進喜氣洋洋的歌聲，一個印度家庭正在舉行婚禮。

我坐在窗下的小床上，正對著他家的佛龕。時近黃昏，淡金色的陽光從窗口透進來，在黃銅佛像上遊移。佛龕旁邊的櫃子上，放著一張青年丹增的黑白照，在那份文件上按下手印時，丹增是血氣方剛的二十七歲青年，如今他已是七十九歲頭髮花白的老人。

「當時你們對噶廈政府是什麼看法？」我問。

「那時候我們對噶廈政府的一些做法很不滿意，」他回答說。「拉薩就有武器庫，我們向他們要武器，他們不給。」

那時噶廈政府已無實質軍權。「十七條協議」中規定藏軍將併入解放軍駐藏部隊；1955年解放軍第一次授銜時，也給藏軍軍官授了銜。雖然尚未更換軍旗，但藏軍事實上已經被整編進了西藏軍區，只是未完成最後步驟。很難想像，在那樣的情況下，噶廈政府會公然把拉薩軍火庫裡的武器交給康巴人[6]。雖然康區和安多已是烽煙四起，已經喪失實權的噶廈政府別無選擇，只能盡力維持現狀。

1950年後，西藏被切割成昌都解放委員會、噶廈政府、班禪堪布廳這三個相對獨立的政權組織，形成「三足鼎立」之勢。1956年4月「西藏自治區籌委會」成立後，這三個政權機構又被整合進籌委會，接受籌委會的統一領導。至此，噶廈政府和達賴喇嘛基本上被架空，中共不動聲色地實現了西藏高層的政權替代。政府內部也出現分化，官員們有的與中共合作，有的消極反抗，有的保持中立，還有些官員在工委和噶廈兩邊任職。這樣的狀況使噶

5　嘉絨丹增訪談，2010年10月23日，印度德拉東頓珠林西藏難民定居點。
6　根據藏人回憶，軍火庫的鑰匙由當時的藏軍總司令桑頗掌握。

廈政府內部彼此無法信任，噶倫們開會也無法暢所欲言。許多民眾對噶廈政府高層不滿，認為他們自私自利，軟弱無能，沒有保護達賴喇嘛，坐視他的權力被逐步抽離。

「所以我們要成立自己的軍隊，」丹增繼續說，「我們自己幹！」

「四水六崗衛教志願軍」就此成立[7]。

早在1956年康巴暴動發生之後，貢保扎西就有了整合各地反抗力量，成立一支民間抵抗組織的想法。那年，他以製造黃金寶座的名義，秘密召集各地民眾首領商談。此後，這些藏人領袖積極串聯，尋求同道。他們按照藏人的傳統方式，與自己熟悉並且信任的人討論，再通過他們逐漸擴大。這種聯絡方式形成一個嚴密的「關係網」，網中的人彼此都有某種聯繫，每個人都要面對著達賴喇嘛的照片或在佛像前發誓保密。地下聯絡進行了一年多，形成了一個以若干部落為主的「核心圈」，並且得到數百人的響應。參與者自願加入，自己購槍買馬，甚至導致拉薩一帶的馬匹價格上漲。同時，貢保扎西開始尋求各方援助。他通過他的三名侄子在印度購買武器和電臺，用自己的家族財富以及一些富商的捐款購買軍火，秘密運到西藏。

達賴喇嘛的二哥嘉洛頓珠此時也正在通過中情局駐印度小組尋求美國方面的支持。

1957年10月，嘉洛頓珠安排下的第一批六名康巴青年結束中情局的訓練課程，理塘人阿塔和洛澤作為第一小組，被空投到距拉薩僅60公里左右的桑耶寺一帶。他們約在1957年11月到達拉薩，見到貢保扎西，並透過他的安排，見到了達賴喇嘛的侍從長帕拉[8]。現有資料無法判斷，貢保扎西決定於1958年2月召集「核心圈」宣誓，正式成立「四水六崗衛教志願軍」，是否與此有關。「四水六崗」這個名字的來源據說得自達賴喇嘛的副經師赤江仁波

---

7 「四水六崗」，藏語「曲西崗珠」，狹義指康區，廣義指西藏三區。「四水」即黃河、金沙江、雅魯藏布江和瀾滄江；「六崗」即色莫崗、擦瓦崗、瑪康崗、繃波崗、麻扎崗和木雅熱崗。

8 詳見李江琳，《1959：拉薩！》（香港版），頁156-158。

切。

　　作為一個鬆散的組織，「四水六崗」並非1958年2月貢保扎西召集這個聚會時才做出的決定，而是在1956年，貢保扎西出面召集向達賴喇嘛奉獻黃金寶座時產生的。「衛教軍」是當時很常見的名稱，康區和安多的一些部落聯合反抗時，常自稱「衛教軍」。一方面，保衛信仰本來就是他們的目的之一；另一方面，以「衛教」為號召，目標明確，有利於超越地域和部落的差異，促進內部團結。

　　他們開會的時候噶廈政府或西藏政府是否風聞？公開資料顯示，毛澤東給西藏工委的電報中提到「現在他們有了一支鬥志較強的萬人叛亂武裝」，是1959年1月22日給鄧小平提交的動員青年入藏屯墾報告的批示[9]。1958年6月24日，毛澤東批轉青海省委〈對全省鎮壓叛亂問題的指示〉時，只說「西藏要對付那裡的可能的全面叛亂」。當時的拉薩有好幾個地下組織在秘密活動，1952年被取締的「人民會議」早已轉入地下，有一個至今情況不明的「西藏反帝黨」[10]，一個稱為「藏族人民宗教事業工會」的組織[11]，但他們的活動似乎只限於發傳單、寫標語等[12]。當時在拉薩，可能只有「四水六崗」是個準軍事組織。

　　根據藏人資料，卓尼欽莫[13]帕拉與貢保扎西保持聯繫，對康巴人的秘密行動有所瞭解，但他對此抱模稜兩可的態度。他不希望達賴喇嘛或者噶廈政府捲入此事，但對貢保扎西等人的活動亦未堅決反對。身為達賴喇嘛身邊責任重大的高階僧官，帕拉謹慎老練，很難想像他會在「四水六崗」開始策劃時，就將此事的詳情告訴年輕且政治經驗有限的達賴喇嘛。當時達賴喇嘛受

9　《毛澤東西藏工作文選》，頁164。

10　1959年4月28日新華社《內部參考》報導，軍隊在羅布林卡發現「西藏反帝黨章程」，及其漢譯。迄今為止，本書作者未找到有關「西藏反帝黨」的其他資料。

11　1958年10月25日新華社《內部參考》報導了該組織的「監誓書」，但未報導有關這個組織的具體情況。

12　1957年5月4日新華社《內部參考》轉述法新社加德滿都報導，謂「米曼黨（『人民會議』的藏語英譯）分子」佔據並破壞了在西康境內的一段500公里長的康藏公路。四川藏區戰爭一度導致公路運輸中斷，但沒有證據表明是「人民議會」所為。

13　達賴喇嘛身邊的高階僧官，相當於侍從長。

到種種壓力，還有一件必須打點精神認真面對的事情：準備格西拉然巴學位考試。

由於對噶廈政府不信任，貢保扎西似乎並未與噶廈政府高層聯繫。康巴人計畫組織「衛教軍」這件事，從未在噶廈會議上討論。事實上，當時噶倫桑頗・次旺仁真和噶倫阿沛・阿旺晉美已是「兩棲官員」，阿沛任西藏軍區第一副司令，軍銜中將，兼西藏自治區籌委會籌備處處長、秘書長、副主任，國防委員會委員；噶倫桑頗軍銜少將，任西藏軍區司令兼藏軍總司令。如果噶倫們開會討論此事，不可能不讓阿沛和桑頗參加。1958年初，拉薩的氣氛已經相當緊張，卓尼欽莫帕拉的首要責任是保護達賴喇嘛，自然不會將此事擴散，以免給達賴喇嘛帶來麻煩。

當時的拉薩已有中共情報網，但工委對此事似乎並不瞭解。但是，工委顯然對拉薩城裡眾多騎馬帶槍的康巴人感到不安[14]。這些從家鄉逃出，或者由於家鄉捲入戰爭而有家無法歸的康巴人憋著一肚子氣，個個摩拳擦掌，一有機會就向拉薩的中共幹部發洩怒火，那時在拉薩的中方職工和士兵必須三個人以上才能上街。

當時逃到西藏的除了康巴人和安多人，還有許多逃避內地土改的漢、回人。歷史上，康區和安多都有不少漢人與藏人直接或間接做生意，李井泉在四川土改、鎮反時，有些漢人僥倖逃到西藏，在幾個主要城市中躲避。1958年4月1日，西藏工委決定「清理」這些人。緊接著，在不到一個月的時間裡，拉薩、日喀則、江孜、亞東等地有456人被抓捕，遣返內地[15]。4月下旬，工委派人宣布清查登記拉薩一帶的康巴人和安多人，要他們辦理身分證，否則不准滯留拉薩。這件事引起極大恐慌。他們相信這是工委將要針對他們實行大逮捕的先兆。一時間拉薩人心惶惶，難民們紛紛離開拉薩，逃往中共尚未完全控制的雅魯藏布江以南地區。

---

14 據時任西藏工委副書記的范明回憶，1958年，「從川、青、甘、滇等省藏族地區及昌都地區叛亂分子五千餘人來到拉薩」。詳見范明，《西藏內部之爭》，頁380。
15 《中共西藏黨史大事記》，頁79；另據貢保扎西回憶錄，被遣返的人數為一千五百人左右。

中情局電報員阿塔和洛澤去找護法神打卦。護法神指示：藏曆4月20日前離開拉薩。

「四水六崗」何去何從？

按照歷史悠久的傳統，貢保扎西把這件大事交給護法神定奪。他和「核心圈」中的幾個人去大昭寺占卜，得到的指示是：「離開拉薩！」他們隨即分頭發出通知，要參加「四水六崗」的人做好離開拉薩的準備。再次占卜後，集結地點定在洛卡宗哲古塘[16]。該地距拉薩將近300公里。當時西藏軍區將所屬部隊分布在一個個重要據點上，澤當是主要據點之一，離哲古約80公里。

5月，貢保扎西與他的「核心圈」分頭離開拉薩，前往洛卡。離開前，他給達賴喇嘛和他的兩位經師各寫了一封信，申明他將要開展武裝反抗的理由。沒有資料顯示達賴喇嘛是否收到他的信[17]。

中方資料中對貢保扎西的行蹤未見報導。工委情報部門或許不認為，這個年過半百的康巴商人值得特別留意。據《彭德懷年譜》記載，1958年5月17日，譚冠三給中共中央和中央軍委電報，提議將西藏工委領導機關和軍區機關合併為一個機構，這樣更便於領導，並可使西藏在編人員減少三千人，「加上相應減去的運輸、兵站、建築人員五千人，共可減少八千人左右，也便於應付可能發生的叛亂」，彭德懷批示同意，並轉送鄧小平[18]。這個電報說明，在「四水六崗」決定將隊伍帶出拉薩，正式開始武裝反抗時，西藏工委和軍區對形勢的判斷依然是「可能發生叛亂」，顯示他們對藏人的情況尚不很瞭解。

1958年4月開始，在拉薩的康巴人和安多人，以及少數藏軍士兵，三五成群離開拉薩，前往洛卡。離開的人中，還有身穿藏裝的「漢人羅桑扎西」，即投奔四水六崗的前中共軍官姜華亭。

---

16 在今西藏自治區山南地區措美縣哲古鎮境內，哲古湖附近。
17 達賴喇嘛的兩部自傳中，均未提到曾收到過貢保扎西的信。
18 《彭德懷年譜》，頁683。

二十七歲的嘉絨人丹增得到通知，顧不上處理自己寄放在色拉寺的財物，背著買來的步槍，跨上馬，毫不猶豫地離開了拉薩。他再次回到聖城，是在三十多年之後。

二

　　貢保扎西和他的「核心圈」宣誓正式成立「四水六崗衛教志願軍」時，西藏工委和軍區正忙著「整風反右」。

　　工委發出清理漢人難民通知後的第三天，即召集縣以上幹部會議，開始「整風反右鬥爭」。《西藏黨史大事記》中記載，幹部會議從4月4日召開，到11月10日，整整開了七個多月。但該書未記載在差不多時間召開的西藏軍區黨代會。這個黨代會非同一般，由中央軍委派總政幹部部副部長率工作組參加。軍區黨代會「整風」的重點是批西藏軍區副司令李覺、副參謀長陳子值和政治部副主任洪流，主要針對他們1957年2月寫給「軍區黨代會請轉軍委並各總部轉呈敬愛的毛主席」的一封信。這份後來被稱為「五大部上書」的文件[19]，被總政批為「反映了一種右傾逃跑主義傾向」。根據降邊嘉措所著《李覺傳》中提到「五大部上書」內容，這份「上書」主要反映了一些有關駐藏部隊後勤和軍官健康方面的問題，包括軍官們「娶妻難」的問題。「上書」所反映的問題雖然對駐藏官兵的士氣有負面影響，但如果僅僅是這些問題，似乎還夠不上呈交毛澤東的地步。

　　當時任155團副團長兼炮兵營長，後脫離解放軍，參加「四水六崗衛教志願軍」的姜華亭回憶錄中，提到1956年11月20日，李覺等人聯名上書毛澤東，提出一些有關國防和「改革」的政策性問題。姜華亭提到的上書內容

19　1957年2月，西藏軍區司令部、政治部、後勤部、幹部部、財務部給軍委各總部並轉毛澤東的報告，反映西藏軍區存在的一些問題。報告包括部隊營房、軍官的婚姻與家庭生活、工資、健康、生活必需品匱乏、缺少文化生活等六個方面的問題。詳見降邊嘉措，《李覺傳》，頁184-198。

包含「改革不宜操之過急」、「鄰國（按：即印度）並無擴軍戰略，不可能威脅西藏，不必在西藏派駐重兵，浪費國力，並影響中印邦交」等八項重大問題[20]。這些建議事關國策，上書毛澤東應該更為合理。在當時，這件事似乎並非極大的秘密[21]。目前的資料無法判斷，姜華亭所說的「上書」是否為「五大部上書」中的一部分，或者是兩份不同的「上書」。

無論「五大部上書」的內容究竟如何，這份上書被批為「右傾逃跑主義」，興師動眾地又調查又批判，當時主持西藏軍區工作的譚冠三也受到牽連，被認為是「五大部上書」的後臺。李覺當時已調到中央二機部，擔任負責研發原子彈的「九局」局長。在「五大部上書」事件中，他有驚無險，免於處分。西藏軍區的整風運動以政治部副主任洪流受警告處分告終[22]。

1957年4月4日開始的是西藏行政系統的「整風」。張經武和張國華不在西藏，幹部會由范明主持。當時西藏工委和軍區實際上是「一套班子，兩塊牌子」，所以李覺仍然是被批判的重點。不料，5月初張經武和張國華返回拉薩，風向驟轉，主持整風的范明反過來成了被整的目標。

從表面上來看，張、范之爭是一場「南北之爭」，即西南局和西北局兩系班底的內鬥，但衝突的種子在中共入藏之初已經播下。1949年11月23日，毛澤東電示時任西北局第一書記的彭德懷，責成西北局擔負「解決西藏問題」的主要責任，由西南局承擔「第二位的責任」[23]。西北局於12月30日向

20　次仁旺久，《心向自由──中共炮兵營長投身西藏抗暴記》，頁21-23。另外，中國人民解放軍後勤通訊社出版的《後勤工作資料》1957年第30期中，有一篇題為〈要關心高原邊防部隊的生活〉文章，反映了部隊生活物資匱乏，缺少營房等問題。該文作者在總財務部工作，並在文中說明反映的情況是在西藏地區檢查工作時「看到和聽到」的問題。

21　達賴喇嘛尊者曾在訪談中告訴作者，大約在那個時期，他曾聽說一位姓李的軍官給毛澤東寫了一封信，建議不要在拉薩駐紮太多的軍隊。1957年3月5日，中央書記處會議討論西藏工作，提出西藏工作緊急大下馬，人員盡快內撤，並將西藏駐軍大量減少，與姜華亭回憶錄中所說的內容吻合，而且是在「五大部上書」之後，因此，姜華亭所說的上書，應該不是空穴來風。

22　據姜華亭回憶，在西藏的軍隊系統反右運動中有四百多人受到牽連，有軍官被譚冠三當場宣布逮捕，他本人也在面臨被整肅時決定脫離軍隊，投奔反抗軍。詳見次仁旺久，《心向自由──中共炮兵營長投身西藏抗暴記》，頁23-29。

23　〈責成西北局擔負解放西藏的主要責任〉，《毛澤東西藏工作文選》，頁4。

毛澤東彙報，估計由青海入藏需要兩年。毛澤東即於1950年元旦次日覆電彭德懷，決定改由西南局「經營」西藏[24]。於是1950年1月24日，西南局根據中央指示，在四川樂山成立中共西藏工作委員會。同年9月至10月間，中央又指示西北局成立中共西北西藏工委，主要任務是對當時在青海的班禪喇嘛和班禪堪布廳開展工作，護送班禪喇嘛返藏，並佔領和經營日喀則和阿里地區。這樣就造成了西南局和西北局各有一個西藏工委的情況，史稱（西南）西藏工委和（西北）西藏工委。

（西南）西藏工委由張國華任書記，譚冠三任副書記；（西北）西藏工委由范明任書記，並負責組建工委，籌備進藏事宜。1951年6月7日，（西北）西藏工委在蘭州成立。一周後，中央又決定組成統一的西藏工委，西北局的范明、牙含章、慕生忠三人加入。12月1日，范明率西北局幹部、士兵和警衛共一千五百餘人，以十八軍獨立支隊「護送班禪喇嘛」名義到達拉薩後，（西北）西藏工委即行終止，但在西藏形成了西南局、西北局兩套人馬。他們的「老領導」一個是中共中央書記處書記鄧小平，一個是國防部長彭德懷。張、范從一開始就不睦，西南、西北工委合併後，雙方都認為自己這邊的人受到排擠，指責對方搞宗派主義[25]。1953年10月，統戰部長李維漢和副部長劉春在北京主持召開「西藏工作討論會」，試圖解決西藏工委的內部矛盾，雙方針鋒相對，會議足足開了三個月，被鄧小平稱之為「板門店會議」[26]。

這種局面固然有當時的實際原因，但很有可能也是毛澤東有意為之。西藏地處邊陲，為避免駐藏領導層將西藏「經營」成「獨立王國」，用「攏

---

24 〈改由西南局擔負進軍及經營西藏的任務〉，《毛澤東西藏工作文選》，頁6-8。

25 范明率「十八軍獨立支隊」於1951年12月1日到達拉薩時，要求率騎兵威風氣派地入城，張國華反對。范明依然照自己的想法入城，但遭到張經武和噶廈政府兩邊的冷遇，范明為此非常惱怒。詳見梅·戈爾斯坦、道幃喜饒、威廉·司本石初：《一位藏族革命家——巴塘人平措旺杰的時代和政治生涯》，頁157-158。另見張向明：《張向明西藏工作55年實錄》（自印本），頁43。

26 張向明，《張向明55年西藏工作實錄》，頁46；范明，《西藏內部之爭》，頁259；趙慎應，《張國華將軍在西藏》，頁91-95。

沙子」的方式將另一股力量「攙」進去，讓他們互相牽制，彼此監督，不失為一個有效方式。1958年之前，張經武、張國華和范明頻頻向中央打對方的小報告，互揭對方有意隱瞞的事情，反而成為毛澤東全面掌握西藏情況的方式。甚至在幾十年後，研究者依然可以從雙方「班底」人員留下的回憶錄中，瞭解「老西藏」們一些當事人自己不願表露的細節。

更深層次的原因，則牽涉到如何「經營」西藏的問題。兩系班底不管有什麼衝突和摩擦，他們都只是執行者。早在1952年，中共就明確規定，有關西藏的一切，包括建立一所小學，都必須由中央決定，最關鍵的事情則由毛澤東親自決定。1959年之前，毛澤東尚未決定用戰爭手段「徹底解決西藏問題」。這是因為，在五〇年代中期，西藏並非他最關注的問題。毛澤東那時急於處理一系列國際國內的事件，西藏只要「不出亂子」，盡可先按兵不動，必要時不妨暫時讓步，例如後來被用來大做宣傳的「六年不改」方針。但是，范明對如何經營西藏顯然有自己的看法，在一些重大策略問題上，他反對「中央某負責同志」[27]的決定，並直接上書毛澤東提出自己的意見。最終，這位神秘的「某負責同志」決定把范明這個自我感覺過於良好的「軍中秀才」整肅下去。

五〇年代的「反右」運動，除了整肅知識分子和「民主黨派」之外，同時也是一場中共黨內和軍隊內部的清洗運動。至1958年，軍內劃出右派五千四百人[28]。於是，藉「整風反右」之機，范明被整肅，成了「范白反黨集團」頭目，被公開批鬥五個月，開除黨籍軍籍，遣送回內地判刑。此案牽連多人，「特別是從西北進藏的幹部，幾乎無一幸免。對他們有的開除黨籍，有的開除公職，有的關進監牢，有的受到黨內、行政處分，有的調離要害部門，有的控制使用。」[29]換言之，西北局班底在這場「南北戰爭」中全軍覆沒。

---

27 范明在其回憶錄中始終未說明「中央某負責同志」是誰。本書作者根據各種資料判斷，該「負責同志」應為鄧小平。
28 《彭德懷年譜》，頁682。
29 范明，《西藏內部之爭》，頁394。

表面看來，這場內部清洗決定了「緩進派」的取勝，但事情並非如此簡單。西藏工委的「內部之爭」無論哪邊取勝，都不會改變西藏的命運。事實上，他們的爭論只是策略上的爭議，並無原則上的分歧。不過，西藏工委「南北戰爭」的結果，客觀上壓制了軍隊官兵實際存在的種種不滿，造成了政治恐懼，也直接導致了幾名中下級軍官的潛逃。

　　歷史往往有某些戲劇性的巧合，「四水六崗衛教志願軍」在洛卡正式成立時，恰是西藏工委和軍區「南北戰爭」的關鍵點。那時，毛澤東的主要關注點是國內國外的兩件大事：「大躍進」和5月發生的「黎巴嫩事件」，這個事件很快將發展成「中東危機」。

<h2 style="text-align:center">三</h2>

　　1958年6月16日，藏布江南岸洛卡宗哲古塘，群山連綿，環護著海拔4,600米的一泓清水──哲古湖。夏日的陽光下，湖波瀲灩，牧草青青，環湖一帶是上好的牧場。

　　八百多名漢子有的背著步槍火槍，有的兩手空空，絡繹來到一片平坦寬闊的草灘。連綿起伏的草山下，漢子們排成一條長長的隊伍。隊伍的前方，幾名漢子抬著放著達賴喇嘛照片的法座，有人點燃煨桑爐，桑煙裊裊升起，高原夏日沁涼的空氣裡，彌漫著柏葉的清香。騎兵跟著法座遊行一周，將法座護送進一座帳篷，完成了一個簡樸莊嚴的宗教儀式。

　　漢子們按照自己的部落或家鄉排成縱隊。「四水六崗衛教志願軍」各分隊按藏文字母順序排列，有的部落人數眾多，有的部落寥寥無幾，形成長短不一的隊列。幾個人走到隊列前方，在一個土墩上升起軍旗。高高的旗杆頂上，衛教軍軍旗在藍天下獵獵飄揚。黃色的旗幟上繪著兩把寶劍，單刃劍在下，雙刃劍在上，兩劍十字相交。八瓣蓮花托著雙刃利劍，劍尖噴出紅色火焰。雙劍之柄，是象徵閃電的金剛杵。

　　理塘商人貢保扎西站在雙劍旗下，對他面前的幾百名漢子宣布：「四

水六崗衛教志願軍」正式成立。「從今天開始，我們就像同父同母的兄弟一樣，」他說，「哪怕我們打到只剩下十個人，還是有一個地方可以去的，還是會有出路。大家要努力！」**30** 幾名代表分別說了一番勉勵的話。

「他就說了這些？」我問丹增。

「就這些。他是個不愛說話的人。」他回答。

「四水六崗的軍旗是誰設計的？」我問丹增。

丹增不假思索地回答：「不知道。」

我對「四水六崗」軍旗設計者的追尋，與我對那段歷史的追尋同樣執著。這個問題我問過很多次，每次都得到同樣的回答。沒有人確知是誰設計了那面軍旗**31**。最初的軍旗不知所終，我熟悉的「原始版」是一張保存了半個多世紀的黑白照片。照片上的旗幟看不出顏色，很難判斷圖案是直接畫在布料上，還是用傳統藏式堆繡法製作。雙劍線條流暢，造型優雅，設計者想必是一位技法高超的藏畫藝術家。簡樸端莊的圖案隔著漫漫時空，無聲地敘述著在摧毀一切的時代裡，自由與信仰的尊嚴。

旗幟下的康巴和安多漢子們穿著藏式長袖襯衣，「曲巴」的長袖纏在腰間。他們頭戴形形色色的帽子，足蹬各式各樣的長靴。不久前，他們還是農夫、牧人、商販、僧侶，他們來自三十多個部落，說著不同的方言，屬於不同的教派。一場突如其來的戰爭狂飆，將他們從家鄉颳到這裡，在這面無名畫師設計的軍旗下，他們完成了從「民」到「兵」的轉換。「四水六崗」是一支建立在自願基礎上的游擊隊，這些熱血漢子勇氣有餘，經驗不足，武器短少，缺乏訓練。但是，當即將吞沒他們家園的紅潮洶洶而來時，他們別無選擇。

一位不知名的攝影者留下了貢保扎西「閱兵」的影像。照片上，這位理塘商人、「四水六崗衛教志願軍」總指揮跟他的士兵們一樣，頭戴氈帽，

---

30 芒康洛桑訪談，2010年10月20日。

31 姜華亭回憶錄中說最初的四水六崗軍旗是他設計的，但他描述的軍旗式樣與四水六崗成立大會照片上的軍旗似有差異。詳見次仁旺久，《心向自由——中共炮兵營長投身西藏抗暴記》，頁39。

足蹬長靴，「曲巴」的長袖纏在腰間。他甩臂邁步，神色沉靜，目光投向地面。在他去世後出版的回憶錄中，這個沉默寡言的男人沒有留下隻言片語描繪他彼時的心情。後人永遠無法得知，在他面對幾百名願與他一同赴死的夥伴時，心裡想的是什麼。恐怕他比在場的任何人都更清楚，相對一個蠻橫無理、不可一世的政權，以及那個政權所依仗的強大軍隊，他面前這些從四面八方聚集到雙劍旗下的同胞，是多麼微不足道。他們沒有軍餉，沒有精良武器，沒有戰爭經驗，沒有可靠的國際支援。他們唯可依仗的只有決心和勇氣，生死不變的信仰，以及頸上的「嘎烏」[32]。

隊列裡的漢子們或許有許多人目不識丁，但是人人都懂得這面旗幟的寓意。他們知道黃色象徵佛教。他們知道火劍為文殊，象徵智慧；鈍劍為護法，象徵伏魔。寶劍、蓮花、金剛杵，均為藏傳佛教象徵系統中最常見的元素。這些象徵所代表的信仰，早已融進了他們的血液，成為他們生命的一部分。

1958年6月，當這些漢子以文殊寶劍和蓮花為戰旗，發誓不惜捨身護法，保衛家鄉，捍衛宗教時，他們不知道，在遙遠的北京，一個針對他們信仰的計畫正在醞釀。幾個月後，時任國家民委主任的汪鋒，將在一個稱為「喇嘛教問題座談會」的會議上發表講話。這篇講話將由中央統戰部轉發各省，一場對外公開稱為「反封建運動」或「四反運動」，中共內部稱為「宗教制度改革」的運動，將在他們已經被戰爭狂飆橫掃過後的家鄉展開。

隨著時光流逝，「四水六崗」軍旗有了不同樣式。不同的「四水六崗」分隊以「初始版」雙劍旗為藍本，發揮各自的想像力，製做出大同小異的旗幟。在一張鮮見的歷史照片上，三名「四水六崗」游擊隊員持槍而立，面對鏡頭露出從容的微笑。他們背後，兩個男人展開一面雙劍旗。黑白照片看不出旗幟邊緣的顏色，雙劍上方隱約可見雪山旭日，頂部的深色邊緣上，排列著五個咧嘴大笑的白森森骷髏。

生命無常。

---

32 護身符。

雙劍旗上五只大笑的骷髏，旗幟下五個微笑的漢子，構成奇異的生命流轉圖。

唯因無常，方能流轉；唯知生死，方能無畏；唯其無畏，方能自在。這是貪戀權力、崇尚權術的紅色帝王將相們無法破解的生命密碼。

沒有人知道這五個漢子的名字。在大時代的風暴裡，小人物常常被時代遺忘。然而，大時代裡無數小人物悲壯故事的組合，就是流傳千古的史詩。

四

半個多世紀後，在德拉東頓珠林西藏難民定居點，一個名叫拉巴的扎益人告訴我，他投奔「四水六崗衛教志願軍」的情景。

拉巴騎馬背槍離開拉薩前往洛卡，以為自己將加入一支兵強馬壯的軍隊。不料到了哲古，看到的只是一片空地上的幾座舊帳篷。

「當時我心裡就有點酸（失望），」他笑著對我說。

他走到一頂帳篷那邊，對一個康巴人說他要「入夥」。

康巴人問：「有人擔保你嗎？」

「沒有。」拉巴回答。

「沒有擔保？」康巴人偏了偏腦袋，「看看那邊，（你）就像他們兩個那樣！」

拉巴朝「那邊」望去，見兩個男人被繩子捆著，坐在帳篷邊。他不由怒氣橫生：「我騎著自己的馬，背著自己的槍來這裡，還要什麼擔保！」

康巴人說：「沒辦法，這是規定。」

在形勢複雜、不知誰可信任的情況下，傳統的聯絡方式又開始啟用。拉巴突然想起他的老鄉。他問康巴人：「安多部在什麼地方？」

在康巴人的指點下，他找到安多部駐紮的地點。看到近百名安多鄉親，拉巴心裡又是一酸：「這樣的軍隊怎麼打仗？有些人只有火槍，有些人連槍都沒有，只有刀矛！」

五十多年後，拉巴坐在他家的門廊裡，說起他的「投軍」經歷，不禁哈哈大笑。

但在當時，這是「四水六崗衛教志願軍」總指揮貢保扎西最頭痛的事，也是他的當務之急。衛教軍人多槍少，而且沒有重武器。噶廈政府不肯給他們武器，他們只有一個辦法：搶。貢保扎西通過關係輾轉得知，除了拉薩的藏軍軍火庫，山南還有一個地點，存放了一批不錯的英式武器。

8月15日[33]，「四水六崗」分為兩翼，總指揮貢保扎西親率六百多名擁有步槍、身強力壯的騎兵組成「北翼軍」，也是衛教軍主力，以「佛法之矛」和神諭開道，一路吹著螺號，顯赫出征，馳向西北。目標：南木林[34]。

南木林宗有座名叫香噶丹頃科林[35]的著名古寺，這座歷史悠久、頗具規模的寺院是格魯派在西藏的「十三林」之一，當時有一千一百多名僧侶。1954年，噶廈政府將一批武器存放在這裡，鎖在經堂樓下。槍炮子彈在經堂下靜靜地封了三年多。1957年，這些武器被分成三部分，存放在寺院的三座康村中，由康村負責管理[36]。「四水六崗」成立之初，貢保扎西能夠指望的，只有這批軍火。

衛教軍繞過羊卓雍湖，翻過崗巴拉山，在曲水以西的娘索渡口渡過雅魯藏布江，繼續朝西北方向前進。根據中方資料推斷，這時候是8月下旬。

正忙著內部清洗的西藏軍區和工委是否瞭解衛教軍的動向？目前的中方資料對此含糊不清。據中方資料，7月21日汽車16團8連的一輛運送木材的汽車遭到「叛亂武裝」襲擊。這個事件是「噶廈管轄區內武裝叛亂行動的開始」[37]。事發地點在墨竹工卡宗格桑村以西約20公里處，該地在拉薩以東，離哲古很遠，不大可能是衛教軍所為。

---

33 藏人資料中，衛教軍出發去南木林的具體日期不清楚，姜華亭回憶錄中的日期是1958年6月26日，這個日期離衛教軍成立僅十天，疑有誤。《中共西藏黨史大事記》中為8月15日。

34 今西藏自治區日喀則地區南木林縣。

35 亦譯「香噶丹頃科寺」、「甘丹曲果林寺」、「格丹曲廓林寺」，位於今日喀則地區南木林縣南木林鎮雪堆村。

36 姜巴，〈在叛匪搶劫武器的背後〉，《西藏文史資料選輯》第5輯，頁93-95。

37 《解放西藏史》，頁344。

藏人資料中,「四水六崗」正式成立後的一個多月中,沒有軍事行動的記錄。那段時間的主要事情,是噶廈政府在工委的壓力下,前後派了八次信使到哲古,轉交噶廈的信,要求貢保扎西解散衛教軍。8月中旬,噶廈派來一個官員小組,要求貢保扎西去宗政府面談。貢保扎西避而不見,指派代表前往。結果,噶廈的遊說小組非但沒成功,兩名四品官反而留下來加入了衛教軍。那時貢保扎西忙於建立衛教軍的內部系統,制定和頒布包括二十七項條款的軍規,討論下一步行動計畫[38]。

8月2日,經中央批准,西藏軍區展開第一次軍事行動,派155團、159團的部分部隊在川藏公路拉薩至林芝段,打擊「川、青叛亂武裝」,這個行動進行了兩周,8月17日結束。此時,衛教軍已經離開哲古,而工委還在繼續批鬥范明。

8月18日,鄧小平對西藏軍區的「有限軍事行動」表示贊許,並指示司令張國華和副司令鄧少東:「鞏固自己的陣地,維護交通。如果威脅交通,威脅你們,有把握的就打,沒有把握的就不打;讓他們鬧大點,鬧得越大,改革越徹底。解放軍不要輕易上陣,不要輕易把部隊拿上去。收縮對了,現在主動。小據點加強一點。」[39]由此看來,當時西藏工委和中共中央雖然知道衛教軍的存在,但基本策略是採取守勢,對他們並不很重視。

西藏軍、政系統在1957年裁減之後,在山南只有澤當和貢嘎有軍營,沿公路幹線的各兵站有少量駐軍。因此,衛教軍從哲古總部到曲水渡江,一路順利。

當時,「四水六崗」裡有幾個前解放軍軍官,其中有個名叫陳柱能的原倉庫警衛排長。衛教軍渡河到雅魯藏布江北後,擔任貢保扎西警衛隊長的陳柱能開了小差。他在潛入拉薩時被捕,供出了貢保扎西的行蹤和計畫。軍區這時正在召開三級幹部會,傳達鄧小平的指示,得到情報後才知道衛教軍的

---

38 Gompo Tashi Andrugtsang, *Four Rivers, Six Ranges: Reminiscences of the Resistance Movement in Tibet*, pp. 69-72.

39 吉柚權,《西藏平叛紀實》,頁45。《中共西藏黨史大事記》頁82引用這段指示時,刪去了「讓他們鬧大點,鬧得越大,改革越徹底」和「小據點加強一點」這兩句話。

動向。會議立即終止。

8月24日，159團星夜出發，四天後趕到曲水，隨即兵分三路，沿雅魯藏布江奔向尼木；155團乘車趕往尼木東北方的羊八井，兩個團的兵力南北合圍，計畫將貢保扎西和他率領的衛教軍一舉全殲。

五十二年後的一個秋日，在印度德拉東頓珠林西藏難民定居點，我坐在芒康人洛桑舍拉家蔭涼的門廊裡，聽他講述作戰經歷。

1958年，大約在5月間，洛桑擱下自己在帕里的生意，跟他的一群康巴朋友跑到拉薩。到了拉薩，他們聽說貢保扎西已經決定去洛卡。洛桑趕緊掏錢買槍，一群人過江到了洛卡。那時「四水六崗」尚未正式成立。

「我走的時候連我老婆都不知道，」他對我說。「後來她跑到印度，我也跑到印度。我找到她，她不要我了！」洛桑老人揚聲大笑，兩撇雪白的八字鬍隨聲抖動。屋簷下呼地飛出一隻麻雀，鑽進院子裡一株開著碩大紅花的扶桑樹，消失在濃綠葉叢中。

那年，洛桑舍拉三十五歲，做生意賺了點錢，他買了好槍好馬，因此被選中去香噶丹頃科林劫武器。

「途中我們遇到伏擊，打了一仗。」他說。「我們改變方向，從另一條路走，去拿武器。」洛桑老人盤腿坐在牆下的墊子上，面前的小几上擺著一只「愛迪達」鞋盒，上面放著一部用布包裹的經書。他一手握著兩尺多長的轉經筒，一手數著念珠，笑咪咪地對我回憶往事。五十二年前那場戰鬥，他只對我說了這句話。

那一仗的地點在尼木，是衛教軍成立後的首戰。這一仗各有傷亡，解放軍損失一個重機槍班，衛教軍陣亡三十多人。黃昏時分，159團趕到，雙方立刻展開激戰，戰至天黑。當晚，在夜幕掩蓋下，衛教軍改變路徑，繞了一個大彎，前往羊八井。在羊八井，雙方再次遭遇。

最後，解放軍兩個團合圍失敗，於9月初返回拉薩休整。貢保扎西首戰告捷，按計畫到達香噶丹頃科林，取走大批武器，包括四門迫擊炮，390多發炮彈，十挺輕機槍，十八支衝鋒槍，385支步槍，378支刺刀，以及各種子彈七

萬三千多發[40]。

「回來的路上又遇到伏擊。」洛桑舍拉繼續說。「這次打仗，我受了傷。」

他放下念珠，在腿上比畫：「子彈從這邊打進去，那邊穿出來。」

洛桑沒法跟上大部隊，只能留在當地。他和幾個傷勢不太重的傷患躲到山裡，幸未被人發現。

衛教軍一路北上，從羊八井繞過當雄，過青藏公路，進入藏北。10月下旬，貢保扎西率幾百名衛教軍主力轉戰至丁青、邊壩一帶。這一波作戰至此結束。1995年出版的《中共西藏黨史大事記》中記載，這波戰事中，「共殲滅叛匪955名（其中俘217名）」[41]。2008年出版的《解放西藏史》中，這個數字減少了近一半，共死傷俘五百多名，解放軍陣亡134人、傷111人[42]。西藏軍區並未達到預想的結果，衛教軍在丁青、邊壩一帶休整，同時邊壩的幾個部落也開始組織反抗。

洛桑他們在山上躲了十八天後離開該地，返回哲古總部。

「那時候我們哪有什麼醫療設備，總部給我們幾個傷患放假，讓我們去泡溫泉。泡著泡著，傷就這麼好了。」說起自己幾十年前的出生入死，洛桑老人又一陣大笑。

五

1958年6月13、18日，工委得知「康巴人在山南建立兵營」的情報後，立即電報中央，報告「西藏地區可能發生叛亂」[43]。7月14日，中央覆電工委，

---

40 Gompo Tashi Andrugtsang, *Four Rivers, Six Ranges: Reminiscences of the Resistance Movement in Tibet*, pp. 74-75.
41 《中共西藏黨史大事記》，頁82。
42 《解放西藏史》，頁347。
43 《平息西藏叛亂》，頁64-65。

要工委「對噶倫們表示嚴正的態度」，並重複周恩來1956年在印度對達賴喇嘛說過的話：「如果反動分子一定要武裝叛亂，中央就一定實行武裝平息叛亂。」[44]也就是說，中共用內地模式改造西藏的決心不會改變，哪怕動用武力。四天後，張經武、張國華到羅布林卡達賴喇嘛居住的旦達明久宮裡，向達賴喇嘛表明中央態度。

達賴喇嘛左右為難。日後，他在第一部自傳《我的土地，我的人民》中，如此描述自己當時的心情：

一方面，我非常敬佩游擊隊戰士。他們是勇士，這些男人和女子，冒著自己和自己孩子的生命危險，用他們能夠看到的最後手段，來挽救我們的宗教和我們的國家。當一個人聽說中國人在東部所做的可怕事情的時候，尋求報復是人的一種自然反應。而且，我知道，他們把自己看作是在為忠實於達賴喇嘛而戰鬥，達賴喇嘛是他們要保衛的一切之核心。

可另一方面……不管針對我們的暴力是多麼強烈，以暴易暴絕不是正確的做法。而且在現實層面，我看到，東部發生的慘案是一個實例，說明如果我們反抗他們，他們就會毫不猶豫地對全西藏這樣做。我想，我仍然必須說服我的人民不要使用武器，不要在我們國家其他地方引發同樣的、甚至更壞的報復。[45]

他要求噶廈派人去洛卡，轉達他的意見。1958年7、8月間，中共軍隊在甘青川滇大規模鎮壓藏人的時候，噶廈政府的信使們卻在拉薩和洛卡之間來來往往，要求貢保扎西放下武器，但他們都無法動搖貢保扎西的決心。越來越多的鎮壓消息傳到拉薩，形勢越來越緊張。一些拉薩貴族早已開始向印度轉移財產，達賴喇嘛身邊的人甚至建議他流亡印度[46]。

---

44 全文見《平息西藏叛亂》，頁64-65。
45 Dalai Lama, My Land and My People: *Memoirs of the Dalai Lama of Tibet*, p.160.
46 達賴喇嘛尊者訪談，2009年6月30日。

9月10日，中央指示西藏工委：「在用人民解放軍去消滅叛亂武裝問題上，需要慎重從事。只有在叛軍直接威脅我軍和主要交通線的時候才上馬，而且要在有把握的時候才上馬，因為如果打得不好，不如不打。這點請注意。」[47]10月11日，中央再次強調這一方針，並指示西藏工委「切不要採取不問情況、條件和勝利把握大小、『那（哪）裡發生叛亂，就在那（哪）裡平息叛亂』的辦法」，也不可「採取『那（哪）裡叛亂，就在那（哪）裡改革辦法』」。這並非表示中共對西藏發生的反抗採取容忍態度，而是一種策略。中共認為「零敲碎打，絕不能解決問題」，反而對全局不利。「西藏昌都反革命的毒，總是要放出來的。放任一下，讓它發展暴露出來，更容易徹底解決。」[48]這份文件說明，雖然戰火已經從康區和安多蔓延到西藏，但中共認為此時尚屬「局部問題」，還不到「徹底解決」的時候，因此並不打算即刻調兵增援。

當時未派遣大部隊，還有更實際的原因。《彭德懷年譜》有如下記載：

（1958年）1月11至22日，毛澤東在南寧主持九省二市書記會議，批判「反冒進」，提出本年經濟計畫要「大躍進」，但資金嚴重短缺。會議期間，李先念深夜打電話告訴北京彭德懷：已批准的當年軍費54億元，要減4億元用於經濟建設。因軍費已於三年十月分配下去，而且從1951年的52億開始上升，1953年高達75億，1957年降至55億，故削減難度很大。彭德懷通宵未眠，後來召集會議，只能壓縮2億元。又到總後勤部主持算細帳，再次壓縮2億元，完成了任務。[49]

1958年5月，譚冠三電報彭德懷，建議將西藏工委和軍區這兩塊牌子合而為一，以便減少八千餘人，顯然也與軍費壓縮有關。也就是說，至1958年5月，國防部長彭德懷尚未最後完成壓縮4億軍費的任務。往西藏調兵費用極

47 《平息西藏叛亂》，頁67。
48 同上，頁68-69。
49 《彭德懷年譜》，頁671。

大[50]，在這樣的情況下，中共自然不會輕易調動軍隊。

另一個原因是，當衛教軍與西藏軍區部隊發生激戰的時候，正是「炮擊金門」的策劃與實施期間。1958年5月，黎巴嫩發生政變，7月14日，伊拉克發生政變。中東局勢驟變。7月15日，美、英相繼出兵黎巴嫩，16日美軍空降土耳其，17日英軍空降約旦，「中東危機」達到頂峰。

這段時間，毛澤東密切注視中東局勢，美、英出兵中東後，毛澤東決定利用美英陷入「中東危機」，自顧不暇的時機：

（1958年7月18日）晚上，毛澤東召集軍委領導和空軍、海軍領導人開會，說伊拉克發生革命後，美軍登陸黎巴嫩，英國出兵約旦，我們要以實際行動支援阿拉伯人民的反侵略鬥爭。決定在金門、馬祖地區主要打擊蔣介石，牽制美帝國主義。地面炮兵第一次打十萬至二十萬發，以後每天打一千發，準備打兩三個月。兩個空軍師，準備在炮擊同時或稍後轉場到汕頭、連城。彭德懷於當日晚主持軍委會議，具體布置了空軍要在27日轉場，炮兵準備於25日炮擊金門蔣軍艦艇，封鎖港口，斷其海上交通。[51]

7月18日，正是張經武、張國華到羅布林卡，轉達中央指示的當天。

次日，總參開會進一步部署。7月20日，國防部副部長黃克誠向軍委擴大會議主席團傳達毛澤東前日關於中東形勢的估計：有小打、中打、大打三種可能，要有應付戰爭的準備。

8月23日下午，史稱「第三次臺海危機」或「八二三炮戰」的「炮擊金門」開始。「臺海危機」將美國有限捲入，成為當年的另一件國際大事。「炮擊金門」持續了一個多月，至10月5日開始逐漸降溫。衛教軍與解放軍的第一波作戰，恰好就在這個時間段內。這段時間，中共實際上已經開闢了兩

---

50 據姜華亭回憶，在西藏駐軍一個團相當於內地駐三個師的費用。詳見次仁旺久，《心向自由——中共炮兵營長投身西藏抗暴記》，頁22-23。

51 《彭德懷年譜》，頁692。

個戰場，東南戰場在進行「金門炮戰」，西北戰場在鎮壓藏、回、蒙等民族暴動，兩個戰場都動用了精銳部隊，並調動了空軍。「集中兵力打殲滅戰」是中共的基本軍事原則之一，如果1958年在西藏展開全面軍事鎮壓，軍事、政治兩方面尚未做好充分準備。當時西藏軍區沒有騎兵，公路網亦未建成，機動能力有限；而蘭州空軍和內蒙騎兵主要在甘肅、青海鎮壓藏、回反抗，如果增援西藏，等於開闢第三個戰場，須另調部隊。可以想見，對中共來說，1958年應付東南戰場遠比應付西藏出現的情況更重要，也更緊迫。

毛澤東要軍委做「應付戰爭的準備」，西南西北作為戰略大後方，必須確保局勢穩定，因此，在甘青川滇用兵，比在西藏用兵更為緊急。1958年，朱德和彭德懷相繼到西北各省視察，並對甘青戰事做具體指示。相對「第三次臺海危機」和戰略大後方的安定，西藏的軍事行動無疑是局部問題，中共暫時還顧不上，也騰不出手來處理。因此，中央反覆指示西藏工委，不要輕易用兵。

康區和安多的戰爭硝煙未散，一場旨在全面摧毀藏文化，「徹底根除叛亂基礎」的運動即將展開。在藏區流傳了上千年的佛教，面臨著比朗達瑪滅佛[52]更徹底的摧毀，也是佛教傳入藏民族之後，第一次受到外來勢力的全面摧殘。

---

52 朗達瑪（799？-842），吐蕃帝國末代贊普，藏王赤松德贊次子。他於840年下令禁止佛教，並強制推行苯教，史稱「朗達瑪滅佛」。兩年後，他被刺身亡。

川藏公路兵站分布示意圖

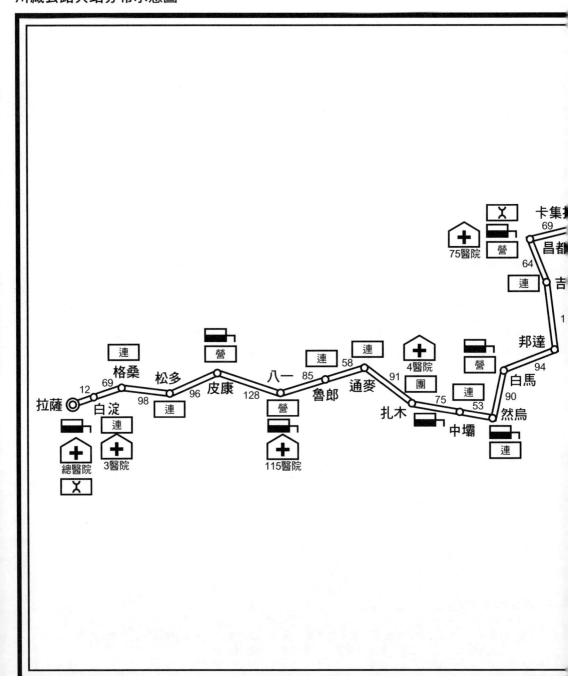

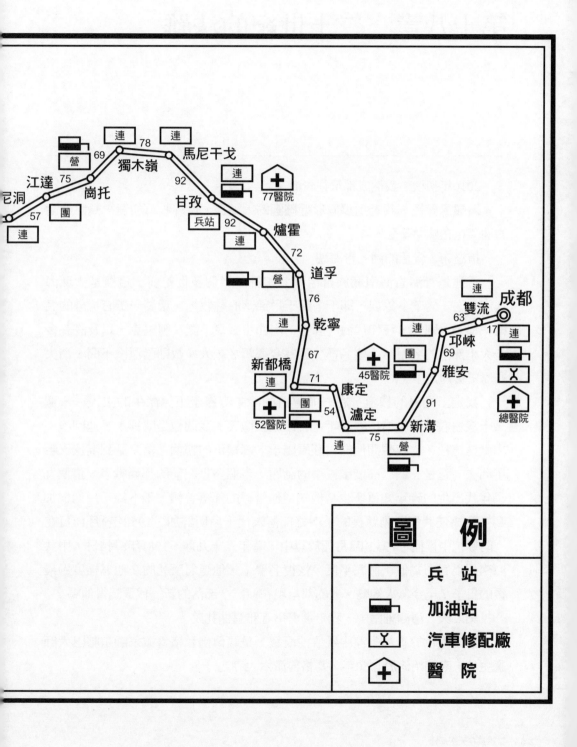

圖　例

兵　站
加油站
汽車修配廠
醫　院

第十八章　二十世紀的法難

────────── 一 ──────────

2010年初秋，我從成都飛往青海。

颯颯風聲裡，我走到那個形近橢圓的大湖邊。湖畔牧草初黃，幾點晚謝的油菜花在風中蕭瑟。

措溫布，青色的湖，青海湖。

這裡是青海省海南藏族自治州共和縣，半個多世紀前，這裡是「環海八族」之一的千卜錄族，即千卜錄千戶部落的駐牧地。環湖一帶有另外的名稱：都秀、剛察、汪什代海、郭密、阿曲乎、夏卜讓、阿里克，以及許許多多大小部落的名稱。這些名稱少數為今鄉鎮名，大多數則已湮沒不聞，消失在歷史雲煙之中。

我走上湖邊的棧道，在一頭雪白的犛牛旁邊坐下。犛牛的主人，一個二十歲左右、學生模樣的青年，轉頭朝我微笑。我問他是哪裡人，他回答：「就是這裡。」我想問他的村莊原屬千卜錄轄下的哪個部落？話到嘴邊又嚥了回去。這是一個「高度敏感」的話題。半個多世紀前的那場戰爭，這個九〇年代出生的青年知道多少？他知道他曾經的部落首領，千卜錄千戶切群加嗎？曾擔任共和縣副縣長的千卜錄部落末代千戶切群加，1958年9月18日在「防叛」中被捕，1959年4月死於獄中，時年三十九歲。1981年6月4日，中共海南州委宣布為他「徹底平反，恢復名譽」。他是怎麼死的？他怎樣度過最後的日子？至今無人知曉。他的部落現在何處？部落的新一代還記得他嗎？

第二天，瀟瀟細雨中，我走進塔爾寺雅囊曲扎院。

塔爾寺位於青海省湟中縣魯沙爾鎮，是藏傳佛教格魯派宗師宗喀巴大師誕生地。寺院始建於1560年，為格魯派六大寺之一。

此刻，這座漢語稱為「九間殿」的大院裡沒有僧人，也沒有遊客。在重新開放的塔爾寺中，雅囊曲扎院並非遊人必至的「景點」，顯然亦非「有關方面」的重點修繕目標。院子顯得陳舊，濕漉漉的石板反射著晦暗的天光，雨水從簷下滲入，回廊褪色的紅牆上印著片片水跡。木柱頂上彩繪斑駁，柱腳出現霉斑。歲月滄桑，一覽無餘。

1958年那場抓捕批鬥大會就發生在這裡。

這個足以容納近千名僧侶的院子，曾經是塔爾寺召開大法會、跳金剛舞的地方。塔爾寺的僧侶們曾無數次集中在雅囊曲扎院齊聲唱誦，梵音聲入雲霄。半個多世紀前那場機槍下的集會，是塔爾寺最後一次上千名僧人的聚集。此後，塔爾寺再未恢復到1958年前的狀況。

我站在長廊邊，環視空蕩蕩的院子。一個小小的絳紅色身影從歷史深處浮出。五十二年前的那天，就在這個院子裡，作為宗喀巴大師父親轉世的塔爾寺住持阿嘉仁波切，經歷了他一生中最恐懼的一天。

瀟瀟細雨突然變成滂沱大雨。天水傾瀉，在院子裡淌成道道小溪。雨點敲擊石板，發出沉重的聲響。

1958年10月的一天清早，年僅八歲的阿嘉仁波切像往常一樣，起床，早餐。這天，他居住的院子裡氣氛異常。院子裡值錢的東西早已被「積極分子」們帶著工作組幹部，以「沒收局」的名義搬走了，但事情好像並未到此為止。經師每天都被工作組召去開會，阿嘉仁波切的課完全停止。經師從來不告訴他開會的事，只是不時長吁短嘆：「時事不好了，時事不好了！」[1]

這天早晨，經師望著年幼的學生，話音沉重：「不知今天會有什麼變故。不論怎樣，你以後生活上一定要學會自理；要懂事，不要隨便聽信別人的話，也不要壞了良心；有了難處多多祈禱三寶和護法⋯⋯」阿嘉仁波切似懂非懂。他想起前日傍晚，寺院裡的幾個「積極分子」到他的院裡，吩咐他次日一早去開大會。他不知道，這一天將把他的生命切割成截然不同的兩

---

1 引自阿嘉仁波切自傳中文手稿。

半。

早餐後，阿嘉仁波切隨著眾人來到雅囊曲扎院。他立時被眼前的情景驚呆了。

僧人全部集中在院子裡。幾十名全副武裝的解放軍士兵在四周巡視，屋頂上架著機槍，槍口對準院子裡身裹袈裟、手無寸鐵的僧人。舉辦法會的高臺上，坐著一批身穿藍色「幹部服」，威風凜凜的工作組成員。一些當了「積極分子」的年輕僧人拎著粗麻繩和鞭子，兇神惡煞地巡遊。會場裡靜得詭異，空氣凝重得令人窒息。

接下來，八歲的阿嘉仁波切見證了塔爾寺五百多年歷史上最恐怖的情景：

一個漢人幹部高喊：「有苦訴苦、有冤訴冤、打倒反革命、揭開封建蓋子！」在場的每個僧人都被迫跟著喊。

接著，幾個顯然預先得到過指示的「積極分子」粗暴地將拉科仁波切從人群裡揪了出來。拉科仁波切年約五十，是我最喜歡的人之一。他是個心靈手巧的人，既能修錶又會攝影。每逢過年過節，他都邀請仁波切們到他家吃飯，而我則趁此機會去擺弄他家裡許許多多新奇的小玩具，往往一玩起來就愛不釋手。他把其中的很多都送給了我，每次到他家作客我都是滿載而歸。

沒人知道為什麼他被第一個揪出來。拉科仁波切犯了什麼罪，這些人對他如此無禮？我嚇得用袈裟搗著臉，可是有個幹部（為中共工作的士兵或者代表的名稱）敲敲我的肩，搖搖頭：我必須看著。他們把拉科仁波切拉到臺下正中，五花大綁，開始拳打腳踢。拉科仁波切矮小羸弱，在拳頭下縮成一團，喉嚨深處發出痛苦的呻吟。他央求給他鬆綁，一個積極分子僧人把捆他的繩子抽得更緊。就在這時，很多喇嘛、民兵和幹部好像同時發了瘋，開始從人群裡成百地抓人。院子裡亂成一團。有的人想鑽到人群中躲起來，可是躲不過；有個僧人想以抓人的積極行動來躲過他自己的災難，可最終也被揪了出來。

第一波抓捕行動中，我的經師、管家、侍從全部被抓，我生平第一次孤

零零的只剩下自己一個人。被抓的人全被捆起來，繩子用完了，被抓僧人的衣帶被解下來當繩子。然後，他們被迫站在高臺下的長階上，讓大眾看見他們的受辱。我的管家就站在我面前，眼睛望著我，眼淚長流。[2]

當時塔爾寺有1,615名僧人，其中「上層實權分子219人（內活佛34人、管家86人、佐相[3]1人、干巴[4]7人、僧官[5]66人、老爺[6]23人，經頭[7]2人），佔13.52%」[8]。那天批鬥會中，除了阿嘉仁波切、賽多仁波切等年幼的仁波切之外，這些人幾乎被一網打盡。

二

那天發生在塔爾寺的事件，並非地方政府所為，亦非單獨事件，而是一場來自中共最高層，經過長時間醞釀和嚴密部署，針對藏傳佛教和伊斯蘭教的政治運動。官方公開出版物中對這場運動鮮有提及，各地縣志或有關出版物中大都稱其為「四反運動」，即「反叛亂、反違法、反特權、反剝削」運動，或「反封建運動」，有些地區稱之為「民改補課」。內部文件中，那場運動被稱為「宗教改革」，或「宗教制度改革」。中共建政以來發動過許多次運動，但這場運動卻鮮為人知。2003年出版的《中華人民共和國日史》（1958），只在「概述」中略微提到青海的戰事，對期間的「宗改」運動隻字未提。在中華人民共和國史裡，這是一場秘密的運動。

2　Arjia Rinpoche, *Surviving the Dragon: A Tibetan Lama's Account of 40 Years under Chinese Rule*, pp. 33-34.
3　此處有誤，應為「相佐」，通常譯為「強佐」，管理僧團內務的職位。
4　干巴：寺院中具有影響力，但不擔任實際職務的老僧或退休僧官。
5　指寺院中執法僧，俗稱「鐵棒喇嘛」。
6　藏語Rajianba，對仁波切「拉章」大管家或德高望重的大格西的尊稱，「老爺」為漢人的說法。
7　即法會上領誦的僧人，即漢傳佛教中的「維那師」。
8　〈反革命的巢穴塔爾寺〉，新華社《內部參考》，1959年3月10日。

為何會有這樣一場秘密運動？這涉及中共的宗教政策及其指導思想。

中共成立之初，其綱領未涉及黨的信仰問題，僅闡明「承認無產階級專政」、「消滅資本家私有制」[9]。但中共雖然自稱代表工農，其早期人物均為知識分子，他們深受二十世紀初時代思潮的影響，都有不同程度的反宗教傾向。陳獨秀認為「一切宗教，都是一種騙人的偶像」[10]。毛澤東在〈湖南農民運動考察報告〉中讚揚農運中「禁迷信、打菩薩」的行為，只是認為策略上應該謹慎：「若用過大的力量生硬地勉強地從事這些東西的破壞，那就必被土豪劣紳借為口實，提出『農民協會不孝祖宗』、『農民協會欺神滅道』、『農民協會主張共妻』等反革命宣傳口號，來破壞農民運動。」[11]在「反帝反封建」的大旗下，基督教被認為是「帝國主義侵略中國的工具」，佛教、道教，以及各種民間宗教被認為是「封建迷信」，都是革命的對象。

紅軍長征期間路過藏區時，在〈中國共產黨中央委員會告康藏西番民眾書〉明確提出：「喇嘛不事生產成為社會上的寄生蟲，同時喇嘛寺常常是一個政權統治機關，並有很多的財產土地，帝國主義中國軍閥和本地的統治階級，都利用喇嘛教來維持自己的統治。」[12]

1945年6月11日，中共第七次全國代表大會通過的黨章總綱闡明：「中國共產黨以馬克思主義的辯證唯物主義與歷史唯物主義為基礎，批判地接收中國的與外國的歷史遺產，反對任何唯心主義的或機械唯物主義的世界觀」，確定中共是建立在唯物主義理論基礎上的政黨[13]。作為「反對任何唯心主義」的政黨，中共稟承馬克思主義宗教觀，認為宗教源於人類對世界的錯誤認知，隨著科學文化的進步，宗教將會自然消失。但在一定歷史階段裡，宗教還將繼續存在。在此階段中，中共應當限制宗教的發展，並用各種方式加速其消亡。這是中共宗教政策的基本原則。

---

9 《中共黨史參考資料》第2冊，頁197-199。
10 〈偶像破壞論〉，《新青年》第5卷第2號，頁89。
11 〈湖南農民運動考察報告〉，網路版：http://news.xinhuanet.com/ziliao/2004-11/22/content_2247012.htm
12 《民族問題文獻匯編1921.7-1949.9》，頁289。
13 《中共黨史參考資料》第9冊，頁569。

在「民主革命」階段,中共的首要目標是奪取政權,為實現這一目標,中共願與各種社會力量合作,結成「統一戰線」,孤立並打擊主要敵人。奪取政權後,為鞏固政權,不可樹敵過多,因此建政後頭幾年,中共在西南西北的非漢民族地區成立「三三制聯合政府」,即在各級政權機構中,共產黨員、非黨進步分子和民族宗教人士各佔三分之一。用這樣的方式借助宗教上層人士的影響力,盡快在民族地區立足。1951年,中共青海省委特別指示,要各地「切實保護寺院」:

寺院是和群眾聯繫最多的一個地方,因而是開闢遊牧區工作的重要對象和活動重點,應以最大力量做好各級喇嘛工作,特別是對小喇嘛的工作(小喇嘛實際是勞動群眾一部分,生活十分痛苦)。由於他們的傳統地位,在牧區可以通行無阻,到處行動,通過他們最容易傳播我黨影響和政策。[14]

當中共立足之後,開始以其意識形態來改造社會時,不可避免地與那些民族的宗教信仰,以及圍繞信仰產生的風俗習慣和生活方式發生衝突。1956年中共在四川藏區開展土改時,衝突開始尖銳。這時,中共開始考慮「動宗教」。同年7月,毛澤東在聽取李維漢、廖志高關於甘孜、涼山改革問題的談話中,談到如何處理寺廟時,毛明確說:「暫時不動,不是永遠不動。」[15]1957年3月9日,中共中央書記處指示四川省委:「寺廟問題要慎重,省委要好好研究,提出辦法。要從寬,不使之垮得太快。像甘孜那樣大量發布施是不對的,實際是幫助其發展。不可能不削弱。不要幫助它發展,一不助其發展,二不使之垮得太快。」[16]

---

14 〈中共青海省委關於遊牧區工作幾個問題的指示〉,《民族宗教工作文件匯集1949-1959》(下),頁96-100。
15 《四川民族地區民主改革資料集》,頁39。
16 〈中央書記處對甘孜州改革問題的結論紀要(摘要)〉,《四川民族地區民主改革資料集》,頁27-29。

1958年5月，劉少奇在中共「八大」二次會議所做的中央工作報告中，談到民族地區整風和反右派鬥爭，以及批判地方民族主義和克服大漢族主義傾向等問題。國家民委副主任楊靜仁在會上做題為〈宗教壓迫是壓在回族人民身上的一座大山〉的發言，提出當前回族中存在兩種矛盾，一種是「社會主義制度同宗教制度的矛盾」，另一種是「無神論與有神論的矛盾」。楊靜仁提出要從「教、管、改」三方面來解決這兩個矛盾。「教」，即「對人民群眾加強科學知識的宣傳，對宗教界加強愛國守法的教育」，並且在進行社會主義教育時「宣傳唯物主義的世界觀，批判宗教的世界觀」；「管」指的是「管理宗教上層」，加強對他們的改造，「對於宗教上層中的右派及其他反動分子和壞分子要堅決進行鬥爭，剝光他們欺騙群眾的資本，這對於削弱宗教對人民的束縛很有利。」「改」就是「宗教制度的改革」[17]。

　　5月27日至6月7日，經中央批准，統戰部在青島召開「回族伊斯蘭教問題座談會」，統戰部長李維漢在會上發言，對中共宗教政策做出了理論上的闡述：「宗教是一個歷史範疇，它有著發生、發展和消滅的必然規律……我們的社會發展要求我們不要只是看到宗教是長期的，要保護信教自由，同時也要看到它是會逐步削弱以至消滅的，並且要從各方面加以促進，使它削弱得快一些。」[18]

　　至於過去幾年為何沒有實行「宗教制度改革」，李維漢說：

　　過去幾年對宗教採取的方針，是基本不動，只同他們做政治鬥爭……做政治鬥爭，而不牽連到宗教。這個方針對不對？我看這個方針是對的。因為那時民主革命還沒有搞，就動宗教？反革命沒有動，就動宗教？還有建黨、建團、群眾工作，這些都沒搞，就動宗教怎麼行？所以過去不動是對的。但是現在所有這些起了變化，民主革命完成了。社會主義革命基本完成了。民族關係基本改善了，黨建立起來了，團建立起來了，有了群眾基礎，政權鞏

17　《民族宗教工作文件匯集1949-1959》（下），頁766。
18　同上，頁738。

固了。所有這些叫做社會主義的優勢，人民的優勢，共產黨的優勢，人民民主專政的優勢。[19]

「青島會議」召開時，中共在甘孜、阿壩已經進行了兩波軍事鎮壓，民間武器基本收繳，土改大致完成；青海、甘孜、雲南的軍事行動正在進行當中。由於雙方力量對比極其懸殊，中共內部沒有人懷疑鎮壓的效果。這時開始進行「宗教制度改革」，藏人已經不再有反抗能力，「動宗教」時機成熟。

「青島會議」是一個政治動員令，標誌著在軍事行動的同時，一場針對宗教的政治運動，即將在甘青川滇四省全面展開。

1958年8月19日，新華社《內部參考》刊登了一條消息：「青海省將開始進行宗教制度的改革工作」。報導說，中共青海省委於7月下旬召開牧區州、縣委書記會議，「根據中央統戰部青島會議的精神，討論並通過了『關於改革宗教制度的決議』，確定要徹底改革宗教制度，廢除宗教對少數民族的一切壓迫剝削制度和精神束縛。」決議通過四項措施：

一、「堅決改革宗教制度」，廢除寺院地租、畜租、高利貸、山林、草原，以及各種宗教法等，並「逐步廢除『活佛轉生』制度」；

二、「徹底改造宗教人員，使大部分宗教寺院瓦解。對於宗教上層中的反革命分子，一律逮捕法辦；對於有反革命嫌疑的分子，要一律集中管訓，嚴加審查，該法辦的法辦，該管制的管制。對於右派分子，要徹底鬥醜、鬥臭，並視其罪惡大小分別予以處分。不論反、壞分子或右派分子，處理時都要在群眾中公布其罪惡事實，發動群眾檢舉、揭發和鬥爭，剝光其政治資本。」

三、「廣泛發動群眾在揭掉封建蓋子的同時，把宗教鬥醜、鬥臭、鬥垮。」

---

19 〈在回族伊斯蘭教問題座談會上的講話〉，《統一戰線問題與民族問題》，頁503-519。

四、「加強對黨員、幹部當前形勢的教育，使他們認識宗教的反動本質，徹底糾正把宗教當作老虎屁股不敢摸的右傾思想，不斷破除迷信，解放思想，大膽和宗教開展鬥爭。」[20]

這四項措施表明，「宗教制度改革」的目的並非如公開資料中所說，僅僅是對某些宗教法規和制度進行改造，使之適應社會發展，而是從政治、經濟上全面壓制宗教，最終目標是「使大部分宗教寺院瓦解」。

三

為什麼選擇1958年「動宗教」？除了意識形態的根本衝突之外，還有更為實際的原因。伊斯蘭教和佛教在西南西北地方擁有大量信徒，並有傳承千百年的組織方式和嚴密制度。在全民信仰佛教和伊斯蘭教的藏、回民族中，宗教信仰具有強大社會凝聚力。在這些地區，既非同族又非同教的中共幹部，是雙重意義上的「外人」。他們在那些地區建政必定困難重重，不得不借助槍桿子。毛澤東早就清楚：要鞏固地方政權，牢牢控制那些地區，必須依靠當地人。1949年11月，他在〈關於西北少數民族工作的指示〉中指出：「要徹底解決民族問題，完全孤立民族反動派，沒有大批從少數民族出身的共產主義幹部，是不可能的。」[21]

可是，在這些地區培養黨團員，立即與他們的宗教信仰衝撞。建政之初，中共在這些地區制定了與漢地不同策略。1954年10月，中共中央明確指示各民族地區，對於少數民族中的「覺悟分子和革命知識分子」，經過一定的考驗後「應當允許其入黨，不要把放棄宗教信仰作為入黨的一個條件」，

---

20 新華社《內部參考》，1958年8月19日。
21 《毛澤東文集》第6卷，頁20。

否則，「我們在許多少數民族地區的建黨工作，幾乎是不可能的」[22]。

但是，矛盾始終存在。李維漢的講話中很明白地說：

公民有信仰宗教的自由，黨內沒有信教的自由，這是容易弄明白的，因為馬克思主義者、共產主義者的宇宙觀，只能是無神論、唯物論，不能是有神論、唯心論。所以在原則上講，共產黨內沒有信仰宗教的自由⋯⋯在原則上，有神論和無神論在共產黨內是不能並存的；在事實上許多回族黨員還保有宗教信仰。這是一種矛盾。[23]

這一矛盾平時或許不大突出，但是，當中共開始在民族地區強制推行社會改造，與寺院發生直接衝突時，許多黨員就不得不面臨遵從黨紀，還是遵從信仰的選擇。從循化的情況來看，大多數黨、團員選擇了宗教。「循化事件」中，當地黨員68.4%、團員69.5%參加了暴動，其中40.4%（156名）黨員、45.09%（262名）團員「直接參加攻打縣城」[24]。內部文件〈循化縣黨員和宗教關係的一些情況〉中透露：

據瞭解循化縣前次參加叛亂的黨、團員中，有78%的人，在對待宗教問題上存在著極其模糊的觀念，並且還保留著相當濃厚的宗教信仰，「護教」思想十分嚴重，表現了「捨黨不捨教」，「捨命不捨教」，把宗教凌駕於黨之上，敵人就緊緊抓住了這一點，打著「保護宗教」的招牌，對黨員說：「你要文都大寺呢（喇嘛寺）？還是要共產黨？」「這次主要是打倒宗教的敵人和幸福生活的破壞者」。這些毒辣的反動宣傳，恰恰吻合了黨員的錯誤觀念。曾被稱為優秀黨員的桑熱（藏族、黨支部書記）匪亂前求神卜卦，當

---

22 〈中央批發關於過去幾年內黨在少數民族中進行工作的主要經驗總結〉，《民族宗教工作文件匯集1949-1959》，頁1-33。

23 〈在回族伊斯蘭教問題座談會上的講話〉，《統一戰線問題與民族問題》，頁503-519。

24 〈青海省委關於循化撒拉族自治縣反革命武裝叛亂事件的教訓的報告〉，《民族宗教工作文件匯集1949-1959》（下），頁993-999。

「法師」說「跟多數人走有好處（參加土匪）」，於是他便積極參加叛亂，並成為叛匪的骨幹……還有不少黨員，叛亂前吃咒，表示「絕不叛變宗教，要堅決打倒宗教的敵人──共產黨」。[25]

除此之外，還有相當數量的僧侶參加了暴動。統戰部副部長汪鋒1958年10月7日在「喇嘛教問題座談會」上的發言是說，各地「喇嘛參加了叛亂的一般佔50%以上」[26]。

面對如此現狀，要想通過社會改造，將那些地區納入中共政治、經濟和意識形態體系中，就必須對宗教採取「釜底抽薪」式的行動。用中共政治術語來說，就是「必須奪過民族和宗教這兩面旗幟」。

經濟因素也是中共在此時「動宗教」的原因之一。根據汪鋒講話中的資料，在信仰藏傳佛教的蒙、藏、羌、土、裕固等民族中，共有「大小寺院五千多座，宗教職業者四十五萬人，其中西藏的喇嘛寺廟有三千多座，喇嘛二十五萬人；內蒙、新疆有喇嘛兩萬人；甘肅、青海、四川、雲南等省共有喇嘛寺廟兩千三百多座，喇嘛十七萬多人」[27]。經過幾百年的積累，寺院不僅擁有土地、山林、牧場、牲畜、商業資本、存糧等，還擁有數量龐大的房屋、金銀銅質造像和法器，以及不計其數的珠寶。據當地政府統計，1958年之前，甘孜州寺院土地佔全州土地18%，寺院商業資本佔全州私營商業資本72%[28]；雲南迪慶州寺院土地佔全州土地34%。青海的塔爾寺擁有約十萬餘畝土地[29]。中共在那些地區推行合作化，不可能不沒收寺院的土地。此外，眾多宗教上層人士的個人財產也相當可觀。

1958年，中共開展大躍進，資金嚴重不足，以至於不得不削減軍費用

---

25 〈循化縣黨員和宗教關係的一些情況〉，《民族宗教工作文件匯集1949-1959》（上），頁555-558。

26 〈汪鋒同志1958年10月7日在喇嘛教問題座談會上的講話〉，《民族宗教工作文件匯集1949-1959》（下），頁780-790。

27 同上。

28 同上。

29 〈反革命巢穴──塔爾寺〉，新華社《內部參考》，1959年3月10日，頁10。

於建設，當然不會放過巨大的寺院財富。在宗教活動中消耗的人力物力被認為是浪費，楊靜仁、李維漢和汪鋒在各自的講話中都提到了信徒給寺院的奉獻，認為「宗教消費」是導致回、藏人民無法改善生活的主要原因。

由於擁有雄厚經濟實力，寺院具有相當的獨立性，這是中共不能容忍的。汪鋒在其講話中指出：「廢除寺廟的生產資料所有制和高利貸、無償勞役等剝削制度，取締非法商業（寺廟的商業都是非法的，商業活動停止了，就把他的經濟基礎挖掉了）。」[30]

——— 四 ———

然而，「使大部分宗教寺院瓦解」的「宗教制度改革」與憲法上的「宗教信仰自由」邏輯上是矛盾的。這就涉及中共宗教政策的實質。在「回族伊斯蘭教問題座談會」上的發言中，中央統戰部長李維漢對憲法規定的「信仰自由」做了如下解釋：

「信教自由」這個口號本來是資本主義向上發展時期，由資產階級提出來用以反對封建制度的，因而在一定歷史條件下是一個革命的口號。我們採用了這個口號，同時充實和發揚了這個口號的革命內容，不但用它來反對封建主義、反對剝削階級強迫信教，而且力圖經過這個口號的徹底實現，使人們逐步由信教走向不信教。[31]

可見「宗教信仰自由」這一政策的實質，並非對民眾信仰的保護和尊重，而是一種策略，其目的是通過「信仰自由」這一口號來限制並最終消滅

---

30 〈汪鋒同志1958年10月7日在喇嘛教問題座談會上的講話〉，《民族宗教工作文件匯集1949-1959》（下），頁780-790。

31 李維漢，〈在回族伊斯蘭教問題座談會上的講話〉，《統一戰線問題與民族問題》，頁503-519。

宗教。

　　通過「徹底實現」宗教信仰自由來消滅宗教，看起來是個悖論，其中的奧妙在於中共所說的「宗教信仰自由」包含兩個方面，即「信教自由」和「不信教的自由」。對這兩方面內容的意義，李維漢如此說明：

　　公民有信仰的自由，這裡也包含有不信仰的自由，有改變信仰的自由。我們歷來就是這樣解釋的。完全的說法是：每個公民既有信仰宗教的自由，也有不信仰宗教的自由；有信仰這種宗教的自由，也有信仰那種宗教的自由……還有，過去不信仰現在信仰有自由，過去信仰而現在不信仰也有自由。我們這種解釋是最全面的解釋，有利於人民改變宗教信仰，以至於脫離宗教信仰。[32]

　　因此，中共通過各種方式鼓勵「不信仰的自由」。挖掉寺院的經濟基礎，使宗教難以生存；通過「反右鬥爭」和「反對地方民族主義」等運動來整肅上、中層宗教人士、取消「活佛轉世」制度，禁止十八歲以下的兒童少年出家，在民眾中廣泛進行「破除迷信」宣傳，將許多高僧逮捕入獄，鼓勵信徒批鬥毆打喇嘛等等，都是以行政手段和暴力方式促進「不信仰的自由」，以限制「信仰自由」。

　　至於寫入憲法的「宗教信仰自由」政策，李維漢解釋說：

　　我們黨的政策有兩類，一類是基本政策，如宗教信仰自由，民族平等，統一戰線等，是完全正確的，是長期不變的。還有一類是具體政策，是執行黨的路線和基本政策所採取的策略性的政策，它是根據客觀情況的變化而變化的……至於對宗教信仰，我們過去是保護宗教信仰自由的政策，今後仍然是這個政策。我們從來認為宗教信仰是要削弱以至消滅的，所以我們從來沒

---

32 李維漢，〈在回族伊斯蘭教問題座談會上的講話〉，《統一戰線問題與民族問題》，頁503-519。

有講過宗教是萬萬歲，更沒有講過宗教制度不能改革。[33]

這番話表明，在中共體系中，「政策」和「策略」彼此雖有聯繫，但並非等同。「政策」是一個時期內總的綱領，「策略」是對政策的執行。「長期不變」的「政策」落到實處，就是根據當下情況而制定的具體「策略」。因此，「策略」往往與「政策」矛盾，顯示出「政策」是一回事，「策略」又是另一回事。很多時候，「政策」是對外宣傳用的，「策略」是內部掌握的，一旦「策略」出了偏差，遭到外界質疑時，「政策」就被用來掩蓋「策略」。對此，統戰部副部長兼國家民委副主任汪鋒有更明確的說明。1958年10月7日，汪鋒在中央統戰部召開的「喇嘛教問題座談會」上的講話中，如此解釋「宗教信仰自由」政策的含義：

為什麼提保護宗教信仰自由呢？這一條是不能丟的，這一條是我國憲法規定了的，有了這一條，就使反革命分子不能說我們消滅宗教，我們就主動。[34]

1959年，青海省委統戰部部長冀春光在省委第十二次擴大會上，對「宗教信仰自由」這一政策也有類似說明。他強調要「進一步加強幹部的政策思想教育，提高政策思想水準」：

使每一個同志都明確認識，我們一再強調全面貫徹宗教信仰自由政策，強調加強宗教工作只是為了爭取信教群眾和逐步限制以至於最後消滅宗教。絲毫不意味著扶持、發展宗教。[35]

---

33 同上，頁503-519。
34 李維漢，〈汪鋒同志1958年10月7日在喇嘛教問題座談會上的講話〉，《民族宗教工作文件匯集1949-1959》（下），頁784。
35 冀春光，〈徹底肅清右傾機會主義分子張國聲同志在統戰工作上右傾投降主義的思想影響，堅決貫徹黨的統一戰線工作為社會主義服務的方針！〉，《民族宗教工作文件匯集1949-1959》（上），頁428-433。

由此可見，中共內部對「宗教信仰自由」政策的理解上下一致，並無偏差。然而，對這一政策的解釋卻「內外有別」，李維漢的講話在1958年就已在黨內層層傳達，但在1981年才收入《統一戰線問題與民族問題》這部文集中公開發表。汪鋒的講話迄今尚未公開發表全文。

由於「宗教改革」的實質是全面摧毀宗教，為了「堵塞國內外反革命分子的造謠」，在實施時就不得不換個名稱。汪鋒在講話中指示：

在打擊反革命分子、反對壞人壞事、反對宗教特權剝削等口號下（可以不提改革宗教制度的口號），把寺外群眾和寺內貧苦喇嘛一齊發動起來，造成兩面夾攻的聲勢浩大的改革宗教制度的群眾運動，同時，把反革命分子和民憤大的反動上層該逮捕的逮捕，該集訓的集訓，堅決揭掉蓋子。[36]

青海省委指出：「……改革宗教制度，更具有『窮人』反對『富人』、『人民』反對『貴族』、『低等』人反對『高等』人的階級鬥爭性質。不堅決進行宗教制度改革，要徹底消滅牧主階級，取得社會主義革命的勝利是不可能的。」但是，在策略上「為了口號鮮明有力，群眾容易接受，對外沒有公開提宗教制度改革，而提出徹底肅清宗教寺院中的反革命分子，廢除宗教寺院的封建剝削和特權，這樣做，既策略，又達到宗教制度改革的目的，加速了社會主義革命。」[37]

這就是1958年的「宗教改革運動」對外稱為「四反運動」，或「反封建運動」的原因。

---

36 〈汪鋒同志1958年10月7日在喇嘛教問題座談會上的講話〉，《民族宗教工作文件匯集1949-1959》（下），頁785。

37 〈為徹底完成青海省牧業區社會主義革命而鬥爭〉，《民族宗教工作文件匯集1949-1959》（下），頁1070。

　　從時間上來看，中央統戰部在1958年5月底至6月初召開「伊斯蘭教問題座談會」，在9月22日至10月6月召開「喇嘛教問題座談會」，或許計畫將「伊斯蘭教問題」和「喇嘛教問題」分為兩步解決。但「青島會議」後，青海省委書記高峰和甘肅省委書記張仲良立即開始行動。

　　在此之前，甘肅已經做好了行動準備。1958年4月，甘肅最大的寺院拉卜楞寺被解放軍包圍，軍隊在寺院前、後山上修築了許多工事，並且在山頂上架起一門炮，炮口對準大經堂。5月22日，甘青著名高僧、第六世貢唐倉仁波切以「反革命」罪被捕[38]，財產全部抄沒。6月下旬，中共甘肅省委工作團進駐拉卜楞寺，以這座名寺為始，正式開始在甘南州的「宗教改革」。拉卜楞寺通往寺外的路被封鎖，內外交通隔斷，僧人與外界隔離，當時在寺內的約四千名僧侶被分成九個大組，分別關押在不同地點。接著，寺內上層僧侶，包括所有仁波切、堪布、管家、總管，以及嘉木樣仁波切的八十多名隨員和侍從等悉遭逮捕。

　　時年十九歲的扎益仁波切・丹增白華爾那天也被逮捕。日後，他在回憶錄中寫道：

　　這天拉卜楞寺院被捕的僧侶分批押上二十輛「解放牌」卡車（一輛卡車內有四十人），逮捕時由於手銬不夠，將每兩人拷在一起，然後押往中國蘭州大沙坪監獄，當天被關押的至少有八百人。第二批在拉卜楞寺遭逮捕的八百多人於8月1日抵達蘭州。這樣僅拉卜楞寺院就有一千六百多人被押往中國蘭州、安西、馬鬃山、平涼以及中共設在合作、拉卜楞[39]等地的監獄和勞改隊。[40]

---

38 貢唐倉・丹貝旺旭仁波切（1926-2000），於1958年5月被捕，1979年4月釋放並平反。
39 藏人稱之為「拉卜楞」的地區包括今甘肅夏河縣，但比現在的拉卜楞範圍大。
40 扎益仁波切，《我故鄉的悲慘史》，頁91。

被捕的僧侶有些被處決[41]，有些被判刑，有些在獄中餓死，有些被判無期徒刑。

7月，甘南卓尼縣委工作組進駐禪定寺，「發動宗教上層人士和廣大僧眾訴苦檢舉」，10月20日，「除保留拉卜楞寺院、禪定寺、黑錯（即合作）寺、郎木寺外，其餘192座全被廢除，其僧侶均被遣返原籍還俗。」[42]

塔爾寺從8月7日開始進行「宗教改革」。當時塔爾寺共有1,615名僧侶，經過「群眾性的鬥爭」後，逮捕297人，其中包括仁波切18人、僧官68人、干巴14人、管家59人、相佐3人、老爺22人、一般僧侶111人；集訓145人，包括仁波切1人、管家23人、老爺7人、僧官6人、一般喇嘛108人，共捕辦440人，寺院中的383名內蒙籍僧侶全部被遣返原籍。剩下的僧侶被編成三個大組，九個小組，「在打擊壞分子的基礎上」，開展有神論和無神論的大辯論。此後，「寺院喇嘛的精神面貌發生了巨大變化，喇嘛絕大多數脫了袈裟，穿上便衣，申請還俗的事已形成風氣。」[43]

1958年9月17日，即「宗教改革」開展一個多月之後，青海省委統戰部向省委提交〈關於宗教工作情況和今後意見的報告〉。在這份文件中，青海統戰部報告說：

據統計，牧業區已經解體的寺院有223個，佔寺院總數的51.98%，還俗的宗教人員17,685人，佔宗教人員的36.56%。其中黃南寺院解體97.5%，宗教人員還俗55.1%，再加捕辦集訓的約佔宗教人員總數的95%左右；海南寺院解體了91.8%，宗教人員還俗87.9%；海北、海西寺院解體80%以上，宗教人員還俗70%以上。這些新氣象的出現，說明了宗教已經處於全面崩潰的前夕。[44]

41　扎益仁波切在《我故鄉的悲慘史》頁87中提及，甘肅合作地區的「紅號子」監獄和拉卜楞的「曼克爾」監獄中槍決了兩百多名1958年被捕的藏人（日期不詳），並列出幾十名被槍決者的名字。

42　《甘南州志》，頁102。另據1959年4月23日新華社《內部參考》頁3，甘南當時有15,592名喇嘛，其中包括活佛226人，大小官員810人。

43　〈反革命的巢穴──塔爾寺〉，新華社《內部參考》，1959年3月10日，頁13。

44　〈關於宗教工作情況和今後意見的報告〉，《民族宗教工作文件匯集1949-1959》（下），頁846-851。

12月29日，青海省統戰部代表杜安華在第十一次全國統戰工作會議上發言。他向大會報告說：「從今年8月開始，到11月統計，全省859個喇嘛寺廟，有731個解體；54,287名宗教人員，有24,613名還俗參加生產，宗教對於人民的思想影響也有很大削弱。」[45]

中共發動「宗教改革」僅三個月，青海省的佛教寺院85%「解體」，僧人45%還俗。這些寺院是怎樣「解體」的？僧人是如何還俗的？近年來出版的地方志中有許多相關記載。青海省黃南州澤庫縣：

1958年宗教制度改革……有129名被安置人員[46]遭到逮捕。全縣有藏傳佛教寺院十座（黃教七座，紅教三座）悉數取締，51名活佛中42名被迫還俗，774名從教僧眾有564名被迫返鄉生產。[47]

果洛州達日縣：

宗教制度改革前，達日縣有固定寺院五處，帳房寺院八處，僧侶1,840人，其中活佛76人，僧官30人，管家31人，以宗教為職業的人員佔總人口的13.7%。1958年下半年，達日縣在未叛亂地區，結合畜牧業社會主義改造，進行宗教制度改革，沒收寺院佔有的牲畜、草場，廢除寺院債務和攤派制度。但由於「左」的思想影響，發動群眾，拆除固定寺院四處，帳房寺院四處，勒令僧眾還俗，打碎佛像，焚毀經卷……[48]

甘肅天祝藏族自治縣：

45 〈關於青海省民族工作情況和今後意見的發言〉，《民族宗教工作文件匯集1949-1959》（下），頁466-472。
46 當時宗教上層人士均被委以各級政府職位，稱之為「安置」。「被安置人員」即指這些人士。
47 《澤庫縣志》，頁306。
48 《達日縣志》，頁241。

（1958年）9月，開展了反封建鬥爭，全縣除極樂寺以外，其餘藏傳佛教寺院和五個清真寺全被封閉或拆毀，869名宗教職業者（其中活佛28人，喇嘛786人，阿訇4人，滿拉51人），除逃跑、自殺、法辦132人外，其餘逼迫還俗勞動改造。[49]

甘南州被捕人員中包括：

活佛192名（佔全州活佛總數的86.8%），僧官667名，寺院管家384名，和尚2,812名（佔全州和尚總數的19.5%）。[50]

甘南全州原有7,572名僧侶，4,055人被捕辦，剩下的僧人中，只保留249名老弱病殘者看守寺院，其餘全部還俗[51]。拉卜楞寺只剩下「活佛7人，僧官32人，僧人166人」[52]。青海省近70%的民族宗教上層人士被捕辦、集訓、勞教[53]。

四川省甘孜和阿壩兩州正式開展「宗改」比青海省略晚。甘孜最早開始「四反運動」的是白玉縣。該縣在1958年6月率先開始行動，可能是作為甘孜州的試點。其他各縣在10月至12月之間開始「四反運動」。最遲的是色達縣，該縣在1960年2月至9月間才開始行動。

1958年7月下旬，甘孜州委制定〈關於開展反叛亂、反違法鬥爭解決寺廟問題的意見〉，決定東北路各縣農區「在今冬明春對喇嘛寺廟開展一個群眾性的反叛亂、發違法運動，把群眾鬥爭鋒芒引導到寺廟反動分子頭上」。

10月27日至11月2日，甘孜州委開會傳達中央及四川省委有關寺院問題

49　《天祝縣志》，頁25。
50　《中國共產黨甘南歷史（1921.7-2003.7）》，頁234。
51　同上。
52　馬曉軍，《甘南宗教演變與社會變遷》，頁138。
53　〈關於省委三級幹部會議的報告〉，《青海省志‧附錄》，頁794-801。

的指示，並制定〈關於今冬明春開展反叛亂、反違法、反特權、反剝削鬥爭的計畫〉。為此，甘孜州從州級機關抽調250名幹部，各縣平均抽兩百名幹部，加上軍分區幹部和軍人，組成五千多人的隊伍，分赴各縣開展「四反運動」。為確保運動順利進行，「各縣大都駐一個團或一個營以做後盾」[54]，可見甘孜的「四反運動」是直接在槍口下，自上而下，有計畫地推行。根據該計畫，鬥爭的方法是：

> 放手大膽地發動群眾，形成一個聲勢浩大的群眾運動……鬥爭前將上層喇嘛予以集訓，並將其中罪大惡極的先捕一批，揭開蓋子，為群眾撐腰，打開群眾運動的局面。鬥爭的過程中在根據運動的發展和群眾要求，再捕一批，殺他幾個，管制一批（扣捕指標，另報省委指示），堅決把封建階級從政治上打垮。結合政治打擊在經濟上採用廢除、沒收、罰款等辦法也徹底搞垮。[55]

與甘青兩省一樣，甘孜州「四反運動」的內容包括政治、經濟兩方面。對宗教界中被認定為「反革命分子和壞分子」的人士「在鬥爭前、鬥爭過程中或鬥爭後應根據不同情況，捉捕一批，該判刑的判刑，該管制的管制，該集訓的集訓，並沒收其所有財產（包括畜牧業和商業資金）或予以罰款，有的可罰沒並用，不僅從政治上搞垮搞臭，而且從經濟上搞垮」；對寺院除了廢除特權，還沒收土地，以及「寺廟分散隱藏在農村、牧區的財產；取締寺廟的非法商業」[56]。

運動期間，各縣根據州委制定的計畫，「吐苦水，挖窮根，算剝削帳，展覽罪證，鳴放爭辯，也可以貼大字報」，並召集成千上萬人參加訴苦鬥爭大會，為了「揭開蓋子，滅封建統治階級的威風」，被鬥者在會上當場逮捕，甚至被當場處決。1958年12月20日，甘孜州爐霍縣法院在羅柯瑪區召

---

54 《甘孜藏族自治州民主改革史》，頁86。
55 同上，頁87。
56 同上，頁86。

開兩千多人參加的公審、公判大會，當場處決一人[57]。31日，爐霍縣城召開三千人的公審大會，會上將壽靈寺「叛亂匪首」貢布翁堆槍決[58]。

在「四反運動」的同時，中共還在宗教界進行了「反右派運動」。1958年8月，青海省委統戰部將全省上、中層佛教人員召集起來開會，進行「社會主義大辯論」，這場被青海省委統戰部長冀春光稱為該省宗教工作「試驗田」的大辯論，其實就是在宗教界開展的反右運動，其步驟共分「大鳴大放，專題鳴辯，反右派鬥爭和向黨交心等四個階段」。通過鼓勵動員，與會人員共提出2,801條意見，貼出3,158張大字報，「基本上暴露了他們的真實思想」。「引蛇出洞」後，開始對他們進行「反右派鬥爭」。冀春光認為，經過試驗：

各州、縣也可重點地開展反右派鬥爭，試劃一兩個右派，全省二千名上、中層宗教人員中的右派比例佔20%以上，各地鬥上一兩個，比例並不算大，從政治上搞臭他們，並且從組織上加以必要的處理，把騰出來的位子，提拔安置左派，不要受其舊的代表性的約束。以便把紅旗插遍宗教寺院，使宗教寺院和宗教人員置於黨的領導和控制之下，佔領宗教陣地。[59]

在〈關於宗教工作情況和今後意見的報告〉中，青海統戰部再次強調：

大批宗教寺院被摧毀，大批宗教人員還俗以後，各地對於有意識留下來的寺院，要迅速的開展宗教制度的改革工作……留下的寺院必須有進步分子掌握，完全控制在黨的領導之下。[60]

---

57 《爐霍縣志》，頁300。
58 同上，頁293。
59 冀春光，〈解放思想大力開展宗教工作〉，《民族宗教工作文件匯集1949-1959》（下），頁916-922。
60 〈關於宗教工作情況和今後意見的報告〉，《民族宗教工作文件匯集1949-1959》（下），頁846-851。

之所以「有意識地保留」一些寺院，1958年11月烏蘭夫、汪鋒以中央民族事務委員會黨組名義給中央的建議中道明原委：

　　為了照顧群眾的宗教信仰，堵塞國內外反革命分子的造謠、挑撥，便於集中管理沒有還俗的喇嘛，保留一些寺廟是必要的。究竟保留多少比較適當，應根據寺廟影響和群眾意見，做一次寺廟排隊，原則上不宜留得太少……在寺廟保留方面，目前留得多些，比留得少些主動。[61]

　　「四反運動」前，藏區寺院總數有不同數據。汪鋒1958年10月6日在「喇嘛教問題座談會」上的講話中，提供的數據為信仰藏傳佛教的蒙、藏、土、裕固民族中共有五千多；據1959年的新華社《內參》資料，四川藏區共有727座寺院；甘肅藏區為223座，其中甘南195座，天祝27座[62]。《迪慶州志》記載1958年該州有24座寺院，青海省委統戰部的數據為859座，西藏有大小寺院2676座[63]。根據這組數據，西藏三區在「四反運動」之前，共有3,956座大小寺院。

　　「四反運動」中，甘南州原有196座佛教寺院中保留了四座，其餘全部廢除，廢除率達98%[64]。該州碌曲縣一天之內將全縣十一座寺院中的十座拆毀，1,550名僧侶中1,117名還俗[65]。

　　青海省在1958年11月末「解體」的寺院有128座，幾個月中該省寺院「解體」率達85%，其餘在此後的幾個月中悉數被關閉。阿壩全州在「民改」前共有320餘座寺院，其中「有七座藏傳佛教寺廟被國家列為重點保護寺廟」[66]，這七座寺院可能得以保留。甘孜州的540餘座寺院和雲南迪慶州的

61　《民族宗教工作文件匯集 1949-1959》（下），頁730。
62　新華社《內部參考》，1959年4月19、23日。但《天祝藏族自治縣志》的記錄為十四座，僅保留了極樂寺，其餘十三座大部分被拆毀。
63　《西藏革命史》，頁164。
64　《甘南州志》，頁102。
65　《碌曲縣志》，頁25。
66　張利和，〈川西北高原的藏傳佛教現狀〉，《中國西藏》1998年第1期，頁44-45。

24座寺院保留數字不詳。

可以確定的是，至1959年初，甘青川滇四省藏區，即藏人傳統之安多和康區的絕大部分地區，佛教寺院絕大多數被關閉、佔用、拆毀，其中還有一些毀於戰火。

六

1958年的「四反運動」中，中共從藏區寺院中取運了多少財產？至今沒有確切數字，但地方志和其他資料中的零星記載可見一斑。

《湟中縣志》記載，僅塔爾寺1958年共「捕判僧人、活佛427人，沒收處理金銀、現金、珠寶玉器、高檔衣物、日用品等物質二十餘種，總值159.8萬元（1959年退回錯被沒收財產總值53.5萬元）」[67]。該資料僅為沒收僧侶們的私人財產所值，不包括寺院所屬的珍寶、商業資本、金銀佛像法器等。

《甘孜藏族自治州民主改革史》中記載，四川甘孜州在「四反運動」中沒收寺院牲畜212,000餘頭、糧食512萬公斤、農具247,000件、房屋34,000餘間，土地15萬畝，其他財產折款1,027萬元[68]。這個數據顯然沒有包括沒收的現金和黃金、白銀、銀元等。

甘孜乾寧縣在「四反運動」中沒收現金27,240元，黃金132兩，銀元15,156塊，藏洋28,940元[69]。色達縣沒收的財產包括「黃金23兩，金粉10兩，銀元33,354元，銀寶167個，銀器833件，人民幣11,460元，珠寶50斤又9,162顆，外幣6,240元，藏洋6,756元，手錶4只」[70]。

建於1560年的石渠縣嘎依寺藏有十五尊純金小佛像，格孟寺有二十八尊鍍金佛像，二十五尊純金佛像，龍拉寺有十三尊大小金佛像[71]。

---

67 《湟中縣志》，頁238。
68 《甘孜藏族自治州民主改革史》，頁89。
69 《道孚縣志》，頁237
70 《色達縣志》，頁11。
71 《石渠縣志》，頁471-472。

僅上述三個縣沒收財產中的黃金就有155兩，而53尊純金佛像除了黃金本身的價值外，還有文物價值，並不能僅以其重量計算。

德格著名的八邦寺在「四反」時統計，該寺的重要文物包括「大型鍍金菩薩7尊，各類紅、黃銅菩薩9,835尊，較珍貴的唐嘎10,150幅，各種經書32,400餘部，印版129,845塊，其他佛具3,000餘套」；德格更慶寺重要文物有「大小鍍金菩薩1,000多尊，各種唐嘎1,350多幅，經書19,860 餘部」[72]。這些文物的下落如何？幾千座寺院中的無數金屬佛像和法器下落如何？是在「大煉鋼鐵」時被融化，還是在國際文物市場中被拍賣？唯一可知的是，1958年之後，藏區不計其數的金屬佛像和法器被一車車運往內地，從此下落不明。還有一些沒收物資被當作戰利品，以極低的價格賣給幹部和軍官。作戰軍隊攻陷寺廟後，也有軍官私吞貴重物品的情況：

……在喇嘛的住處，卻搜到銀製左輪手槍、拐杖剌刀及各種佩刀，回到駐地登記造冊，上繳師部。那把拐杖剌刀是銀製的把，鑲有紅綠寶石，被參謀長看中，做個人收藏了（以後組織上多次清理，上繳戰利品或寺院文物，他是否交還給組織不得而知），我因為年輕不懂得收藏價值，也因為要入黨，故公私分得還很清，基本上是「兩袖清風」。[73]

「組織上」不得不多次要求上繳「戰利品」和寺院文物，可見軍隊在藏區搶掠風氣之盛。

《道孚縣志》透露，寺院沒收的財產中，「金銀珠寶按規定上交國庫」[74]，這是紅軍時代「打土豪」時形成的慣例：帶不走的不動產分給農民或充公，能帶走的「浮財」統統拿走。因此，這場對外秘而不宣的「宗教制度改革」運動，除了徹底摧毀宗教之外，還是一場針對寺院的「打土豪、分

---

72 《德格縣志》，頁420。
73 洪積瑞，〈難忘的1958年〉，上海市軍隊離退休幹部古美休養所網：http://sh.gmgxs.cn/ViewInfo.asp?id=78
74 《道孚縣志》，頁327。

田地」運動，也是公開的財產掠奪。

　　至1959年初，甘青川滇四省藏區「民主改革」基本完成。在此過程中，中共先是以「土改」的方式沒收中、上階層的私人財產，繼而以「宗教改革」的方式沒收幾千座寺院的財產，最後以「合作化」的方式收去全體藏人的財產，將藏民族數千年間積累的財富掠奪殆盡。

　　然而，寺院被摧毀，僧侶被遣散，並不等於信仰被消除。以「四反運動」為名的宗教迫害席捲甘青川滇藏區之後，民眾的宗教信仰轉入地下。二十世紀五〇年代末、六〇年代初，在憲法明文規定「宗教信仰自由」的國家裡，幾百萬藏傳佛教信徒成為地下信徒。

第十九章　拉薩，最後的希望

———————————— 一 ————————————

1958年夏，紅色風暴終於颳到黃河源。

在扎陵湖與鄂陵湖邊的遊牧部落被召集起來開會，縣上派來的「漢官」宣布，各家各戶所有的牲畜要合在一起，成立「合作社」。

按照久遠的傳統，關係部落存亡的大事，全部落的人要開會商量。面對突如其來的變故，幾十個成年男女坐在佛龕下一籌莫展。沒人願意交出自家的牲畜，可是不交又怎麼辦？俄洛的部落是個不到三十戶人家的小部落，幾十個男人，十來條打狼用的火槍，拿什麼來反抗？況且，就算有人有槍又如何，黃河對岸就是漢兵的大營！

老人祈禱，男人沉默，女人拭淚。半晌，有人說：「跑吧！」

別無出路，跑吧。找個有水有草，沒有漢人的地方，牧人跑到哪裡還不是放牛放羊？

「合作社」還在宣傳階段，這個遊牧部落就家家拆帳房，趕牲畜，男女老少集體逃亡。俄洛已經結婚，娃娃未滿周歲。一家老小趕著牲畜，帶著全部家當，跟著部落上了山。

部落躲在山裡，暫時避開了逼迫。他們何曾想到，1958年的夏日裡，整個甘青川牧區恐怕找不到有水草而無軍隊的地方。偌大草原，已經無處可供他們安靜地放牧牛羊。

那天陽光明麗，空氣清涼，牛羊在不遠處吃草，俄洛背著娃娃在帳房裡忙碌。冷不防傳來一聲驚喊：「漢兵來了！」

一隊騎兵像是從天而降，陡然間呼嘯而至，將部落所在的山頭團團包圍。俄洛把娃娃抱在胸前，衝出帳房。接下來的一切就像噩夢：槍聲大作，

炮彈轟響，驚馬狂奔，族人四散。草地上一攤攤殷紅，是牛羊，還是死傷的人？天地翻轉，光影炫幻，俄洛不知自己是在人間還是在地獄。

一聲巨響，氣浪襲來，俄洛踉蹌欲倒。單憑母親的本能，她緊緊抱著嚎哭的娃娃，用身體護著未滿周歲的女兒。

突然，俄洛感覺有一隻手抓住了她，將她一把拉起。俄洛轉頭，朦朧暈眩中看到身邊的年輕牧人。那是她的丈夫。丈夫一手拎著土槍，一手抓著她，在驚奔的牛羊中左衝右突。俄洛跌跌撞撞，不知跑了多久，也不知跑了多遠。空氣裡不再有硝煙的味道，草原恢復原初的寧靜。他們停下腳步。

俄洛頹然跌坐，這才注意到，身前身後還有數十人。她打起精神一一辨認。哥哥嫂嫂在這裡，可是，阿爸在哪裡？阿媽在哪裡？弟弟妹妹，兩個姪子……？全家十幾口，只有五人衝出重圍。整個部落只逃出兩個家庭，十來個人。

阿爸，阿媽，弟弟妹妹是死是活？部落裡有多少人活著？俄洛轉頭回望，只見晚霞嫣紅，暈染天際。「三寶啊！」俄洛抱著女兒，面對血色長天，嚎啕大哭。

他們沒有糌粑，沒有乾肉，連到河裡舀水喝的碗也沒有。兩個殘破的家庭，十來個一無所有的人，下一步怎麼辦？幾個男人低聲商量。

「去拉薩，」有人啞著嗓子說，「嘉瓦仁波切[1]會佑護……」

落日蒼涼，暮色晦暗。十來個精疲力竭的男女勉力支撐，互相攙扶，朝遠方走去。他們的身影漸漸消失在草原深處。

二

青海果洛的牧女俄洛逃離家鄉的時候，四川甘孜新龍縣敦庫村頭人阿登得到上級批准，從駐地回家看望妻女。

---

[1] 藏人對達賴喇嘛的稱呼。

自從1956年結束在成都的學習，返回家鄉之後，阿登一直作為中共的基層民族幹部，協助「民改」。可是，他們幾個藏人幹部不受信任，處處受監視。他越來越無法忍受所見所聞的一切，暗自盤算逃走。此番回家，阿登決心將計畫付諸實施。

這年年初，康定到巴塘的公路修通，為解放軍在康南作戰提供了有利條件。至此，甘孜阿壩兩州農區土改和合作化已基本完成。中共四川省委開始在牧區推行合作化，康北各縣牧民紛紛武裝抗爭，形成四川藏區的第二波暴動，以及中共的第二波鎮壓。2月，中央軍委在蘭州召開「平叛現場會」，各軍區交流經驗，統一指揮和作戰部署。

3月中旬，甘孜軍分區召開作戰會議，決定集中三個團的兵力，在茂縣、果洛、玉樹軍分區部隊的配合下，對川藏線以北的石渠、色達等牧區作戰，先集中兵力打石渠，再打色達等地區；同時以七個團的兵力在康南作戰，封鎖金沙江，堵斷藏人西逃之路[2]。

1958年上半年，在強大的軍事壓力下，新龍縣的藏民反抗力量被打散。新龍千戶甲日尼瑪和他的妻子多杰玉登率領的游擊隊是最大的一支。他們一分為二，一部分由甲日尼瑪帶領，另一部分由他的姪子帶領，分頭朝拉薩逃亡。這兩支人馬從未會合，叔姪從此天人永隔。

以「民主改革」為名的軍事和政治行動摧毀了藏區社會，原先的權力結構坍塌，一切重新洗牌。在此過程中，中共培養的不少藏人幹部和民兵因無法接受如此「改革」，伺機脫隊，有些人攜械出逃，加入游擊隊[3]。

阿登是家裡唯一的男人，此去生死未卜，妻子女兒是走是留？他走後，工作隊會放過他的兩個妻子嗎？阿登思前想後，一咬牙：一家人要死就死在一起罷！他秘密聯絡親友，幾個家庭大小共十六人願意結伴逃亡。十六人中有十名男子，但只有四支步槍。

2　《甘孜藏族自治州軍事志》，頁193。
3　據《甘孜藏族自治州軍事志》頁193的數字，1958年1月至11月，「全區共發生策反事件四十起，叛變幹部六十六人，民兵五十五人，帶走槍枝一百餘支。」

9月的一個夜晚，阿登一行跨上馬，牽著幾頭馱給養的騾子，悄然離開村莊。為避開解放軍巡邏隊，他們徹夜趕路，天亮時趕到新龍西部牧區。那一帶地勢險要，尚未被解放軍完全控制。此地主要反抗力量退往拉薩後，一些小股的游擊隊還在山中出沒。阿登無確定目標，亦無確定地點，只知道在那一帶還有些人在繼續反抗。

幾天後的一個中午，逃亡者首次遭遇解放軍。有槍的男人立即開火，掩護女人孩子朝山頂奔逃。他們彈藥不足，不敢戀戰，開了幾槍就跑，所幸山勢陡峭，亂石累累，解放軍亦未追趕。他們得以逃脫，但騾馬受驚，跑得不知去向，攜帶的食物和其他必需品大部丟失。阿登和他的兄弟在這次槍戰中失散，兄弟倆此生再未相逢。

剩下的人走了幾天後，遇到一支游擊隊。說是「游擊隊」，不過是三十名男子加上家人，實際上也就是另一群逃難者。他們食物短缺，彈藥不足，而漫長寒冷的冬季即將來臨。男人把妻兒老小安置在安全地點，留下幾個人守護，有槍的男人聯合起來，趁兵營裡的解放軍外出巡邏時，潛到他們放牧的地方去搶劫牛馬。此後兩方多次遭遇，各有勝負，各有死傷。

周旋近兩個月後，解放軍兵力明顯加強。阿登他們不知道，這時康南戰事已大致結束。雖然美國中央情報局將第二組訓練人員空投到理塘，幫助當地組織反抗力量，但沒有資料顯示1958年中情局在理塘一帶空投過武器[4]。幾個部落的聯合，遠遠不足以抵抗洶湧而來的正規軍。在七個團兵力的強攻下，康南反抗力量逐漸瓦解。秋季裡，解放軍把作戰重心轉移到康北，其中步兵162團兩個連、騎兵大隊、藏民團第1營專門對付德格、新龍一帶，意欲將如同阿登他們這樣的小股反抗力量一舉全殲[5]。

家鄉已經無法立足。阿登決定渡過雅礱江，投奔拉薩。

4　美國中情局第二次人員空投為1957年9月3日，第一次武器空投給四水六崗為1958年7月，空投地點為西藏境內。1959年9、11、12月曾三次空投武器到邊壩一帶。詳見Dawa Norbu, *China's Tibet Policy*, pp. 269-271。

5　《甘孜藏族自治州軍事志》，頁195-196。

　　1958年是西南西北秘密戰爭的高峰。蘭州、成都、昆明三大軍區，幾萬精銳部隊在四省藏區大規模分區作戰。

　　四川在這年裡先後動用至少十個團的兵力，在甘孜展開第二波軍事鎮壓。解放軍在康南部署七個團，康北部署三個團，並嚴密封鎖金沙江[6]，迫使大量逃離家園的農民、牧民和僧侶逃向北方牧區。茫茫草原上，四散著一群群難民，有的是幾個家庭同行，有的是整個部落出奔。他們不知道自己已經成了「叛匪」，成為解放軍的「殲滅」目標。逃難者一路被騎兵追殺，步兵圍剿，空軍轟炸。濫殺成為常態，沒有人為「誤傷」或者「誤炸」承擔責任，不管打死的是什麼人，只要給他們貼上「叛匪」標籤，所有的殺戮都被視為理所當然。逃亡之路也是生死之路，一旦被打死，他們就是「叛匪」；如果被捕獲，他們就是「被解救的群眾」，成批塞進卡車，押解遣返家鄉；他們中的成年男子被逐一挑出，或關進監獄，或送去集訓，大多數男子從此下落不明。

　　逃亡途中，不同的部落，不認識的人們彼此相助，共度危難。一無所有的俄洛和她的同伴們遇到一個玉樹逃難部落。玉樹部落趕著許多牛羊，他們送了一些牲畜給這十來個果洛逃難者，解了燃眉之急。俄洛一行遂與他們同行。途中陸續又有些果洛人加入，逃亡隊伍增加到一百多人。世代放牧的人們全無戰爭概念，他們不知道，在空曠的草原上，一百多人加上大群牛羊，是「空中打擊」的醒目目標。1958年，已經具備一定高原作戰經驗的解放軍，在甘青牧區使用空軍配合地面部隊作戰。不熟悉地形的步兵和騎兵往往依賴空軍從空中偵察，報告「叛匪」行蹤，據此情報包圍攻擊。很多時候，空軍直接對地面上大群人馬轟炸掃射，不僅射殺逃亡者，也射殺大批牲畜，使逃難者即便逃脫，也難以在茫茫高原上生存。

　　從黃河源到拉薩千里迢迢，但並非無路可行。幾百年中，冰融雪化的

6　同上，頁193。

夏日裡，每年都會有朝聖的隊伍一路南行，渡過通天河，穿過囊謙，走過索縣……去拉薩了卻一生一世的心願。在正常年歲，這條路也得走好幾個月。如今果洛玉樹戰火紛飛，朝聖者走了幾百年的路，已是危機四伏。一個名叫扎祿的果洛人提議先西行再南下，翻越唐古拉山脈進入羌塘，經納木錯湖到拉薩。這條路數倍於傳統的朝聖之路，但大部地區是人煙稀少的高寒草原，那裡也許不會有漢兵。

從未離開過家鄉的牧人別無選擇。

見多識廣的扎祿帶領一群被戰爭逐出家園的牧人，踏上漫長的旅程，牧女俄洛就在這群人當中[7]。

在甘孜新龍，阿登帶領他的小隊朝北方行進。從新龍到拉薩，他們原本只須南下巴塘，沿傳統商道渡江西去，穿過芒康，北上昌都，西行邊壩、工布江達，墨竹工卡，即「茶馬古道」的一部分。可是，第二波軍事行動將金沙江嚴密封鎖，大軍從東西兩面夾攻，將四散的小股反抗力量和大批難民壓向北方。

阿登和他的同伴們不得不兼程北上。一天傍晚，他們路經德格玉隆[8]。剛過玉隆，突遇一支解放軍。雙方即刻交火。暮色漸濃，兩方都無心戀戰，各自退去。阿登一行夜渡扎曲河[9]，進入藏人傳統之扎溪卡[10]。過河後，他們得知許多各地逃來的難民和反抗人員在扎曲河東一帶地區，河西則有大量解放軍在趕修公路。扎溪卡海拔4,000多米，尚未被解放軍控制。他們就在那裡停留下來，與幾個部落聯合襲擊兵營，奪得一批牛馬，在那一帶過冬。

1959年初的一天，幾百名疲憊不堪的僧侶來到他們的營地。這些人是德

---

7 阿媽俄洛訪談，2010年10月20日，印度德拉東頓珠林西藏難民定居點。桑杰嘉翻譯。
8 今四川省甘孜藏族自治州德格縣玉隆鄉。
9 即雅礱江上游。雅礱江在石渠之後稱為雅礱江。藏人習慣中稱甘孜縣以北的河段為扎曲。
10 即今四川甘孜藏族自治州極北部的石渠縣，但藏人傳統之扎溪卡指的是一片廣大的地域，其範圍超過現石渠縣境，並有「上扎溪卡」、「下扎溪卡」之分。阿登過冬的地點應在甘孜縣東北部，靠近色達的牧區。

格佐欽寺[11]僧人。佐欽寺位於德格東北部，建於1684年，為藏傳佛教寧瑪派六大寺之一。1958年10月，德格開始「四反運動」。一支軍隊進駐佐欽寺，佔據佐欽仁波切的拉章[12]，將堪布和大喇嘛們集中控制起來。士兵們推倒佛像，將經書扔在地上，用槍指著僧人逼他們踐踏，並強迫僧人上山伐木。一天，僧侶們得到通知，軍人要在寺院召開批鬥大會。聽到這個消息，僧侶們秘密開會商討對策。他們忍無可忍，一致決定反抗。面對擁有機槍手榴彈的士兵，僧人們只有砍樹的刀斧，他們並無勝算，但眾僧寧可戰死，不肯侮辱上師。在一位德高望重的老僧主持下，他們舉行儀式歸還戒律，不再受「戒殺」這條佛教律法的約束。

是夜，幾百名手持刀斧的僧人吶喊著衝向拉章。他們砍倒哨兵，衝進院子。頃刻間，寺院裡槍聲大作，槍聲喊聲響成一片，持刀斧的僧人與持槍的士兵展開血戰。幾名事先選定的僧人飛奔上樓，衝到關押仁波切的房間，揮刀砍倒守衛，搶出仁波切和堪布，奪門而出。混戰中，佐欽仁波切被一把脫手的斧頭擊傷。眾僧護著上師衝出寺院後，派人點燃牆下的柴草堆，古寺在熊熊烈火中燒毀。衝出寺院的僧人抬著重傷的仁波切逃向扎溪卡。到達營地三天後，佐欽仁波切在臨時棲身的小寺院裡圓寂[13]。

因緣相聚，這些出逃的僧侶和阿登他們相遇，會合在一起。

四

1959年1月14日，西藏軍區司令部將邊壩、扎木、雪喀、山南等地區的情況電報總參。一周後，毛澤東在電報上批示：「這種戰爭，很有益處，可

---

11 佐欽寺亦譯竹慶寺、卓千寺。
12 喇嘛的住所，亦包括住所內的管理人員組織。
13 佐欽寺官方網上有關第六世佐欽仁波切吉扎・向秋多吉的簡短介紹僅說他於1959年圓寂，未說明具體日期及原因。佐欽寺第三十三任堪布才仁曲覺為1959年前的最後一任堪布，於1959年1月圓寂。此處資料來源見Jamyang Norbu, *Warriors of Tibet: The Story of Aten and the Khampas' Fight for the Freedom of Their Country*, pp. 133-135.

以發動群眾，可以鍛鍊部隊。最好經常打打，打五六年，或七八年，大舉殲敵，實行改革的條件就成熟了。」[14]

1月22日，毛澤東電報西藏工委，再次提出通過戰爭練兵的想法：「……西藏統治者原有兵力很弱，現在他們有了一支鬥志較強的萬人叛亂武裝，這是我們的嚴重敵人。但這並沒有什麼不好，反而是一件好事，因為有可能最後用戰爭解決問題。但是（1）必須在幾年中將基本群眾爭取過來，孤立反動派；（2）把我軍鍛鍊得很能打。這兩件事，都要在我軍同叛亂武裝的鬥爭中予以完成。」[15]

2月中旬，總參謀部將一份有關川甘青滇和西藏形勢的報告呈交毛澤東。2月19日，毛澤東在文件上批示，第三次提出「練兵」：「這種叛亂，有極大好處，有練兵、練民和對將來全面平叛徹底改革提供充足理由等三大利益。」[16]

既然毛澤東認為戰爭有練兵的好處，中央軍委自然不會就此收手。雖然在1958年甘青川滇主要戰役已經基本結束，民眾擁有的武器大部分已被沒收，但中共無意減少軍事行動。

1959年3月中旬，中央軍委在蘭州召開「平叛現場會」。副總參謀長楊成武在會議期間做〈關於平叛作戰問題的總結〉報告，指示成都軍區「擬使用十七個團又七個營的兵力，計畫集中主要兵力重點平息石渠、色達和理塘地區的幾股叛亂武裝」。3月20日，即「拉薩戰役」打響的當天，中央軍委批轉這份報告。成都軍區據此做出1959年作戰計畫，擬在年內「基本平息幾股叛亂武裝，進一步肅清分散殘匪，首先平息石渠叛亂，而後東西夾擊，聚殲色達叛匪」。同月，成都軍區副司令黃新廷主持康定軍分區作戰會議，做出軍事部署[16]。

至此，這場戰爭成為涵蓋西藏三區的全面戰爭。

---

14 《建國以來毛澤東文稿》第8卷，頁12。
15 《毛澤東西藏工作文選》，頁164。
16 《建國以來毛澤東文稿》第8卷，頁47。

五

1959年4月下旬，甘孜軍分區司令孔誠、副司令白玉璋為前指總指揮，開始康區第二波鎮壓中之「石渠色達戰役」。這場戰役總共動用了康定軍分區第1、2、9、13團，茂縣軍分區8、10團，西藏騎兵團、154團，蘭州軍區騎一師，165、182、183團等約十四個團的兵力。

「石渠戰役」為第一階段。按部署，全部兵力分為南、北、西三線。

北線為色達西北部孟龍寺[18]至石渠北部巴顏喀拉山之茶克年亞[19]，長達150多公里。這一線多為海拔4,000多米的牧區，故調步兵13團，即藏民團（代號3103部隊、0078部隊）[20]封鎖，意欲截斷反抗者和難民北逃青海之路。

西線自德格卡松渡[21]至金沙江上游的阿多[22]，意在封鎖金沙江，阻擋反抗者和難民渡江逃入衛藏。此線由步兵第1團（代號3899部隊、7809部隊）第3營控制。

南線從絨壩岔草原[23]到德格玉隆為川藏公路一段，由步兵第2團（代號3478部隊）第3營，以及裝甲車連和摩托連控制，截斷眾人南逃之路。

西、北兩線形成一個大包圍圈，從石渠北部、德格西部將石渠包圍，南線的機械化部隊猶如一柄利刃，居於西、北兩線之間[24]。

包圍圈完成後，康定軍區1、9團，西藏軍區154團，蘭州軍區182、183團

---

17 《甘孜藏族自治州軍事志》，頁196。

18 今四川省甘孜藏族自治州色達縣西北部泥朵鄉。

19 具體地點不詳。

20 藏民團成立於1951年5月，成立時番號為「中國人民解放軍西南軍區第6團」，由西康省藏族自治區人民政府委員兼經濟處處長沙納為首任團長。1952年該團番號改為「西南軍區獨立第10團」，1956年改為「成都軍區藏民第1團」，1959年改為「成都軍區步兵第13團」。該團於1986年撤編。

21 今四川省甘孜藏族自治州德格縣卡松渡鄉。

22 具體地點不詳。

23 今四川省甘孜藏族自治州甘孜縣西南部來馬鄉一帶。

24 《甘孜藏族自治州軍事志》，頁196-197。

等主攻部隊，將於4月20日開往石渠，發動進攻。

「石渠戰役」結束後，解放軍即集中進攻色達，此為第二階段。

阿登和他的家人同伴此時恰好到了石渠一帶。他們陷入戰役第一階段。

這時，甘孜尼曲河邊昔青寺的少年僧人益丹，正準備跟隨父親逃往色達，他們將陷入戰役計畫中的第二階段。

當軍隊各自開向指定地區，布下包圍圈時，阿登和他的同伴們對解放軍的部署毫不知情。他們只是發現軍隊越來越多，感覺那一帶已被包圍。突圍未必能成功，但不突圍則是坐以待斃。一天夜晚，當地所有的小股反抗力量以及逃亡部落決定聯合突圍。阿登帶領他的家人和小隊衝出營地，突破防線，朝東北方向疾奔。途中，他們遇到一群難民。領頭的是著名高僧達拉夏扎仁波切。這群人的狀況相當淒慘。仁波切年老身殘，其他人大都年老體弱，帶槍的年輕人寥寥無幾。阿登他們不忍棄之不顧。逃亡途中，著名喇嘛往往令走投無路的難民產生安全感，吸引更多人同行。他們的隊伍很快增大到兩百多個家庭。

數日後，他們到達色達。

1958年以來，色達處於全民反抗狀態。據《色達縣志》記載，當時全縣四十八個部落中的三十五個，二十四座寺院中的十二個，共1,529人參與「叛亂」；加上從周邊的阿壩、果洛、爐霍、道孚等地逃來的難民和小股反抗力量，共約兩千多人[25]。但《甘孜藏族自治州軍事志》有不同記載：「色達地區仁真鄧珠（色達總頭人，解放後曾任色達縣縣長，甘孜政協副主席）為首，於1958年下半年再次組織武裝叛亂後，全縣四十八個部落和二十四個寺廟全部參加叛亂，直接參加叛亂人數達3,500人（本地2,400，外地1,100），槍2,600支。」[26]這兩個數字的準確性都頗為可疑。據《色達縣志》第6頁的人口資料，1956年色達全縣「大小部落四十八個，人口25,600多人，喇嘛寺廟

---

25 《色達縣志》，頁9。
26 《甘孜藏族自治州軍事志》，頁197-198。

二十四座,僧眾五千多人」。無論參與者是三十五個部落、十二座寺院,還是全部參加,人數都遠不止一千五百多人或者兩千四百多人。

益丹和他的父親剛好逃到色達。

至此,康北各縣尚未被「殲滅」的部落大都到了色達一帶。他們計畫聯合起來,設法弄到一些馬匹,然後集體逃往拉薩。

由於人數眾多,他們決定分批行動。大約在藏曆5月中旬,他們一分為二,阿登與新龍、石渠等地逃來的部落,以及達拉夏扎仁波切帶領的幾百名僧侶於18日離開色達。按計畫,仁真頓珠率領色達和周邊幾個部落的人次日離開[27]。阿登他們沒有料到,兩天後,五個團的兵力將對此地發動合擊。第二隊人再也沒有機會離開。

提前離開的難民群有兩百多個家庭,加上幾百名僧侶,共兩千多人。他們是幾個部落的臨時組合,有老人、孩子、婦女,加上騾馬行李,行動緩慢。全憑幸運,他們在解放軍主攻部隊開戰兩天前離開了主戰場,但並未逃出大包圍圈。他們一路被圍追堵截,時常是待要停下休息,猛然間放哨的男人一聲高喊:「呀啦索——!漢兵來啦!」營地立時大亂,男人阻擊掩護,女人孩子僧侶慌忙收拾物品,牽著騾馬即刻奔逃。有槍的男人們彈藥不足但射擊精準,以此拖延軍隊,讓婦孺僧侶逃遠。

去拉薩本應走向西南,在大軍追擊和堵截下,難民們被迫逃向西北,距拉薩更行更遠。逃難的人們沒有地點,沒有路線,他們不知道撒開的網有多大,也不知道網的邊緣在哪裡。他們帶著家人,護著僧侶,左奔右突,困獸猶鬥,絕地逃生。

1958年8月,中央軍委就已下達「空中打擊」的命令,空軍飛行員對「叛匪」的判斷十分簡單:「我們在空中首先發現的就是羊群,往往是老遠就可

---

27 《甘孜藏族自治州軍事志》中的記載與阿登和益丹喇嘛的回憶大致吻合,他們都是那次戰役的親歷者,二人所敘述的日期基本相同,但與中方記錄的日期有差異。《甘孜藏族自治州軍事志》中記載的「叛匪轉移」的日期為西曆4月18日,軍隊發動攻擊的日期是4月20日。阿登回憶錄中他離開色達的日期為藏曆5月18日。

看到成百上千隻雪白的綿羊在悠閒的吃草，靠近了羊群就會發現它們身邊的犛牛，還有零星的帳篷，就基本可斷定這就是叛匪了。」[28]稍有常識就知道，這是牧民的生活常態。以此作為判斷的話，事實上高原所有的牧民部落都符合這一標準。

於是，空軍在高原作戰中大顯身手。在果洛草原，一架飛機朝他們呼嘯而來。阿登和康巴逃難者驅馬四散。趕著大群牲畜的果洛遊牧部落行動遲緩，成為「空中打擊」的目標。飛機投下幾枚炸彈，然後盤旋數圈，低空掠過，子彈驟雨般狂射，打死大批牲畜。

高寒草原沒有別的食物來源，殺死牲畜，就將賴之維生的逃難者逼入絕境。每次作戰中不免有人傷亡，奔逃時又有人跑散，一路北行，一路有人倒下，一路有人失散，這一群難民人數逐漸減少。

日夜兼程，不知走了多少天。忽一日，阿登看到一條公路橫在面前。這是西寧到結古的公路。他意識到他們到了果洛西北部，離拉薩很遠很遠。難民們越過公路繼續前行。數日後的一天，向晚時分，他們來到一道碧綠的峽谷邊。

阿登勒住馬，眺望遠方。落日如金，晚霞似火，金色暮靄中，一雙大湖遙遙在望。他帶著妻子女兒，從甘孜中部逃到了黃河源。

黃河源一帶水草豐盛，V字形的寬闊山谷兩旁，圓渾的山坡綠草茵茵。疲累的馬需要養料，奔逃的人需要歇息，黃河源古為人跡罕見的蠻荒之地，這裡或許不會有漢兵。阿登他們不知道，也不敢相信，無遠弗屆的紅色風暴早已席捲了姐妹湖。

是夜，逃難的人們在山谷裡紮營。在遙遠的扎陵湖和鄂陵湖邊，他們總算能安穩地睡上一夜。全家人蜷縮在帳篷裡，合蓋一方油布，沉沉睡去。凌晨時分，阿登感到寒氣侵人。似醒非醒中，他睜開眼睛，掀起帳篷一角朝外張望，夜色深濃，細碎雪花靜靜飄舞，地上一片銀白。他裹緊皮袍，闔上雙

---

28 江達三，〈74歲老飛行人員的博客〉：http://blog.sina.com.cn/s/blog_4bf5830401000ajh.html-type=v5_one&label=rela_prevarticle

目[29]。

六

2010年9月，在南印度哲蚌寺養老院的一間小屋裡，因眼疾幾近失明的益丹喇嘛對我描述「色達圍殲戰」的情景：「我們上山那天是1959年藏曆5月14日，那天發生了戰鬥。領頭的有色達頭人、恰格頭人和爐霍的貢達頭人阿卡丹增。這些頭人同時上山，一座很大的山上到處都是人，有民眾、喇嘛，我們父子倆也在裡面。」[30]

那天的戰鬥，軍隊只是小試鋒芒。「圍殲」他們的數萬軍隊正步步逼近。

半個世紀後，益丹依然記得那個黑沉沉的雨夜。濃黑的天空突然出現紅、綠、黃色的「燈」。益丹看著那些「燈」飛到空中，發出耀眼的光芒，然後慢慢下降。他不知道這些信號彈意味著軍隊已準備就緒，即將發起攻擊。當晚，三個部落的大頭人預感情勢危急，決定各自帶領自己的部落突圍。貢達頭人打頭，色達頭人隨後。「人多得數不過來，」益丹喇嘛對我說。

不知走了多久，益丹眼前倏然一亮，黑暗的夜空裡爆出一團慘白的光，緊接著槍聲驟響，子彈雨點般掃來。剎那間驚馬嘶鳴，馱牛翻倒，人群呼喊哭叫，亂成一片。這場阻擊戰將意欲突圍逃生的人群打散，貢達頭人帶領一部分人突出包圍圈，不知去向，益丹的父親帶著色達頭人仁真頓珠和幾個部落的民眾，繞道逃出戰場。

晨光初現時，眾人來到一片空曠平坦的草灘。急行一夜，人困馬乏，大家停下，準備煮茶休息。猛然間，有人銳聲高喊：「漢兵！漢兵！」益丹抬

---

29 Jamyang Norbu, *Warriors of Tibet*, pp.142-143.
30 益丹喇嘛訪談，2010年9月7、8日，南印度哲蚌寺果芒扎倉養老院。桑杰嘉翻譯。

頭望去，遠遠可見一片帳篷，騎兵策馬來回奔馳，他們已被軍隊包圍。益丹不知道，包圍他們的軍隊隸屬成都軍區13團，即藏民團。那些騎戰馬，執鋼槍，頭戴紅星的軍人中，半數以上是他的族人。

驚惶之中，眾人紛紛奔逃，頭人們緊急商量，決定化整為零，各人帶領自己的部落，且戰且走，奪路逃生。他們先安排二十多名有槍的男人保護喇嘛和僧人，叮囑他們盡快往山上跑，千萬不要停留，跑得越遠越好。十五歲的益丹不肯拋下父親獨自逃生。清澈如水的晨光裡，手無寸鐵的少年僧侶環視周圍，視線可及之處，草灘上現出一道道戰壕，猶如大地母親肌膚上的累累創傷。他知道，這天將有一場惡戰。

那天是1959年7月23日[31]。

槍聲響起，戰馬馳騁，人群四散。有些人中彈落馬，有些人被受傷的馬甩下，女人尖叫，孩子哭嚎⋯⋯混亂中，益丹聽到父親對他高喊：「快跑，快跑！不要停下！」他拔足狂奔，子彈劈劈啪啪，雨點般打在腳下。奔逃中，益丹忽聽背後有動靜，好像有人追了上來。他扭頭一看，竟是一匹無主的馬。他伸手抓住馬韁，疾奔幾步踏上馬鐙，飛身而上，這時才發覺身旁還有一名親戚和一名僧人。三人衝上一座山腰，背後的士兵緊追不捨，眼看就要被追上，山頂突然冒出一小群黑衣人，彷彿護法神的使者。黑衣人朝追兵開槍，數人中彈落馬，其他人掉轉馬頭退去。益丹得以逃出生天。

色達瓦修部落頭人仁真頓珠此役陣亡，益丹的父親被俘。幾百人中，只有益丹等三人逃出。在1997年出版的《色達縣志》中，這場戰鬥中藏人死傷四百餘人，十一人被俘[32]；在1999年出版的《甘孜藏族自治州軍事志》中，數字為「殲敵九十三人」，「全殲叛首仁真頓珠、充旺郎加⋯⋯所屬四十六人」，以及「殲滅叛首恩登降錯⋯⋯等二十餘人。」[33]

---

31 《甘孜藏族自治州軍事志》頁198記載，1959年7月19日，2團、13團（藏民團）、154團、步兵9團第3營在茂縣分區8、10團各一部和果洛軍分區164團、騎一師配合下，進入色達，即開始作戰。《色達縣志》記載，色達頭人仁真頓珠在7月23日的錯松渡（亦稱「錯松多」）戰鬥中陣亡。益丹記憶中，仁真頓珠是在他僥倖逃生的那場戰鬥中被打死的。

32 《色達縣志》，頁358。

33 《甘孜藏族自治州軍事志》，頁198。

10月24日，「色達圍殲戰」結束。約八個團的兵力共「殲敵及爭取三千餘人，繳槍一千九百餘支，使四千多名群眾返回家園」[34]。數據顯示，被「殲滅」的人中，擁有槍的人數僅佔總人數的27%。

「色達圍殲戰」為甘孜最後一場大戰。甘孜藏人的大規模暴動始於色達，終於色達[35]。

益丹一行逃出重圍，人疲馬乏，心死如灰。茫茫草原，處處危機四伏，他們不敢久留，不敢回頭，只能繼續策馬出逃，逃往拉薩，逃往達賴喇嘛護佑的地方，那裡是他們唯一的求生希望。

七

俄洛背著孩子，跟著逃難的人群，在黃河源和長江源之間的荒野中步步前行。

他們靠著太陽和星星的指點，一路西去。她不知道到過哪裡，路過了哪些地方。途中他們遇到過一個「其他民族」的部落。那些人的衣著非藏非漢，彼此語言不通，俄洛不知道他們屬哪個民族。也許他們遇到了遊牧的哈薩克人。他們翻過一座座山，渡過一條條河，夏去秋來，牧草漸漸枯黃。在沒有戰爭的日子裡，這是轉場的時候。俄洛思念沒能逃出的家人，不知道父母是否還在人間？

路迢迢，風蕭蕭，很快到了酷寒的冬季。風雪交加，行路艱難，但冬天相對安全。祖祖輩輩生活在高原的牧民，早已習慣嚴寒，漢人解放軍卻無法在冬天作戰，他們必須撤回低海拔地區休整。除了最冷的日子，俄洛這群難民繼續西進，一步一步，用生命丈量從黃河源到拉薩的距離。她心裡只有一個念頭：拉薩，拉薩，到了拉薩，他們就會得到神靈的護佑，他們就能逃過

---

34 同上。
35 四川藏區零星的戰鬥一直持續到1962年之後，才基本停止。

這一劫了。

寒冬過去，牧草漸漸綠了。夏天將至的時候，難民們到了羌塘[36]。

羌塘是一片浩瀚的高原，總面積超過70萬平方公里，平均海拔5,000米左右，大部地區為無人區。這時候，他們只剩下不到一百人，二十多個果洛家庭只剩下五個。

在羌塘，他們轉向南方。荒原人跡罕至，但俄洛終於感到一線希望。每走一步，她就接近拉薩一步。經過聖湖納木錯，翻過念青唐古拉，走過當雄……拉薩不再是個遙遠的夢。只要到了拉薩，嘉瓦仁波切一定會看顧他們這些有家歸不得的難民。

幾天後，他們遇到一批從拉薩來的逃難者。俄洛從他們那裡聽到一個消息：幾個月前，漢兵在聖城打了一場大仗。嘉瓦仁波切去了印度。拉薩沒有了！

「拉薩沒有了！」對於這些在荒無人煙的高原上絕地求生的逃難藏人來說，這個消息猶如青天霹靂。半個世紀後，我所採訪的流亡藏人在說到當年獲悉這一消息的時候，還經常用這一藏人特有的表達方式。他們不由自主流露出驚恐和絕望的神情，彷彿這一切就發生在昨天。

---

36 羌塘高原指念青唐古拉山、岡底斯山脈、唐古拉山、崑崙山以及可可西里山等山脈所環繞的高原，涵蓋西藏自治區那曲地區西北部、阿里地區東部，及青海格爾木和玉樹治多縣西部，另有小部分屬印度拉達克。

第二十章 「拉薩沒有了！」

—

1959年初，西藏工委書記張經武、第一副書記兼西藏軍區司令張國華均不在拉薩。張經武於1955年擔任中南海「毛辦」主任，此後每年冬季去北京工作；張國華則因心臟病去廣州療養。原工委副書記范明已被整肅，西藏工作由第二副書記兼西藏軍區政委譚冠三主持。

這時，康區和安多的戰火已經蔓延到西藏自治區籌委會轄區。半年前，四水六崗衛教軍在洛卡成立，消息傳來，在拉薩避難的安多人和康巴人紛紛前去投奔，一些藏軍士兵也攜械加入。此後不久，解放軍駐藏部隊與衛教軍發生武裝衝突，解放軍「圍殲」失敗，衛教軍成功取得一批武器，士氣大振。1958年12月18日，解放軍155團3營營長杜效模率兩個連，護送山南分工委幹部，以及運送物資的車隊前往澤當。車隊在距拉薩僅幾十公里的貢嘎遭到伏擊；次日，增援部隊亦在途中遭到伏擊。兩次戰鬥中，155團副團長殷春和、3營營長杜效模、山南分工委副部長沈鳳樓等九十三名官兵、地方幹部、工作人員陣亡，三十五人受傷，九輛汽車被燒毀，六輛汽車被損壞，還被繳去兩挺重機槍、四挺輕機槍，以及一批手槍和步槍[1]。這件事震動了中央軍委，在拉薩引起的震盪可想而知。

1959年1月4日，理塘商人貢保扎西率領的「四水六崗衛教軍」與昌都境內的反抗部落聯合，共八百多人包圍中共扎木縣委[2]。1月24日，丁青和江達

1　詳見吉柚權，《西藏平版紀實》，頁64-69。
2　包圍扎木的人數，兩方資料相差很大。姜華亭回憶錄中為藏方八百多人，扎木縣委和駐軍一百多人；中方資料為衛教軍一千五百多人，包圍扎木縣委六十人。詳見次仁旺久，《心向自由——中共炮兵營長投身西藏抗暴記》，頁63；《中共西藏黨史大事記》，頁86。

兩宗同時發生戰鬥。緊接著，澤當分工委被圍困。

駐藏部隊一連串的失利，使西藏工委和軍區高度緊張，北京與拉薩之間電報頻繁往來。拉薩市民當然不會知道，自1958年7月以來，毛澤東、鄧小平等中共最高層已經多次對西藏工委和軍區下達指示，要他們做好戰爭準備。拉薩駐軍和幹部已經在積極備戰。1958年11月初，拉薩成立機關民兵團，向幹部和工作人員發放武器，進行軍事訓練，各機關公開修築工事[3]。大昭寺對面的中方機構屋頂上修築了掩體，面朝寺院的窗臺上堆了沙袋，窗口成了一個個單人射擊點。這一切使得拉薩氣氛極其緊張，大有「山雨欲來風滿樓」之勢。

在此期間，中央恰好準備於1959年召開第二屆全國人大會議，身為全國人大副委員長的達賴喇嘛將去北京出席會議。坊間流言四起，有的說達賴喇嘛答應去北京開會，但三大寺不同意；有的說開會是假，漢人是想把達賴喇嘛扣在北京，以此逼迫貢保扎西和他的游擊隊投降；還有的說北京已經派了兩架飛機來接達賴喇嘛，飛機就停在當雄機場。拉薩城裡人人忐忑不安，感到風暴隨時可能襲來。

就在這樣的情況下，聖城拉薩迎來了藏曆土豬年。

新年帶給安多女子卓嘎吉一個驚喜：她丈夫回來了。

卓嘎吉出生在甘肅省甘南州夏河縣所屬的科才部落。該部落為拉卜楞寺的「香火戶」[4]之一，部落總頭人每三年由拉卜楞寺委派，因此與寺院關係密切。中共建政後不久，即在西北鄉村進行「剿匪反霸」一類的宣傳。拉卜楞寺第五世嘉木樣仁波切的哥哥黃正清，是當時甘南最有權勢的人之一。他在民國時期任拉卜楞保安司令，中共建政後又是「重點統戰對象」，被任命為西北軍政委員會委員、甘肅省人民政府委員等職。中共通過他進一步「統戰」甘青藏區上層人士，調解中共與部落的衝突等[5]。中共在甘南建政之初，

---

3 拉薩機關民兵團於1958年11月成立，詳見《中共西藏黨史大事記》，頁84。
4 即「神民」，藏語稱之為「拉德」部落。這類部落的土地和屬名皆依附於寺院。
5 詳見《黃正清與五世嘉木樣》，頁77-79。

黃正清發揮了相當重要的作用。但在地方幹部看來，他只不過是個可供一時利用、隨時會被「換班」的「封建頭子」。在宣傳中，他們對黃正清等上層人物頗多輕慢侮辱之言。

卓嘎吉的丈夫是個性情剛直的還俗僧人，中共地方幹部對他們民族領袖的侮辱令他十分憤恨。一怒之下，他拎著槍上了山。後來他雖被勸導回家，但得到消息說隨時有可能被捕。家鄉待不下去，他只好逃到拉薩。獲悉丈夫到了拉薩的消息，卓嘎吉就告別父母，跟著一支商隊跋涉幾個月，到拉薩與丈夫團聚。這一走，她與留在家鄉的母親就此永訣。

夫妻倆在大昭寺附近租了間小屋住下，經營小買賣維生。不久她父親也到了拉薩。有父親和丈夫在身邊，卓嘎吉感到心安，一家三口過了幾年安穩日子。可是好景不長，康區和安多相繼發生戰爭，從家鄉傳來的消息越來越糟，拉薩的局勢也越來越緊張。1958年，人人都感到局勢岌岌可危，卓嘎吉的丈夫無心經營買賣，跟著幾十個朋友去了日喀則，說是要去把班禪喇嘛接出來。可是，班禪喇嘛被解放軍嚴密監管，他們無法接近[6]。卓嘎吉聽人說，他們從日喀則去了洛卡。藏曆新年前幾天，他終於回家了。

雖然局勢緊張，拉薩城裡依然洋溢著節日氣氛。家家戶戶準備「切瑪」[7]，炸「卡布瑟」[8]，寺院和有錢人家忙著製作酥油花。這年的新年期間，達賴喇嘛將在大昭寺參加格西拉然巴考試。這樁幾十年難遇的大事吸引了大批僧俗民眾，加上三大寺來參加法會的僧侶，拉薩城裡人數激增，比常住人口多出好幾倍[9]。大昭寺內外熱鬧非凡，許多人在寺內對著「覺仁波切」[10]塑像五體投地磕長頭，環繞寺院轉經的人川流不息。煨桑爐裡火焰終日不斷，空氣裡

6　阿媽卓嘎訪談。由於她丈夫已經去世，無法確認此行是否與衛教軍有關，但她現在的丈夫科才晉巴在訪談中告訴本書作者，包括他本人在內的約三十名安多人曾在1958年底或1959年初去日喀則，意欲保護班禪喇嘛。他們受到班禪喇嘛父母的接待，並在扎什倫布寺住過一段時間，但被中方驅逐，他們遂於藏曆年之前數日去洛卡參加四水六崗衛教軍。這件事日後成為整肅班禪喇嘛的理由之一。詳見張向明，《張向明55年西藏工作實錄》，頁320。
7　繪著彩色吉祥圖案的斗狀容器，內盛糌粑、青稞、人參果、酥油等，表示吉祥、祈福。
8　藏文Kabse，一種過年時食用的油炸甜餅。
9　後來的官方出版物中，這些人都被說成是「叛亂分子」。見《平息西藏叛亂》，頁17。

飄蕩著桑煙的濃香。

　　土狗年藏曆12月29日，即西曆1959年2月7日，是除夕前一天的「古朵節」，即「驅鬼節」。布達拉宮傳統的「古朵金剛舞」[11]照常舉行。中共入藏後，每年的驅鬼節噶廈政府都邀請工委領導人去布達拉宮，由達賴喇嘛親自陪同觀看「古朵金剛舞」。這年張經武和張國華都不在拉薩，西藏軍區副司令鄧少東和工委秘書長郭錫蘭應邀去布達拉宮。當天，只有在布達拉宮的幾位噶倫知道，觀看「古朵金剛舞」時，達賴喇嘛和鄧少東將軍在閒談中說定了去軍區觀看文藝演出的事[12]。

　　布達拉宮德央夏廣場上長號響起的時候，卓嘎吉在家裡忙著打掃庭院，清潔佛龕，準備晚餐的「古突」[13]。她不會料到，布達拉宮的金剛舞將改變她的命運。

二

　　2月14日上午，達賴喇嘛從布達拉宮移駕大昭寺，主持傳召大法會[14]。達賴喇嘛出行有不同儀仗形式，每年從布達拉宮移駕大昭寺的儀仗最為隆重。儀仗前往大昭寺途中，拉薩市民及各地趕來參加法會的民眾傾城而出，排列在儀仗經過的路邊，向達賴喇嘛致敬。

　　這天上午9時許，青藏公路管理局拉薩辦事處的兩名工人也出來看熱鬧。兩人一個名叫趙孝林，另一個名叫張志忠，是辦事處的房屋看守人，均為拉薩機關民兵。趙孝林背著衝鋒槍，張志忠帶著兩顆手榴彈，站在辦事處附近的巷口，等待儀仗隊經過。他們或許沒有意識到，攜帶武器站在達賴喇嘛將

10　藏人尊稱供奉在大昭寺內，由文成公主攜帶入藏的釋迦摩尼十二歲等身像為「覺仁波切」。
11　一種宗教性質的傳統面具舞。
12　詳細經過見李江琳，《1959：拉薩！》，頁92-103。
13　驅鬼節晚餐吃的麵疙瘩。
14　傳召大法會，藏語「默朗欽莫」，亦稱「大祈願法會」，由格魯派創始人宗喀巴大師於西元1409年首倡。

要經過的路邊是相當危險的行為，極可能被藏人視為對達賴喇嘛圖謀不軌。果然，兩名負責保安的藏軍士兵看到身背衝鋒槍的趙孝林，認為他形跡可疑，將其拘捕，帶往「警察代本」，即負責拉薩治安的第六代本兵營。張志忠見同伴被帶走，尾隨至兵營門口，亦被拘捕。

事發之後，青藏公路管理局向西藏軍區、籌委會、治安聯合委員會以及噶廈政府提出控告，要求噶廈和藏軍放人、賠禮道歉。在局勢相當緊張的情況下，這件事無疑加重了雙方的猜忌。中方認為「此事係藏軍配合西藏叛亂分子有計畫向我黨我軍挑釁的行動」，拉薩市民則流傳著各種傳言，有的說「這兩位漢人是班禪派來行刺達賴喇嘛的，又說是中央派來的刺客」[15]。

兩名工人被捕一事應是誤會。當時拉薩形勢雖然高度緊張，毛澤東已對西藏工委下達準備「總決戰」的指示，但並未放棄對達賴喇嘛和噶廈政府的「統戰」，軍事部署亦未開始，中方並無必要派人行刺；而在周邊已經發生激戰，拉薩局勢岌岌可危的情況下，噶廈政府也不可能在傳召大法會期間自找麻煩。但是，兩名工人站在自己工作單位附近看熱鬧，居然攜帶武器，可見中方工作人員的不安全感；而藏軍在達賴喇嘛將要經過的路上見到攜帶武器的中方人員，立即懷疑他們意欲行刺，將其拘捕，也顯示出藏方的疑懼。此後幾十年中，「無故逮捕兩名漢族工人」這件事被當成「噶廈政府有意製造事端」，在公開和內部出版物中反覆引述，但從未說明兩名工人被拘捕時的真實情況[16]。

這個消息傳到達賴喇嘛那裡，卻變成「抓了兩個偽裝成漢人的後藏人[17]或康巴人」。達賴喇嘛還聽說他將要路過時，「該人曾將子彈推上槍膛等情況」，因此派他的姐夫庫松代本[18]彭措扎西去瞭解情況。庫松代本問話後得

---

15 新華社《內部參考》，1959年2月26日。

16 見《西藏革命史》，頁121；《平息西藏叛亂》，頁16；《中共西藏黨史大事記》，頁87。這些資料均未說明兩名工人被捕時身帶衝鋒槍和手榴彈，站在達賴喇嘛儀仗將要經過的路邊。

17 後藏日喀則一帶，1950年後屬班禪堪布廳管轄。由於九世班禪喇嘛與十三世達賴喇嘛不睦，班禪堪布廳與噶廈政府之間一直存在種種矛盾和衝突。

18 達賴喇嘛警衛團長，1955年授予解放軍中校，1956年晉升為上校。

知了他們的真實身分，並從當時在場的民眾那裡得到證實。達賴喇嘛擔心這件事「造成不堪設想的大壞事」，兩度下令立即釋放這兩名工人。他們於次日被釋放[19]。當時這件事除了引起一些流言，並未造成其他後果。

但是，「兩名工人事件」彷彿是個不祥之兆，預示1959年的藏曆新年將會諸事不順。

2月18日，中共中央辦公廳將第16號〈情況簡報〉呈交毛澤東。這份簡報刊登了一份新華社電訊稿，報導「西藏地區的武裝叛亂已發展為全面性叛亂」。毛澤東做了批語，並轉劉少奇、周恩來、陳毅、鄧小平和彭德懷：「西藏越亂越好，可以鍛鍊軍隊，可以鍛鍊基本群眾，又為將來平叛和實施改革提供充足的理由。」[20]

次日，毛澤東在「總參作戰部關於平叛情況報告」上批語，並做若干修改，並將該文件密發西藏工委、軍區至團級，明確提出：「我們軍事方面不但不怕叛亂，而且歡迎這種叛亂，但是必須隨時準備和及時地平息叛亂。」[21]

2月23日是酥油花節，按照傳統，這天達賴喇嘛將在大昭寺外的松曲熱[22]講經。入夜後，他與噶倫和貴族參觀八廓街邊陳列的酥油花。但是，松曲熱正對著「西藏貿易總公司」，屋頂上修的工事正好朝向講經臺[23]。庫松代本要求派藏軍士兵在屋頂站崗，中方認為是「無理要求」，斷然拒絕。噶廈和庫松代本擔心達賴喇嘛的安全，取消了那天的全部活動。此舉使民眾議論紛紛。中方將此作為「噶廈政府製造的一連串挑釁事件」之一，派工委統戰部長陳競波到大昭寺見達賴喇嘛。達賴喇嘛持息事寧人的態度，就拘捕工人、取消活動等事做了一些解釋。但是，2月27日，工委向中央彙報時，並未說明全部情況，而是根據他們對待這類衝突的一貫思路，將這些摩擦歸結為：「（1）西藏上層是有計畫、有目的的製造此一事件，而又利用達賴及噶

---

19 《平息西藏叛亂》，頁71-73。
20 《建國以來毛澤東文稿》第8冊，頁46。
21 同上，頁48。
22 大昭寺南側的廣場，為傳召大法會期間，歷代達賴喇嘛對民眾講經處。
23 當時西藏貿易總公司的房子原為桑頗家族的住宅，解放軍進入拉薩後，桑頗家族將老宅賣給工委。

廈的一些人也瞭解一些情況，企圖拖他們下水；（2）許多情況達賴和噶廈是清楚的，是事先或事後商量過的，證明是有預謀的。」**24**

新年慶典雖然遇到一些麻煩，但總算平安度過。3月5日，傳召大法會結束，達賴喇嘛從大昭寺移駕羅布林卡。

此時，毛澤東關於「歡迎叛亂」並隨時準備「平息叛亂」的批示，已傳達到西藏駐軍團以上幹部。

屆此，中共從最高層到西藏工委均已做好了「總決戰」的準備。毛澤東需要的，只是一個能在宣傳上顯示「師出有名」的理由。

三

新年過後，拉薩城漸漸恢復平靜。前來參見法會的三大寺僧人返寺，外地來朝拜、聽經的僧俗民眾也陸續離去。卓嘎吉的生活回歸平常。

3月10日這天早晨，卓嘎吉像往常一樣，去大昭寺轉經。剛走進八廓街，她立刻發覺街上的情形異乎尋常。一些小販手忙腳亂地收拾攤子，店主紛紛關店門。人們三五成群站在街邊，神情焦慮地說著什麼。幾個年輕人蹬著自行車在人叢裡鑽來鑽去，車鈴聲令人心煩意亂。還有人牽著馬，大聲嚷著要行人讓路，卓嘎吉剛來得及閃到一邊，人馬霎時不見蹤影。緊接著，一大群男女老少慌慌張張地走來，人人神色驚惶，好像發生了塌天大事。她注意到，所有的人都奔往一個方向。

卓嘎吉趕忙走到一群正在說話的女人那裡，問她們出了什麼事？

「漢人今天要請嘉瓦仁波切到他們的軍營去！」一個女人告訴她。

嘉瓦仁波切要去漢人軍營？卓嘎吉心裡猛地一沉：「去軍營？為什麼？」

「聽說漢人請嘉瓦仁波切到軍營去看戲。」另一個女人說，「去漢

---

24 《平息西藏叛亂》，頁71-73。

人軍營一定不是好事，說不定就回不來了！他們會把嘉瓦仁波切送到北京去……」

卓嘎吉神色大變。拉薩人人都知道，在康區和安多，許多大頭人和大喇嘛就是這樣失蹤的。漢人幹部請他們去開會、赴宴，結果他們一去不返，從此下落不明。

「這些人就是去羅布林卡，不讓漢人接走嘉瓦仁波切！」一個女人對她說。

說話間，幾個年輕人在街上叫喊：「快去羅布林卡，千萬不要讓嘉瓦仁波切到漢人軍營去！」街上又一陣大亂，一群男人有的背著火槍，有的拎著棍棒，朝羅布林卡方向疾行。

卓嘎吉猶如五雷轟頂，一時不知所措。她呆立片刻，轉身一路小跑奔回家。丈夫和阿爸都不在家，想必去了羅布林卡。卓嘎吉放下轉經筒，打開佛龕下的櫃子，取出一小袋「桑」，走到院角的桑煙爐前。

「唵嘛呢唄咪吽……」

她點燃爐膛裡的乾柏枝，口念六字真言，抓一把香料撒在跳動的火焰上。一縷青煙從白色桑煙爐頂上升起，帶著卓嘎吉的祈求，飄搖而上。

後來，她聽說那天有數萬民眾包圍羅布林卡，阻止嘉瓦仁波切去軍區。羅布林卡門外還發生了代理噶倫桑頗被打傷，「昌都堪穹」索南嘉措被打死的事。那天發生的事，將被稱為「1959年3·10事件」，或「1959拉薩事件」，載入歷史。

逃到拉薩的安多女子對羅布林卡和秀吉林卡[25]裡頭的事毫不知情，她更不會想到，遙遠的北京城裡，一群手握漢藏幾億人生死大權的人，即將展開一系列行動。

接下來的幾天裡，卓嘎吉聽著街巷裡四處流傳的各種消息，心神不定地等著阿爸和丈夫回家。

---

25 西藏工委所在地。

四

羅布林卡旦達明久宮中，處在風暴中心的第十四世達賴喇嘛丹增嘉措力圖控制局勢。他答應民眾不去軍區，以此安撫憤怒的民眾；同時給譚冠三將軍回信，試圖拖延時間，勸說民眾散去，爭取和平解決危機。

3月14日，他召集噶廈開會，向噶倫們解釋了去軍區看演出一事的由來，並對當前局勢做出幾項指示。

半個多世紀後，我在香港一家圖書館裡找到了講話記錄的漢譯本：

去年12月29日（注：藏曆，下同）按慣例邀請中央官員參加跳神會，會上鄧副司令談到：「軍區文工團到祖國內地去學習得較好，達賴喇嘛是否願去觀看演出？」表示願意去，至於時間待以後典禮（注：典禮係指傳大召）完畢時再去，請選一好的地方即可。1月20日下午回到羅布林卡，22日來了兩個統戰部的幹部問演戲的時間怎樣安排好？表示等過幾天典禮結束以後才行，2月初可以確定，那天不要過分準備。他們回答說：「這類演出一般是在晚上，此次達賴喇嘛來觀劇，可以放在白天演，請於2月1日中午十二點半前去。」此事便這樣確定。已經打算前去，但是一號（注：係指藏曆2月1日，即西曆3月10日）早上，政府僧俗官員和三大寺堪布代表、許多僧俗群眾產生了疑慮，紛紛哭訴攔阻，請求不要前去看戲。因此雖然已經事先約定好，卻不能赴約，感到無限慚愧。那天對桑頗噶倫打石頭，造成重傷，又在宮殿門口殺死昌都堪窮[26]，違反了政教法規。此時，無法出去，只能留下，沒有一點辦法，感到無限傷心。如能滿足人民要求，就此結束亦可，但是正如諺語所說：「有了睡處還要舒展處」，又在誦經佛堂內開會，會上說些所謂西藏獨立的話。已經下命令不許在宮殿內部召開此類惡劣會議。從宮殿搬出去以後，又於昨天三號在雪印經房開會，造了一份會議代表名單，要求委任。這種會議只能製造是非，大家知道，沒有一點好處，所以以前也先後下過命

---

26 即帕巴拉·格列朗杰的哥哥索南嘉措（亦譯「索南降措」）。「堪窮」，一譯「堪穹」，為傳統西藏政府體系中的四品僧官。

令，不准召開此類會議；同樣的，關於此次會議代表名額，我這裡永遠不會決定的。如果是明瞭這次暫時與長遠之利益、優缺點的人，就會聽從我的話，個人積極擔負起自己適當的任務，守法安分地過活。如果不願聽從我一貫所指出的利害，任意施為時，那就沒有一點辦法了。由於認為我是手執白蓮的觀世音的化身，故從幼時便被西藏全體人民的願望而堅決地勉強我擔負起政教責任，雖以天資與求得的學識，均沒有負責之勇氣，但由於西藏全體人民堅決熱烈地希望，心中不忍，不得不負起這個責任來。一方面在經師前學習，並向全體僧俗人民講經，成為法師與弟子的關係，一方面擔負政治之責，到現在已有十年左右。雖然政教二者均甚昌隆，但此次不知考慮利害，任意過分地製造騷亂挑釁，這種做法，以後造成任何惡果，誰也不能負責，今後永遠不准再製造叛亂挑釁之事。云云，做了如上指示。[27]

這份戰後從羅布林卡搜繳到的文件迄今未正式解密，中共出版的各種有關西藏現代史的書籍亦未引用。這份文件很清楚地顯示達賴喇嘛對事件的態度和看法；從中亦可看出，3月10日發生的事件，達賴喇嘛事先並不知情。可以說，那天的事件，是幾年來發生在康區和安多一連串重大事件的結果，也是民眾憤怒的總爆發。那些喊出「西藏獨立」，要求「漢人回到中國」的人，並非中共稱之為「達賴集團」的上層，恰是後來中共宣稱他們前來「解放」的「農奴」。

達賴喇嘛當時並不知道，他對「3‧10事件」的態度並不能改變事情發展的方向。

幾小時後，西藏工委將拉薩發生的事電報中央。

3月11日，國家主席劉少奇召集周恩來、彭真、彭德懷、陳毅、楊尚昆、徐冰[28]等人開會，討論西藏局勢。當晚11時，中央電令駐紮在成都的第54軍

---

27 新華社《內部參考》，1959年5月26日。
28 徐冰（1903-1972），第二、三屆（1954年12月-1964年12月）全國政協秘書長。

組織一個小型指揮所，即「丁指」，由軍長丁盛率領入藏，統一指揮步兵第134、第11師作戰；同時命令成都軍區副司令黃新廷組織「黃指」，指揮步兵第130師、昆明軍區第42師前線指揮部和昌都警備區部隊，負責昌都作戰[29]。

軍事部署的同時，中央電示西藏工委，通知他們「中央軍委正在積極進行軍事準備」，並在軍事、政治、宣傳等方面做出一系列具體指示[30]。

3月12日，就在達賴喇嘛回覆譚冠三寫給他的第一封信時，國防部長彭德懷在北京主持第167次軍委會議，確定西藏作戰的軍事準備工作[31]。

由此可見，「拉薩事件」爆發後，中共最高層從一開始就無意「政治解決」，以避免流血。2001年出版的《楊尚昆日記》中記載，3月10日後的三周內，中央政治局和書記處幾乎每天都開會討論西藏問題，這些會議大都由劉少奇或鄧小平親自主持。

3月14日，達賴喇嘛在旦達明久宮召集噶倫們開會時，中共中央總書記鄧小平在北京主持中央書記處會議，討論西藏問題。當天下午，張經武和張國華從廣州趕回北京，向中央書記處彙報。晚間，國家主席劉少奇召集周恩來、鄧小平、彭真、彭德懷、黃克誠、楊尚昆[32]、張經武、張國華、楊靜仁[33]、趙卓仁等開會，討論西藏問題。這天，鄧小平還親自擬定給達賴喇嘛的第三封信。3月15日，毛澤東在這封信上批示，指示鄧小平再準備一封信，這些信「準備在將來發表」[34]。當時只有極少數人知道，達賴喇嘛給譚冠三的三封信，當時就由空軍急送北京[35]。

同日，「丁指」機關組成。

鄧小平起草的信電報西藏工委後，由譚冠三署名，於16日送交達賴喇

---

29 《落難英雄──丁盛將軍回憶錄》，頁298。
30 〈中央關於西藏反動上層公開暴露叛國面貌之後應採取措施給工委的指示〉，《平息西藏叛亂》，頁79-80。
31 《彭德懷年譜》，頁723。
32 楊尚昆（1907年7月5日-1998年9月14日），時任中共中央副秘書長、中央辦公廳主任，兼中央軍委秘書長、中直機關黨委書記等職。
33 楊靜仁（1918-2001），回族。時任中央民族事務委員會副主任、中央民族政策研究室副主任。
34 《解放西藏史》，頁364。
35 華強、奚紀榮等，《中國空軍百年史》，頁218。

嘛[36]，其中還夾了一封阿沛·阿旺晉美寫給達賴喇嘛的信，暗示軍隊可能炮轟羅布林卡[37]。

3月15日，中央軍委向成都、蘭州、昆明軍區下達入藏預令，計畫調三個步兵師、兩個步兵團入藏，空軍一個轟炸機團進入作戰準備[38]。軍委命令步兵134師於3月26日集結於格爾木，4月15日前入藏；步兵11師集結於敦煌，隨步兵134師跟進。

3月16日，「拉薩事件」一周後，中共軍事部署已近完成。第一支入藏部隊，即54軍134師402團，已從甘肅臨洮出發，趕向拉薩。而在拉薩，達賴喇嘛的侍從長帕拉和噶倫們秘密安排的出走計畫亦近完成[39]。這天，黃克誠、張經武、張國華飛赴武漢，向毛澤東彙報並討論西藏問題[40]。

3月17日，是西藏歷史上劃時代的一天。

這天下午，北京和拉薩，兩個會議幾乎是同時進行。

拉薩時間[41]下午約2時，達賴喇嘛與噶倫們在羅布林卡的金色頗章內開會，討論如何給譚冠三和阿沛回信。

北京時間下午3時，劉少奇主持中共中央政治局會議，從武昌返京的總參謀長黃克誠在會上轉達毛澤東對西藏問題的指示。這份重要的正式文本迄今未發表，但會議參加者之一楊尚昆在他的日記中記下了要點：

一、同意中央方針，搞下去，好形勢，總算在政治上爭取了主動；二、盡可能不讓達賴走，將來要放也容易，反正在我們手裡，萬一跑了也不要緊；三、進藏軍隊包圍拉薩，包起來有利，可以分化，「圍而不攻」，爭取4月10日前到達，如拉薩不打，即先以一個團進山南，控制要點，斷後路；四、平叛重點放在拉薩、山南，其他地區慢一步；五、說平叛，不提改革，

---

36 《鄧小平軍事文選·第2卷》，頁333-334。
37 Dalai Lama, *My Land and My People,* p. 190.
38 《解放西藏史》，頁369-370。
39 達賴喇嘛出走計畫的安排，詳見李江琳，《1959：拉薩！》，頁184-199。
40 《楊尚昆日記》（上），頁365。
41 拉薩時間比北京時間晚兩小時。

在平叛下改革，區別對待：先叛先改，後叛後改，不叛不改；六、同意軍委對於軍隊入藏的布置；七、外交處理同意指定地點的辦法；八、不要登報，內部通報，進藏軍隊要出布告；九、移民不宜太急；十、班禪態度如何，為何至今無消息？[42]

這段簡短記錄透露了毛澤東利用「拉薩事件」武力解決「西藏問題」的策略，和善後處理方針。從中可見，至3月16日，毛澤東已完成了「總決戰」的各方面部署。

早在1950年1月2日，毛澤東給彭德懷、鄧小平等人的電報中，已說明他「經營」西藏的基本方針：「西藏人口雖不多，但國際地位極重要，我們必須佔領，並改造為人民民主的西藏。」[43]然而，1951年5月23日簽訂的「十七條協議」中規定「對於西藏的現行政治制度，中央不予變更」[44]，這就出現一個問題：繼續保留西藏的社會制度，自然不可能將西藏「改造成社會主義的西藏」。因此，在內地「社會主義改造」基本完成的情況下，要想改造西藏，就必須打破「十七條協議」的約束。由於西藏的「國際地位」，採用軍事手段推翻西藏政府，改變自己起草並簽字的協議，必須「師出有名」，才能在戰後建立統治合法性。「拉薩事件」恰好提供了一個可以利用的理由，故毛澤東說「總算在政治上爭取了主動」。也就是說，沒有這一事件提供的理由，那麼中共在西藏「以打促改」的計畫在政治上就會陷於被動。

毛澤東的指示中也道明，中共在西藏的這一系列大動作，對外不予公布，內地民眾完全不知情。

會議上，中共中央總書記鄧小平發言，指出「當前首先是準備堅決平息叛亂，改組西藏地方政府，改組藏軍，實行政教分離，然後全面實行民主改革」[45]。

---

42 《楊尚昆日記》（上），頁366。
43 《毛澤東西藏工作文選》，頁6。
44 《西藏工作文獻選編1949-2005》，頁43。
45 《鄧小平年譜》（下），頁1496。

就在北京和拉薩的兩個會議正在分別進行的時候，情況突然發生戲劇性變化：青藏公路運輸站民兵曾惠山朝羅布林卡發射了兩發炮彈。

形勢急轉直下。

達賴喇嘛速招乃穹神諭請示，神諭指示：今晚就走！綜合各種因素，達賴喇嘛做出了出走決定。

3月10日之後，噶廈內部的分裂公開化，代理噶倫桑頗受傷在軍區醫院治療，噶倫阿沛‧阿旺晉美接受解放軍軍區保護，未進入羅布林卡，在羅布林卡的只有首席噶倫索康，以及噶倫柳霞和夏蘇。三噶倫、侍從長帕拉和警衛團長彭措扎西分頭開始做出走準備。

當晚拉薩時間10時，北京時間午夜12點左右，達賴喇嘛易裝離開羅布林卡，渡過拉薩河，出走山南。

18日，彭德懷主持第168次軍委會議，聽取副總參謀長楊成武有關「蘭州平叛現場會」的彙報。《彭德懷年譜》中記載，聽完彙報後，彭德懷有如下指示：「叛軍的解除武裝，不等於民族問題的解決。民族問題的解決是長期的工作，要從政治上、經濟上安排、彌補。當前主要是軍事打擊。」[46]彭德懷此語表明，對於藏區情況，最高層並非不瞭解。他們深知反抗的藏人並非「少數反動上層」，而是「廣大勞動群眾」。他們的策略是先打擊，再「彌補」。日後發生的一系列「清理俘虜」，「有條件地開放一批寺院」，承認「平叛擴大化」並給予受害者些微經濟補償等等，都是「彌補」的方式。

3月19日上午，中共最高層開了一整天會。上午，中央政治局開會討論西藏問題；下午，中央書記處開會討論入藏部隊的供應與政策問題。就在這天，參加最高層會議的楊尚昆在他的日記裡寫下一行字：「據西藏工委報告：達賴已在16日或17日向南逃走。」[47]這說明西藏工委雖於19日證實達賴

---

46 《彭德懷年譜》，頁723。
47 《楊尚昆日記》（上），頁94。時任新華社社長兼《人民日報》總編輯的吳冷西在《憶毛澤東——我親身經歷的若干重大歷史事件片段》頁120中說：「少奇同志於3月17日召開政治局會議……在會議結束前，中央得悉達賴已離開拉薩，當即決定增調部隊入藏，準備對付可能發生的叛亂，但方針仍是絕不打第一槍。」疑為記憶錯誤。《中共西藏黨史大事記》、內部資料《平息西藏叛亂》、會議參與者楊尚昆的日記中，西藏工委向中央報告達賴喇嘛出走一事的日期均為3月19日。

喇嘛出走，但仍未確知他出走的日期是16日還是17日。由此可見，「毛澤東放走達賴喇嘛」這個說法並非史實。然而，出於政治需要，這一說法至今還在流傳。2008年，國防大學教授、專業技術少將徐焰在〈藏區平叛的五年艱苦歲月〉一文中，仍然重複這個流傳甚廣的「讓路說」：「3月17日達賴在藏軍第1代本掩護下南逃，拉薩河邊的解放軍發現後，根據毛澤東五天前下達的『我軍一概不要攔阻』的命令有意放行。」[48]

幾小時後，「拉薩戰役」爆發[49]。

── 五 ──

3月20日凌晨4點鐘左右，卓嘎吉被激烈的槍聲驚醒。那些日子裡拉薩不時聽到零星槍聲，但那天凌晨的槍聲比平時激烈得多。她翻身坐起，聽出槍聲響自羅布林卡方向。

丈夫和阿爸一直沒有回家。就在前一天夜晚，她聽人說，他們都在羅布林卡……卓嘎吉的心一陣狂跳，渾身止不住地顫抖，像一片暴風中的樹葉。

緊接著，遠處傳來巨大的轟響，像是陣陣雷聲。剎那間，屋裡屋外，女人的尖叫聲，孩子的哭聲，男人的喊聲，院門開關聲響成一片。

不知過了多久，像是片刻，又像是永恆，「雷聲」停止，槍聲漸漸稀疏。她摸索著下床，裹緊藏袍，打開房門，走進院裡的佛堂。佛像前一燈如豆，照著一屋子驚惶的女人，她們大都是跟隨丈夫從家鄉逃來的康巴和安多女子。各家的男人都到羅布林卡保護達賴喇嘛去了，只剩下一群女人驚惶失措，心焦如焚，不知如何是好。卓嘎吉走到佛像前，點著一盞酥油燈，俯身跪拜。大家驚魂甫定，猛然間又傳來激烈的槍聲。槍聲響自小昭寺、布達拉宮方向，好像整個拉薩都陷入槍戰中。一屋子女人不約而同在佛像前跪倒，

---

48 徐焰，〈藏區平叛的五年艱苦歲月〉，《兵器知識》2008年第11期。
49 「拉薩戰役」詳情，見李江琳，《1959：拉薩！》，頁241-313。

流著淚一遍遍念誦祈禱。

灰白的光線從小窗裡淌進佛堂，天漸漸亮了。

突然，布達拉宮方向傳來「通！通！通！」的巨響。

這是「拉薩戰役」中的第一戰，「甲波日炮戰」。

3月20日早晨5點，西藏軍區司令部召開會議，討論拉薩作戰的軍事部署。上午10時，西藏軍區政委譚冠三下令炮轟甲波日，奪取拉薩城裡的戰略制高點，以便下一步轟炸藏人集中的羅布林卡。五分鐘後，三發信號彈升上天空，四十二門大炮組成的炮群從拉薩河南岸，西藏軍區308炮團駐地開炮。平均每分鐘至少七發炮彈飛向甲波日，迅速摧毀了山頂的寺院[50]。這座建於西元1697年的寺院與布達拉宮遙遙相對，是第五世達賴喇嘛創辦的藏醫學院。按照編制，當時有一百多名學僧在寺院裡習醫[51]。

響聲接連不斷，震耳欲聾，像天上的炸雷一個接一個，一串接一串。大地在顫抖，房屋微微搖晃，灰塵紛紛落下，佛像前的酥油燈盞裡，小小的火苗隨聲跳動，暗淡的光在護法神銅像上閃爍。

時間凝固。槍炮聲無休無止。彷彿整個世界都被巨大的爆炸摧毀，卓嘎吉感覺除了自己所在的這座房子，整個拉薩其他的房子都被炸垮了。她匍匐在佛像前，為阿爸和丈夫祈福。這樣激烈的戰鬥，他們定難生還。

房東是個中年女人，她生長在拉薩，見多識廣，老練沉著。她走到佛像前，拿起一個糌粑做的「朵瑪」，掰成小塊，又拿出珍藏的丹桑[52]，一一分給佛堂裡的女人：「今天我們說不定都會死掉。吃下這些，死了會有好的輪迴。」

一群女人吞下朵瑪和加持物，懷著必死之心，坐在佛像前祈禱。從康區和安多跑到拉薩，她們終究逃不出那張血紅的天羅地網。

槍炮聲響了一天一夜，終於漸漸稀疏。21日夜晚，槍聲、炮聲、喊叫聲

---

50 詳見王國珍，〈霹靂天降懲兇頑〉，《西藏革命回憶錄》第4輯，頁38-45；徐焰：〈藏區平叛的五年艱苦歲月〉，《兵器知識》2008年第11期。

51 詳見李江琳，《1959：拉薩！》（聯經版），頁260-273。

52 經過高僧加持過的藏藥，或其他供物。

集中到了離她們很近的大昭寺。

「三寶啊！我們哪裡打得過！」卓嘎吉絕望地想。貴族早就把房子賣掉了，大昭寺一帶都是漢人的機關，漢兵坐在屋頂上就可以對著大昭寺開槍，我們拿什麼去保衛法主[53]？

天亮後，卓嘎吉聽到外面有人高喊：「不要朝大昭寺開炮！大昭寺是我們的法主！」接著又有人高喊：「為了大昭寺，大家投降吧！」

屋子裡的女人商量了一陣，覺得只能向漢人投降，求他們不要炸掉大昭寺。卓嘎吉和幾個女人把一條哈達綁在木棍上，順著木梯，戰戰兢兢地爬到屋頂上。不料屋頂上趴著一排漢兵，一照面，兩邊都嚇了一跳。幾個女人鼓足勇氣說：「你們不要朝大昭寺開槍開炮，我們投降！」

漢兵跳起來，端著槍，大聲喊叫著朝她們衝來。幾個女人轉身往回跑，卓嘎吉覺得背上中了一槍。她跑下木梯，奇怪自己怎麼還未倒下。下了樓梯，她摸摸後背，沒有流血，原來漢兵用槍在她背上狠狠捅了一下。

那天，大昭寺裡的藏人集體投降。不久，守在布達拉宮裡的藏人也放下武器，「拉薩戰役」結束。

卓嘎吉和鄰家姐妹們望眼欲穿，可是沒有一個男人返家。

槍聲完全停止後，一群女人相約出門。她們背著口袋[54]，拎著繩子，到羅布林卡和拉薩河邊，去尋找丈夫、兄弟和親人的屍體。沒有一個女人相信，她們的親人能活著回家。

五十多年後，阿媽卓嘎吉對我說：「當時我們女人身不由主去那裡找屍體，其實真的找到了屍體又怎麼樣呢？有個阿佳[55]，她找到了丈夫的屍體，只是站在屍體旁邊，不停地叫：『阿媽！阿媽！阿媽！』連動都不敢動。阿佳不敢動，我們也不敢動。雖然背著口袋，拿著繩子，其實什麼也不敢做。」

---

53 藏人視大昭寺為最神聖的寺院，是佛法之主。
54 1尺多寬，約1米多到2米長，裝糧食等物後可搭在騾子或馬背上的口袋。
55 藏語「姐姐」。

戰場顯然已經大致清理，河灘上到處散落著康巴人的首飾和其他物件，屍體卻大都已經搬走[56]。她看到自己認識的周嘉大叔懷裡抱著槍，倒臥在河灘上，他旁邊倒著幾個康巴人。一個牧人倒在水邊，還有幾個熟人，倒在河灘上。

那天，卓嘎吉沒有找到丈夫和阿爸。一連幾天，這些女人成群結隊，在主要作戰地點奔走，尋找親人。卓嘎吉四處尋找，找不到丈夫，也找不到阿爸。他們生不見人，死不見屍。

一天，一個平日關係不錯的尼泊爾人把卓嘎吉叫到街角，壓低聲音告訴她：達賴喇嘛已經走了。卓嘎吉心如刀絞。甲波日頂上的寺院消失了，羅布林卡被炸得不成樣子，小昭寺彈痕累累，大昭寺門前血跡斑斑；丈夫不知道在哪裡，阿爸不知道在哪裡，如今上師也走了。拉薩還是我們的拉薩嗎？拉薩就這樣沒有了？卓嘎吉的心一下子墜落塵埃，摔得粉碎。

六

卓嘎吉和拉薩的女人們滿城尋找親人的時候，中共中央開始部署下一步行動。

3月25日，毛澤東在上海錦江飯店召集中共中央政治局常委擴大會議，史稱「上海會議」，西藏問題為議題之一。會上，鄧小平傳達中共中央政治局常委對西藏和中印關係的幾點意見。除了在戰爭同時立即在西藏開始社會改造之外，還制定了宣傳策略：「要聲討西藏上層叛亂集團，但對達賴還要留有餘地，還是用『叛亂集團劫持達賴』的說法」，同時「宣布由班禪出任西藏自治區籌備委員會的代理主任」[57]。鄧小平並指定新華社社長兼《人民日

---

56 根據在羅布林卡大轟炸後被捕的原噶廈政府低階官員圖登格仲回憶錄中記載，羅布林卡之戰後，死者屍體被草草掩埋在羅布林卡西門外，守護西門的安多人挖的壕溝裡，一個多月後，被挖出來澆上汽油焚燒。詳見Tubten Khetsun, *Memories of Life in Lhasa under Chinese Rule*, p 45.
57 吳冷西，《憶毛主席》，頁121。

報》總編輯吳冷西起草有關「拉薩事件」的新華社公報。

3月27日上午11時至下午2時，鄧小平主持政治局常委會，討論新華社公報。毛澤東親自做了修改。次日，新華社發布新聞公報。國務院總理周恩來發布命令，解散噶廈政府，由西藏自治區籌備委員會行使政府職權。

3月30日，第134師五個步兵營到達拉薩。

3月31日，達賴喇嘛率八十人越過麥克馬洪線，進入印度尋求政治避難。

在中國內地，強大的國家宣傳機器開始高速運轉，對國內民眾展開鋪天蓋地的大規模宣傳。

達賴喇嘛進入印度的當天，《人民日報》發表題為「徹底平息西藏叛亂」的社論，並按照毛澤東兩周前的指示，發表達賴喇嘛與譚冠三往來的六封信，以證實達賴喇嘛是被「劫持」到印度的。4月1日，全國主要報紙和所有地方報紙均在頭版刊登有關「全面平息西藏叛亂」的消息。於此同時，各地立即組織幹部、民主人士和民眾學習討論，「有關人士」則迅速將民眾的各種反應收集上報[58]。

4月25日，《人民日報》發表社論〈歡呼討平山南叛匪的重大勝利〉，同時在第7版上整版刊登西藏工委宣傳部幹部單超寫的〈雨過天青——拉薩平亂兩周日記〉。這篇以親歷者身分、以「日記」形式寫的宣傳文章告訴讀者許多有關「拉薩事件」的細節。文章刊登一個月後，西藏工委宣傳部給新華社寫了一封信。這封公眾絕對不知情的保密信件中，指出單超的文章有許多不實之處。

例如，單超「日記」中的3月15日：

土匪的面目更清楚了，在城裡到處行兇作惡。好像帝國主義侵略軍隊打到中國一樣。

聽說大昭寺前面的尼姑廟裡搞得最兇，幾十個年輕尼姑沒有一個不被強姦的。不少商店的門被叛匪搗毀，好東西搶掠一空。反動貴族和官員，大白

---

58 新華社《內部參考》1959年3月31日、4月1日兩次刊登〈國內對拉薩事件反應〉。

天經過工委門口往羅布林卡搬家。**59**

工委宣傳部的內部信件指出：

此段完全不符事實。首先，大昭寺前面沒有尼姑廟，打仗前也沒有叛匪在拉薩強姦幾十個年輕尼姑的事，當時民兵團（拉薩機關指揮部）每時每刻都搜集情況反映，民兵團的負責同志都不知道此事。此外，在「打」以前，敵人在拉薩是注意「爭取群眾」的，個別搶劫的事可能有，但「不少商店的門被叛匪搗毀，好東西搶劫一空」，並非是事實。**60**

3月18日的「日記」中，單超說拉薩市民紛紛到工委訴苦，還詳細描述了一個老太太哭訴兒子被「一大群反動分子」拉去當「志願軍」，女兒被輪姦的故事。工委宣傳部的信指出，這些「完全不是事實」，真實情況恰好相反：「有來工委、軍區請願的謠傳，並沒一人到工委來訴苦。」**61**

3月20日，「拉薩戰役」爆發。單超寫道：

已經是下半夜了，天氣有點涼起來，我把大衣披上去院內透透空氣，打算回來接著挑選稿子。

剛到院中，忽然看見羅布林卡、岳王山、布達拉宮上，到處有火光噴出，立刻全城都響起了槍炮聲。我看了看錶，正是3點40分**62**。

工委宣傳部的信說：

---

59 單超，〈雨過天青〉，《人民日報》，1959年4月25日，第7版。
60 〈西藏工委宣傳部對「人民日報」發表「雨過天青」一稿的意見〉，新華社《內部參考》，1959年5月31日，頁19-23。
61 同上。
62 單超，〈雨過天青〉，《人民日報》，1959年4月25日，第7版。

下半夜單超在院裡透空氣看見羅布林卡、岳王山、布達拉宮上，到處有火光噴出⋯⋯一節，全是編造出來的。實際情況：當天夜裡，並不是羅布林卡、岳王山、布達拉宮向我們一齊開始射擊，也不是「到處都有火光噴出，立刻全場（按：應為「全城」）都響起了槍炮聲」。此外，單超同志在統戰部也看不見羅布林卡[63]。

　　「拉薩戰役」是否得到拉薩民眾的支持？參戰軍官陳炳在他的回憶文章中寫道：「戰鬥結束後，群眾高捧哈達，互相祝賀，歡慶新生。」[64]2008年出版的《解放西藏史》中，更詳細地描敘戰後情況：

　　戰鬥剛一結束，拉薩市人民群眾不顧零星的槍聲流彈，紛紛走出家門，焚香頂禮，額手稱慶，歡呼新生。他們向黨政幹部和部隊官兵控訴叛亂分子的罪行，幫助收繳叛亂分子遺棄和藏匿的武器，積極協助部隊肅清殘餘叛亂分子。[65]

　　很難想像陳炳和《解放西藏史》的編者不知道這樣的情況：

　　戰後，由於敵人過去的欺騙，反動宣傳，老百姓說是「漢人打勝了，藏人打敗了」，怕我們殺他們，上街時拿棍子挑著哈達，或掛著哈達，表示投降（還有老太婆拿著哈達到工委來投降），並非是慶祝平叛勝利。[66]

　　西藏工委宣傳部的信刊登於僅供中共高級幹部閱讀的新華社《內部參考》，迄今未正式解密，而單超充滿編造的文章則刊登在《人民日報》上，

63　〈西藏工委宣傳部對「人民日報」發表「雨過天青」一稿的意見〉，新華社《內部參考》，1959年5月31日，頁19-23。
64　陳炳，〈叛國必亡〉，《西藏革命回憶錄》第4輯，頁24。
65　《解放西藏史》，頁373。
66　〈西藏工委宣傳部對「人民日報」發表「雨過天青」一稿的意見〉，新華社《內部參考》，1959年5月31日，頁19-23。

後來還收入了書籍出版，以供大眾閱讀。很大程度上，這篇文章成為許多有關「拉薩事件」和「拉薩戰役」的謊言之源。《人民日報》對這些「不實之處」從未糾正和澄清，單超編造、宣傳部門加以利用的那些謊言至今還在流傳。由毛澤東提出，中共中央政治局常委會決定的「劫持說」，於1959年新華社公報正式公布。幾十年來，中共從未對此做出糾正，在民間甚至演繹成「毛澤東義釋達賴」的傳說。

4月25日，《人民日報》社論發表當天，楊尚昆前去參觀著名的西藏農奴制展覽。他的感想是：「簡直目不忍睹，其落後、腐朽、殘酷、荒淫，無法想像！這樣的制度如不改革，藏族是會自己滅亡的！」[67]

毛澤東本人是宣傳高手，他不像楊尚昆那樣輕信宣傳。4月7日，就在展覽開幕的前後，毛澤東給統戰部副部長兼國家民族事務委員會副主任汪鋒寫了一封信，向他提出十三個問題，包括：「有人說對反抗的喇嘛剝皮、抽筋，有無其事？」「有人說搜出人皮不少，是否屬實？」

1959年4、5月間，新華社《內部參考》刊登了幾篇報導，介紹四川、西藏、甘肅藏區的基本情況，或許是對毛澤東這封信的回答。4月19日、21日的《內參》分別介紹四川藏區和西藏的基本情況，均提到在寺院中搜出人皮等物，但均未說明來源，21日的《內參》承認「尚未弄清是否是用活人」[68]。然而，4月27日的《人民日報》刊登幾張照片，展示一張人皮、一套刑具和兩名被挖眼的男女，稱之為「康巴叛亂分子的罪行」；5月16日的《人民畫報》展示同一張刑具圖片，說是「據甘孜藏族自治州新龍縣部分鄉的統計，被叛亂分子挖眼睛、割鼻子、抽腳筋的就有138人之多」[69]。1992年出版的《新龍縣志》中，卻無此記載。

這種轟炸式的密集宣傳之成功，甚至連策劃者自己都相信了。參與「拉薩戰役」策劃全過程、對「達賴喇嘛被劫持」說之來源一清二楚的黃克誠大

---

67 《楊尚昆日記》（上），頁381。
68 新華社《內部參考》，1959年4月21日，頁7。
69 《人民畫報》，1959年5月16日，頁28。

將，在1959年5月5日召開的國防委員會報告中，居然也使用「達賴喇嘛被劫走」的說法[70]。

1959年5月10日，《解放軍報》刊登新華社報導：即日起，一部名為《平息西藏叛亂》的紀錄片同時在十二家電影院上映。這部由中央新聞紀錄電影製片廠製作的紀錄片，很快在全國省市上映。2011年9月，參與拍攝這部紀錄片的工作人員李振羽回憶了這部紀錄片的製作過程：「初編樣片完成後，廠領導看了認為還缺些材料，我立即日夜兼程趕回拉薩補拍鏡頭，再度返京，協助編輯完成了紀錄片《平息西藏叛亂》的後期工作。」[71]他未說明哪些鏡頭是「補拍」的。

接下來不到一年，內地出版了許多有關西藏的通俗讀物。這些出版物的主題分為兩大類，一類是「控訴性」的，如《西藏農奴主的血腥罪行》[72]、《西藏農奴的怒吼》、《萬惡的西藏農奴制度》[73]等；另一類是「歌頌性」的，如《西藏新生曲》[74]、巍巍、彥克編詞作曲的《西藏組歌 —— 春風吹到了雅魯藏布江》等。《人民日報》、《人民畫報》等刊登了大量圖片，強化這兩個主題。這兩大主題成為國人對西藏的基本認知。

七

根據官方公布的資料，「拉薩戰役」中藏人死傷俘人數為5,360人，其中死亡545人，傷、俘4,815人[75]，其中包括卓嘎吉的阿爸。

3月27日，「丁指」成員由蘭州乘飛機到達拉薩。三天後：

70　《黃克誠軍事文選》，頁727。
71　李振羽，〈西藏往事〉，央視網：http://www.cndfilm.com/special/jlysh/20110923/106419.shtml
72　1959年12月民族出版社編輯出版。
73　均在1960年4月由民族出版社編輯出版。
74　1959年9月上海人民出版社出版。
75　《解放西藏史》，頁373。

第134師五個步兵營抵達拉薩，西藏軍區即以炮圍二個營配屬作戰，將參加叛亂的哲蚌、色拉、嘎丹三大寺包圍。經過政治爭取，投降叛眾三千一百餘人，繳槍一千二百餘支，繳鋼槍三十九支……一股叛亂分子約三千餘人逃至彭波地區，空軍偵察也發現這一目標。3月30日、31日，以兩個步兵營進行合圍攻擊，俘虜藏軍駙馬堪窮、洛珠格桑以下三十九人，繳槍122支。

為了查明逃竄叛匪行蹤，並相應進行空中突擊，3月21日至4月5日出動杜-4飛機十五架次，執行偵察任務十一次，投彈掃射四次，對配合地面部隊作戰起到重要作用。[76]

於此同時，拉薩城內開始大搜捕，大清查。成年男人均被關押審問，逐一排查，女人被召集起來一個個問話，3月12日拉薩婦女集會的組織者和積極參與者被逮捕，康區和安多逃來的人大批被押解遣返原地。

來自甘南的卓嘎吉獨自一人，舉目無親，走投無路。她知道，拉薩待不下去了。遣返回鄉，等待她的命運可想而知。她本能地感覺，自己只剩下一條路：去印度。達賴喇嘛去了印度，很多男人女人都去了印度。

卓嘎吉收拾起家中值錢的東西，取下頸上的珊瑚項鍊，背著裝貨的木架[77]，獨自一人出發。她不知道印度在哪裡，也不知道要走多久才能到達。她沿途詢問，風餐露宿，一步一步，走向喜馬拉雅山南。

五十多年後，在印度北方德拉東的西藏難民定居點，八十一歲高齡的阿媽卓嘎吉老淚縱橫，對我敘述她那孤獨、漫長、充滿艱辛和絕望的逃亡。說著說著，她哭了起來。她邊哭邊說：

……我就一直走，一直走，走得腳磨起了水泡。我就坐在路邊的一塊石頭上休息，心裡想：我這是死了還是活著？以前，我是膽小得天黑了不敢

---

76 《國防歷史》（下），頁134。
77 用兩根木棒和藤條編製的夾狀木架，通常是朝聖者、步行者或馱夫用來背物品。

一個人上廁所的人，現在怎麼會獨自一人在這個荒涼的地方呢？我想我一定是已經死了，如今是我的靈魂在這裡遊蕩。我站起來，看到了自己的影子。我用腳劃地，看到地上劃出了一道痕跡。我想我沒有死。我只能再走，一直走，一直走。[78]

就這樣，卓嘎吉把家鄉遠遠地留在了身後。她翻過喜馬拉雅山終年積雪的山峰，走到了印度。

---

78 卓嘎吉訪談，2010年10月20日，印度德拉東頓珠林西藏難民定居點。桑杰嘉翻譯。

第二十一章　山南的「口袋陣」

———————————————— 一 ————————————————

　　1959年3月17日，第54軍134師師長白斌、政委藍亦農、卜占亞奉中央軍委之命，率該師分別從蘭州、武威、享堂出發，沿青藏公路入藏。

　　28日，該師400團進駐甘丹寺，402團作為先頭部隊到達拉薩，進駐色拉寺。兩天後，401團及其他部隊分別趕到拉薩，進駐拉薩市和哲蚌寺。

　　毛澤東兩個月前所說的「總決戰」全面打響。

　　54軍是一支有「鐵軍」之稱的精銳部隊。該軍歷史可追溯到中共1925年創建的「建國陸海軍大元帥府鐵甲車隊」，在此基礎上建立的「國民革命軍第四軍獨立團」，即「葉挺獨立團」，參加了中共領導的南昌起義，成為中共直接掌握的第一支武裝。此後，該部歷經改編，長征時期為紅一軍團紅2師、紅九軍團、中央軍委警衛團；國共內戰時期為林彪指揮的四野第6、7、8縱隊主力，參加過天津戰役、衡寶戰役、廣西戰役、海南島戰役；1950年10月，該軍入朝作戰，參加金城戰役，與美軍騎兵第1師交過手[1]。

　　54軍在中共軍史上具有重要地位。毛澤東、朱德、周恩來、彭德懷、林彪、陳毅、羅榮桓、黃克誠、粟裕等人都在這支軍隊工作過。從北伐到韓戰，這支部隊參加了中共參與的全部戰爭。時任54軍軍長、有「常勝將軍」之稱的丁盛少將，是從江西蘇區一路打到韓戰的著名猛將。

　　1958年，該軍134師從韓戰歸國，直赴甘肅、青海，鎮壓藏、回、蒙等各族民眾的反抗。在海南、玉樹等地，134師以精良武器和現代戰爭方式對付以「叉子槍」為主的農牧民，無異於「虎入羊群」式的屠殺。

―――――――――――――

1　《中國「鐵軍」傳奇——五十四軍征戰實錄》，頁1-8。

援軍入藏後的第一戰,鎖定雅魯藏布江以南、喜馬拉雅山以北、江孜以東、則拉宗[2]以西地區,即藏人稱為「洛卡」的山南地區。該地區平均海拔3,700米左右,與不丹、印度比鄰,是西藏對外交通的主要出入口,也是拉薩通往不丹、印度最近的路線。1959年3月17日午夜,達賴喇嘛自羅布林卡出走印度,走的就是從拉薩到山南,經瓊結、邛多江、隆子[3]、覺拉[4]、錯那[5]出境的路線,全程騎馬兼步行,只用了兩周。

山南地區當時尚未被西藏軍區控制,工委僅在拉薩附近的貢嘎、澤當[6]、乃東等幾個宗建立了據點。1956年以來,大批難民從康區和安多逃到拉薩,西藏工委在拉薩清理難民後,這些人大部分又逃到山南地區。1956年6月,「四水六崗衛教志願軍」在山南哲古成立,該地區成為藏人反抗中心。據中方資料,1959年4月初山南地區的「叛亂分子」共約一萬人,此外還有六千多拉薩戰役後逃至該地區的藏軍、喇嘛、貴族和「被裹挾的群眾」[7]。

「一萬叛亂分子」這個數字來源不明。根據藏人資料,當時在山南的衛教軍人數不足二千[8],其他分隊則散布在黑河(那曲)、昌都等地。當時山南還有許多從康區和安多逃來的人。他們既不隸屬於衛教軍,也非「叛亂分子」,而是難民。相對民眾而言,被藏人視作佔領軍政府的西藏工委和各地分工委人數很少,真正是處於「人民群眾的汪洋大海之中」。由於語言和文化的隔閡,他們很難接近民眾,無法掌握真實情況;而且長期處於「鬥爭」狀態的各級領導人,習慣於從「鬥爭」角度看待一切問題;黨內鬥爭的嚴酷也使得他們寧可誇大情況以為自保。

3月29日,西藏軍區召開軍事會議,部署「山南戰役」。按照毛澤東的

2　則拉宗位尼洋河與雅魯藏布江交會處,於1960年撤銷,其所屬部分地區劃入今西藏林芝地區米林縣,東北部劃入今林芝縣。這個地區比現在的山南地區面積大很多。

3　今西藏自治區山南地區隆子縣。達賴喇嘛逃亡途中曾在隆子宗政府所在的城堡中宣布成立臨時政府。

4　今西藏自治區山南地區錯那縣覺拉鄉。

5　今西藏自治區山南地區錯那縣。達賴喇嘛出走時從該地南部出境。

6　今西藏自治區山南地區乃東縣澤當鎮,該縣為原乃東宗和澤當宗合併而成。

7　《落難將軍——丁盛將軍回憶錄》,頁299。

8　Gonpo Tashi, *Four Rivers, Six Ranges: Reminiscences of the Resistance Movement in Tibet*, pp. 90-91.

指示，「山南戰役」的目標是「蕩平其所謂根據地」，作戰方針為「封鎖該段中央實際控制線（麥克馬洪線），以便關門緝盜」[9]。會議決定動用四個團、兩個營的兵力「分進合擊」，從東、西兩方包抄靠近印度邊境的隆子、覺拉、錯那一帶，截斷衛教軍南下出境之路，並在東、西兩線之間切入兩個團，將衛教軍消滅在山南的中心地帶，即隆子、拉加里[10]、哲古之間地區，但不可追過麥克馬洪線[11]。

為實現這一目標，西藏軍區制定了嚴密作戰計畫：

東路：以西藏軍區159團在拉薩以東約400公里的則拉宗[12]渡雅魯藏布江，從東朝西南方向插到隆子、加玉[13]，阻截衛教軍逃往印度之路。按計畫，該團於4月8日到達指定地點。

西路：以西藏軍區155團、54軍134師第402團第1營，在拉薩西南方的曲水渡江，經羊卓雍湖東側開赴麥線附近之錯那和覺拉。

中路：134師第401團分兩路渡江，開赴貢嘎，解澤當之圍，並在澤當駐軍155團3營配合下進攻澤當、昌珠[14]，然後從東西兩路進擊隆子。同時，402團兩個營及駐江孜之160團第2營分別由曲水、江孜朝打隆[15]、多宗[16]、拉康開進，截斷衛教軍西逃之路。

北路：134師400團防守拉薩至太昭[17]200多公里長的地帶。阻截衛教軍北逃黑河之路。

各部隊計畫於4月8日晨7時前達成合圍。

這是一個很大的「口袋陣」。「口袋」布下後，將在運動過程中逐漸收

9　吉柚權，《西藏平叛紀實》，頁123。
10　今西藏自治區山南地區曲松縣。拉加里據傳為藏王松贊干布與文成公主後裔拉加里法王（亦稱山南王）獨立的自管區。1956年改為拉加里縣，1965年改為曲松縣。
11　王廷勝，《往事回眸》，頁144。
12　今西藏自治區林芝地區林芝縣境內，該縣由則拉、德林、貢穆三宗合併而成。
13　今西藏自治區山南地區隆子縣加玉鄉，該縣由原隆子宗、覺拉谿卡和加玉谿卡合併而成。
14　今西藏自治區山南地區乃東縣昌珠鎮。
15　今西藏自治區山南地區浪卡子縣打隆鎮，位於羊卓雍湖西南部。
16　今西藏自治區山南地區洛扎縣境內。該縣於1960年由多宗、拉康宗、僧格宗合併而成。
17　今西藏自治區林芝地區工布江達縣。

緊，意圖將衛教軍壓到山南中心地帶，一舉全殲。

作戰計畫報經中央軍委批准後，各參戰部隊兵分五路，按照東線、中線、西線的順序，先後出發。

4月2日，東路159團1、3營到達位於雅魯藏布江北岸的則拉宗。

4月5日，中路401團分兩路開往澤當。

4月7日，西路402團在曲水分三路過江，直奔貢嘎。

同日，駐江孜的160團2營出發。

「口袋陣」就此布下。張國華、丁盛擁有絕對優勢的兵力，加上航空兵在內的精良武器。他們穩操勝券，志在必得。

然而，不知西藏軍區是情報錯誤還是判斷失據，「口袋陣」擺下時，「四水六崗衛教志願軍」總指揮貢保扎西和他所率之衛教軍主力，恰好在「口袋」外面。西藏軍區認為包圍澤當分工委的是貢保扎西和嘉瑪桑佩[18]所率的兩千餘人[19]，實際上是衛教軍副總指揮然楚阿旺以及郎杰多吉等指揮的440人[20]，或許還有周邊的一些民眾[21]。嘉瑪桑佩曾在1958年率部伏擊前往澤當的車隊，但未參與這次包圍戰。澤當分工委幹部趙俊文參與了「澤當保衛戰」全過程，他的回憶文章並未提到對方的人數[22]。然楚阿旺回憶，他們當時把440人分成四隊，各守一方；澤當本來就是宗府所在地，分工委駐地附近有寺院和村莊，澤當分工委顯然把這些人全部當成「叛匪」上報，四百多人

---

18 嘉瑪桑佩（1907-1974），理塘人，曾任四水六崗衛教軍副總指揮。1959年4月底進入印度，同年9月18日赴臺，後定居臺灣。1974年7月2日病逝。
19 《中共西藏黨史大事記》，頁87。
20 包圍澤當的指揮者然楚阿旺回憶錄《理塘歷史與記錄》（藏文版）第1冊，頁451-462。Matthew Akester英譯。另，54集團軍軍史館所撰之〈134師參加西藏平叛紀實〉一文中，包圍澤當分工委的衛教軍人數為五百多，與然楚阿旺回憶大致吻合。詳見《世界屋脊風雲錄（3）》第17章，中華魂網：http://www.1921.org.cn/book.php?ac=view&bvid=92172&bid=1183。原155團團長兼政委喬學亭的回憶文章為一千六百多人。見《世界屋脊風雲錄（3）》。
21 據參與「澤當解圍戰」的原402團騎兵偵察連排長楊章仁回憶：「沿曲水到澤當的公路上叛匪修築了一串工事……被裹脅來的群眾則在遠一點的山下搭起了一排排窩棚。」因此包圍澤當的除了衛教軍然楚阿旺部，可能還有一些部落民眾。詳見楊章仁，〈一次難忘的戰鬥〉，湖北軍休網：http://www.hbjxb.com/80zw/51.htm
22 〈被包圍的七十四天〉，《西藏革命回憶錄》第4輯，頁76-86。

於是變成兩千多人。澤當宗當時算是中共「群眾基礎較好」的地方，社會已經開始分裂，僧人和村民有些幫助衛教軍，有些幫助解放軍，並不能將他們統統歸為「叛匪」。

張國華和丁盛布下「口袋陣」時，貢保扎西和他率領的衛教軍主力在昌都邊壩一帶，嘉瑪桑佩在拉加里[23]，而且衛教軍總部也不在哲古。這些都說明，當時西藏軍區對衛教軍的動向不甚瞭解[24]，對其人數也頗為誇大。

二

「四水六崗衛教志願軍」成立後的第一戰，是貢保扎西率領六百多人從哲古出發，在曲水渡過雅魯藏布江，經尼木至南木林，到噶廈政府的武器庫香噶丹頃科林寺。奪取武器後，貢保扎西按原計畫率部返回山南。西藏軍區得知情報，速調兵堵截。1958年9月20日，雙方在尼木再度相遇。這時貢保扎西部已經有了大批武器，雙方打了一場大仗。

關於這場戰鬥的情況，中方資料語焉不詳。《解放西藏史》僅一言以蔽之：「9月20日，第155團1、3營、第159團3營在尼木阻擊該股叛亂武裝，斃、傷和俘虜一部，其主力折向東北逃竄。」[25]《西藏平叛紀實》中說這場戰鬥「指揮混亂，組織不嚴，戰鬥打響後，沒有想到黏住敵人」，在嘎崗阻擊的一個連「倉促應戰，未堵住敵人」，而在另一地點堵擊的一個營「不知是敵是己」，居然一槍未發，「將敵人放過路北後才發現放走敵人」[26]。但在貢保扎西回憶錄和姜華亭回憶錄中，這場戰鬥是衛教軍最成功的一仗。解放軍三個營非但圍堵未成，反而損兵折將，還被繳去大批武器，遭受重大損

---

23 Gonpo Tashi, *Four Rivers, Six Ranges: Reminiscences of the Resistance Movement in Tibet*, p.36;《心向自由——中共炮兵營長投身西藏抗暴記》，頁64-69。

24 根據《西藏平叛紀實》，直到4月12日，山南戰役指揮者丁盛還無法確定衛教軍主力的位置。詳見該書137頁。

25 《解放西藏史》，頁347。

26 吉柚權，《西藏平叛紀實》，頁48-49。

失[27]。

此後，貢保扎西率衛教軍北上，經納木錯湖南側，繞過當雄，越過青藏公路，東進那曲。解放軍一路圍追堵截，雙方多次激戰，在工布江達和墨竹工卡交界處，一個名叫直貢瑪穹的地方，疲憊不堪的衛教軍在一道山溝裡遭到解放軍伏擊。猛烈炮火下，衛教軍匆忙撤退，貢保扎西重傷。1958年10月底，貢保扎西率部至丁青、洛宗[28]、邊壩一帶，在那裡補充給養，擴充人員，進行內部整頓，並聯合昌都境內的反抗力量。1959年1月4日，貢保扎西率領衛教軍和當地反抗武裝共八百多人圍攻扎木[29]，因無重武器和炸藥，無法攻克。包圍十天後，得到解放軍援軍即將到達的消息，貢保扎西率衛教軍撤離扎木，開往邊壩一帶。

從貢保扎西回憶錄和其他藏方資料可見，自1958年8月率部離開哲古，至1959年3月底，貢保扎西從藏北到藏東，一直在雅魯藏布江以北地區活動，並未返回山南。

1959年藏曆年期間，貢保扎西在洛宗。此後，他帶領部分衛教軍官兵到碩般多[30]，動員組織當地民眾加入反抗。此後，貢保扎西決定率部返回山南。在此期間，「拉薩事件」爆發。當時衛教軍總部在山南拉加里，他本人在昌都西南部，兩地相隔甚遠，他沒有得到任何信息。3月22日，貢保扎西率部到達白嘎[31]。在這裡，他從收音機裡聽到全印度廣播公司的新聞，才得知達賴喇嘛出走的消息。就在這天，「拉薩戰役」結束，達賴喇嘛一行到達山南瓊結日波德慶寺。正在指揮包圍澤當的衛教軍副總指揮然楚阿旺趕到瓊

---

27 據姜華亭回憶錄，此戰解放軍陣亡270多人，衛教軍繳獲一百多支步槍，七十支衝鋒槍，兩挺重機槍，三十挺輕機槍，三門迫擊炮，一千多發子彈。貢保扎西回憶錄中提到這場戰鬥「持續了好幾個小時，戰鬥結束後，解放軍損失了二百多名士兵，許多人受傷……我們還在這場戰鬥中繳獲了許多中國人的武器」。《西藏自治區軍事志・人物》中僅記錄了1958年9月陣亡官兵46人，但該書的記錄並不完整。詳見《心向自由——中共炮兵營長投身西藏抗暴記》，頁52；Gonpo Tashi, *Four Rivers, Six Ranges: Reminiscences of the Resistance Movement in Tibet*, p. 79.

28 今西藏自治區昌都地區洛隆縣境內。

29 今西藏自治區昌都地區波密縣扎木鎮。

30 今西藏自治區昌都地區洛隆縣碩督鎮。洛隆縣由原洛隆宗和碩督宗合併而成。

31 今西藏自治區那曲地區比如縣白嘎鄉。

結，親自率馬護送兩天，然後返回澤當。

4月2日，解放軍159團兩個營到達則拉宗[32]後，即開始準備渡江。不料一到江邊就遇到阻擊，不得不架起幾門迫擊炮打了一仗。闖過阻擊後，部隊開始渡江，這時才發覺準備不足，人多船少，足足渡了十幾個小時，全部人馬才過了江。次日，吳晨率部朝隆子方向穿插。他走的是「口袋陣」中最長的路線，全程約500公里。他奉命於4月8日趕到隆子，但他的指揮官只給了他六天時間。

就在這天，貢保扎西得到達賴喇嘛安抵印度的消息。這時，他已從白嘎轉向西南，大約到了拉日果[33]。

4月4日，貢保扎西到了工布江達。這時，由解放軍159團副團長吳晨率領的東線部隊剛剛渡過雅魯藏布江，大約在羌納[34]一帶。大致在這幾天裡，貢保扎西在尼洋河上游的工布江達，吳晨在尼洋河下游，與雅魯藏布江交會處，這是二人相距最近的時候。他們就在這時擦肩而過。此後，貢保扎西和吳晨各自率領部下朝西南方向奔馳，兩支人馬朝同一地點行進，但吳晨全然不知他奉命消滅的衛教軍主力幾乎是與他並行。

159團過江後一路遇到大大小小的阻擊；闖過重重阻擊後，又進入一片雪山區。人馬在深達2尺的積雪中緩慢翻過雪山，艱難行進至崇山峻嶺間的准巴[35]以北一帶。在這裡，吳晨一頭撞上刀削斧劈般的峭壁。人勉強可以在崖壁的棧道上側身而行，馬和重武器卻無法走過，只得將之留下，還得派兵看守。部隊在懸崖峭壁上小心翼翼地攀行，行軍速度大為減緩。

貢保扎西率部從工布江達南渡雅魯藏布江，從該地直插隆子。他的路線短很多，並且避開了雪山。由於解放軍「口袋陣」的重心放在山南中、西部，貢保扎西走的路線恰恰在「口袋」中被忽略的部分，因此他一路未遇堵

---

32 據丁盛回憶，159團4月4日出發，7、8兩日才在羌納渡江。如果丁盛記憶無誤，則吳晨部不可能在4月8日趕到隆子。
33 今西藏自治區那曲地區嘉黎縣境內。
34 今西藏自治區林芝地區米林縣羌納鄉。
35 今西藏山南地區隆子縣准巴鄉。

截。吳晨走了一條相當困難的路線，為的是防止衛教軍從墨脫到錯那一線出境，但貢保扎西並無此計畫。他的計畫是到山南總部，與衛教軍的其他首領會合，討論下一步行動。

衛教軍是幾十個地區小股反抗力量的組合，屬志願性質。雖然組織上有某種規劃，也有明確的系統和軍規，但無通訊設備，亦缺少現代戰爭觀念和經驗，內部還有些問題，無法形成統一指揮。貢保扎西是衛教軍最權威的領袖，但他不在總部。衛教軍成立不久即兵分兩路，一路跟隨貢保扎西轉戰藏北、藏東；另一支在哲古。1959年初，衛教軍已經化整為零，有的小隊在雅魯藏布江各渡口防守，副總指揮然楚阿旺等人帶領四百多人包圍澤當，其他分隊在不同地點防守，彼此聯繫靠信使來往傳遞。大軍壓境的情況下，衛教軍人數對比懸殊，武器不足，難以組織起有效的抵抗。

貢保扎西等衛教軍首領未必知曉丁盛、黃新廷率領的軍隊已經入藏開始「總決戰」，但從各地傳來的消息，他們知道解放軍援軍已至，兵力大大加強，而且空軍也開始加入作戰。達賴喇嘛成功出走印度後，西藏的情況發生變化，下一步應該怎麼辦，衛教軍首領們需要盡快做出決定。貢保扎西是堅定的「主戰派」，從工布江達插向隆子時，他並無出境意圖，吳晨奉命走那條路線來堵截貢保扎西的衛教軍隊伍，實屬判斷失誤。

於是，貢保扎西率衛教軍主力後發先至，走在了堵截他們的解放軍前面。

三

解放軍東線部隊出發三天後，4月5日，54軍134師401團向山南進發。他們負正面打擊之責，奉命解澤當之圍，順便打擊溫宗[36]一帶的衛教軍。澤當在雅魯藏布江南岸，距拉薩約200公里；溫宗在雅魯藏布江北岸、澤當東北部

---

36 今西藏自治區山南地區乃東縣之一部。該縣由溫宗和乃東宗合併而成。

約40多公里處。

次日，部隊正向溫宗行進，尚未過江，其先頭部隊就在結巴谿卡[37]遇到阻擊。據丁盛的簡略回憶，該團聽說在一個叫阿拉崗的地方有一千衛教軍聚集，遂將主力轉移，因此延誤了集結合圍的時間[38]；但據《西藏平叛紀實》中的記述，擔任該團先頭部隊的偵察連遇到阻擊後，「副連長任明德和副指導員馬冠義一見遭敵兩面夾擊就慌了，爬在地上不敢動」，足足趴了兩小時。該連主力遇阻時，「沒有採取措施消滅敵人或驅逐該敵，而是隨便向敵放槍表示攻擊，放慢攻擊速度」。401團9連遇到伏擊時，甚至抗命拒不衝擊，直到營長率主力到達後才被迫上陣，排長還「藉故說腳痛，逃避戰鬥，掉隊不上」[39]。如此延誤導致該團行動緩慢，兩天後才在溫宗渡江。

按計畫，401團應在4月8日與澤當駐軍155團3營裡應外合，打響「澤當解圍戰」。可是，4月7日晚，解放軍澤當守軍155團第3營未等401團到位，突然提前發起進攻。

衛教軍包圍澤當的軍事策劃者，是易名羅桑扎西的前解放軍155團副團長兼炮兵營長姜華亭。他在直貢瑪穹被打散後，一度潛回拉薩，然後返回拉加里衛教軍總部。澤當駐軍恰好是他從前的部下，他對該部的情況自然很瞭解。當時澤當分工委和駐軍155團3營分駐澤當宗和乃東宗，衛教軍分別加以包圍。他們除了炸藥，沒有重武器，無法攻克堅固的地堡，於是在周邊包圍，期間解放軍155團3營只求自保，並未出擊。

4月7日晚，衛教軍與155團3營打了一整夜。這時401團還在渡江。當晚，然楚阿旺等得知解放軍援軍將至，己方寡不敵眾，決定撤退。該部從澤當撤到附近的貢布日山上，當時有三百多人。天亮前，然楚阿旺部已經全部撤出澤當，並派人通知包圍乃東的人撤退。然後又從貢波日山撤到離澤當約6公里的昌珠，該地是然楚阿旺部的後勤供應點。這時候，包圍澤當、乃東的衛教軍已無鬥志，從拉薩逃來的民眾及三大寺僧侶都在南逃，許多衛教軍成員也

---

37 今西藏自治區山南地區乃東縣結巴鄉，該地距澤當約20公里。
38 《落難英雄──丁盛將軍回憶錄》，頁300。
39 吉柚權，《西藏平叛紀實》，頁128。

隨之潰散。到天亮時，然楚阿旺身邊僅有五十多人。

不過，缺乏鬥志的不僅是衛教軍，解放軍「鐵軍」同樣士氣不高。

401團渡江後，決定先斷衛教軍後路，因此他們未去澤當，而是逕往昌珠，計畫兵分兩路合圍昌珠。4月7日凌晨渡江後，兩支隊伍分頭出發，約定次日早上7時前到達指定位置，完成合圍。不料其先頭部隊一個連不久就遇到阻擊。該連「表現驚慌，雖對叛匪進行還擊，但純屬盲目亂放槍，連隊幹部未沉著組織火力及時反擊，動作非常遲緩，相持一個多小時才將叛匪驅逐」[40]，接著又走錯路。到了昌珠寺附近，他們遇到「少數叛匪稀疏步槍火力和3315高地無座力炮射擊，指導員和一名戰士負傷」[41]。

這時，原先包圍澤當、乃東的衛教軍已不成軍，亦無統一指揮，以地區組成的分隊各自為陣，有的戰，有的逃。朝解放軍開炮的只是幾個臨時相遇的衛教軍成員。他們開了幾槍，打了兩炮就下山，奔向昌珠以南的頗章[42]。可是這兩炮卻讓該連停止不前，還向上級謊報軍情，說自己三面受敵，「打得很激烈」。於是他們受命在原地修工事，期間他們見到「叛匪」逃跑亦未攻擊。之所以未攻擊，極有可能他們看到的那些人並非武裝人員，而是逃跑的難民和僧侶，如果真是這樣的話，該連官兵這一次至少守住了「不濫殺平民」的軍人底線。

該團的另一支合圍部隊一過江就迷失方向，與其他部分失去聯繫。幾小時後聯繫上了，卻發現他們不在指定位置，合圍未成。然楚阿旺所率的衛教軍大部就在這個時間差中逃出了昌珠。當天中午，空軍轟炸機按原計畫到昌珠配合作戰，這時然楚阿旺部主力已經不在該地，空軍的炸彈和掃射殺死了大批奔逃的僧侶和民眾[43]。

4月8日中午1時，解放軍401團一個營和155團兩個連從兩個方向攻佔澤當附近的貢波日山主峰。《西藏平叛紀實》中未記錄攻佔貢波日時山上衛教軍

---

40 同上，頁133-134。
41 同上，頁134。
42 今西藏自治區山南地區乃東縣頗章鄉。
43 詳見《血祭雪域》第十二章。

人數，藏方資料說僅有十餘名拒絕逃跑的嘉絨人[44]，丁盛回憶錄則稱「殲敵454人」[45]。

於此同時，4月7日拂曉，解放軍中路正面進擊的另一支部隊，54軍步兵134師第402團從拉薩出發，奔向曲水。夜色掩蓋下，士兵們在曲水鎮東西兩側兵分三路，渡過雅魯藏布江，直奔貢嘎。按計畫，兩個營一左一右，於當天下午6時到達指定地點，發起攻擊。可是其中一個營未能在指定時間內到達，合圍未成；另一個營發起攻擊，但對方立即撤離，朝浪卡子[46]、白地、洛扎[47]方向奔逃，402團立即追蹤而去。

這天，駐江孜的西藏軍區160團2營從駐地出發。該營的任務是由西向東，封鎖打隆、多宗一線，旨在截斷衛教軍西逃不丹之路。

4月8日，是「山南戰役」各參戰部隊到達指定合圍地點的日期。然而，東路部隊不知在何處；西路部隊這天凌晨剛渡過雅魯藏布江，中午才攻下澤當附近的貢波日山；中路部隊尚在行軍途中。

「口袋陣」至此不僅完全落空，更重要的是，空軍、騎兵、步兵都已出動，最早出發的部隊已行動一周，他們的指揮官丁盛將軍卻不知對方主力在哪裡。

「丁指」不得不改變計畫。

四

4月11日，401團和155團3營奉命包抄哲古，查明衛教軍主力是否在哲古一帶。401團兵分兩路，從昌珠朝哲古方向進發。其中的一支剛到距昌珠不遠

---

44 詳見《血祭雪域》第十二章。
45 《落難英雄──丁盛將軍回憶錄》，頁299。
46 今西藏自治區山南地區浪卡子縣，位於地區西部，羊卓雍湖一帶。該縣1959年由浪卡子和白地兩宗合併而成，1964年將原打隆宗和嶺谷宗合併的打隆縣併入而成現在的浪卡子縣。
47 今西藏自治區山南地區洛扎縣，由多宗、僧格（生格）宗和拉康宗合併而成。

的頗章谿卡[48]就遇到阻擊。對方不過40多人，解放軍的一個連慌忙應戰，將對方擊退後，沒走多遠又遇到伏擊。這回伏擊者有機槍大炮，解放軍的兩個連「立即停止前進，原地待了兩個多小時不向叛匪進攻」，還向上級謊報說對方有一千多人。於是，401團相信他們遇到了「叛匪主力」。

「山南戰役」是一連串規模不等的「口袋陣」。在東、西、北三線組成的「大口袋」中，還有一個個「小口袋」，意在用一個個包圍圈將衛教軍一口口吃掉。這是解放軍常用戰術，也是他們在西南西北鎮壓藏人的基本戰術。但是，「山南戰役」中的大小「口袋」幾乎都失敗了。其重要原因是，各級指揮官並不瞭解衛教軍的真實情況，他們按照正規軍的思維方式來想像衛教軍，對其人數也相當誇大。因此作戰中他們每遇伏擊，就將其想像成「掩護主力逃跑的分隊」，相信只要跟蹤追擊就會趕上衛教軍主力，於是盲目地追來追去。其實，伏擊者有的是原先駐守各地的衛教軍小分隊，有的是從拉薩逃來的藏軍殘部，有的是然楚阿旺部潰散後，逃跑途中偶然遇上、臨時組合的小股。他們遇到機會就打伏擊，解放軍火力增強就立刻撤出戰場，繼續奔逃。可是，這種隨機應變，毫無章法，類似「麻雀戰」的打法，反而處處牽制了丁盛的部隊，使得他布下的「大口袋」遲遲無法達成，各團自定的「小口袋」也基本落空。

這時候，真正意義上的「衛教軍主力」是貢保扎西率領的千餘人。這支人馬從昌都返回山南，自動鑽進了丁盛布下的「大口袋」。可是丁盛把兩翼拉得太長，無法及時將「口袋」收攏，其他部隊則把已經潰散的然楚阿旺部當成衛教軍主力，在那個未成形的大口袋裡東奔西跑，四處追擊。因此，四個團、兩個營在山南到處尋找衛教軍主力，卻與貢保扎西部擦肩而過。再加上丁盛求勝心切，部隊從甘肅、青海趕到西藏後，擔任主攻的401團初上高原，尚未適應高原環境，幾乎是馬不停蹄立即出征。疲兵出征，士氣難免低落，因而時常出現謊報軍情、故意掉隊、抗命不前、攻擊不力等情況。

401團當下改變計畫，掉頭追擊想像中的衛教軍主力。這一追，不僅原定

---

48 今西藏自治區山南地區乃東縣頗章鄉，距澤當約20公里。

在哲古合圍的「小口袋」無法達成，還耽誤了從哲古穿插到錯那，收緊「大口袋」的時間。155團雖於12日拂曉按時到達當許[49]，但其中一支走錯了路，該團布下的「小口袋」也未達成。

不過，通過各部隊的回饋，丁盛判斷衛教軍主力已向隆子宗方向逃去。這一判斷雖不中，亦不遠。實際情況是，貢保扎西所率之主力這時已經到達隆子宗。貢保扎西回憶錄中未說明他到達隆子宗的日期，只提到4月14日，他得知錯那被解放軍佔領。姜華亭回憶說，衛教軍主要首領在隆子宗附近的覺拉寺開會，會議當中得到錯那被佔領的消息。然楚阿旺回憶，他從昌珠跑到哲古，在那裡得到總部的信，召他去開會，他在那裡與貢保扎西重逢。由此推斷，貢保扎西到達隆子的時間不晚於4月13日。

根據這一判斷，「丁指」決定再布一個「口袋陣」。他命令各部隊分五路合圍隆子宗，於4月18日拂曉達成合圍。幾天後，他得知衛教軍主力正朝印度邊境移動，當即決定將合圍時間提前到4月17日。

假如各參加部隊及時趕到，假如衛教軍在大軍四面包抄時仍然滯留隆子宗，坐以待斃，藏民族武裝反抗的歷史或許就此終結。

然而，歷史沒有「假如」。

4月16日，負責正面作戰的402團以兩個營的兵力襲擊靠近不丹邊界的多宗。當時在多宗有一支240餘人的武裝力量，他們是一支臨時組合的隊伍，包括近百名藏軍、一些衛教軍成員，若干擁有武器的僧侶，和一批安多人。這些人駐守在原宗政府和附近的寺院裡，並在周圍修築工事。宗政府建築在山頂上，居高臨下，易守難攻，加上近一半人是受過訓練的藏軍官兵，其中還包括幾十名護送達賴喇嘛到邊界後返回的警衛團士兵。他們得到2月間中情局空投的武器彈藥，並有輕重機槍。因此，這場戰鬥成為「山南戰役」中最激烈的戰鬥。

多宗之戰的中方指揮者是402團團長，藏方指揮者是藏軍第一代本團如

---

49 今西藏自治區山南地區措美縣駐地。

本[50]索南扎西。402團剛到多宗，未及布陣，藏軍即刻先發制人，雙方展開激烈戰鬥。丁盛回憶錄中，這場戰鬥被簡略為「步兵第402團主力於4月16日拂曉奔襲多宗，達成合圍後，敵240餘人據守頑抗，未能全殲敵人。該團於4月21日向拉康推進」[51]；《解放西藏史》中隻字未提；但《西藏平叛紀實》和《血祭雪域》分別從不同角度記錄了作戰過程。從兩方資料看來，多宗之戰持續了三天，402團團長組織三次強攻均被擊退，至19日下午，「402團對宗本府展開火攻，加上猛烈炮火」，藏軍不支，遂撤出戰鬥。此戰雙方均傷亡慘重。藏軍死傷俘降141人[52]；解放軍官兵陣亡48人，傷64人[53]。該團戰後不得不在多宗休整三天。

4月17日是「山南戰役」第二次合圍的日期。

此時，401團和144團各一部趕到了指定地點，錯那已被解放軍佔領，但東線159團距隆子宗尚有100多公里[54]，402團被「黏」在多宗，五路合圍中的兩路未到位，留下一個缺口，「口袋陣」再次失敗。

其實，「口袋陣」即使成功，也已晚了一步。

1959年4月14日，衛教軍在覺拉寺召開了在境內的最後一次軍事會議。與會者除了衛教軍首領、藏軍殘部，還有跟隨撤退的三大寺喇嘛。在這次會議上，各方意見不同，貢保扎西力主繼續戰鬥，奪回錯那。藏軍殘部已無鬥志，主張撤出國境，保存實力。大約在第二天，貢保扎西收到達賴喇嘛的口信，希望他放棄戰鬥，撤離西藏[55]。

貢保扎西決定率衛教軍主力撤離國境。衛教軍主力丟下輜重，翻越雪

50 藏軍編制為代本（團長）、如本（營長）、甲本（連長）、丁本（排長）。詳見陳炳，〈藏軍史略〉，《西藏文史資料選輯》第4輯，頁85-99。

51 《落難英雄——丁盛將軍回憶錄》，頁301。

52 吉柚權，《西藏平叛紀實》，頁131。

53 〈134師參加西藏平叛紀實〉，《世界屋脊風雲錄（3）》，中華魂網：http://www.1921.org.cn/book.php?ac=view&bvid=92172&bid=1183

54 159團於4月18日到達三安曲林。該地在今隆子縣三安曲林鄉，在縣境東北部，距隆子110公里。

55 Gompo Tashi Andrugtsang, *Four Rivers, Six Ranges: Reminiscences of the Resistance Movement in Tibet*, p. 104.

山，然後將全體撤離人員分為兩路，各留下一支隊伍作為後衛，掩護主力以及隨同撤退的民眾退到印度邊境。其中一支後衛由姜華亭親自率領。

姜華亭站在白雪皚皚的峰頂，久久注視著他從前的戰友們一波波撲到雪山腳下。從他們那裡朝他飛來的炮彈，無聲地落到茫茫雪地之中。他轉過身，跟隨一同出生入死的四水六崗衛教志願軍走過麥克馬洪線。從此，「漢人羅桑扎西」成為藏民族歷史中的一個傳奇。

4月20日，貢保扎西率部到達印度邊境，等待獲准越過麥克馬洪線。這天，在多宗之戰中傷亡慘重的402團在當地休整，159團尚未進入戰場，其他部隊還在跟西藏軍區電報往返，試圖理解軍區下達的追擊命令。

至此，「山南戰役」基本結束。

但丁盛希望還能趕在衛教軍主力全部撤出前追上最後一批。4月29日，134師402團2營兩個連進至龍東[56]。當日，四水六崗衛教軍總指揮貢保扎西到達印度阿薩姆邦的古城提斯浦爾。

以後，衛教軍裡的中堅力量化身為「特種兵22支隊」和「木斯塘游擊隊」。前者為印軍中以藏人為主的正規軍，後者為美國中央情報局支持的藏人游擊隊。這兩支隊伍均以衛教軍骨幹為基礎。衛教軍的整軍撤出，使得藏人的武裝反抗得以持續到1970年代。

五

1949年4月25日，《人民日報》發表題為〈歡呼討平西藏山南叛匪的重大勝利〉的社論。社論昭告全國：「奉命討伐西藏叛國集團的人民解放軍西藏軍區部隊，在徹底平定了拉薩地區的叛亂之後，揮師南下，又在山南地區蕩平了以恩珠倉・公布扎西為首的叛匪的老巢，取得了新的重大勝利。」[57]

---

56 疑在麥克馬洪線以南。據當時的軍事地圖，「山南戰役」中解放軍在若干個地點越過麥克馬洪線。姜華亭回憶錄中記載，印軍巡邏隊曾與越界解放軍發生過數次衝突。
57 〈歡呼討平西藏山南叛匪的重大勝利〉，《西藏問題——1959年3月5月的文件、資料》，頁106。

民眾不知道的是，十天後，國防部副部長黃克誠在國防委員會會議上，是這樣報告「山南戰役」的：「這個地區的叛亂武裝（包括由拉薩逃竄來的），除一部被我殲滅，一部分就地分散隱藏外，大部逃往國外。」[58]

「逃往國外」的衛教軍成員究竟有多少人？

中方資料有不同數字。《西藏平叛紀實》中為兩千多人[59]，姜華亭回憶錄中記載，當各路反抗力量匯集覺拉時：

> 四水六崗衛教軍由澤當、乃東戰場自動撤到年宗時，計有擔任攻城部隊六百多人，貢布扎西部一千多人，散布後方各地未集結部隊一千多人。以藏軍為主從拉薩退下來的，則有藏軍二代本扎西岱拉部兩百多人，一代本達拉·彭措扎西部一百多人，即拉薩等各地退下來的三百多人。[60]

據此數字，不算「未集結部隊」，當時在隆子一帶的衛教軍和藏軍人數為二千多人，與吉柚權的數字大致吻合。但丁盛回憶錄中的數字為五千多人[61]，《解放西藏史》中的數字最高，為八千多人[62]。

此役藏方死傷俘降人數，《西藏平叛紀實》和《解放西藏史》均為2,393人，54軍軍史館編寫的〈134師參加西藏平叛紀實〉、前134師偵察科副科長王廷勝回憶錄中均為1,577人[63]。官方資料透露，「山南戰役」開打之前，該地區有「以恩珠·貢布扎西等為首的叛亂武裝約一萬餘人」[64]。逃出八千餘人，「殲滅」2,393人，《解放西藏史》做到了「帳面」上的數字平衡，隱去了張國華和丁盛的指揮失誤[65]。

---

58 《黃克誠軍事文選》，頁727。
59 吉柚權，《西藏平叛紀實》，頁141。
60 《心向自由——中共炮兵營長投身西藏抗暴記》，頁71。
61 《落難英雄——丁盛將軍回憶錄》，301頁。
62 《解放西藏史》，頁380。
63 王廷勝，《往事回眸》，頁146。
64 《中共西藏黨史大事記》，頁99。
65 原134師偵察科副科長王廷勝回憶，「山南戰役」之前，「對山南叛匪的力量估計有些過高，如說原有九千餘人，又加上3月從拉薩逃來約五千餘人，合計就有一萬四千多人。」詳見王廷勝，《往事回眸》，頁147。

然而，《解放西藏史》還提供了另一組數字。「山南戰役」中解放軍「繳獲迫擊炮和無後座力炮三門，各式步槍536支、土槍883支」[66]。這組數據透露了「鐵軍」與之「總決戰」的是什麼人：「山南戰役」中被「殲滅」的人中，41%為非武裝人員；而武裝人員中，62%的人僅有土槍。

　　那些非武裝人員是什麼人呢？藏人資料中有如此記載：

　　在措納山上，只見橫屍遍野，到處是僧人和幾十個俗人的屍體、鮮血和袈裟看上去一片紅。

　　我們繞過去至措納以東後山，見一牧圈中有百餘噶登寺（按：即甘丹寺）僧在那裡休息烤火，我們也就地休息，突然見一騎白馬者高叫：「快走」，我們乃起身就逃，敵已至跟前，我們一出羊圈即遭敵猛烈的射擊，我們先走了一步得脫，噶登寺僧沒有槍、沒有馬，又被包圍，無力反抗，只好隨中國人射殺了，他們多死在那裡，我們逃出很遠還聽到中國人射殺那些僧侶的密集的槍聲。

　　……至羊卓雍措湖邊，見幾百名藏人陳屍湖水邊和附近的草灘上，死者主要的都是僧人，此時已看不見敵軍，死難者的鮮血將湖邊的水也因而變紅了。[67]

　　不管對外如何歡呼勝利，「常勝將軍」丁盛知道，自己以四個團、兩個營的絕對優勢兵力和精良武器，面對以土槍為主的衛教軍，居然讓對方在他布下的羅網中成功逃脫，此役並未達到戰役目標。從這個角度來看，「山南

---

66 《解放西藏史》，頁379。〈134師參加西藏平叛紀實〉中的數字為「作戰十六次，殲敵1,577名，繳炮一門，長短槍385支，機槍四挺，土槍70支」，見《世界屋脊風雲錄（3）》，中華魂網：http://www.1921.org.cn/book.php?ac=view&bvid=92172&bid=1183；王廷勝回憶錄《往事回眸》中的資料與此相同，應為同一來源。

67 以上均引自達瓦才仁，《血祭雪域》，頁453。

戰役」實為一場失敗的戰役。

幾十年後，54軍軍史館撰寫的〈134師參加西藏平叛紀實〉一文中，僅含糊其辭地提到該師「完成了防敵北竄的任務」，卻隻字未提衛教軍主力整部從南逃出包圍圈，退到印度[68]。

六

在西藏進行的軍事行動均包括兩個階段，第一階段稱為「進剿」，主要是軍事行動；第二階段稱為「清剿」，是解放軍在主要軍事行動結束後，一邊搜索逃生者，一邊在民眾間展開以軍事為後盾的政治活動，進行初步基層建政工作。

「山南戰役」第一階段結束後，步兵134師奉中央軍委之命，採用「分片包幹」的方式，開始在山南地區開展戰役第二階段。師直屬分隊負責溫宗、貢嘎、乃東、瓊結、桑日；401團負責拉加里、隆子、加查、朗縣；402團負責打隆、若熱，各部隊「堅決貫徹軍事打擊、政治爭取、發動群眾三結合的方針」，逐步控制各居民點、牧場和寺院。

「清剿」的過程也是基層建政的過程。西藏基層建政與內地有一個很大的不同，即西藏的基層建政是通過戰爭，由軍隊直接進行的。134師在作戰過程中，運用青海和四川經驗，對民眾進行大規模宣傳：

共抽調幹部、老戰士193人，組成了工作隊，同時組織了四百餘人的隨軍工作組，並遵照上級指示，各團政委和各營政教，分別兼任各自包幹地區的縣、區正、副書記。協同地方黨委，對所有工作組、工作隊實行一元化領導，廣泛深入地進行發動群眾的工作。在清剿期間，共召開群眾大會2,606

---

68 〈134師參加西藏平叛紀實〉，《世界屋脊風雲錄（3）》，中華魂網：http://www.1921.org.
   cn/book.php?ac=view&bvid=92172&bid=1183

次，到會群眾102,434人次，召開各種座談會771次，到會22,929人次；進行個別訪貧問苦4,646人次；舉辦各種展覽會五次，觀眾達2,599人。[69]

為了根除反抗，軍隊不僅沒收民眾的槍枝，連馬也悉數沒收。六個月中，134師在山南地區共沒收「長短槍865支，土槍4,443支，馬525匹」。強大軍事鎮壓、收繳武器和馬匹之後，該師「普遍建立了貧苦農牧民小組、農牧民協會和基層人民政權，初步實現了民主改革，勝利地完成了上級賦予的任務」。

但是，毛澤東交給西藏工委、軍區和「丁指」的任務，並不僅僅是鎮壓西藏農牧民的抗爭和基層建政。在1959年初的一系列批示中，毛澤東明確指示，西藏作戰還有一個目的：通過戰爭練兵。

「山南戰役」是西藏軍區指揮的第一場大範圍高原立體作戰，從軍事角度來說，這場戰役未達到預期目標，並且暴露出軍隊在高原作戰的許多弱點。因此，丁盛將軍必須再次演練。

---

69 〈134師參加西藏平叛紀實〉，《世界屋脊風雲錄（3）》，中華魂網：http://www.1921.org.cn/book.php?ac=view&bvid=92172&bid=1183

第二十二章　從納木錯到麥地卡

一

1959年夏，黃河源的牧女俄洛隨著逃難到了羌塘。快到納木湖時，他們得到拉薩發生戰爭，達賴喇嘛出走印度的消息。

拉薩沒有了，最後的希望破滅了。他們面前只剩下一條路：去印度。

可是，他們從黃河源走來，早已疲累不堪，再次踏上漫漫長路之前，人畜都需要休息。納木湖一帶有大片草原，而且，那裡沒有漢兵。臨時組成的部落找了一條有水草的山溝，支起帳篷，暫且休養生息。

藏北高原東北部與青海玉樹相連，這裡地勢高寒，除了少數遊牧部落，無人定居。歷史上，果洛、玉樹的牧民遇到危機，常常趕著牲畜逃到這裡。1958年後，藏北高原又一次成為牧民避難的地方。許多部落扶老攜幼從家鄉逃到這裡，在這片尚未被紅潮淹沒的地方暫且落腳。至1959年春夏之季，藏北聚集了一百多個來自各地的部落，有玉樹的，有果洛的，有本地的，還有像俄洛他們這樣臨時聚集的難民群。他們趕著牲畜，帶著婦孺，有的還帶著帳房寺院，護著他們的仁波切和僧侶。他們大都在「拉薩戰役」前已經到了這裡，有的打算逃往印度，有的打算逃到拉薩。之所以聚居在這一帶，主因是這一帶當時沒有駐軍；還有一個原因是「拉薩戰役」爆發後，他們無法繼續南行，只能轉向西，穿過阿里進入拉達克。整個部落趕著牛羊，帶著寺院僧侶遷徙，行動緩慢，有的部落剛剛到達納木錯一帶。

他們不知道，一支軍隊沿著青藏公路，正朝他們開來。

中方資料中沒有這些部落襲擊道班或過往軍車的記載。他們之所以成為軍事行動的目標，乃是因為他們離青藏公路很近。納木錯湖東岸在念青唐古拉山脈西麓，與青藏公路黑河至羊八井段僅一山之隔。此外，該地距當雄機

場較近，而當雄機場當時是主要作戰物資轉運站。因此，他們的存在被視為對運輸線的嚴重威脅，必須徹底清除。

1959年3月19日，蘭州軍區步兵11師奉中央軍委之命入藏。該師第31團作為先頭部隊趕赴拉薩，增援拉薩駐軍。

步兵11師前身為1930年成立的「中國工農紅軍延川游擊隊」，後改稱「西北先鋒隊」。此後，這支游擊隊歷經擴編，為陝北紅27軍84師、陝北紅29軍、陝甘寧獨立師、陝甘寧紅2團、陝北獨立第1師和紅4方面軍第4軍軍部等。1937年8月，陝甘寧軍事部改編成陝甘寧邊區保安司令部，紅4方面軍第4軍軍部改編成八路軍第129師385旅旅部，其餘部隊分別改編為八路軍120師輜重營、炮兵營、特務營，129師特務營和工兵營。國共內戰期間，該部參加過「延安保衛戰」、「蘭州戰役」等。1952年，原第10師與第11師合併為步兵11師，為蘭州軍區轄下之獨立國防師。該師是蘭州軍區戰鬥力最強的部隊，大部分中級軍官在軍事學校受過訓。1956、1958年該師兩度在甘南作戰，為鎮壓藏、回民反抗的主力部隊之一。

一周後，步兵11師所屬之31團到達格爾木。此時「拉薩戰役」已經結束。31團1營遂奉命趕赴山南，參加「山南戰役」，其餘直接從格爾木開往黑河[1]；11師其他部隊暫駐格爾木、大柴旦、敦煌、武威等地，訓練待命。

就在俄洛背著嬰兒，跟著丈夫一步步走向聖湖納木錯時，步兵11師的官兵正在加緊軍事訓練：

針對西藏的地形和過去平叛作戰的經驗教訓，對部分平叛中急需的軍事課目，如單兵利用地形地物、班排山地攻防、偵察、行軍宿營、警戒、奔襲、合圍、搜山、伏擊、反伏擊、遭遇、工程作業、對各種目標射擊、投彈、刺殺等課目進行突擊訓練。[2]

1　今西藏自治區那曲地區那曲縣。該縣原稱黑河縣，1965年易名那曲縣。
2　《中國人民解放軍步兵第十一師軍戰史》，頁233。

5月10日，步兵11師指揮所率師直偵察連、衛生營和32團進藏，歸「丁指」指揮。該部自5月22日開始，在黑河至阿里公路兩側作戰。經過針對性訓練的32團「以拉網式戰術」，在五十天內「殲敵113名，爭取降匪119名，解放婦幼345名，繳槍129支，牲畜萬餘頭」[3]。資料未說明，這些人屬於哪些部落。

一天，俄洛正在草場上看守牛羊，忽見天邊出現一個亮點，像一顆亮晶晶的星星。白日的星星？俄洛想起，聽說白天的星星是不祥之兆……「星星」快速移動，轉瞬間變成一隻張著雙翅的大鳥，帶著尖利的嘯音，從她頭頂掠過。

沒等她反應過來，幾聲巨響，草原上騰起黑煙，牛羊紛紛摔倒，碧綠的草地上鮮血斑斑。牲畜驚懼狂奔，人群驚惶四散。「三寶啊！」俄洛緊緊抱著女兒，家鄉經歷過的炮轟場面在腦中飛旋。

「鐵鳥」轉了幾圈，又化成不祥之星，剎那間無蹤無影。

俄洛做夢也想不到，她和剛滿周歲的女兒，以及臨時聚集的逃難者，成為丁盛將軍指揮的西藏第二戰，「納木錯戰役」的打擊目標之一。

二

「納木錯戰役」的範圍，在青藏公路黑河到羊八井約90公里的路段以西、申扎宗[4]以東、班戈[5]以南地區、納木錯湖南岸一帶。這個區域中有黑河、當雄的九個部落，以及從青海、甘南逃來的若干個部落。他們駐在不同的山溝裡，無統一組織，也無統一行動。從青海逃來的部落有的在家鄉就與解放軍交過手，有的路上經歷過追擊，較有作戰經驗；本地部落尚未有過作

3　同上，頁234。
4　今西藏自治區那曲地區申扎縣，該縣由原噶廈政府管轄之申扎宗及班禪喇嘛管轄之部分地區合併而成。
5　今西藏自治區那曲地區班戈縣。

戰經歷。他們聯合推選出幾個頭領，相約彼此守望相助，在某個地點見到解放軍，及時通知其他部落。

在中方資料中，這些四散逃亡的部落均被稱為「叛亂武裝」。部落中負有保護婦幼僧侶之責的男性成員被稱為「叛匪主力」，他們的家人被稱為「被裹挾的群眾」，部落頭人被稱為「叛首」，他們日常騎乘的馬被稱為「戰馬」，於是一個部落就變成了一支「叛亂武裝」。中方資料盡力造成他們是游擊隊或半正規武裝的印象，淡化這些人本為遊牧部落這一事實。

6月中旬，31團一個連在青龍宗[6]搜索時，遇到一支約一千五百人的「叛亂武裝」。這些人是當雄的九個部落和一個寺院，其中「有戰鬥力」的為五百人，並有三百餘支槍[7]。也就是說，這支「叛亂武裝」是九個部落和一個帳房寺院的全部男女老少，其中約三分之一是青壯男性，即「有戰鬥力」者。「有戰鬥力」並不等於能夠戰鬥，面對正規軍，赤手空拳或彈藥不足的「有戰鬥力」者，完全無能為力。這五百多「有戰鬥力」者只有三百多支槍，其餘很可能是僧侶。

兩方短暫「接觸」十幾分鐘後，部落逃往納木錯湖南岸。該連尾隨而去，於是在納木錯湖南岸發現了重大「敵情」：十六個躲藏在那一帶的部落，全部人數近四千人[8]。

一個多月前在「山南戰役」中，以絕對優勢兵力包圍四水六崗衛教軍，卻讓對方成功突圍的西藏軍區，立即決定組織「納木錯戰役」。

按照作戰計畫，「丁指」以步兵11師第31團第1營、步兵32團第2、3營、步兵134師第400團，當雄機場警衛營兩個連、西藏軍區警衛營一個混合連、炮兵308團三個連的兵力，兵分三路，從東、西、南三個方向出動，將那些部落三面包圍，意欲將其一舉全殲。

1959年7月3日，大軍出發。

6　今西藏自治區那曲地區班戈縣青龍鄉。

7　《中國人民解放軍步兵第十一師戰史》，頁235。

8　《中國人民解放軍步兵第十一師軍戰史》235頁為三千五百人，丁盛回憶錄中為三千餘人，《西藏平叛紀實》154頁為四千多人。

步兵11師第31團第2營由黑河乘汽車到當雄，次日從納木錯湖東南方向逼近。

32團2營兩個連和3營從納木錯湖南岸由西向東行進。

步兵134師400團2營兩個連、當雄機場警衛營一個連翻越雪山，從南向北攻擊。

當雄機場警衛營、西藏軍區警衛營以步兵和裝甲車布置在羊八井至當雄之間的公路上，阻止各部落在軍事打擊之下越過公路，逃往其他地區。

7月6日，各部隊於拂曉前到達指定位置。當日，三千多擁有現代武器的正規軍，從三個方向對十幾個逃難的遊牧部落發起進攻。《中國人民解放軍步兵第十一師軍戰史》如此描述這場對逃亡牧民的大屠殺：

> 7月6日，匪分三個梯隊，企圖沿湖向東北方向逃竄。
>
> 第一梯隊為青海、玉樹藏九部落叛匪一百餘戶，於當日16時許進至納木湖東南後，繼續向東北逃竄。32團4連由三雄沙松出擊，將該敵主力六十餘騎壓縮於湖岸全殲。
>
> 第二梯隊叛匪約兩百餘人，在7050高地東北。
>
> 第三梯隊叛匪五百餘名（內有騎匪兩百餘名）在7050高地北側……（32團3營）9連在7、8連的配合下，將第三梯隊主力殲滅後，以一個排的兵力掩護全連，復向匪第二梯隊衝擊。[9]

透過這些軍事術語不難看出，這三個「梯隊」其實是試圖突圍逃生的牧民。被稱為「第一梯隊」的是「一百多戶人家」，既然是「戶」，自然不可能全是擁有武器的男人。步兵11師官兵曾在甘南牧區作戰，不可能不知道部落整體逃亡時，會攜帶男女老幼和僧侶。他們完全知道這「一百餘戶」大部分是非武裝的婦孺，但依然對他們開槍。資料顯示，西藏作戰期間，軍隊只要見到穿藏裝、背槍的人，不由分說就開槍，甚至因此誤傷友軍，還襲擊了

9　《中國人民解放軍步兵第十一師軍戰史》，頁237-238。

一支尼泊爾商隊，引起外交糾紛[10]。

部落被壓到雪山和大湖之間，一片無遮無擋的空地上。他們被三面包圍，背後是茫茫大湖。一個名叫尼瑪的十六歲僧人親歷了這場戰鬥：

那天早晨，有人跑來通知說中國人來了，我們和湖東、西的藏人都有約定，發現敵軍即來通知，我們得到通知後，立即將物資馱好，將年輕人集中起來準備戰鬥。不一會兒，山上的敵軍吹響號角，敵軍隨即從各個山口冒出來衝向我們，當即發生戰鬥。戰鬥極為慘烈，很多在湖邊的男女因絕望而跳湖自殺，湖岸到處是漂浮的屍體，真是嚇人。有些人的子彈打盡後就拔出腰刀衝鋒。當時我們的首領是闊日阿江，另外色瓊尼瑪、杰宗本諾江等部均與我們在一起，在前後都有敵人，無路可逃的情況下，讓婦幼老人等爬山躲入岩石叢中，其他人則各自迎擊自己前面的敵軍。[11]

面對機槍大炮，部落男性成員拚死抵抗。遭到攻擊時，部落男性成員捨命戰鬥，以掩護婦孺逃往安全地點，是長久以來維持部落生存所必需的傳統。根據不同地形，婦孺僧侶有時逃到山頂，有時逃到山溝，但在1950年代末的這場「戰役」中，他們卻已無處可逃。

7月7日，步兵11師32團全部兵力，在友軍和空軍配合下，對這些部落展開總攻。三架轟炸機對著山頂上的人群轟炸掃射。僧人尼瑪回憶這場他死裡逃生的轟炸：

炸彈在山上爆炸時，炸得碎石橫飛，濃煙遮天，轟鳴聲中，耳朵彷彿失去了作用。山上大部分是婦幼老人，被飛機炸得血肉橫飛，到處是殘肢斷臂。飛機離開上空時，就可以聽到女人和傷患的哀號哭叫。飛機又轉過來轟炸，掃射，我都不知道自己是怎樣活過來的，完全沒有思維和方向感，只是

---

10 吉柚權，《西藏平叛紀實》，頁158-162。
11 達瓦才仁，《血祭雪域》，頁468。

不停地在逃，在我附近至少有六、七十人被炸得粉身碎骨，其他身上被碎石擊傷而血跡斑斑，就在我旁邊，有兩個人被炸成兩截。[12]

經過兩天的激烈戰鬥，這些部落不是被殺被俘，就是彈盡投降。接下來，各部隊分頭搜索，以「梳篦式戰術」，逐條山溝、逐個山洞搜索。

7月29日，丁盛將軍指揮的「納木錯戰役」結束。步兵11師戰果如下：

此役歷時二十四天，計殲匪2,188名（斃332名，傷47名，俘1,107名，降702名），解放婦幼13,132名，繳各種槍639支、子彈5,165發、刀矛752把、馬317匹、望遠鏡9副、牛羊32,260頭、斃傷馬100餘匹。[13]

該師戰史中未說明，這332名被殺死的「叛匪」中，是否包括了那些在山頂上被炸死的老人婦孺僧侶和絕望投湖的牧人。

丁盛回憶錄中，納木錯戰役的戰績為「殲敵2,035人，解放被裹挾的群眾1,151人，繳獲各種槍531支（挺），子彈4,223發」[14]。他稱這場「戰役」為「在西藏牧區平叛作戰中首次成功的殲滅戰」。將軍未說明的是，這場「殲滅戰」的打擊目標是十六個遊牧部落，被他的軍隊「殲滅」的人中，74%是非武裝人員。

2008年出版的《解放西藏史》中有關這場戰役的敘述，既不講述詳細經過，也未提到戰績，卻詳細描敘步兵11師如何「收集」和保護在納木湖一帶「散失的牲畜」，如何照料戰後湖南岸二千二百多名「無糧無衣無帳篷的群眾」[15]。

12　同上，頁469。
13　《中國人民解放軍步兵第十一師軍戰史》，頁238。13,132這個數字疑有誤。
14　《落難英雄──丁盛將軍回憶錄》，頁303。
15　《解放西藏史》，頁383。

三

「納木錯戰役」後，參戰部隊休整三周。西藏軍區和「丁指」隨即於8月26日開始「麥地卡戰役」。

麥地卡在黑河東南、塔工[16]西北、拉薩東北之間，大致涵蓋麥地藏布江流域[17]。該地區平均海拔近4,800米，水源豐富，有大片草原和沼澤，為純牧區，當時人口僅萬餘。1959年之前，中共並未與這一帶的牧民建立直接聯繫，除黑河外亦無駐軍。很長時間內，這個地區處於中共的「真空地帶」。因此，自1958年下半年以來，若干從青海逃來的部落滯留於此，「拉薩戰役」後僥倖逃生的人有些也逃到了這一帶。至1959年夏，該地區有二十個外來部落，加上本地部落共八十多個部落[18]，約一萬三千多人，其中約五千人為「有戰鬥力」者[19]。

本地部落本來就有傳統駐牧地，外來部落各自分散放牧，他們並無作戰準備，因此無統一指揮和行動。據中方資料，8月上旬曾有一千多人包圍索宗，主要是當地部落，藏人資料有較為詳細的描述[20]。麥地卡在公路黑河至當雄段東側，黑河至丁青交通要道以南，因此，對這一帶牧民展開大規模軍事行動，是為了維護交通運輸安全的「先發制人」。

與倉促組織的「山南戰役」不同，「麥地卡戰役」經過周密策劃。由於戰區溝壑縱橫，地形十分複雜，西藏軍區調動步兵134師第400團、第402團（配屬師偵察連）、步兵第11師第32團、炮兵第308團三個連，炮兵第541團三個連，西藏軍區教導營四個連，步兵第11師第31團第2營，步兵第11師偵察連，約四個團的兵力，對這一地區布下內外兩層包圍圈。按照作戰方案，麥

---

16 塔工在今西藏自治區東南部，轄加查、朗宗、覺木、則拉崗、雪喀、江達等宗和拉綏、金東、古如朗木杰、白瑪桂等谿。1955年撤銷，轄區劃歸塔工辦事處。

17 「麥地卡戰役」作戰中心地點在這個地區。

18 《中國西藏黨史大事記》109頁為「黑河、青海等地」的部落「共八百餘個，有戰鬥力者近五千人」，其他資料均為八十多個，有戰鬥力者約五千人。

19 《中國人民解放軍步兵十一史軍戰史》238頁提供的數據為「約一萬餘人」，其他資料未提供數字。根據戰後統計的死傷俘降及被「解放」的群眾數據，共一萬三千餘人。

20 詳見達瓦才仁，《血祭雪域》，頁488-491。

地卡地區主要山口必須被嚴密控制，防止任何人逃出。

合圍日期定為8月28日。從8月10日起，各參戰部隊開始做準備，班長以上幹部均接受地形識別訓練；為了「隱蔽戰役企圖」，8月15日，轟炸機轟炸戰區附近的索宗[21]。那天，轟炸機投下十六枚炸彈，其中七枚「直接命中目標」[22]，炸死炸傷多人。

為了在作戰過程中隨時補給，有關部門緊急組織民工修築黑河至卡拉山約50公里的公路，並根據參戰部隊人數，調運了847噸物質[23]。一切準備就緒後，各參戰部隊分頭出發。

8月19、20日，400團分別從米拉宗、太昭北進，開向麥地卡，至27日，該團控制麥地卡東南方向的所有山口。

21日，402團分成三路，其3營從拉薩乘車，沿青藏公路北上至古露[24]，然後步行由東北方向插向麥地卡。25日，該部控制麥地卡西南方向的大小山口；其1、2營於同日到達指定地點，控制麥地卡北側大小山口。

炮兵541團組成一個野炮連、一個榴炮連、一個重炮連，於8月22日出發，渡過麥地藏布河，封堵麥地卡西側。這一線靠近青藏公路，為防幾個部落聯合衝過公路，這一線預備了強大武器。此外，西藏軍區警衛營的裝甲車於8月26日拂曉到達黑河、下丘卡[25]一線，在當雄、黑河、下丘卡巡邏，作為麥地卡西線的第二道封鎖線。

24日，步兵11師32團從黑河出發，插向麥地卡南側，封鎖所有山口。

同日，軍區預備隊31團兩個連和11師偵察連趕到比如宗，次日分散守住麥地卡東、南、北各大小山口，作為外圍防線。

同日，西藏軍區308炮團的三個120迫擊炮連從拉薩出發，於26日到達麥地卡西南側，封鎖南側各大小山口。

---

21 《落難英雄——丁盛將軍回憶錄》，頁303。
22 華強、奚紀榮等，《中國空軍百年史》，頁217。
23 石洪生，〈西藏平叛中的後勤保障工作〉，《世界屋脊風雲錄(3)》，中華魂網：http://www.zhonghuahun.cn/blog/tushu.php?ac=inlist3&bvid=92183&bid=1183&id=2906
24 今西藏自治區那曲地區那曲縣古露鎮。
25 在黑河與索宗之間。

26日，軍區教導營四個連從拉薩出發，於當晚趕到指定地點，封鎖麥地卡東北部大小山口。

至8月27日下午5時，各部隊均到達指定位置，對麥地卡地區的八十個部落，一萬多人團團包圍，形成內外兩道合圍線。

各參戰部隊立即行動，從不同方向壓向麥地卡中心地帶。

「麥地卡戰役」正式開始。

從中方資料看來，「麥地卡戰役」中最激烈的戰鬥是「底金山之戰」。這場戰鬥一方是400團2營，另一方是「以阿羊、洛桑、群沛為首的青康叛匪三百餘人」以及「數百名老百姓」，有可能是三個青海來的部落。他們發現被包圍後，試圖轉移到東面尋路突圍，途中與400團遭遇。這是一場極慘烈的戰鬥。該營以騎兵堵截突圍部落，對方以七十多騎衝擊，被一個連的輕重機槍堵回，部落全體被逼到主峰上。該營4連朝山頂發起進攻。山頂上的男女老少一邊吶喊，一邊用石頭往下砸，一百多男人懷必死之心，用皮繩彼此相連，進行自殺式衝擊。戰至雙方彈盡，以刺刀對腰刀，拚死格鬥。最後，解放軍增援的三個連趕到，戰鬥結束，部落死119人，傷61人，俘129人[26]。資料未提到「被裹挾的群眾」，解放軍死傷人數不詳。

在丁盛回憶錄中，這是「麥地卡戰役」中「戰績」最大的戰鬥。其他戰績包括：步兵31團在蓬錯湖邊與一百多人作戰，402團1營在「連續作戰」後共「殲滅」248人，另有74人向該團2營投降。32團的戰績是156人，402團「連續作戰」的戰績是279人。此外，步兵134師還勸降了一千七百餘人。9月20日，「麥地卡戰役」結束。全部戰績為：「大小戰鬥四十餘次，殲敵5,563人，其中爭取歸降2,869人，收繳各種槍2,438支（挺），解放被脅迫的群眾7,517人。」[27]這組數據顯示，「殲滅」人數佔總人數13,080人的42%，繳獲

---

26 詳見吉柚權，《西藏平叛紀實》，頁172-176。
27 《落難英雄──丁盛將軍回憶錄》，頁305。54軍軍史館的數據略有出入：「各部共進行大小戰鬥四十一次，殲滅叛亂分子3,561名，繳各種槍2,476支」。見〈134師參加西藏平叛紀實〉，《世界屋脊風雲錄(3)》，中華魂網：http://www.1921.org.cn/book.php?ac=view&bvid=92172&bid=1183

武器佔總人數的18.6%；而被「殲」的5,563人中，還有56%是非武裝人員。

「麥地卡戰役」前，西藏軍區對該地進行過偵察，並通過「內線關係」瞭解了當地情況。中共入藏後，於1951年在黑河成立辦事處，1953年成立分工委，1956年後還成立了幾個宗黨委。對於牧區狀況，工委並非完全陌生。他們分明知道麥地卡地區的「萬餘人」是以武器落後、戰鬥力有限、本地部落為主的牧民，為何動用航空兵、騎兵、步兵、炮兵、裝甲兵等五個兵種、四個團的兵力，布下兩道封鎖線，而且在內地大饑荒期間，不惜調動大量物資，進行這樣一場大規模戰役？

幾十年後，丁盛將軍在其回憶錄中透露：「此役，保障了青藏公路交通運輸安全，而且積累了大部隊合圍作戰和貫徹執行牧區政策的經驗，達到了戰役預期目的。」[28]

也就是說，「麥地卡戰役」的「預期目的」之一，是演練「大部隊合圍」戰術，是一場用牧民和普通士兵的生命來進行的實戰練兵。這正是毛澤東數次給中央軍委和西藏軍區批示中所做的指示。

「納木錯戰役」是「大部隊合圍」戰術在西藏的第一次成功。西藏軍區和「丁指」總結「山南戰役」和「納木錯戰役」的經驗教訓後，用更多的兵種和兵力，在「麥地卡戰役」中實戰演練，獲得成功。

步兵11師在戰後總結中，稱「合圍戰術」為「大量殲滅叛匪最基本的最有效的戰術手段」，其關鍵是：

以我之絕對優勢兵力，對敵達成嚴密包圍，只有將叛匪圍住，才能達到最後全殲之目的。為此，在兵力部署上必須形成多路分進，多層包圍，有外圍堵擊部（分）隊，也有內圍進擊部（分）隊，使進擊與堵擊相結合，外線合圍與內線包圍相結合。[29]

28　《落難英雄——丁盛將軍回憶錄》，頁305。
29　《中國人民解放軍步兵十一師軍戰史》，頁256。

這一戰術被運用到西藏境內其他戰役中，成為西藏軍區和「丁指」和「黃指」在西藏作戰的基本戰術。

四

1960年1月，西藏軍區召開軍事會議，提出「大躍進」式的口號：「大戰1960年，秋季肅清股匪，年底肅清殘匪，基本完成民主改革。」[30]於是，各部隊原定的作戰計畫提前進行。

1960年2月21日至3月20日，西藏軍區調動步兵11師31團（欠2營）、32團3營、33團、西藏軍區155團，及騎兵支隊等共十個營的兵力[31]，以同樣戰術在申扎宗以西地區展開「三號地區戰役」。目標是消滅「以保保阿工和青海大喇嘛阿熱倉為首的六股叛匪」。這「六股叛匪」總人數不詳，其中「有戰鬥力者」二千八百人。「丁指」認為這場戰役戰績不佳，一個月內大小戰鬥二十五次，「殲滅」409人，繳「各種槍」232支。隨後的「清剿」和建政階段至5月10日完成，期間在六十個部落、十九座寺院、11,560餘人口中建立了四十二個「平保委員會」，七十三個「平保小組」，在八座寺院中進行了「三反三算」，建立管理委員會，控制了申扎以西、隆喀爾寺以東、黑河—阿里公路以南、雅魯藏布江以北地區。「三號戰役」的兩個階段中，藏人死傷俘降1,788人，其中陣亡453人，俘448人，降997人；收繳鋼槍197支，土槍1,280支，各種子彈3,649發，刀矛687把，馬432匹[32]，其中409人、232支槍為第一階段的「戰果」。

4月20日，「丁指」在青海、西藏交界處開始「二號地區戰役」。戰區包

---

30 《中國人民解放軍步兵十一師軍戰史》，頁242。
31 《西藏平叛紀實》，頁189：「三號地區的平叛，從2月21日起到3月20日止，歷時二十九天，一萬餘人的清剿部隊僅殲敵五百人便撤回黑河。」但十個營應該不足一萬人。
32 《中國人民解放軍步兵十一師軍戰史》，頁245。

括聶榮宗為中心的巴青[33]、黑河、安多[34]一帶,當時在該地區的有青、川、藏等地以及本地的若干部落,共約五千餘人。但據藏人資料,這並不是在當地的所有人,而是其中的男性。除了這些人之外,還有幾千婦女兒童老人僧侶。這一地區的藏人得到中情局西藏行動小組的武器和物資支援,並有空投人員指揮,因此「二號地區戰役」打得極其慘烈,參戰藏人大部分陣亡,解放軍傷亡也相當慘重[35]。

這次戰役中,「丁指」動用的兵力包括步兵32、157、400、401團、158團三個連、西藏軍區軍事教導營、裝甲2連、134師重炮營、玉樹騎兵支隊、玉樹軍分區騎兵支隊、蘭州軍區182團騎兵大隊,以及蘭州軍區青海騎兵第2、第13、第14團、摩托大隊、裝甲營兩個連。這些軍隊分屬兩個軍區,共約八個團,一萬二千餘人的兵力[36],從西、南、東南方向同時開進,形成一個周長370公里的巨型「口袋陣」。此役空軍出動各型飛機133架次,其中轟炸掃射三十七架次[37]。一萬多各兵種的正規軍用「梳篦戰術」搜索,戰到最後,軍隊對逃亡的一戶、兩戶人家也不放過,將他們統統「殲滅」[38]。

此役於6月5日結束,「丁指」以六個兵種、一萬二千餘人的兵力,取得「殲敵總司令羅布次仁以下5,084人(含空降敵特7人),繳獲長短槍2,249支,輕機槍180挺,高射機槍6挺,無後座力炮7門,電臺6部」,並「收集」了21,116頭牛羊的戰績[39]。這場戰役是解放軍青藏高原上第一次「陸空協同作戰和大區協同作戰」[40],換言之,是丁盛將軍以「平叛」名義進行的又一場實戰大練兵。這場戰役中雙方具體傷亡數字至今尚未公開,也未說明「解

---

33 今西藏自治區那曲地區巴青縣。
34 今西藏自治區那曲地區安多縣。
35 藏人資料中的詳細作戰經過,見達瓦才仁,《血祭雪域》,頁533-554;中方資料中的作戰經過,見潘兆民,〈屋脊之戰——憶西藏二號地區平叛戰役〉,《西藏革命回憶錄》第4輯,頁87-97。
36 時任西藏軍區政治部群眾工作部長的魏克在其《留在雪域高原的腳印》頁267中說,「二號地區戰役」中動用的總兵力約一萬八千人。
37 除轟炸外,空軍偵察五十三架次、空投給養四十二架次。見《解放西藏史》,頁393。
38 詳見吉柚權,《西藏平叛紀實》,頁218-221。
39 《落難英雄——丁盛將軍回憶錄》,頁311。
40 同上。

救」了多少「被裹脅的群眾」。

6月27日，步兵11師之31團（欠2營）、32團、33團；新疆軍區4師10團（欠1營另一個連）、155團、5團三個連、師騎兵支隊、阿里騎兵支隊兩個連，共約五個團兵力，在阿里地區，靠近尼泊爾邊境的馬泉河以南，普蘭以東，里克孜寺、扎東以西，南北寬約50公里，東西長約170公里之地區，展開「阿里戰役」，亦稱「扎東以西戰役」。這五個團的打擊目標為拉薩、山南、納木錯，以及「三號地區戰役」中逃出包圍圈的藏人，以及當地部分部落，共約一萬餘人，其中「有戰鬥力者」約四千餘人。這場戰役為時三十二天，期間軍隊甚至越境追入尼泊爾領土。該戰役戰績為：

大小戰鬥49次，殲匪4,318名（斃80名，俘1,895名，降174名，政治爭取2,169名）。繳各種鋼槍1,192支、土槍1,611支、刀矛1,198把、各種子彈4,095發、馬878匹、望遠鏡17副，解放婦幼6,223名。[41]

這一切，發生在1959年和1960年間。就在解放軍各兵種的正規軍人，以絕對優勢兵力在高原上圍剿那些東逃西突的藏民部落，當饑寒交迫的藏人男女老幼像螞蟻一樣在高原上四散、倒臥的時候，一場慘烈的大饑荒正悄悄地降臨全中國，死亡的陰影籠罩著解放軍官兵們的家鄉。當數以千萬計的農民在饑餓中掙扎的時候，大批糧食與物資被調到青藏高原，用於這場對藏人的秘密殺戮。

---

41 《中國人民解放軍步兵十一師軍戰史》，頁250。

第二十三章 「天上掉下來的人」

一

1958年秋的一天，美國中央情報局遠東司新任司長德斯蒙・費茲傑拉德走進西藏行動小組（Tibetan Task Force）辦公室，通知他的下屬，「5412特別小組」[1]批准了對西藏的「隱蔽行動」繼續進行。

中情局「隱蔽行動」是冷戰產物，其目標針對共產主義國家，旨在削弱共產主義在各國的控制，如條件許可，則在共產主義統治或威脅的國家內部發展地下抵抗組織，促進隱蔽行動和游擊活動[2]。1956年春，康區戰事的消息經噶倫堡傳到外界後，中情局立即對這一情況產生了興趣。反抗運動發生在共產主義國家，特別是蘇聯的同盟國中國，信息確鑿，聯繫可靠，而且反抗運動已初步形成，中情局要做的只是提供一定程度的幫助，促使反抗運動進一步發展。

對於中情局來說，這一切完全符合「NSC5412」號文件的規定。於是，1956年夏，中情局遠東司中國部裡出現了一個新項目：「西藏特別行動」，代號「中國馬戲團」[3]。該小組的任務是訓練西藏情報員，通過他們向反抗軍傳授游擊戰術，並提供必要的武器和物資，同時也為中情局收集情報。項目中的空投部分代號「中國巴納姆」，這個代號與「馬戲團」十分相配：芬尼阿斯・泰勒・巴納姆是著名的「玲玲馬戲團」前身之一「巴納姆馬戲團」創

1　「5412特別小組」源於1955年12月28日艾森豪總統簽署的〈國家安全委員會關於隱蔽行動的指令〉，即"NCS5412/2"號文件。該文件規定由總統、國務卿、國防部長各指定部長助理級別的代表，形成一個特別小組，評估和批准中情局提交的隱蔽行動。

2　"COORDINATION AND POLICY APPROVAL OF COVERT OPERATIONS", FRUS 1964-1968, Vol. XXXIII, Document 263. URL: http://history.state.gov/historicaldocuments/frus1964-68v33/d263

3　ST CIRCUS，首碼ST為中情局遠東司中國部代號。

始人。

　　至1958年秋，中情局訓練的第一批情報員已經返回藏地，並與中情局建立了聯繫，四水六崗衛教軍也已成立。這年7月，「巴納姆」的一架C-118運輸機成功地在西藏境內空投了第一批武器。至止，一切都很順利。中共這時的注意力集中在「第三次臺海危機」上，美國人樂見他們後院起火。

　　「中國馬戲團」立刻開始行動，準備訓練第二批人員。來自高原的藏人很不適應塞班島的氣候，行動小組決定在美國尋找合適地點。美國海拔最高的州是落磯山脈中的科羅拉多州，該州中部有座海拔3,094米，名叫萊德維爾的小鎮，是美國最高的城鎮。十九世紀末，這一帶發現銀礦，引發「白銀熱」，導致小鎮人口急速膨脹，成為科羅拉多州位居第二的城市。可是「白銀熱」很快消退，萊德維爾人口逐年減少，至1958年，該鎮只剩下三千多居民。距萊德維爾不遠處還有座名叫雷德克利夫的小鎮，這個曾經風光的礦城衰落到幾近「鬼城」的地步。不過，對中情局來說，這是一個再好不過的地方：這一帶已被世人遺忘，很少人知道，萊德維爾附近的一道山溝裡，藏著一座廢棄的美軍訓練營：海勒訓練營，外號「牧場」。

　　海勒訓練營建於1942年，當時是美軍第十山地師的訓練基地，供士兵們學習山地和雪地戰術及生存技巧。營地鼎盛時期，曾有一萬四千多名士兵接受訓練。在此期間，營地裡還關押了四百名納粹非洲軍團戰俘。訓練營於1945年關閉後，這些戰俘的主要工作是拆除基地的營房。1958年秋，當「馬戲團」派人來考察時，整個基地只剩十幾座沒有水電設施的空房子。軍方很願意讓中情局借用這個基地，但這時已是天寒地凍，只能等到來年開春後拉電線，接水管，才能交付使用。

　　好在中情局有自己的訓練基地：位於維吉尼亞州威廉斯堡附近，外號「農場」的皮爾里營。「馬戲團」以此地為臨時訓練基地。1958年11月，八名來自理塘的康巴漢子到達皮爾里營，開始為期半年的緊張訓練。他們每周七天上課，學習看地圖、發報、爆破、攀岩、跳傘等等特工技巧和游擊戰術[4]。達賴喇嘛的三哥洛桑珊丹有時會到皮爾里營來，當幾天臨時翻譯。1959年3月，第二期訓練結束。按照既定程序，這時該輪到「巴納姆」出場，

將這些康巴漢子送返西藏，並附送一批武器和物資。

就在這時，西藏境內的形勢急轉直下。

3月10日，「拉薩事件」爆發，達賴喇嘛率家人和噶廈政府主要成員出走。3月22日，中情局首批訓練的發報員阿塔攜電臺趕到山南瓊結宗，在日烏德欽寺見到達賴喇嘛。從這天起，阿塔每天宿營時匆匆發到總部的電報，經老僧阿旺旺杰[5]翻譯後，直接送到艾森豪總統的辦公桌上。3月31日，阿塔從西藏境內發出最後一份電報，通知總部達賴喇嘛已經安全到達印度邊境，並請求支援裝備三萬人的武器。這個要求顯然大大超出了中情局的計畫：從一開始，「馬戲團」的目標就是「騷擾」而非戰爭，不可能制定如此大規模的方案。

對中情局來說，「拉薩事件」的直接後果是與西藏境內的聯絡中斷。收到阿塔的電報後，「馬戲團」和「巴納姆」立刻行動。這時「山南戰役」正在進行當中，貢保扎西率領的衛教軍主力可能已經到了隆子，幾天後，他將越過麥克馬洪線，阿塔和洛澤也將撤離西藏。4月中旬，一架載著武器和物資的C-118運輸機停在巴基斯坦科米托拉機場的停機坪上，隨時可以起飛，卻不知將這批武器投到哪裡，第二批訓練人員返回藏區的計畫也只得擱置。

但是，「馬戲團」並未因此解散。「拉薩戰役」後，大批難民湧入印度，招募人選不是問題，海勒訓練營亦已準備就緒。經過一番周折，十五名康巴和三名安多人於5月中旬到達科羅拉多，與他們同行的還有三名翻譯。第二批人員也從維吉尼亞的「農場」轉移到科羅拉多的「牧場」。

海拔3,000多米，四周群山環抱的海勒營，讓來自高原的藏人有重返家鄉之感。他們全然不知自己身在美國本土。營地外圍安排了哨兵，防止外人進入；野外訓練前，所有細節都經過周密安排，確保不會引起注意。中情局還

4　後來的訓練課程中加入了反坦克技術。

5　Ngawang Wangyal（1901-1983），通常被稱為「格西旺杰」，生於俄國阿斯特拉罕州，在拉薩哲蚌寺果芒佛學院習經並獲格西學位。他於1955年赴美，定居新澤西州，並於1958年創辦拉松舍珠林寺。1960年代和70年代，他曾在哥倫比亞大學教授藏語和佛學，是藏傳佛教傳入美國的重要人物之一。

通過軍方對外發布了一連串假消息，使得海勒營附近的居民相信，軍方在這座早已廢棄的訓練營裡進行某項有關國家安全的研究。當地沒有人知道，在他們身邊生活著一群神秘的亞洲人。

<hr />

二

　　2011年3月，我坐在斯坦福大學胡佛研究所檔案館閱覽室的長桌邊，打開一個資料夾，小心地取出一疊泛黃的薄紙。這是一份用老式打字機隔著藍色複寫紙打出的文件。五十多年後，字跡已經暈化。這是1959年「馬戲團」負責人羅傑・麥卡錫與衛教軍總指揮貢保扎西的談話記錄。文件上沒有日期，根據其他資料，1959年6月，麥卡錫在印度大吉嶺的一個隱秘地點，與貢保扎西長談三天，擔任翻譯的是嘉樂頓珠的助手拉莫次仁。「馬戲團」成員們稱這份五十多頁的文件為「藍紙」（Blue Paper）。三天的談話中，貢保扎西對麥卡錫詳談了自己的身世，藏人反抗的原因，四水六崗衛教志願軍成立的經過，以及經歷過的主要戰鬥[6]。

　　羅傑・麥卡錫親自去大吉嶺看望貢保扎西，除了瞭解西藏反抗運動的現狀和前景之外，還有更迫切的原因：海勒訓練營裡的第二期訓練班早已結束，第三批人員訓練已經開始，「巴納姆」的飛機隨時可以起飛，可是中情局不瞭解藏區當時的形勢，「馬戲團」不知道該把這些受訓者空投到哪裡。麥卡錫希望能從貢保扎西那裡得到一些信息或建議。衛教軍進入印度時，已經在邊境交出了全部武器，四水六崗的士兵們成了等待救援的難民。生存成為第一要務。在這樣的情況下，四水六崗是否還能在反抗運動中起任何作用？貢保扎西此時也無法回答這個問題。從「藍紙」的內容來看，麥卡錫顯然沒有得到明確回答。

　　不過，1959年夏季，印度北方已有數萬名來自各地的難民，他們帶來各

<hr />

6　這份文件的內容與貢保扎西去世十年後出版的英文版自傳基本重合。

種各樣的消息和傳言。經過分析，「馬戲團」認為「納木錯湖一帶仍有反抗組織活動」這條情報較為可靠。從地圖上來看，該地區距公路較近，離拉薩也不算太遠，據說那一帶有幾千人。如果送幾個人到那裡，或許對西藏反抗力量有所幫助。雖然情報無法證實，但「馬戲團」沒有比這更好的辦法。

9月中旬的一天夜晚，一輛大客車悄悄駛出海勒營。客車的窗子全部拉著窗簾，沒人知道車裡的乘客是七名康巴漢子和他們的教官。夜深人靜的時候，客車進入科羅拉多斯普林斯市附近的彼得森空軍基地，逕自駛向停機坪上的C-130「大力神」運輸機。眾人上機坐定，飛機立刻起飛。飛機的舷窗被窗簾遮得嚴嚴實實，既防止外面的人朝裡窺視，也防止裡面的人向外張望。「大力神」在加州首府薩克拉門多附近的麥克萊蘭空軍基地降落加油，然後飛往夏威夷，在西卡姆空軍基地再次加油。

彷彿預示著「納木錯任務」凶多吉少，「大力神」從西卡姆基地起飛後不久，一臺發動機失效，只好返回基地。他們另換飛機，直飛沖繩。9月18日，「大力神」到達泰國塔克利皇家空軍基地。當天深夜，「大力神」載著第二批受訓人員、一批武器和物資，加上兩名先前因患肺結核被留在沖繩的康巴人，以及負責投下物資的「踢球員」，朝北方飛去。

這次空投是「巴納姆」的第三次人員空投。前兩次是1957年9月，「巴納姆」將塞班島受訓的六名理塘人分兩組送返，第一組投在桑耶寺附近，第二組投在理塘附近。在第一小組的協助下，「巴納姆」成功地在山南哲古空投了兩次武器。

「大力神」飛過緬甸，進入西藏。不久，機長看到地面上一大片湖水在月光下閃閃發光。根據過時的老舊地圖，機長判斷這就是納木錯湖，第三組人員的降落地點。九名康巴漢子依次跳下。他們都帶著劇毒的「L膠囊」，一旦面臨被俘，只需咬破膠囊，不到一分鐘就會中毒身亡。

「大力神」扔下電臺、武器、藥品等物資，返回泰國。

第三小組組長阿旺彭鈞，英文名叫「南森」。照約定，他應在降落後盡快發報，通知總部安全到達的消息。「馬戲團」成員在泰國苦苦等待，但始終沒有得到消息。直到好幾個月後，阿旺彭鈞經陸路到了大吉嶺，聯絡上中

情局，「馬戲團」才知道，他們從難民那裡得到的消息早已過時，那一帶已經被解放軍「清理」，「納木錯戰役」在第三小組降落前的一個多月結束。更糟的是，第三小組的九名成員被投到錯誤地點，離納木錯湖足有一天路程，降落地區還有一座解放軍兵營。

小組成員降落後，發覺他們的位置相當危險，說不定已經被駐軍發現。他們只能做一件事：立刻離開降落地點。他們來不及尋找空投的物資，因此從未取得電臺向總部發報。途中，他們發覺情況跟他們離開時已經大不相同。軍隊四處搜索，民眾有的不敢與他們接觸，有的懷疑他們是化裝成藏人的中共幹部，對他們充滿敵意。很明顯，他們無法發揮任何作用。第三小組成員最後經尼泊爾返回大吉嶺[7]。

這一切，「馬戲團」當時一無所知。他們正忙著安排第三批人員返藏。這批人分為三組，續延為第四、五、六組，每組六人。「馬戲團」計畫將兩個小組空投到邊壩，一個投到安多某地。

邊壩這個目標點來自於麥卡錫與貢保扎西的談話。貢保扎西雖然無法提供反抗運動的前景，但他在談話中說到，衛教軍成立後，他曾率領主力從南木林經藏北到邊壩一帶。當地人民有強烈反共情緒，在四水六崗說明下，他們組織了反抗軍，把境內的中共幹部全部逐出，那一帶完全被藏人控制。「馬戲團」注意到「邊壩」這個地名。他們對這一情報進行分析、研判後，認為該地區的反抗力量有可能繼續發展。

選擇這些地點還有一個原因，這三個小組的成員大都來自康區和安多，他們熟悉環境和方言，返回本土不大會引起注意。

1959年9月中旬[8]，「邊壩小組」整裝出發，以「納木錯小組」相同的方式，從海勒訓練營到達泰國塔克利皇家空軍基地。

7　有關第三小組的資料不多，無法確認是否九人全部出境。

8　在 *China's Tibet Policy* 269頁中，第四、五、六小組空投邊壩的時間是1959年9月15日；但據 *The CIA's Secret War in Tibet* 120-121頁，空投時間是1959年11月中旬。

四

德格王管家之子東堯‧嘉噶倉坐在「大力神」的機艙裡，調整好綁在臂上的「L膠囊」，做好跳傘準備。他的同伴們排著隊，一個接一個跳出飛機。東堯深深吸口氣，按照教官傳授的要領，跳出機艙。他是第四小組組長兼發報員，那年二十二歲[9]。

三個小組原定空投在不同地點，但「馬戲團」臨時改變計畫，將他們都投到邊壩，令第六組，即「安多小組」從邊壩前往青海玉樹。

滿月的夜晚，雪山淡藍，一條彎彎曲曲的河水波光灩灩。山谷裡，一座寺院的金頂發出柔和的光芒。這是邊壩寺[10]。東堯撲向故鄉的大地，像撲進母親的懷抱。他落在一條小河邊的草地上，同伴們先後降落在小河兩側。在當地情況不明的情況下，將十八人同時空投到這個地點，無疑是相當冒險的行動，他們極有可能自投羅網。幸運的是，三個小組都安全降落。

「有人從天上掉下來」的消息迅速傳開。天亮後，大群反抗戰士拎著刀槍趕來。他們不知這些人是友是敵，隔著一段距離，把「天上掉下來的人」團團包圍。「天上掉下來的人」中有個像是領頭的，他大聲喊叫，說要拜見邊壩仁波切。根據「馬戲團」得到的消息，邊壩仁波切阿旺洛桑和宗秘書頓堆曲英是邊壩一帶反抗軍的正副司令[11]。聽到康地口音，眾人的戒心頓時減了一半。他們慢慢圍攏，見「天上掉下來的人」並無敵意，遂帶領頭的人去見邊壩仁波切。聽說這些人是美國人送來的，而且美國人願意援助他們武器，反抗軍士氣大振。

他們到達邊壩時，那一帶的反抗力量已經處於被分割隔離的狀態。邊壩地處現昌都地區西部，四周地區不是已被佔領，就是處在僵持階段。西藏軍區已將這一帶列為戰區，稱之為「一號地區」，計畫在其他地區的戰事完成

9　有關四、五、六小組的信息，引自東堯‧嘉噶倉訪談，2008年10月2日。另見Kenneth Conboy and James Morrison, *The CIA's Secret War in Tibet*, pp. 120-123.

10　邊壩寺，位於邊壩鄉夏林村。寺院始建於元代，歷史上僧人定員為二千五百人。該寺曾為邊壩宗政府駐地。

11　頓堆曲英，〈從宗秘書到邊壩地區叛匪司令〉，《西藏黨史通訊》1989第1期，頁57-62。

後，再集中兵力對這一帶開戰。

幾天後，在泰國的中情局人員終於收到電報，得知三個小組全體成員均安全到達指定地點。他們同時還收到支援武器的要求，並附長長的清單。美國人當然不可能滿足他們的全部要求，但很願意給予一定程度的援助。

10月16日，一架C-130運輸機飛到邊壩上空，投下一批武器和物資。得到武器後，「安多小組」按照原定計畫，離開邊壩去青海。他們翻越唐古拉山，在青藏邊界的依然錯改地區遇到聚集在山區的若干個部落，人數約五千多。他們加入了這批人，對他們進行初步訓練。在第六小組的協助下，「巴納姆」向這個地區空投了三批武器。

根據現有資料，在1957年9月到1961年1月之間，「西藏特別行動小組」向西藏境內的反抗力量空投了六批訓練人員，共十個小組，五十五人。通過印度進入西藏的人數不詳。自1958年7月至1960年1月，「馬戲團」向西藏境內反抗力量空投九次、共十七架次的武器和藥品、帳篷、電臺等物資，其中在山南哲古衛教軍總部空投兩次，邊壩空投四次，依然錯改空投三次[12]。「西藏隱蔽行動」自1956年啟動後，從塞班島到科羅拉多海勒訓練營，共訓練了238名藏人[13]。

空投到境內的四十人中，第一組的阿塔和洛澤從3月20日開始護送達賴喇嘛出走印度，沿途向中情局報告達賴喇嘛的行蹤，起了很大作用。第二小組與中情局建立了短暫聯繫，但很快就中斷。第三小組未起到任何作用。1961年1月，這個小組中的五人作為第七小組成員，空降在依然錯改，即「二號地區」。他們多數在那場戰役中陣亡。第三小組成員之一普巴本·益希旺杰作為第十小組成員，第二次空降，地點是在馬爾康一帶。第四到十組都在各自的地點起到了一定作用。這些人多數在各地作戰中陣亡。在最後時刻，第十小組成員全體吞下「L膠囊」，除一人外，其他人均當場身亡。

---

12 Dawa Norbu, *China's Tibet Policy*, pp. 269-271.
13 數據來源於本書作者2009年從「四水六崗」紐約分部得到的一份文件。2006年中情局原西藏特別小組負責人羅傑·麥卡錫與四水六崗組織整理出全部受訓人員名錄及現狀，這份文件是該名錄的附件。這個數字中包括後來為木斯塘游擊隊訓練的人員。

「西藏特別行動」1962年前總共向「四水六崗衛教志願軍」和其他反抗組織空投了多少武器？從現有的一些數據來看，美國支援西藏反抗力量的武器彈藥，以及藥品、食物等物資，相對於他們所面臨的戰爭激烈度而言，是極其有限的。根據拉莫次仁回憶錄中的數據，直接空投給四水六崗衛教軍的武器彈藥共兩次，包括403支步槍、2門迫擊炮、210發炮彈、120支半自動步槍、15支手槍、各種子彈共49,110發。這些武器遠遠不夠武裝衛教軍當時的人數。

邊壩是空投武器較多的地區，在1959年12月到1960年1月間，中情局共空投四次[14]，其中兩次有詳細數據。這兩次空投武器包括800支步槍、1104枚手榴彈、1挺重機槍，113支M-2卡賓槍加20萬發子彈、3門迫擊炮加150發炮彈、20把手槍，以及若干箱炸藥[15]。即使另外兩次與這兩次的數據相同，在邊壩空投武器的數量，也遠不夠武裝當時在邊壩、波密、丁青一帶的反抗力量。依然錯改地區共空投7,760支步槍、4,700顆手榴彈、7挺重機槍、300多支衝鋒槍、若干挺輕機槍和手槍，以及許多其他物資[16]。

大致在同一時期，即1956至1963年間，中國給北越的軍事援助包括「各種槍27萬支（挺）、火炮1萬餘門、槍彈近2億發、炮彈202萬發、有線電機1.5萬部、無線電機約5,000部、汽車1,000餘輛、飛機15架、艦船28艘、單軍服118萬套」[17]。與此相比，中情局援助藏人反抗組織的武器彈藥數量可謂微不足道。除了援助西藏反抗力量的種種實際困難之外，還因為中情局「隱蔽行動」的定位是「破壞」，而非「戰爭」。即使在冷戰高峰期間，美國人亦無意幫反抗共產黨的藏人打仗，這與中共援助越南人民軍的目標全然不同。

更重要的是，來自「馬戲團」的武器援助無法形成固定的補給線，武器來源無法保障；而當時解放軍參戰部隊隨軍攜帶的彈藥量為每支步槍配子彈

---

14 達瓦才仁《血祭雪域》501頁記載，邊壩武器空投為六次，架次不詳；Dawa Norbu, *China's Tibet Policy* 270頁記載為四次，共七架次。

15 根據拉莫次仁回憶錄《抗暴救國》第2冊整理，Matthew Akester英譯。

16 達瓦才仁，《血祭雪域》，頁534。

17 劉軍、唐慧雲，〈試析中國對越南的經濟與軍事援助（1950-1978）〉。

100發，衝鋒槍子彈200發，機槍子彈600發，每門炮配炮彈0.5個基數（約30發）。作戰過程中，後勤部門在戰區建立一系列補給站，戰區中心一般距補給站行程約五至七日；同時還組織大批牲畜馱運彈藥和物資，隨打隨補，因此在作戰過程中極少出現彈藥打光的情況[18]。

但是，「西藏行動小組」的存在，以及從空中飄落的武器彈藥和物資，在很大程度上提高了反抗藏人的士氣。他們相信世界上最強大的國家在暗中幫助他們。幾十年後，在加德滿都大佛塔下的一家甜茶館裡，一名名叫強巴的玉樹老人向我講述他的經歷。他說的第一句話是：「那時候，美國人在幫助我們！」[19]

可是，美國人從未打算像藏人所希望的那樣幫助他們。在他們最需要的時候，「馬戲團」無法提供他們亟需的武器。在一次飛機轟炸和掃射中，十五歲的強巴父母雙亡，他被俘入獄。

就「隱蔽行動」而言，「馬戲團」算是相當成功。除了一架飛機在返航時險些墜毀之外，幾年間從未有飛機被擊落。從目前的中方資料來看，雖然中共至少在1959年已經知道有國外飛機進入西藏空投，但並未掌握具體信息。1959年5月5日，國防部副部長黃克誠向國防委員會報告西藏局勢時，說「山南叛匪」得到「不明國籍的飛機」接濟[20]。中央軍委曾有規定，如果在藏區上空發現敵機，只有在有把握將其擊落在境內的前提下，才可以擊落，否則只能監視、報告，但解放軍飛行員從未見到過這些飛機[21]。這可能是因為在進入藏區的美軍飛機主要是夜間飛行，而且沒有規律，次數也不多。最密集的時候是1959年的邊壩空投，那也只是在三個月中每月空投一次而已。

在此期間，臺灣方面是否向藏人反抗力量提供了軍事援助？從已經解密的檔案看來，在軍事方面臺灣可以說是「心有餘而力不足」。臺灣國軍空軍

---

18 石洪生，〈西藏平叛中的後勤保障工作〉，《世界屋脊風雲錄(3)》，中華魂網：http://www.zhonghuahun.cn/blog/tushu.php?ac=inlist3&bvid=92183&bid=1183&id=2906

19 強巴訪談，2008年10月7日。

20 黃克誠，〈在國防委員會會議上的報告提綱〉，《黃克誠軍事文選》，頁727-733。

21 〈牛潛將首話「公牛」〉，《兵器知識》2009年第7期，頁75-78。

曾對在西藏「直接空投實物補給心戰品及空降指揮聯絡人員」的可行性做過研究和評估，當時臺灣只有C-54型運輸機，從臺灣起飛到藏印邊境的航線均不可行。唯一可行的航線是從泰國起飛到錯那，也就是「巴納姆」相同的航線，但必須得到美國方面的同意[22]。迄今為止，各方資料均未見1959年至1961年臺灣方面向西藏境內反抗力量空投武器的實例。1960年，臺灣方面在甘肅、青海和四川境內空投過情報人員[23]。

2008年10月初，在印度喜瑪偕爾邦比爾西藏難民定居點，年已七十一歲的東堯・嘉噶倉告訴我，與他同時空降邊壩的十八人中，僅七人倖存。他負責的第四小組四人陣亡，第五小組全體陣亡，第六小組三人陣亡。

無論是美國中情局「馬戲團」的親歷者近年出版的回憶錄，還是藏人方面親歷者的回憶，現有資料能證明的結論是，1956年藏人反抗和武力衝突的起因，和美國中情局並無關係。從1956年到1962年期間，美國中情局的「馬戲團」計畫，對於美方來說，是冷戰時期一項以情報收集和騷擾為目的的隱蔽行動。美國中情局對藏人提供的游擊戰訓練是有效的，但無論是空投的訓練人員還是武器裝備，其數量對戰局基本走向和最終結果的影響都相當有限。美國中情局的作用，更多的是鼓勵了分散的藏人游擊隊的士氣，給了藏人長期抵抗的信心。

1962年後，四水六崗衛教軍部分人員前往尼泊爾，在尼泊爾境內靠近邊境偏僻而幾乎與世隔絕的木斯塘建立了游擊戰據點，有時越過邊境騷擾解放軍的運輸車隊。中情局向木斯塘繼續提供資金和物資援助，一直延續到七〇年代。1974年，美國中情局停止了向木斯塘的援助，木斯塘的藏人游擊隊在達賴喇嘛的親自說服下，放下武器，分散到印度和尼泊爾的難民定居點生活，藏人武裝抗爭的歷史至此才落幕。

---

22 〈空軍報告與建議（四）〉，《蔣中正總統文物》，國史館藏，典藏號：002-080-00096-016，入藏登錄號：002000001097A。
23 詳見《青海省志・軍事志》，頁532-534。

1960年，達賴喇嘛剛到達蘭薩拉時，在簡陋的辦公室裡工作。（藏人行政中央外交與新聞部提供）

1960年，首批到達達蘭薩拉的孤兒。（藏人行政中央外交與新聞部提供）

1959年「拉薩戰役」之後，大批難民從藏區各地逃亡印度。（藏人行政中央外交與新聞部提供）

1960年代初，藏人難民在印度北方修築公路，以此維生。（藏人行政中央外交與新聞部提供）

築路營裡的難民母子。
人行政中央外交與新聞部提供）

築路營裡的難民兒童。
（藏人行政中央外交與新聞部提供）

1960年，達賴喇嘛的姐姐次仁卓瑪和
西方記者看望難民兒童。
（藏人行政中央外交與新聞部提供）

1960年5月17日，達賴喇嘛看望
「西藏難民育幼院」的孩子們。
（藏人行政中央外交與新聞部提供）

1960年，
達賴喇嘛與西藏難民兒童。

1958年平叛擴大化撫恤通知書
（網路圖片）

藏人繪畫，顯示解放軍審問僧人的情景。圖中藏文：「1960年，邊壩地區西藏人民反抗中共時的領導人之一拉托朱古勒謝達瓦被中共逮捕，並在他的手指甲裡釘竹釘。這種酷刑也是常見的。」

藏人繪畫，顯示色拉寺宣判大會的情景。圖中藏文：「色拉寺軍管會，宣判大會。在色拉寺的大院裡，我們一部分人被中共軍人宣佈有罪，被宣判的情景。」

1960年代初，達賴喇嘛在印度南方帕拉庫毗西藏難民定居點看望難民。
（藏人行政中央外交與新聞部提供）

藏人繪畫，顯示獄中情景。

1959年到達印度大吉嶺的西藏難民。
（大吉嶺西藏難民自救中心提供）

流亡社會第一所經學院所在地巴克薩監獄。（印度色拉寺杰扎倉提供）

巴克薩地形圖。（印度色拉寺杰扎倉提供）

大經堂未建成前，色拉寺僧人露天上課。

第二十四章　昌都生死劫

---一---

　　1959年3月11日夜11時，即「拉薩事件」爆發不到四十八小時，中共中央電令54軍軍長丁盛將軍組織「丁指」入藏作戰，同時電令成都軍區副司令黃新廷中將組建前線指揮部，對外稱為「301部隊」，待命入藏。「黃指」將指揮步兵54軍130師、昆明軍區步兵第42師和昌都警備區所屬部隊。

　　黃新廷，湖北沔陽人，1929年加入共青團，1931年加入賀龍領導的紅2軍團，翌年加入共產黨。1935年起，黃新廷歷任紅2軍團第4師12團參謀長、團長，八路軍第120師358旅第716團團長、第358旅副旅長、旅長，第3野戰軍軍長；1953年參加韓戰，任志願軍第1軍軍長，回國後入軍事學院學習現代軍事理論。在中共軍隊裡，黃新廷是既有豐富作戰經歷、又受過軍事學院訓練的高級將領。

　　3月14日，中央軍委正式命令「黃指」入藏，負責昌都地區作戰，歸成都軍區指揮。

　　3月17日，雲南軍區所屬之步兵42師奉命開往昌都、鹽井。3月24日，由該師政委成澤民、副師長張興佐組成的「前指」率步兵126團、工兵營、偵察連、工兵連、第60醫院等，從雲南大理、劍川、中甸出發。

　　3月20日，「拉薩戰役」爆發。

　　3月21日，正在北京學習的54軍130師師長董占林得到緊急通知，令他立即歸隊。

　　董占林從北京飛返成都，當天趕到130師駐地雅安。130師剛從朝鮮戰場返國不久，一些士兵和軍官正準備復員轉業，88、89兩個團在支援地方修鐵路。接到命令後，復員轉業一概停止，所有部隊全部轉入戰鬥準備。

3月25日，黃新廷率「黃指」全體人員和先頭部隊從成都出發，4月2日到達昌都。「黃指」立即與青海玉樹、果洛前線指揮部及康定、茂縣軍分區建立無線電聯繫，以便協同作戰。次日，「黃指」召開軍事會議，討論作戰方案。

同日，130師師長董占林和政委耿青率部從駐地雅安乘車出發。雅安地區海拔600多米，部隊入藏之前，必須逐漸適應環境。3月29日，各部隊在甘孜集結，做適應訓練。約一周後，入藏車隊滿載全副武裝的士兵，每輛車頭上架著一挺機槍，如同一條鐵甲長龍，沿川藏公路開向昌都。

130師入藏時，昌都一帶的藏人反抗已經持續了三年。川藏公路沿途道班被燒，兵站被毀，很多路面被挖斷，須由工兵打前站，開路架橋。車隊緩慢而行，4月14日到達昌都。昌都此時幾乎已是一座空城，民眾大部分逃進山中。

金沙江西岸的昌都是「西藏三區」之康區的一部分，也是西藏東部的政治、經濟、文化、交通中心，是西藏的「東大門」。歷史上的「昌都」與現在的「西藏自治區昌都地區」是不同的概念。今昌都地區西北部和那曲地區的一部分，即今丁青、比如、索縣、聶榮等縣，歷史上為「霍爾三十九族」之地；其東南部的鹽井一帶歷史上與雲南木氏土司亦有過淵源。噶廈政府在1918年之後建立「多麥基巧」，即「康區基巧」，設治於昌都，下轄二十六個宗[1]。西康建省後，昌都地區雖被劃入西康省版圖，但民國從未在金沙江以西建政，昌都地區一直是在噶廈政府管轄之下。1950年9月，「和平解放西藏」的「昌都戰役」尚未開打，中共就決定在昌都建立一個過渡性政權組織，即「昌都解放委員會」。由中央政府直接領導，其後經過幾次調整，形成「多重領導」的狀況，使得昌都的情況十分複雜。

昌都建政之初，中共將這一地區分成三大塊，分別成立昌都分工委、卅九族分工委和波密分工委，這三個分工委都是中共的黨組織，卻是不掛牌的

---

1 詳見格桑澤仁，《藏族通史·吉祥寶瓶》，頁29。

「地下黨」，對外以「解委會」名義開展工作[2]。至1955年4月，這三個分工委合併為昌都分工委。鹽井、察隅一度由雲南管理，至1954年才移交昌都分工委[3]。西藏「六年不改」政策宣布後，昌都解委會做了一些調整，由芒康富商邦達多吉[4]擔任解委會主任，各縣解委會主任亦由藏人擔任。入藏幹部撤回昌都，組成工作隊做社會調查，為未來將要進行的「改革」做準備。

解放軍進入西藏之後，並非如後來的宣傳那樣秋毫無犯，各種「違反紀律」的事情時有發生。1953年3月7日新華社《內部參考》有篇題為〈進藏部隊執行民族政策存在一些問題〉的報導，指出駐藏部隊的「一些偏向和錯誤」：

……如駐日喀則部隊損壞了班禪林卡（貢覺林），砍倒林卡樹木，並將班禪澡堂拆毀，班禪集團曾向我們提出意見。在群眾中影響也很壞，使部分群眾懷疑我們保護宗教的政策；波密地區工作人員曾暗中搞壞群眾的「麻泥堆」、「轉經筒」，並公開和喇嘛辯論，說宗教是迷信，喇嘛是寄生蟲，影響很壞……太昭附近角莫兵站因運輸任務緊急，向頭人催毛（氂）牛時，信封內裝了兩發子彈，以示威脅。其他地區捆打群眾事件亦間有發生。三十九族工作人員未給工資，就動員群眾抬樹修建房屋，使藏民認為我們也支「烏拉」。拉薩有些機關派往山南的採購人員向群眾以不等價交換，強迫賣菜蔬、牛、羊、豬、雞等。[5]

上述情況並不限於提到的那幾個地區。原達爾宗秘書頓堆曲英，1952年

---

2 李本信，〈昌都大事提要〉，《西藏黨史通訊》1984年第2期，頁45-59。
3 詳見《中國共產黨西藏自治區組織史資料1950-1987》，頁36-37。
4 邦達多吉（1905-1974），芒康人，大富商邦達倉家族三兄弟之一。1936年任中共建立的「博巴政府」財政部長，1937年後曾任康北騎兵大隊隊長、義敦縣縣長，中共建政後，歷任昌都解放委員會副主任、主任、西藏自治區籌委會常委兼副秘書長、昌都警備區昌南指揮部司令、西藏自治區第一、二屆政協副主席、第一至三屆全國人大代表、第二屆全國政協委員等職。
5 新華社《內部參考》，1953年3月7日，頁153-155。

被任命為該宗辦事處副主任，在回憶文章中提到兵站的士兵打他的孩子，使他對兵站主任非常不滿[6]。

那篇《內參》報導還提到入藏部隊和幹部的私生活，以及不尊重藏人習俗方面的問題：

> 由於部隊和地方工作人員享樂腐化思想沒有得到徹底解決，不正確的男女關係在各地都有發生，某營進軍時在碩般多駐軍六個月，男女關係即發生一百多起，因而殘廢者三人；駐拉薩機關部隊亦有嫖妓、抽大煙等腐化事件發生……另外如砍伐神山欖木、失火燒山、打鷹、打狗、捉神魚、不按藏民習俗宰殺牛羊、逛遊寺廟等違反政策紀律的現象也是存在的。[7]

如此行為即使是在內地亦屬「為非作歹」。報導中提到的碩般多、三十九族等地，後來都是藏人反抗最激烈的地區。

《內參》未透露的問題還有佔用土地修築公路不給補償，將中、上層子女送到北京或其他民族院、校讀書等。這些都是激起藏人反抗的原因。

1959年4月，拉薩以南的「山南戰役」激戰猶酣，拉薩東部的昌都，「黃指第一階段作戰」開始。此後的三年中，昌都將成為一塊血雨腥風之地。

二

「黃指」入藏時得到的報告是，昌都地區「叛亂分子」有「三十四股，共有一萬六千餘人，主要活動於瀾滄江以東的江達[8]、貢覺、寧靜、察雅以及丁青、扎木等縣」，而「黃指」所屬部隊有十個團，一萬六千人[9]。「黃指」

6　頓堆曲英，〈從宗秘書到邊壩地區叛匪司令〉，《西藏黨史通訊》1989年第1期，頁57-62。
7　新華社《內部參考》，1953年3月7日，頁153-155。
8　今西藏自治區昌都地區江達縣。
9　胡立言，《百戰將星——黃新廷》，頁367。

的作戰方案是在昌都東北地區部署四個團，在南部鹽井地區部署三個團，用3個團修路、紮點；先趕修卡貢[10]至德登寺[11]的公路，維護崗托至昌都的公路安全。為此，昌都第一戰定在昌都東北部地區，即川藏公路以北、扎曲河以東、金沙江以西、鄧柯[12]以南的區域。

這個地區的反抗力量首領，是原江達頭人、宗解放委員會主任兼昌都解委會建設處長齊美公布，據說有三千多人。他們成為「黃指」第一階段作戰鎖定的目標。

4月14日，130師在德格以西地區渡過金沙江，翻過矮拉山，前方將經過江達最大的寺院，建於西元1253年的薩迦派寺院瓦拉寺。途中，董占林得到報告說，該師先頭部隊90團在瓦拉寺遇到「襲擾」。他當即下令開打。

130師在昌都地區的三年戰事就此開始。

4月16日，130師到達同普[13]、江達、卡貢、青泥洞[14]和妥壩[15]一線後，130師師長董占林即命令部隊開戰。次日深夜，130師88團分東西兩路，從卡貢和青泥洞北上，經字呷寺[16]進攻德登寺；89團兵分兩路合擊仁達和汪布頂[17]，其一營從西鄧柯南下，配合該師主力攻打德登寺。當日，130師90團從妥壩北上，包圍康巴寺[18]。當天下午，88團的一個營「打垮了字呷寺的守敵」，其實很可能只是寺院裡的僧侶。130師指揮所佔據寺院，將寺院改成臨時軍營。

130師師長董占林像他的上級54軍軍長丁盛一樣，將部下派出去攻打「叛匪主力」，但江達、昌都一帶的民眾都躲在山裡，他們也和其他地區一樣，整個村莊、部落集體逃亡。男人有時會伏擊解放軍，婦女兒童僧人則躲

---

10 今西藏自治區昌都地區江達縣卡貢鄉。
11 在今西藏自治區昌都地區江達德登鄉，縣城以北約87公里處。
12 今西藏自治區昌都地區江達縣鄧柯鄉。
13 今西藏自治區昌都地區江達縣同普鄉。
14 今西藏自治區昌都地區江達縣青泥洞鄉。
15 今西藏自治區昌都地區昌都縣妥壩鄉。
16 在今西藏自治區昌都地區江達縣字嘎鄉。
17 今西藏自治區昌都地區江達縣汪布頂鄉。
18 在今西藏自治區昌都地區昌都縣妥壩鄉康巴村。

在相對安全的地點，遇到危險時男女老少一同逃跑，當地並無他想像中的「叛軍主力」。幾天後，董占林得到報告，各團均「戰果」不佳。其實這並不奇怪，因為他們想像中的成建制敵軍並不存在。

「黃指」在昌都第一階段作戰中，最大的一場戰鬥是在豆扎地區[19]。當時這裡有江達八座寺院的僧人，以及兩千多逃亡民眾。5月9日，88團運輸隊遭到伏擊，部分物資被搶。幾天後，130師88團、89團及該師工兵營對這一地區發動進攻。

18日夜晚，解放軍兩個團將豆扎地區雙重包圍。但那一帶地形複雜，他們並不確知「叛匪主力」的位置，於是請求空軍派飛機偵察。次日上午，「鐵鳥」飛到豆扎上空，在一條山溝裡發現若干白色帳篷及數百牛馬，飛行員向設在西寧的空軍指揮部建議掃射，為地面部隊「指引方向」。轟炸機隨後飛來，朝地面的帳篷和牲畜掃射。包圍這一地區的部隊立即趕到掃射地點。接下來的戰鬥，是130師的猛烈炮轟和轟炸機的輪番轟炸。兩個團的兵力加上轟炸機對兩千多僧侶和逃亡民眾，這是一場毫無懸念的戰鬥。在空中和地面炮火的猛烈攻擊下，山溝裡的人四散逃生，其中九十多人衝出了第一道包圍圈，但在第二道包圍圈裡被89團2營堵住。

這是一場極其慘烈的戰鬥。轟炸機對這些人轟炸，一個營的所有火力朝他們進攻。重重包圍之下，這些藏人決一死戰，寧死不降，最後他們子彈打光，空槍砸爛，八十人當場陣亡，十四人受傷，一人被俘[20]。

幾十年後，130師師長董占林在他的自傳中寫到這場戰役時，隱去了他指揮的這場「成功的殲滅戰」的關鍵細節，將之簡化為：

5月19日上午10時，航空兵向師指揮所報告，發現一股敵人正在從豆扎地區向南運動，據綜合情報判斷，正是八甲活佛為首的叛匪。廉潔明副師長當即問我：「董師長，要不要實施轟炸？」我當即回答：「可以掃射一下，但

---

19 今西藏自治區昌都地區江達縣豆扎牛場一帶。
20 吉柚權，《西藏平叛紀實》，頁260。

不要傷害了被裹脅的群眾，主要是嚇唬嚇唬敵人！」[21]

他未說明「綜合情報」的來源，亦未說明航空兵在空中如何辨識「被裹脅的群眾」，如何只「嚇唬嚇唬敵人」。他沒有說明89團2營包圍後幾乎全部殺光的那批藏人的命運，隻字未提空軍轟炸。

「黃指」在這一波鎮壓中戰績如何？董占林回憶錄中只提到「共殲叛匪骨幹數人，其中俘山塔活佛以下127人，解救了數千名被裹脅的群眾」[22]。黃新廷傳記則是「殲敵2,483人，收繳各種槍枝兩千餘支」。該書隱去總人數，只提及「70%受蒙蔽的群眾回家生產」[23]，無法確認這個70%是否包含在被「殲滅」的2,483人當中。如果包括在內，說明被空軍掃射、地面炮轟的人中，至少70%是部落村莊的男女老少僧侶；如果在這個數據之外，說明被包圍的人遠遠超過被殲的2,483人。

黃指「第一階段作戰」從4月17日開始，至8月17日結束。兩天後，「黃指」集中130師、步兵126團、156團、昌都警備區教導營、成都軍區3團、4團、153團，約十個團的兵力，開向昌都東南，即貢覺、察雅、寧靜一帶，開始「第二階段作戰」。

開戰時已是夏末，參戰部隊必須在冬季之前完成，於是，這一階段戰事就成了限時完成的任務。這一波作戰以「殲敵有生力量」為首要目標，因此「黃指」用四個團封鎖金沙江和瀾滄江，六個團分南北兩路進攻，以「東西堵截，南北合擊」的戰術，重重包圍之後，加上梳篦清掃，於11月30日結束。這一波作戰中藏人死傷俘降人數，在各種資料中有很大不同。董占林回憶錄中未提供數字，黃新廷傳記中記載的總數為10,800人[24]，繳槍六千餘支；《西藏平叛紀實》為26,100餘人[25]。該地區當時總人口約為57,900餘人[26]。

---

21 董占林，《軍旅春秋》，頁188。
22 同上，頁189。
23 胡立言，《百戰將星——黃新廷》，頁357。
24 同上，頁358。
25 吉柚權，《西藏平叛紀實》，頁270。
26 董占林，《軍旅春秋》，頁192。

此役結束後，「黃指」撤銷歸建，西藏軍區成立「昌都指揮部」，54軍副軍長趙文進任司令，130師師長董占林任副司令，王其梅任政委。

1960年元旦過後，「昌指」召開作戰會議，部署「昌都西部戰役」，即「一號地區戰役」。該地區包括洛隆、碩督[27]、邊壩、沙丁[28]四個宗的全部，八宿[29]、類烏齊[30]、丁青、色扎[31]、尺牘、索宗、比如、嘉黎、取宗、頃多宗各一部。據中方資料，當時這一帶的反抗力量有一萬三千餘人，其中「骨幹分子」約四千五百人，佔全部人數的34%。也就是說，被解放軍當成「叛匪有生力量」的人中，大部分是非武裝人員。這場戰役於2月29日開始，至4月15日結束，共動用了步兵第130師（欠炮兵第540團）、第134師、步兵第157團、炮兵308團等七個步兵團另一個營，以及三個騎兵支隊等共一萬八千餘人的兵力。空軍轟炸機至少十二架次[32]，在邊壩丁青等地狂轟濫炸，甚至投下定時炸彈[33]。整個戰役大小戰鬥二百餘次，藏人死傷俘降人數為一萬二千多人，其中死1,140人，俘4,820人，降1,049人，爭降5,150人，繳各種槍6,910支[34]，佔全部人數的53%。另繳六門炮，一挺高射機槍和六部電臺，各種子彈38.7萬發，刀矛5,733把，騾馬2,061匹[35]。

27　今西藏自治區昌都地區洛隆縣一部。該縣由原洛隆、碩督二宗合成。

28　今西藏自治區昌都地區邊壩縣一部。該縣由原邊壩、沙丁二宗合成。

29　今西藏自治區昌都地區八宿縣。

30　今西藏自治區昌都地區類烏齊縣。

31　今西藏自治區昌都地區丁青縣一部。該縣由原丁青、色扎、尺牘三宗合成。

32　《國防歷史》（下），頁137。

33　藏人資料中空軍曾在丁青投下當時未爆炸、幾天後自動爆炸的炸彈，詳見達瓦才仁，《血祭雪域》，頁485；中方資料中有投定時炸彈的記述，但未說明具體地點。詳見〈牛潛將首話「公牛」〉，《兵器知識》2009年第7期，頁75-78。

34　《中共西藏黨史大事記》119頁中，此役「斃、傷、俘敵約六千餘人」，繳獲的各種槍為3,820支。

35　有關「一號戰役」的殲滅人數，《西藏平叛紀實》217頁為四千多人，《中共西藏黨史大事記》119-120頁為「斃、傷、俘敵六千餘人，爭取四千餘人」；《國防歷史》（下）137頁為11,100餘名，其中招降2,600餘名，此數據來源為《落難英雄——丁盛將軍回憶錄》頁307。

2010年12月4日上午，印度達蘭薩拉。我在一間面朝康加拉山谷的小屋裡，採訪芒康十八頭人之首普巴本的次子次仁多吉。

次仁多吉盤腿坐在窗下的藏式小床上，對我敘述他的經歷。半個世紀過去了，當年十五歲的少年已是白髮蒼蒼的老者。次仁多吉少年時學過漢語，訪談中不時冒出幾句口音濃重的漢話。

1956年之前，次仁多吉的日子過得挺開心。他的父親是芒康縣解委會主任，每月領280塊大洋，政府還不時派人送茶、糖、酥油等到他家。中共佔領昌都後，隨即建立民族小學，次仁多吉入學讀書。他是「主任的娃娃」，幹部和駐軍對他很好。1954年起，西藏的頭人和官員的子女都被送到內地讀書，次仁多吉也被選送北京中央民族學院。將要赴京入學的時候，巴塘、理塘一帶發生戰事，到處兵荒馬亂，父母不放心讓他遠行，將他留在家鄉。

1956年，次仁多吉十五歲。這一年，芒康地區的各種事件相繼發生，次仁多吉看著他的家鄉天翻地覆。

1956年11月，次仁多吉的父親普巴本次仁堅贊和當地十八名頭人召開「十八頭人會議」，決定舉兵起事，反抗中共模式的「改革」。

「大家選我父親做『馬基』，就是司令，洛隆寺的察瓦喇嘛是副司令。」次仁多吉對我說。

不久，普巴本帶人攻打瀾滄江邊的渡口和供應站，除了繳獲一批武器物資外，還俘虜了十幾名解放軍士兵。事發之後，時任昌都解委會主任的芒康大富商邦達多吉趕來調解。

那段時間，次仁多吉和母親、弟弟和兩個妹妹住在家裡，有關父親的消息通過各種管道傳到家中。他聽人家說，邦達多吉帶著噶廈政府的信找到他父親普巴本，要求他放棄反抗，解散武裝。邦達多吉說中央已經決定六年內不會改革，說「不要和平改革就要武力改革」這話是不對的，是地方幹部不懂政策。最後談到具體問題，邦達多吉要求他們交還繳來的武器，釋放俘虜。他父親普巴本則要求解放軍撤出他的家鄉。次仁多吉聽人家說，他們沒

談成。後來，他父親派人送回十幾名解放軍俘虜，但不肯歸還武器。事情暫時平息。

過了一陣子，次仁多吉又聽到他父親「單刀赴會」的事兒。人們傳說，拉薩來了一個叫譚冠三的大官要見普巴本，還要請他赴宴。為了表示不會抓他，那個大官命下屬在一片草灘上支起帳房，請普巴本去見面。人家告訴他說，他父親帶了二十多名衛士，到了門口，普巴本將衛士留在外面，獨自一人進去，與那個大官見面談話。當然，談話沒有結果。人家還跟他說，他父親走出帳房，突然間一陣軍號聲響，四周的山頭上呼啦啦冒出一群群荷槍實彈的解放軍士兵。原來他一直就在重兵包圍之中。普巴本泰然自若，跨上馬，飛馳而去。

那是1957年。那年的情況相當怪異。次仁多吉住在家裡，他的父親和哥哥帶著部落裡的男人在山上。整個昌都到處都是小火苗，參加反抗的各部落東打一點，西打一點，劫物資站，打道班，而縣裡每個月還派人送大洋到他家，說是他父親普巴本的工資。

「如果是為了頭人的利益，我們根本用不著反對改革。」次仁多吉對我說。「那時候，頭人都是委員，每月有150塊大洋，還有茶葉、白糖。」拉薩來的大官也許諾，說改革不會改變他們這些頭人的生活，他們的日子只會更好，不會變差。

「那時候還在統戰。統戰很好的時候，經常給我們送東西。」次仁多吉笑著說。

也許，徹底的唯物主義者無法想像，對世代虔信宗教的藏人來說，信仰和自由是值得用生命去捍衛的。

到了1958年，形勢開始緊張，越來越多的軍隊進入昌都。家裡沒法住了，父親派人把他和弟弟妹妹接上山。那時候他才知道，父親與「國外」有了聯繫，他的哥哥益希旺杰一家已經去了印度。

1959年3月31日，雲南軍區步兵42師到達德欽，126團、124團、邊防公安第1團隨即開入寧靜、鹽井等地，在「黃指」指揮下，開始在該地展開大規模軍事行動。

「你打過仗嗎？」我問次仁多吉。

「剛開始沒有，」他說。「先是跟著我父親在一起，後來就開始打仗。」

半個多世紀後，次仁多吉還記得那場戰鬥。那是一片沒有山、也沒有水的草灘。他和雪域衛教志願軍的副司令、洛隆寺的察瓦喇嘛在一起。按照長久以來的傳統，打仗的時候，喇嘛、頭人、婦女和孩子都被安置在一個相對安全的地點。

次仁多吉聽到激烈的槍聲。他遠遠看到一群高大的戰馬疾馳而來，自己部落的男子騎著未經軍事訓練的馬，迎頭衝去。短兵相接。「打得很慘，」次仁多吉說。他沉默良久。

午後的陽光透過黃色窗簾，把小屋照得明亮溫暖。窗外傳來聲聲鳥鳴。

「達賴喇嘛走的事情，你們知道嗎？」我打破沉默。

「知道。」次仁多吉回答，「到處是飛機丟下的紙片，說達賴喇嘛被壞人搶走了。」那時候，解放軍的飛機在西藏三區到處撒傳單，散布達賴喇嘛被劫持到印度的消息，以化解藏人的反抗意志。這是毛澤東親自給西藏工委的指示。他一定不會想到，作為一種宣傳手段，「劫持說」用於漢人或許有效，對藏人來說，這根本就是無稽之談。

他們得知達賴喇嘛出走的消息，已是1959年底，或是1960年初。那段時間，次仁多吉跟著父親，在山中與追擊他們的軍隊周旋。

戰鬥一場接一場，鐵鳥在空中呼嘯而過，一顆又一顆炸彈在牧場、寺院、村莊裡爆炸。為避免無謂的死難，普巴本令沒有武器或者沒有子彈的男人下山投降。這些人後來都被關押，大批死在獄中。

雪域衛教志願軍化整為零。次仁多吉跟著他父親和察瓦喇嘛，帶領五百多人北上察雅。那時「丁指」和「黃指」已經入藏。54軍軍長丁盛指揮134師等部隊在洛卡進行「山南戰役」，董占林指揮130師和昌都警備區部隊，在川藏線以北的江達地區，進行昌都第一戰。昆明軍區的部隊在芒康一帶追擊。鐵鳥在空中疾飛，鐵馬在大地馳騁，雪域佛國成為修羅場。

「達賴喇嘛走了以後，你們有沒有想過你們的最終目標？」我問，「你

們想過去印度嗎？」

「沒有。我們就想在家鄉打游擊。」次仁多吉回答。

十八頭人誓言起事時，就決心不惜戰死在家鄉的土地上。他們並非沒有機會逃亡。他們從未得到中情局的武器支援。他們派人送到印度，要求盡快提供武器支援的信從未送達。每個村莊都被解放軍組成的工作隊控制。雪域衛教軍糧食短少，子彈將盡。他們只能在戰鬥中獲得給養和彈藥補充。

1959年底，總指揮普巴本在一場激戰中陣亡。

「他……是怎樣死的？」我猶疑片刻，問道。

「他中了槍。」次仁多吉回答。「他們把他扶到馬上，他坐不住，摔下來。他們再把他扶到馬上，他又摔下來……就這樣死了。後來，漢兵把他的屍體弄到昌都去，批鬥了四天。」

我一時無語。小屋裡沒有一絲聲音。

1961年1月15日，普巴本的長子益希旺杰空投返回西藏。這是他第二次空降，也是中情局在西藏境內空投的最後一個小組。回到家鄉後，他從牧人口中得知父親陣亡、家人被俘的消息。他們向總部發報要求武器支援，但一直無法建立聯繫。

昌都最後一戰是1961年3月至5月的「四號地區戰役」，亦稱「寧靜、三岩戰役」。此役張國華動用了十個營的兵力[36]。

1961年1月，西藏軍區再次下達「大躍進」式的指示，命令各部隊在當年「八一建軍節」之前「肅清現有股匪的80%，現有散匪的60%，年底前徹底消滅叛首和散匪，達到『三光』（叛匪殲光、槍枝、反動證件收光）」，稱之為「淨化」[37]。

3月的一天，在一場戰鬥中，十九歲的次仁多吉彈盡重傷，被重兵包圍在一片樹林裡。二十多名同伴堅拒棄他而逃，他們把他放到一棵樹下，在他四周戰至全體陣亡。次仁多吉被捕。

---

36 吉柚權，《西藏平叛紀實》，頁272。另據〈昌都地區大事提要〉，此役用了七個團的兵力。見《西藏黨史通訊》1984年第2期，頁57。

3月30日，普巴本的長子益希旺杰與第十情報小組在解放軍重重包圍，子彈打完後，全體咬破「L膠囊」，六人當場死亡，一人後來被救活，但已不能說話。

雪域衛教志願軍副總指揮察瓦喇嘛被包圍在另一個地點。面對蜂擁而來的士兵，察瓦喇嘛打完了最後一發子彈。他放下槍，在重兵包圍的山坡上盤腿而坐。當意欲活捉他的士兵逼近時，察瓦喇嘛已在萬軍叢中悠然坐化。

昌都地區長達五年的反抗之火終於被撲滅。

1959年4月至1961年4月，「丁指」、「黃指」和後來的「昌都指揮部」在昌都地區共打了五場戰役，藏人在戰場上死傷俘降約42,300餘人[38]。這個數字不包括工作隊在各村抓捕的民眾，也不包括幾百座寺院中被抓捕的僧侶。

1961年10月25日，130師返川歸建。

四

昌都是中共最早佔領，在國務院直接管轄之下，「統戰工作」做得最好的地區，卻是西藏地區最早發生暴動，作戰時間最長的地區。達賴喇嘛出走印度，四水六崗衛教軍撤出西藏後，昌都地區的反抗還持續了近三年。究其原因，中情局西藏行動小組的秘密支持只是原因之一，而且不是主要原因。最重要的原因是軍隊在該地的慘烈鎮壓，以及伴隨戰爭進行的「民主改革」。

1959年4月20日，鑑於「昌都地區基本上形成了全區性叛亂，昌都地區解委會、各宗解委會的委員大都參加了叛亂，該兩級解放委員會已失去職能，

---

37 《雲南省志‧軍事志》，頁382。
38 此數據根據《西藏平叛紀實》、《軍旅春秋》、《百戰將星──黃新廷》、《落難英雄──丁盛將軍回憶錄》中的數據統計。
39 《中共西藏黨史大事記》，頁102。
40 見吉柚權《西藏平叛紀實》，頁270-272。

無法維持社會秩序及貫徹執行國家的命令」[39]，國務院宣布撤銷昌都解放委員會，隨即成立「中國人民解放軍昌都軍事管制委員會」，由原昌都解放委員會主任王其梅擔任主任，陳國禮、羅銘任副主任。王其梅身兼「軍管會」主任和「昌指」政委。此後數年中，昌都事實上在軍事管制之下。

這段時間裡，昌都究竟發生了什麼？董占林回憶錄中除了描述自己如何帶病堅守第一線，以及他的士兵如何英勇之外，對其殘暴鎮壓激起民眾一波又一波反抗，最終中央軍委派工作隊來調查這件事隻字未提，《西藏平叛紀實》中對此有少量記錄[40]，《解放西藏史》則隱去張愛萍到昌都的前因後果，將此事改變成：「張愛萍講話，強調以發動群眾、政治爭取為主，結合軍事打擊解決叛亂問題。」[41]這幾句文過飾非的話講得明白一點，就是說軍隊的「平叛」出了「偏差」，張愛萍來調查「糾偏」。

1959年4月28日，西藏軍區下文指示各部隊組織地方工作隊，在各地開展地方工作，作為基層建政的第一步。原則上每個團組織四個工作隊，每隊十人[42]。因此，昌都地區與其他藏區一樣，軍事行動與「民改」，即土改、鎮反、「宗教改革」、建政等運動同時進行。1959年10月，「第二階段作戰」基本完成後，僅130師就抽調三百多人，組成三十六個工作隊，到各地開展工作，其他部隊如成都軍區的三個團派出人數不詳。

工作隊做的第一件事就是「鎮反」，也就是大批抓人，有時在集訓、開會時就把參加會議的人抓走。於此同時，昌都地區的寺院全部關閉，僧人有的被送到農場做工，有的被關進監獄。昌都地區572座寺院只剩下一座昌都寺，還被用作軍營和監獄。昌都地區上層人士大批關押，只剩下帕巴拉·格列朗杰等少數幾人[43]。對投降者的「四不政策」（不殺、不關、不判、不

41 《解放西藏史》，頁385。
42 《中共西藏黨史大事記》，頁103。另據原丁青縣委書記李本信撰寫的〈昌都大事提要〉，昌都地區「1959年12月、1960年6月兩次進行鎮反（各縣監獄關押叛亂分子和以訓代捕的，有的縣關押至七、八百人）」。見《西藏黨史通訊》1984年第2期，頁57。
43 詳見〈習仲勛、李維漢等同志和班禪談話紀要〉，《中共西藏重要歷史文獻資料匯編》第二分冊，頁24-43。

鬥）不過是對外宣傳而已。根據公開資料，1960年7月到9月的鎮反運動中，昌都地區抓捕和集訓人數為總人口的4.7%，其中錯捕訓的為5%，可抓可不抓的為10%至15%[44]。昌都戰前總人口約二十六萬餘人[45]，據此推算，即使不考慮戰爭中死亡的人數，被抓的人至少有12,200多人。昌都地區戰前有三萬五千餘僧侶[46]，寺院都被關閉後，未參加反抗的僧侶亦被送到農場做工，也就是勞改。僅此兩項，牽涉的人數就有幾萬人。抓的人中有「上層朋友」和「勞動人民」，甚至帶著幼兒的婦女也當成俘虜抓捕[47]。

戰爭、抓捕、摧毀宗教，和「騎馬改革」，即限定在幾天內完成的強制性「改革」，造成一片紅色恐怖，卻激起藏人更激烈的反抗。昌都地區久戰不息，引起中共最高層的注意。1960年8月[48]，中共中央派張愛萍和54軍軍長丁盛，以及西藏工委第二書記張國華到昌都檢查處理。他們通過釋放部分上層人士，開放一些寺院，召回部分僧侶，放寬口糧供應等一系列「懷柔政策」，並處分了昌都軍分區的一名副司令和一名政治部主任，暫時緩和了緊張局勢。但情況並未真正改變。

1962年6月25日，面對班禪喇嘛的質問，張國華承認昌都「問題很嚴重」，而且與軍隊有關。他承認昌都有「俘虜政策問題」，「平叛改革問題」，軍隊在「具體指揮方面的問題」，還有「教育幹部」問題等等。至1962年6月，設在昌都寺的監獄雖然遷走，但軍隊依然駐紮在寺院裡；一些上層人士先抓後放，然後再次被抓[49]。幾十年後，1950年代擔任西藏工委社會部副部長的張向明在回憶錄中寫道：

---

44 《中共西藏黨史大事記》，頁130。
45 〈西藏的基本情況〉，新華社《內部參考》，1959年4月21日，頁2。
46 根據董占林回憶錄《軍旅春秋》182頁中的數據。
47 〈習仲勛、李維漢等同志和班禪談話紀要〉，《中共西藏重要歷史文獻資料匯編》第2分冊，頁24-43。
48 《解放西藏史》頁385中張愛萍去昌都的日期是6月21日，但不是該書所暗示的1959年，而是1960年。
49 詳見〈習仲勛、李維漢等同志和班禪談話紀要〉，《中共西藏重要歷史文獻資料匯編》第2分冊，頁24-43。

……昌都叛亂時鬧得最厲害的也是最先鬧起來的地方，就是在邊壩這一帶。活動在邊壩、碩板多一帶的地方叛亂武裝分子消滅了我們一個連。所以我們部隊在那一帶平叛的時候，殺的人也多。邊壩這個地方直到今天工作都不好做，因為差不多家家都死人了。[50]

中共的意識形態和理論基礎決定了，這一切必定發生，而且無法避免。

---

50 張向明，《張向明55年西藏工作實錄》，頁54。解放軍具體作戰情況，可參考方鑫，《老兵孫福地和他的戰友們》，25-30章。

1959年青海省軍事鎮壓重要戰役

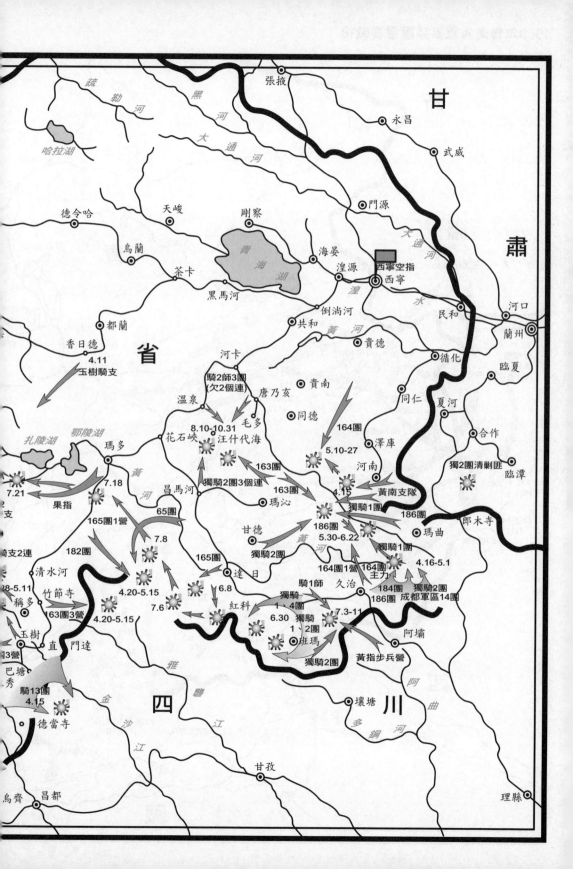

1960年青海省軍事鎮壓重要戰役

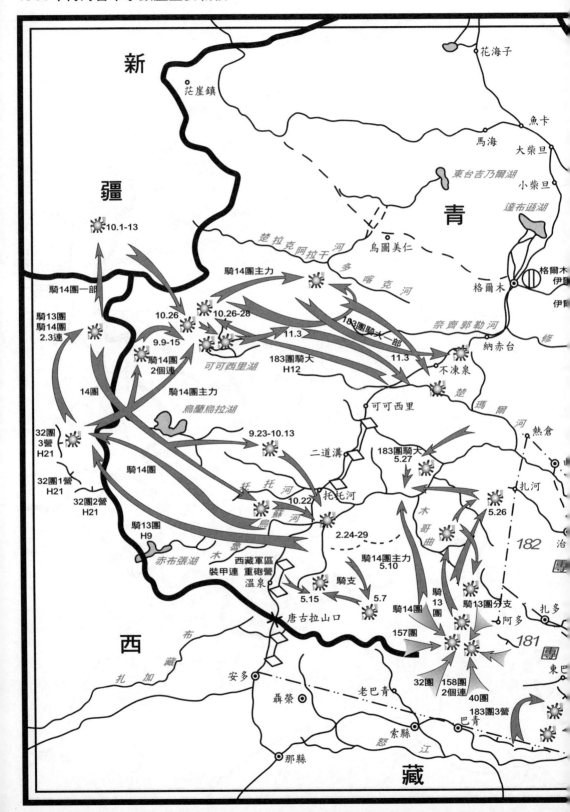

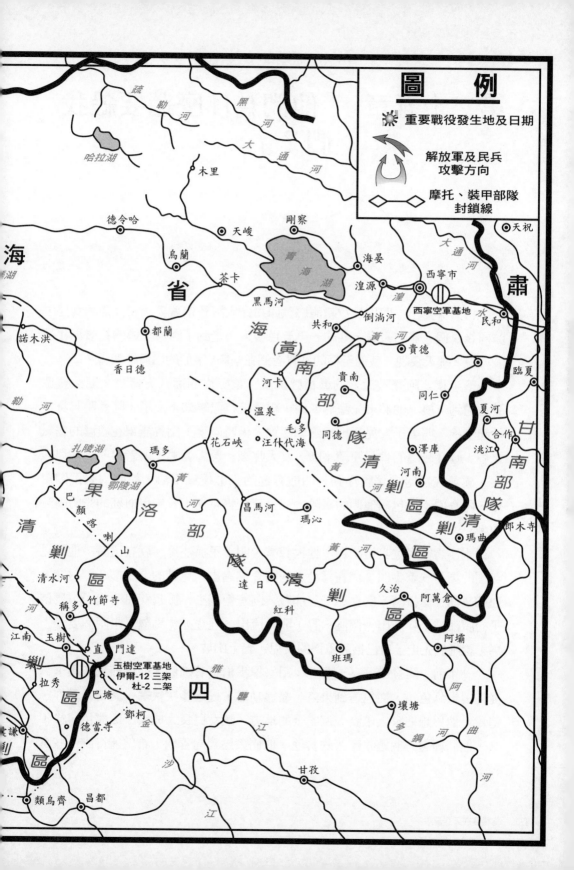

海　省

甘

肅

青

海

省

海

（黃）

南

部

隊

清

剿

區

果

洛

部

隊

清

剿

區

清

剿

區

清

剿

區

甘

南

部

隊

清

剿

區

四

川

哈拉湖

疏勒河

大通河

黑河

木里

德令哈

天峻

剛察

天祝

烏蘭

茶卡

海晏

湟源

西寧市

西寧空軍基地

民和

黑馬河

倒淌河

共和

黃河

貴德

臨夏

諾木洪

香日德

河卡

貴南

同仁

夏河

勒河

溫泉

毛多

同德

澤庫

合作

洮江

扎陵湖

瑪多

花石峽

汪什代海

河南

郎木寺

鄂陵湖

黃河

昌馬河

瑪沁

瑪曲

巴顏喀喇山

清水河

稱多

竹節寺

達日

紅科

久治

阿萬倉

阿壩

江南

玉樹

直門達

玉樹空軍基地
伊爾-12 三架
杜-2 二架

班瑪

拉秀

巴塘

鄧柯

德當寺

雅礱江

金沙江

壤塘

多鋼河

阿曲河

囊謙

類烏齊

昌都

甘孜

青海湖

第二十五章 「他們為什麼還要殺我們？」

1959年夏季，四川甘孜新龍縣敦庫村頭人阿登帶著妻子和九歲的女兒，隨同幾百個逃難的家庭，共約一千五百多人，走到了黃河源頭的扎陵湖和鄂陵湖邊。那天夜晚，疲憊至極的逃難者們在一座V字形的山溝裡紮營。

下半夜，阿登被激烈的機槍聲驚醒。槍聲從四面八方傳來，顯然整個營地遭到突襲。他們事先毫無準備，組織抵抗已經來不及了。阿登跳起身，抄起步槍，叫妻子女兒衝出帳篷朝西跑。天將破曉，山谷籠罩在濃濃的霧氣之中。噠噠噠噠的槍聲連續不斷，女人呼喊，驚馬嘶鳴，傷者慘叫，幼兒嚎哭。霧氣在黑暗中翻騰浮動，四散奔逃的人影模糊不清，槍聲人聲沉悶短促。阿登看不見包圍他們的軍隊，只見茫茫霧氣裡，一串串血紅的光時隱時現。

兩匹馬從阿登身邊跑過。他大聲喊，叫妻子抓住馬。就在這時，他聽見年輕的妻子一聲尖叫，倒在雪地上。阿登撲過去，見她的肩膀被子彈射穿，血如泉湧，緊接著又聽女兒一聲痛喊。阿登衝過去，掀起女兒的袍子，見孩子的腹部被子彈炸出一個洞，腸子開始流出。阿登抓住馬韁，幫兩個妻子上馬，讓她們先走，自己抱著重傷的女兒，奔上山坡。

一年前，阿登帶著妻子女兒，用一桿步槍護著她們，從梁茹到扎溪卡，從扎溪卡到色達，從色達到果洛，歷盡劫難，逃過多次伏擊、圍堵、轟炸、追殺。他只想把家人帶到一個安全的地方，讓女兒長大成人。離開色達後不久，他們經過一個遊牧部落的營地。他們策馬奔向營地，希望能得到一些食

物。到了營地邊，所有的人都驚呆了。營地裡沒有一座完整的帳篷，地上到處是男人、女人和孩子的屍體，空氣裡彌漫著死亡的氣息。大難臨頭的年代，孩子沒有童年。女兒似乎是一夜之間就懂事了，看著殺戮過後的牧人營地，她失聲痛哭：「爸啦，為什麼我們要受這樣多的苦？我們已經把我們的家、把我們的東西都給了他們。他們為什麼還要殺死這些可憐的人？」

從雅礱江到黃河源，逃亡路上，阿登一直把女兒放在自己的馬背上，將她小小的身體摟在懷中，似乎摟得越緊，女兒就越安全。只要她在父親的懷裡，就不會遇到災難。此刻，阿登腦中一片迷亂。他要把女兒帶出這裡，三寶垂憫，也許他能找到一個醫生……孩子在他懷裡汗如雨下，聲聲痛呼，他意識到奔跑的震動使她更加痛苦。阿登停下腳步，彎著腰，小心地把女兒放到鋪著薄薄雪花的草地上。孩子氣息微微，阿登腦子裡一片空白。康巴漢子跪在草地上，親吻著女兒，看著孩子的生命一點一點地游離而去，自己的心也一點一點地抽空。

槍聲爆響，馬蹄聲如疾風驟雨。阿登奔上山坡，想抓住一匹騾子，卻見受傷的妻子倒在地上，馬已經跑得無影無蹤。阿登衝上前，將妻子扶上騾子，狠拍一掌，騾子揚蹄疾奔，衝向坡頂。

曙色初升，霧氣開始消散。朦朧的晨曦裡，阿登遇到他的兩名同伴。正在此時，一群騎兵朝他們衝來。三人同時開槍，衝在最前面的騎兵中彈落馬，其他騎兵在疾馳的馬上朝他們射擊，他們躲在岩石後，未被擊中。馬隊雷鳴般從他們旁邊掠過，消失在霧靄中。

阿登奔上山頂，看見妻子倒在地上，氣息奄奄。瀕死的女人取下頸上的珊瑚項鍊，放在他手裡，叫他趕快逃命。阿登握著她的手，看著她就這樣離他而去。

激烈的槍聲中，太陽冉冉升起，金色光芒驅散霧氣。阿登站在山頂，看見山谷裡的戰鬥東一塊，西一簇，他的族人還在奮力抵抗，掩護婦孺僧侶突圍。離他不遠處，一群騎兵正在四處搜索。阿登和他的同伴們已經打散，身邊只剩一名德格來的少年。他們舉槍加入戰鬥。突然間，阿登感到肩膀一陣劇痛，緊接著又一顆子彈擊中右肋。阿登掙扎著走上山坡，抓住一匹正在吃

草的馬，剛跨上馬，數百騎兵從他不遠處馳過，一顆子彈穿過他的小腿，擊中馬腹。

身中三彈的阿登與追擊他的數名騎兵打了最後一仗。這時他才看清，襲擊他們的騎兵是回族人，是被解放軍收編的馬家軍騎兵。在這場戰爭中，中共將「以夷制夷」的傳統帝王術發展到極致，不僅利用藏人內部的原有矛盾，派不同部落的民兵自相殘殺，還派回族和蒙族騎兵攻打藏人。回族騎兵適應氣候和海拔，精於騎射，他們的座騎是俗稱「西寧馬」的高大戰馬，與藏人作戰時，回、蒙騎兵盡佔先機。

這場戰鬥，阿登只能靠著精準的射擊來保護自己。他射倒了追擊他的騎兵，拾起騎兵隊長的衝鋒槍，用盡氣力跨上一匹「西寧馬」，隻身走進茫茫草原。日落時分，他遇到七十多名被打散的同伴，他們拚死護著達拉夏扎仁波切，逃出戰場。阿登在人群裡找到他的表兄弟多旺父子。與他一同離開家鄉的十六人，如今只有四人還活著。在那場襲擊中，一千五百多人裡，只有約二百人逃出。

兩周後的一個夜晚，他們紮營時再次遭到解放軍襲擊。阿登又中一彈。七十多人再次被打散，阿登身邊只剩他的表兄弟多旺。多旺盡力把他帶到一座終年積雪的高山上，將他安置在一個淺淺的山洞裡。

接下的日子裡，身中四顆子彈的阿登傷口感染，高燒不止。他時而清醒，時而昏迷，生命懸於一線。多旺用雪水為他清洗傷口，用生獸肉和碎冰維持他的生命。最終，他頑強的生命力戰勝了死亡。阿登從昏迷中醒來，得知多旺曾到他們最後被襲的營地去尋找兒子。他看到營地裡倒臥著十幾具屍體，兒子也在其中。一同逃出家鄉的十六人只有他們兩人倖存。著名高僧達拉夏扎仁波切不知所終。

傷勢稍好，阿登和多旺離開雪山，繼續他們的生死旅程。除了槍，他們一無所有。面對茫茫草原，他們沒有路線，只有方向。他們知道，太陽升起的方向是死亡的方向，求生之路在西方。多旺攙扶著重傷初癒的阿登，兩個

失去了一切的男人互相支撐著，朝落日的方向走去[1]。

二

　　在甘孜最後一戰，「色達圍殲戰」中，十五歲的少年僧人益丹等三人奪路逃出。逃奔兩天後，在一道山谷裡，他們看到一片帳篷。這是先於他們逃出的貢達部落。不久，他們又遇到扎溪卡的一個部落。這個部落也被打散，頭人巴桑阿若帶著殘部，其中有十幾名擁有武器的男人。至此，他們這群逃亡者共有二百多人，其中有七十多歲的老人，未滿周歲的嬰兒，逃難途中與家人失散的兒童，還有三名僧侶。貢達部落的頭人在掩護眾人逃出色達的激戰中陣亡，部落由他弟弟帶領。他是出家人，不能帶兵打仗，扎溪卡的部落頭人巴桑阿若遂成為他們的頭領。

　　他們的目標是拉薩。金沙江已被封鎖，強大的兵力將他們壓向東北方向。巴桑阿若富有作戰經驗，他帶領這些不同部落的逃難者，朝玉樹方向走去。

　　二百多人趕著牲畜，牛馬馱著帳篷和炊具，一路向北。他們沒有糌粑，一路宰殺牲畜為食。偶爾經過合作社，他們就去打劫，補充給養。路上不時遇到零散的逃亡者，其中也有與中共合作，被派出勸返逃亡者，或打探情報的藏人積極分子。

　　一群男女老少在高原上一路走，一路打，有時他們被追擊，有時他們伏擊小隊解放軍士兵。他們的頭人巴桑阿若雖未受過軍事訓練，但已久經沙場，經驗豐富。他把二百多人分成一個個「朵倉」[2]，彼此守望相助，有了食物大家平分。逃難中臨時組成的部落很少有完整的家庭，一個「朵倉」就

1　阿登的故事來自Jamyang Norbu, *Worriors of Tibet: The Story of Aten and the Khampas' Fight for the Freedom of Their Country*，以及作者對益丹喇嘛的採訪。
2　藏語「朵」意為食物，「倉」意為家庭，一個「朵倉」即一個共同開伙的單位。

是一個臨時家庭，年長的照顧像益丹這樣與父母分離的少年。遇到漢兵，槍聲一響，頭人立刻帶領青壯男人佔據有利地形；各「朵倉」的老人、僧侶、婦女、孩子馬上打包，馱上帳篷和炊具就跑。逃亡者中除了幼兒，還有幾個與益丹年齡相仿的少年。按照傳統，他們不能拿槍打仗，頭人指派給他們的任務是看馬。一旦打起來，他們必須自己照顧自己，立刻上馬，盡快逃離戰場。不管在哪裡紮營，他們的馬都在近處。益丹始終保持警覺，總是知道自己的馬在哪裡，隨時準備上馬奔逃。

二百多人有四百多匹馬，這些馬一路奔跑，越來越瘦弱。頭人知道解放軍作戰時常常把馬留在後面，派少數人看守，那些軍馬健康強壯，鞍袋裡還有乾糧和各種物品。作戰時，只要有機會，他就指派幾十名健壯漢子去奪馬。一路上他們幾番得手，用搶來的軍馬替換瘦弱的馬匹。夜晚紮營，頭人親自安排兩小時一班的崗哨，教會放哨的人如何隱蔽自己。就這樣，他們在高寒草原上且戰且行，全然不知拉薩發生的一切。

他們走向玉樹、果洛時，那一帶的主要戰役已經結束，大規模軍事行動告一段落，解放軍進入「清剿」階段和建政階段，幹部、民兵和「積極分子」們則忙著進行「四反運動」。此時，戰爭中心已經轉到西藏地區，在青海鎮壓反抗藏人的主力部隊，解放軍第54軍134師已經入藏，正在進行「麥地卡戰役」，空軍則在昌都、納木錯、麥地卡等地作戰。也許與此有關，益丹跟著眾人一路北行，多次與四處搜索的小隊解放軍遭遇，但未遇到大部隊，也未遭遇大規模襲擊。頭人巴桑阿若並不知道這一切，他只是憑著直覺和經驗，在太陽和星星的指點下，帶領這二百多名逃難者，從北，向西，再向南，繞一個大大的圈子，走向拉薩。

越過青藏公路，他們走到扎陵湖與鄂陵湖附近。在一道V字形的山谷旁，益丹見到令他終身難忘的景象。

「喇嘛千[3]！」五十多年後，在南印度哲蚌寺果芒扎倉養老院，益丹喇嘛對我描述當時的場景，「滿地都是人的屍體，馬的屍體，喇嘛的僧服，法

---

3 感嘆詞，類似於漢語中的「天哪！」。

器，跳法舞穿的衣服，還有錢幣、珊瑚和綠松石，撒得滿地都是。當時看到那麼多東西，感覺就是石頭，沒有人想到去拿，每個人都只想到，不知道自己什麼時候會死。」**4**

他看到的正是四川甘孜新龍縣敦庫村頭人阿登的營地。那些年裡，青藏高原上有許多這樣被摧毀的營地。無數男女老少和僧侶在夜襲、轟炸、「圍殲」中死去，成為「被擊斃叛匪」中的數字。沒有人為他們舉行天葬或水葬，他們融化在草原和山林裡，成為雪域高原的一部分。

「看到這個場景以後，好幾天晚上睡不著，慘象老是浮在眼前。」益丹喇嘛對我說。

此後，這一群逃難者由北轉向西南。許多天後，他們到了長江源。在他們面前，橫著長江源頭的大河──通天河。

阿登和多旺走下高山。他們沒有馬，沒有帳篷，沒有食物，沒有鍋碗。好在他們還有槍。多旺獵了一頭羚羊，兩個男人以生肉充饑，以雪水解渴，阿登強忍傷痛，一路西行。同是失去家園親人的戰爭倖存者，有著同樣的悲傷，他們無須相互安慰。兩人一邊走，一邊祈禱。天地茫茫，草原寂寂，他們一字一句地念誦，把哀傷和祈望交給佛祖。

幾天後，他們遇到八名被打散的同伴。一千五百多人的難民群，死的死，抓的抓，只剩他們十人。若干天後，在落日的金色霧靄中，他們看到一條寬闊的河。接著，他們看到一座營地。這是貢達頭人和扎溪卡頭人帶領的逃難者。

三

二百多人加上馬和牲畜是很大的目標。也許全憑運氣，在空中梭巡的鐵

4　益丹喇嘛訪談，2010年9月7日。

鳥沒有發現他們。可是，雪域這時遍布大大小小的「搜索隊」，有的是正規軍，有的是武裝民兵。

在通天河畔，逃難者們發現十幾名解放軍士兵乘著橡皮船順流而下。他們在河邊設下埋伏，襲擊了這支小隊。十幾名解放軍士兵全部陣亡。逃難者們獲得一批武器和物資，還繳了一挺機槍。

「貢達倉頭人的弟弟是個僧人，」益丹喇嘛對我說，「他哥哥被打死的時候，他曾經請我們三個喇嘛中的一個去做法事。後來，他問那位喇嘛『殺漢兵有沒有罪？』喇嘛覺得很難回答。他說：『應該有罪。漢兵畢竟也是人啊。』貢達倉頭人的弟弟不相信：『殺漢兵會有罪嗎？他們是佛法的敵人。殺佛法的敵人也有罪嗎？』」

不管佛學上如何解釋，在這場追與逃的生死之旅中，殺人或被殺成為常態。一種扭曲的意識形態將社會撕裂，使本來互不相干的人們彼此為敵。

打完仗，他們開始渡河。二百多人只有一條牛皮船，每渡過幾個人，就得生火把船烘乾，才能再度下水。用了整整一周，全部人馬才渡過通天河。過河後他們轉向南方，走向羌塘。

頭人巴桑卻不知道，他們在1959年的秋季走向拉薩，其實是自投羅網，距拉薩每近一步，危險就增加一分。二百多名難民走的是「東線」，即青藏公路以東地區。那一帶有雪山、沼澤，還有蛛網般縱橫交錯的河流。他們翻山渡水，走過行政意義上的「青海」，進入行政意義上的「西藏」。益丹不知道這樣的劃分，他只知道，他們走到了羌塘，前方就是藏政府管轄之下的索宗。他們全然不知，藏政府已經沒有了。他們也不知道索宗被轟炸。就在兩個多月前，索宗一帶是「麥地卡戰役」的戰場。

是護法神的佑護吧，他們走向索宗的時候，動用了四個團兵力的「麥地卡戰役」已經結束，解放軍已經撤出該地區休整。

一天夜晚，他們在一個不知名的地方紮營。天剛亮，眾人忙著拆帳篷，包炊具，益丹和兩個年齡差不多的少年看守馬群。益丹看著同伴們玩耍，不時抬頭尋找自己的乘馬。太陽升到山頂的時候，他突然聽到遠處傳來奇怪的

聲音，好像是汽車朝他們的方向開來。益丹和同伴們站起來，看到遠處有幾個移動的黑點。

「我以為是野犛牛，」益丹喇嘛笑著對我說。「那一帶有很多野犛牛。我盯著那些黑色的東西看……一個黑點在前面，還有兩個跟在後面……」

猛然間一道亮光刷地一閃。汽車玻璃的反光！益丹和小夥伴們高喊：「漢兵來啦！漢兵來啦！」

頭人巴桑阿若拿著槍，第一個跳上馬，高聲喊道：「往這邊過來！今天我們一定要抵抗，擋不住的話，會有很大危險！今天我們必須衝下去！不能讓汽車走近我們，汽車到了我們這裡，我們就完了！必須衝下去！」一群帶槍的男人飛身上馬，跟著他衝下山頭。

營地大亂。大家紛紛衝過來抓自己的馬，將帳篷等馱在馬背上，迅速逃離。他們一口氣跑到遠遠的地點，停下來等待阻擊車隊的男人。

過了一陣，作戰的男人趕上來，益丹聽說，頭人巴桑吩咐他們瞄準汽車輪胎，一定要把輪胎打破。他們埋伏在山坡上，汽車開近時，頭人一聲令下，一陣亂槍，將輪胎全部打爆。在荒山野嶺中，爆胎的車無法追趕，援軍一時也沒法趕到，一群人逃過一劫。他們所在的地點，顯然靠近黑河到紀路通的公路，離索宗[5]已經很近了。

「在索宗，我們抓了一個合作社的人。」益丹喇嘛說。那時西藏尚未建立真正意義上的「合作社」，「合作社的人」大概指的是「積極分子」。這時他們才知道拉薩已經失守，達賴喇嘛去了印度。前方已經沒有路，要想求生，只能追隨他們的嘉瓦仁波切，去印度。

巴桑阿若帶領一群男女老少，再次轉向西方。他們面前橫著整個羌塘高原。

很快到了天寒地凍的嚴冬。他們身處危地，越高越冷的地方越安全。他們不能停下過冬，一停下很快就會被人發現，緊接著大批軍隊就會隨之而來。這群人晝伏夜出，頭人巴桑憑著星星的指點，帶領他們一路西行。為了

---

5 今西藏自治區那曲地區索縣。

防止馬駒在夜晚發出叫聲，巴桑要大家給馬駒戴上籠頭，拴在母馬的尾巴上。人無語，馬無聲，一隊逃難者在徹骨風寒中悄悄趕路。羌塘高原湖泊星羅棋布，但多數是鹹水湖，常常多日找不到淡水，只能化雪為水。

就這樣日復一日地走著，從那曲走到阿里，從冬季走進春天。告別家鄉前，他們想去拜神山「崗仁波切」[6]，可是快到神山時，遇到一個本地人，說那一帶已經被漢兵佔領。他們只得轉向南方，走到昆木加[7]。這裡是西藏和尼泊爾的邊界。

從色達到昆木加，與父親失散的益丹走了一年多，途中經歷三十三場戰鬥，三人戰死，數人病亡[8]。

細細的小徑把逃難者引到一座終年積雪的高山上。阿登站在山口，最後一次遙望失去的家園。徹骨寒風撲面而來，呼嘯著掠過支離破碎的大地。康巴漢子的眼淚一滴滴落下，在枯槁的大地上凝成點點冰珠。

那是1960年5月。一個多月後，這一帶成為「阿里戰役」的戰場。

6　岡底斯山主峰，海拔6,638米，在西藏自治區阿里地區普蘭縣境內。
7　在今西藏自治區日喀則地區仲巴鄉境內，尼泊爾邊界昆木加哨所所在地。
8　根據益丹喇嘛訪談整理，2010年9月7、8日。

第二十六章　當鐵馬馳過高原

一

1962年10月，青海軍區完成「第三階段」作戰。至此，青藏高原上的秘密戰爭結束。從1956年2月至1962年10月，這場對外稱為「平叛鬥爭」的戰爭共歷時六年半。

戰爭結束的標誌為「三光」，即「叛匪殲光、槍枝、反動證件收光」[1]，而且作戰地區不再有十人以上的「小股叛匪」。根據這個標準，各地作戰時間不同。按行政區域劃分，戰爭時間最長的是四川藏區，歷時六年多。青海從1958年4月「循化事件」開始到「第三階段」結束，歷時四年半；西藏自治區從1956年7月昌都江達開始至1961年4月「寧靜、三岩戰役」結束，大致為五年；若按實現「三光」的時間，則是1962年3月，為期六年。雲南從1956年4月至1960年3月，歷時四年。甘南1956、1958兩次發生暴動，但1956年的戰事限於幾個部落；1958年3月開始的甘南暴動是全區性事件，蘭州軍區步兵11師再度在甘南鎮壓，主要軍事行動於1958年11月基本結束。

從作戰次數可見戰爭規模，但目前散見於不同資料中的數據不完整。作戰主力部隊分屬成都、昆明、蘭州三大軍區，同一部隊在不同時間、不同地點作戰，各地對戰鬥次數的統計方式也不同。四川的統計為「大小戰鬥一萬多次」，顯然是計算每一次軍事衝突；西藏地區在1959至1961年間進行了十二次大規模戰役[2]，每場戰役中均包含許多不同程度、不同規模的戰鬥，例

1　《雲南省志・軍事志》，頁382。
2　即拉薩戰役、山南戰役、納木錯戰役、麥地卡戰役、昌都東北戰役、昌都東南戰役、三號地區戰役、一號地區戰役、二號地區戰役、阿里戰役、四號地區戰役、寧靜、三岩地區戰役。

如1959年8月至11月的「黃指第二階段作戰」中，各部隊大小戰鬥共840次[3]。如果以戰鬥次數計算，西藏六年戰爭中的作戰次數也有幾千次。根據目前公開的資料統計，青海作戰3,639次，步兵11師在甘南作戰996次，昆明軍區42師參與了甘孜、昌都作戰，無法單獨統計該部在雲南迪慶州的作戰數據。但僅據上述不完整統計，在藏區六年多的戰爭過程中，大小戰鬥至少一萬五千次。

這場戰爭除了軍事行動，還包含軍隊直接參與的鎮反、地方建政、針對寺院開展的「四反運動」等，每個藏人都在不同程度上捲入這些事件。直接捲入軍事行動的人數，只能從戰場「殲滅」數據，即在戰鬥中傷亡、俘虜、投降以及被招降的人數來統計。由於這場戰爭的關鍵資料尚未解密，現有資料零星且不完整，相關數據主要散見於青川甘滇四省軍事志、參戰部隊指揮者丁盛、董占林、黃新廷等人的回憶錄和傳記，以及《中國人民解放軍步兵十一師軍戰史》、《解放西藏史》、《西藏平叛紀實》、《國防歷史》、各地州志和縣志等公開出版物中。

青海省委1959年10月15日發給中央軍委、蘭州軍區，以及全省各地區黨委、黨組的一份題為〈關於牧業區平叛鬥爭的初步總結〉的文件，其中有如下數據：「叛亂涉及到五個自治州、二十四個縣（自治縣）、240個部落和307座寺院，公開參加叛亂的達十萬餘人」，「從去年（按：1958年）至今年9月共作戰1,969次，殲敵121,752人次」。這個「殲敵」人數中包括外省跑到青海的人數，此外還「解救」了76,258名婦幼[4]。《青海省志‧軍事志》中的「殲敵」數據為12.7萬多人[5]。《四川省志‧軍事志》記載，六年中被「殲滅」的人數為14.5萬人[6]，其中包括數萬彝族人。從甘孜州、阿壩州和木里藏族自治縣地方志中統計得出的人數為90,800多人。西藏地區為93,000多人[7]，

3　吉柚權，《西藏平叛紀實》，頁270。

4　〈關於牧業區平叛鬥爭的初步總結〉，《民族宗教工作文件匯集1949-1959》（下），頁1101-1107。

5　《青海省志‧軍事志》，頁524。

6　《四川省志‧軍事志》，頁319。

7　《國防歷史》（下），頁138。另據西藏軍區1960年10月1日出版的機密文件《西藏的形勢和任務教育的基本教材》第6頁：「從去年3月到目前為止，已消滅敵人八萬七千餘人。」

這個數據中約一半人是其他藏區逃來的。甘南藏區為22,400多人[8]，雲南為13,700多人[9]。

根據上述數據，在六年半的戰爭中，藏人戰場死傷俘降人數約為34萬7千多人。這個數據扣除了四川彝族地區和甘肅臨夏回族地區的數字，而且不包括各地為「防叛」抓捕的人數。1956、1957年間四川藏區曾有短暫的政策反覆，一些投降的藏人在1958年後又再度反抗。1958年，青海部分地區如興海亦曾出現這樣的情況，因此該數據中可能有部分重複計算的人數。但從各方資料來看，重複計算的數字不會很大。另外，許多經歷過戰鬥但成功逃出境外的人，如四水六崗衛教軍主力和他們的家屬，以及一些各地逃亡的部落，這些人均未包括在這個數字內。更精確的數據有待關鍵資料的解密，但這個初步數字可作為戰爭規模的參考。

除總體數字外，從一些內部資料中透露的數據可見特定地區的戰爭規模。以青海藏區為例，在四年多的戰爭期間，該省共「斃敵1.66萬人，傷敵4,876人次，俘獲4.68萬人次，招降5.88萬人次（含鄰區2萬餘人，美蔣空投特務31人）」[10]。據青海軍區的統計，1958年至1959年6月底的一年半內，各參戰部隊在青海共「殲滅」79,053人，其中死12,624人，傷3,587人，俘29,764人，降33,078人[11]。戰爭高峰的1958年，從4月到12月底，不到一年就「擊斃10,415人，擊傷2,648人，俘虜21,958人，投降25,843人」。根據這個數據，青海在一年半內「解放婦幼」76,258人，加上被「殲滅」的79,053人，則該省直接捲入戰爭的藏人人數至少為155,311人。1957年青海藏人人口為513,415人[12]，也就是說，在一年半時間內，青海直接捲入戰爭的人數不少於藏人總

8　甘南藏族自治州數據來源為《中國人民解放軍步兵第十一師軍戰史》頁221、222、227。另據1958年11月4日新華社《內參》〈甘南藏區「雙改」經過〉報導，甘南藏區暴動包括「全自治州六個縣。參加叛亂的大約有二萬九千七百多人。」此數據不包括1958年臨夏回族自治州回民暴動中的「殲滅」人數。

9　從《雲南省志・軍事志》頁383的數據統計。

10　《青海省志・軍事志》，頁524。

11　詳見薛克明，〈關於當前對敵鬥爭形勢和鬥爭中的幾個政策原則問題的意見〉，《民族宗教工作文件匯集》（下），頁1093-1011。

12　《青海藏族人口》，頁17。

人口的30.3%。戰爭規模和烈度可見一斑。

　　在戰場上死傷俘降的藏人並非全部是「有戰鬥能力者」。西藏三區除「四水六崗衛教志願軍」是一支全部由男性組成的準正規軍外，其他各種反抗力量均以傳統部落武裝為主，「兵」和「民」並未分開。作戰過程中，部落男女老少和僧侶都被包圍，空軍對「目標」轟炸掃射、炮兵進行密集轟炸時並不區分，也無法區分「兵」和「民」。對各地主要戰役的分析可見，被解放軍「殲滅」的人數中，有相當數量沒有武器的人，這些人有婦幼、老人、僧侶，也有參與反抗但沒有槍的男人。戰後往往繳獲許多「刀具」或「刀矛」，攜帶大小刀具是藏人生活常態，也是生活必需，如果一把吃肉時用來切割的小刀也算武器，那全體藏人除了嬰幼兒和僧侶，基本上都成了「武裝人員」。

　　西藏自治區在1962年3月實現「三光」。從1959年3月至1962年3月，藏人死傷俘降共93,093人，繳各種槍35,523支[13]，佔總人數38%。在「麥地卡戰役」中被「圍殲」的人，62%為非武裝人員。1960年6月至7月的「阿里戰役」是受到中央軍委總參謀部和總政治部通報表揚的大勝仗。數據顯示，戰役中死傷俘降和被「解放的婦幼」共10,541人，其中婦幼6,223人，佔總人數59%[14]。現有資料無法統計各地戰爭過程中死傷的老人、婦幼和僧侶人數，但可以確定，在戰爭期間有大量非武裝人員死傷。

　　戰鬥中濫殺投降人員和俘虜是普遍情況。1961年青海省委給西北局和中央的報告中承認，青海省委書記高峰強調：「『牧區揭封建蓋子靠打仗』，指示在戰鬥中多打死人，對反動頭人『捉住就槍斃』，某些部隊和地方工作人員隨意槍殺俘虜和犯人，有些情節駭人聽聞，簡直是不能饒恕的罪惡。」[15]

　　2003年出版的《國防歷史》透露，戰爭期間「僅玉樹軍分區負責人孫某

13　《國防歷史》（下），頁138。另據西藏軍區1960年10月1日出版的機密文件《西藏的形勢和任務教育的基本教材》第6頁，1959年2月至該書出版，繳槍十萬餘枝，但在「拉薩戰役」中繳獲的武器大部分是藏軍軍火庫中未使用的武器。

14　《中國人民解放軍步兵十一師軍戰史》，頁250。

15　〈關於省委三級幹部會議的報告〉，《青海省志·附錄》，頁794-801。

批准秘密處決降、俘人員128名」[16]，並「擅自修改寬俘政策，發生對俘虜捆、吊、殺、打事件」[17]。青海省循化縣「集體槍殺被俘人員和亂殺以及集訓中死亡六十五人」[18]。

處決有兩種方式，一種是在戰場上抓捕後，在群眾大會上公開處決，以此「教育群眾」；另一種是「戰場處死」，即「因逮捕公審教育意義不大，故予以戰場處死」[19]，也就是在作戰過程中有意打死某些指定人員。藏人回憶中，有些被俘人員因病弱、受傷而被處死[20]。

《國防歷史》承認解放軍在玉樹地區「對外逃群眾不加區別地加以殺害」[21]。這句輕描淡寫的話掩蓋了大量血腥恐怖的事實：

參加平叛的183團營長彭紀光，1960年7月在曲麻爾卡審問兩個俘虜，俘虜回答不上就當場槍決。同年11月，該營在崑崙山地區解放群眾二十多人，其中兩名婦女帶著三個孩子，恐懼欲逃，被機槍連長追回後用手槍和刺刀殺死。營長還令手下扒光死者衣服，在群眾中展覽以震懾他人。

參加平叛的騎兵二團一連，1960年在木塔地區兩次將外逃群眾四十多人打死，其理由是這些外逃者是武裝叛亂分子。而戰場搜尋結果，這些被害人的所謂武裝僅有獵槍兩支，腰刀四把。[22]

1981年3月23日青海省委上交中央〈關於解決1958年平叛鬥爭擴大化遺留問題的請示報告〉中，提到為海南州貴南縣過馬營公社「被成批錯殺的八十六名無辜群眾」這一「重大冤假錯案」平反昭雪一事。《貴南縣志》記

---

16 《國防歷史》（下），頁131。「玉樹軍分區負責人」應為玉樹平叛指揮部司令員孫光。
17 同上。
18 《循化縣志》，頁468。
19 《稱多縣志》未公開出版之徵求意見稿，第八篇第五節〈平叛〉。
20 旦曲白桑訪談，2010年11月30日。扎央翻譯。
21 《國防歷史》（下），頁131。
22 1981年4月10日青海省和玉樹州聯合調查組纂寫的《關於玉樹州1958年平叛擴大化的材料》。轉引自陳有仁著，尚未出版的書稿《一場湮沒了半個世紀的國內戰爭——記1958年青海牧區平叛擴大化及其糾正過程》第十一章：〈人血不是水〉。

載：

在這次平叛過程中也發生了「擴大化」的錯誤，以後，經過覆查於1981年6月24日在過馬營地區召開群眾大會，為死難的八十六名無辜群眾公開平反、恢復名譽，按規定給予撫恤。並對錯捕、錯判、受株連的780人進行了改判與糾正。對造成擴大化的主要責任人張國權等依法進行了處理。[23]

這段簡單的敘述中看不出，這八十六條冤魂是這樣產生的：

1958年6月19日，按照當時青海牧區平叛防叛的通常做法，貴南縣霞石鐸區（即過馬營）政府會議室裡，以學習的名義集中了四十二名所謂有問題的人員。這其實是一種變相的拘捕，會議室門窗緊閉，室外有持槍者嚴密防守，參加「學習」的人沒有任何行動的自由。那天清晨，莊子附近突然響起了槍聲……張國權惱火了，認為叛匪即將攻擊政府，被囚人員一定會裡應外合，決定先下手在數十平方米平房內的人全部打死。於是，激烈的槍響夾雜著淒厲的呼叫聲，一場屠殺在這間懸掛著「為人民服務」標語的會議室裡發生了。事後查明，那些手無寸鐵的死者，沒有一個是叛匪，有不少只是頂替父輩來參加「學習」的年輕人，其中有一個還是公辦小學教師。

在保存下來的海南州委副書記張振志1959年的筆記中有以下記載：由於叛匪曾用抽腸扒肚、生割活剮等手段殘殺貴南縣副縣長李銀棟、霞石鐸區委副書記王成庫等五名幹部，該縣騎兵連在平叛戰鬥獲勝押解俘虜途中，也以報復心理殺害了俘虜四十三人。這些俘虜是經我軍喊話後投降的，而十四名婦女是帶至黃河沿時，由帶隊的李文選副縣長、兵役局馮在敏局長決定槍斃的。除此四十三人外，騎兵連在路邊搜查帳篷時因語言不通，又槍殺了一位藏族老阿奶。這樣騎兵連一行就殺害了過馬營群眾四十四人，連同前邊區政府會議室的四十二人，總共八十六條冤魂，即為《貴南縣志》所載的「死難

---

23 《貴南縣志》，頁19。

的八十六名無辜群眾」。這八十六人中，男的七十人，女的十六人，內中一人已懷孕八個月。特別慘的是，有一家是三口人同時遇害。[24]

根據這本筆記的記載，該區被殺害的並不止八十六人：「同年的6月27日，貴南農場場長張廣西帶人去霞石鐸扎倉寺抓了八個阿卡，走在半路殺一個，快到新街殺六個。」[25]這份記錄說明，當時甚至連一個農場場長都可以隨意抓人殺人。

青海省對少數民族的濫殺並非基層的肆意妄為，而是執行當時省委書記高峰的指示。當時青海省公安廳幹部尹曙生晚年回憶：

1958年4月28日，省委書記高峰在省委書記處會議研究平息叛亂的措施時說：「叛亂好嘛！為我們打擊敵人找到了藉口。誰是壞人，地方、部隊都要事先瞭解，做到心中有數，然後在戰鬥中將他們解決掉，要有人專門管這件事。現在的鬥爭比1949年還嚴重，戰線非常廣泛。公安機關要在三年內把青海搞成鐵板一塊。」6月16日，高峰在省委書記處會議上說：「這一次決心把封建主義蓋子連鍋端掉，兩個革命一齊完成，對那些絆腳石，能在戰場上打死的就打死；牧區揭封建主義蓋子，主要靠打仗，把他們的頭子抓住了，就完成了任務50%；槍斃了沒有，槍斃了就完成了100%的任務。」[26]

這些情況中共最高層並非一無所知。1959年6月2日，毛澤東在海指黨委〈關於更廣泛更深入地開展政治爭取工作的幾點意見〉這份報告上批示，稱其為「馬克思主義的文件，有深刻的指導意義」，並指示黃克誠、譚政「以軍委名義轉發西藏、成都、昆明三軍區」。這份文件中舉出許多事例，指責

---

24 陳有仁著，未出版的書稿《一場湮沒了半個世紀的國內戰爭——記1958年青海牧區平叛擴大化及其糾正過程》。原安徽省公安廳常務副廳長尹曙生，當時在青海省公安廳工作。他在晚年發表的回憶文章〈金銀灘之痛〉中，亦提及「過馬營事件」。詳見尹曙生，〈金銀灘之痛〉，《炎黃春秋》2012年第3期，頁41-45。
25 同上。
26 尹曙生，〈金銀灘之痛〉，《炎黃春秋》2012年第3期，頁41-45。

地方政府在執行政策中「發生偏差，給爭降工作帶來不良後果」[27]。蘭州軍區政治部轉發報告，認為其中許多重要問題「值得重視與研究」，但顯然並未採取有力措施制止。

在西藏作戰的軍隊「只進行愛國主義教育、英雄主義教育和反右傾的形勢教育，很少進行民族政策和其他方面的教育」[28]，指揮官認為「昌都地區叛亂分子頑固，不適合四不政策」，「一個連指導員說，『金沙江以西沒有好人』」[29]。這些僅僅是冰山一角，但從中可見，軍隊和地方幹部濫殺民眾並非個別地區的特例。

這些情況其實是中共中央提出「軍事打擊、政治爭取、發動群眾」這一作戰方針的直接後果。這個方針把「軍事打擊」放在首位，作戰指導原則為「敵守必攻、敵逃必追、敵散必剿，首戰必勝，平息一地，鞏固一地，再轉一地」[30]，這就為軍隊濫殺開了綠燈。守衛寺院的僧人、逃亡部落、朝聖隊列、往來商隊等等都被當成「守敵」、「逃敵」被攻、剿[31]。

在全國大躍進的形勢下，軍隊高層甚至開展「作戰大躍進」，要求部隊限時完成軍事行動。1958年9月，雲南中甸平叛指揮部和縣工委聯合發出通知，要求在當月內「淨化中甸地區內叛股」，12月初又要求「苦戰五十天淨化中甸」[32]。1959年6月，阿壩州「前線指揮部」黨委甚至「號召全體指戰員鼓足幹勁，戒驕戒躁，乘勝前進，以6、7兩月為突破月，提前一個月完成平叛工作，向國慶日獻禮」[33]。

---

27 《青海省志・軍事志》，頁1138。
28 降邊嘉措，《十世班禪喇嘛傳記》，頁92。
29 〈習仲勛、李維漢等同志和班禪談話記錄〉，《中共西藏重要歷史文獻資料匯編》第2分冊，頁24-43。
30 《中國人民解放軍步兵第十一師軍戰史》，頁252-253；《雲南省志・軍事志》，頁379。
31 甘南瑪曲縣歐拉部落頭人之子克相仁波切就是在去西藏朝聖返回途中被捕，在果洛等地被毆打批鬥。克相仁波切訪談，2011年7月11日，美國華盛頓市。
32 《中甸縣志》，頁25。
33 《阿壩州志》，頁776。

二

　　一個地區的軍事行動結束後，「鞏固」的主要方式，是大批逮捕青壯男人。捕人權下放到區級，並且逐層下達捕人指標，造成大規模濫捕。各地捕人指標不同，西藏為「不超過總人口2%」。1959年西藏總人口有100萬、118萬、120萬等不同數字[34]。按照100萬這個最低數字推算，捕人指標為兩萬。其他藏區數據不詳，但現有資料顯示，各地捕人數字相當驚人。甘南部分地區分配的捕人指標甚至超過當地成年人的總數[35]。其原因之一，是各地的「捕人大躍進」。

　　以玉樹州為例，青海省給玉樹的指標是抓2,000至2,500人，州委說：「捕錯了州委負責，漏掉了下面負責。」[36]根據《玉樹州志》的數據，共抓了22,780多人。

　　玉樹州1957年的藏人人口總數是159,419[37]，不算戰場上死傷人數，僅被捕人數即為該州總人口的14.3%。

　　甘南州和天祝縣被捕人數為14,183。甘南州制定了逮捕二十一種人的規定，在1958年3月至1961年6月間，被捕人數為該州1958年藏人總人口8.6%[38]。

　　四川阿壩、甘孜和木里縣在1956至1958年的捕辦人數約為14,600多人，

34　1959年4月21日新華社《內部參考》之〈西藏基本情況〉中，西藏全區人口約100萬。據《中共西藏黨史大事記》頁127，1960年10月22日，西藏工委發出〈關於加強和改進鎮反工作的指示〉，要求各地區抓捕人數不得超過工委規定的總人口2%的指標；同書頁163援引1965年8月20日新華社報導：「西藏人口從1959年的118萬多人發展到目前的1,321,500多人……」1959年5月10日，毛澤東同德意志民主共和國人民議院代表團談及西藏時，說西藏的人口為120萬。
35　《中國共產黨甘南歷史（1921.7-2003.7）》，頁240。
36　《關於玉樹州1958年平叛擴大化的材料》，轉引自陳有仁著，未出版的書稿《一場湮沒了半個世紀的國內戰爭──記1958年青海牧區平叛擴大化及其糾正過程》。其中部分見：http://blog.sina.com.cn/s/blog_9bf22f440100y4q7.html
37　《玉樹州志》，頁107-108。
38　詳見《天祝縣志》，頁495；甘南被捕人數根據《中國共產黨甘南歷史（1921.7-2003.7）》234頁中的資料及該書216頁中人口總數計算。

這個數據是根據各縣志中記載的1980年代「平反」資料，而非捕人總數統計的，實際捕人數應當高於此數。《四川省志・軍事志》記載，四川「在六年多的平息叛亂鬥爭中……共殲滅叛亂武裝14.5萬餘人」，該數據包括約二、三萬彝族人，扣除彝人數字，四川藏區參與戰爭的人數不會少於十萬人，僅戰場被俘後被判刑、集訓、勞改的人數肯定大大超過後來的「平反」數據。

1981年3月23日青海省委給中央的報告，青海在1958年以「平叛」、「防叛」的名義共捕52,922人，佔牧區藏、蒙族總人口的10%[39]；這僅僅是一年中的抓捕數據。根據青海各藏族自治州州志和縣志中的「平反」資料統計，如果不包括海西蒙古族藏族自治州，捕人數據為59,183，包括海西州則為71,158，即13%。玉樹州的捕辦人數最多，達22,780人[40]，海南州次之，為16,272人[41]，黃南州8,506人[42]，海北州2,363人[43]，果洛州為9,262人[44]。

據青海省的內部文件：「1982年省委的（1982）【55】號文件，敲定的數字為『1958年全省處理85,285人，其中牧區64,347人，佔總人口8%。誤殺899人。關、集訓時死17,277人。』」[45]這個數據可能包括了其他民族的被捕人數，但牧區人數應為藏人。

根據現有資料所做的不完全統計，藏區被捕人數至少為12.5萬餘人。這一數據的主要來源為甘青川滇各縣在1980年代初的平反資料，其中一些縣只記錄了平反人數，沒有記錄全部抓捕人數。這個數字只統計了藏族自治州，未包括民族雜居區如青海海東地區各縣的抓捕人數，西藏地區則根據總人口

---

39 〈中共中央對青海省委「關於解決1958年平叛鬥爭擴大化遺留問題的請示報告」的批覆〉，《三中全會以來重要文獻匯編》，頁958-964。
40 《玉樹藏族自治州志》，頁536。
41 《海南藏族自治州志》，頁32。
42 根據黃南州所屬之尖扎、同仁、澤庫、河南四縣縣志中的資料統計。
43 《海北藏族自治州志》，頁83。
44 《果洛州志》中公布的該州捕辦人數為8,735人，但根據果洛州所屬之六縣縣志中的統計為9,262人，其中達日縣公布的1,758人僅為「錯處理」人數，非該縣被捕總人數；瑪多縣僅為1958年當年的資料，因此果洛州「平叛」、「防叛」被捕人數應多於此數。
45 引自陳有仁，《一場湮沒了半個世紀的國內戰爭——記1958年青海牧區平叛擴大化及其糾正過程》，網路版：http://blog.sina.com.cn/s/blog_9bf22f440100y4q7.html

2%推算。有充分理由相信，這一數據應低於實際數字。

被捕的人中有大量是為「防叛」而抓，有些甚至僅僅是為了湊足抓捕指標。1958年4月9日，青海省委書記高峰在省公安工作座談會上說，「有些人雖然沒有現行破壞活動，但可能是危險分子，可以採取秘密逮捕的方法，把他們搞起來，要搞得很藝術，誰也發現不了；要採取多種多樣的辦法，如讓他們打架、互相告狀、扭送等等。把危險分子都搞掉了，社會問題就少了」；「誰叫他們在這個時候（大躍進）搗亂，把他們抓起來，一個不放，死也要讓他們死在監獄裡。」[46]甘南州規定「對已捕獲的俘虜一個也不能釋放，未捕獲的應想盡一切辦法追捕歸案」[47]。

因此在藏區各地形成不分青紅皂白，只要是青壯男性一概捕辦的情況。青海黃南州尖扎縣暴動人數為全縣總人口2.9%，被捕人數卻佔總人口9.73%[48]。果洛州久治縣1958年抓捕、集訓人數為1,249人，佔總人口9,608的13%[49]。瑪沁縣1958年捕辦1,844人，佔該縣牧業人口9,985的18.47%[50]。抓捕比例最高的玉樹州曲麻萊縣，該縣牧民並未暴動，捕辦人數卻高達總人口的21%[51]。

濫殺濫捕導致一些地區藏人人口性別比嚴重失調。青海玉樹州在1964年的人口普查中，男女比例為80.21，果洛和黃南兩州為88.89，明顯低於其他各州[52]。玉樹稱多縣1964年性別比為78.84，該縣賽河鄉是目前資料中性別比失

---

46 引自陳有仁，《一場湮沒了半個世紀的國內戰爭——記1958年青海牧區平叛擴大化及其糾正過程》，網路版：http://blog.sina.com.cn/s/blog_9bf22f440100y4q7.html
47 《中國共產黨甘南歷史（1921.7-2003.7）》，頁240。
48 《尖扎縣志》，頁413、520。
49 《久治縣志》，頁20、93。
50 《瑪沁縣志》，頁50、137。
51 〈中共中央對青海省委「關於解決1958年平叛鬥爭擴大化遺留問題的請示報告」的批覆〉，《三中全會以來重要文獻匯編》，頁958-964，另見陳有仁著，未公開出版的書稿《一場湮沒了半個世紀的國內戰爭——記1958年青海牧區平叛擴大化及其糾正過程》：「曲麻萊縣九個未叛的部落也被捕1,553人，加上拘留47人，集訓382人，共1,982人，佔全縣總人口的29.3%。」網路版：http://blog.sina.com.cn/s/blog_9bf22f440100y4of.html
52 馮浩華，《青海人口》（內部讀物），頁32。這三個州在1953年的人口普查中，黃南為83.71，果洛為100.60，玉樹為100.95。除黃南州性別比偏高外，果洛、玉樹均為正常。這三個州在1982年的人口普查中，均恢復到90以上。

調最嚴重的鄉，為69.67%[53]。

三

這場戰爭中，解放軍動用了多少兵力？

1959年5月7日，毛澤東同十世班禪喇嘛、阿沛・阿旺晉美等人談話時說：「現在人民解放軍在西藏增加兩個半師，一個師在山南；一個師在昌都，半個師維護青藏路的交通。」[54]毛澤東說這話時，西藏地區的戰事剛剛開始，十二場戰役中的「拉薩戰役」和「山南戰役」剛結束，還有十場戰役尚未開展。這兩個半師，再加西藏軍區駐藏部隊的六個團，僅為中共在該特定時間所用的兵力，而且只是地面作戰部隊，沒有包括空軍。

「兵力」有兩重含義，一是指軍隊的建制單位或人數，二是指軍隊的實力，包括人數與裝備。由於資料稀缺，根據目前散見在各省軍事志中的數字，無法統計出精確數據。但將零散數據彙總後，仍然可見大致的情況。

在全部藏區參戰的軍隊按建制統計，有蘭州、昆明、新疆、內蒙古、西藏、成都軍區所轄部隊，計有步兵至少八個師[55]、三個空軍師另二個空軍獨立團[56]、騎兵總數約相當於三個師[57]、各種特殊兵種的團、隊[58]，以及瀋陽、濟南軍區舟橋部隊等。這個數據未包括運輸、工兵、野戰醫院、供應站、兵站等後勤部隊。

由於西藏三區藏人反抗爆發的時間不同，軍隊作戰原則為「平息一地，鞏固一地，再轉一地」，因此同一建制單位在不同時間、不同地點作戰。各

---

53 資料來源為《稱多縣志》1985年未公開出版的徵求意見稿。
54 《西藏工作文獻選編》，頁221。
55 參戰步兵為第4、11、42、61、62、55、130、134師，以及若干個獨立團和邊防部隊。
56 參戰空軍為空13師、23師、25師和獨立4、5團。
57 參戰騎兵為騎兵第1師、蘭州軍區獨立騎兵第1、2、3團、內蒙古軍區騎兵第13、14團、蘭州軍區步騎大隊、青海省軍區玉樹、果洛、黃南、海南、海西、柴達木騎兵支隊。
58 包括裝甲、摩托、防化、爆破、通訊等部隊。

戰區參戰兵力總和，也可作為戰爭規模的參考。

1959年至1961年，先後在西藏作戰的部隊除了西藏駐軍外，還有成都、蘭州、昆明、新疆軍區的部隊，以及空軍獨立4團。不算空軍和後勤人員，直接參戰部隊人數約六萬餘人[59]。

自1956年3月起，成都、昆明軍區先後調集四十個團另十四個獨立營，共八萬多人，在康區和川滇接壤一帶作戰，其中成都軍區投入六萬多人，昆明軍區二萬多人[60]。

甘肅1958年3月至年底動用了蘭州軍區步兵11師、步兵第26師、獨立步兵1、2團、騎兵1、3團，共2.5萬人左右[61]。

青海在1958年4月至1962年10月，先後參戰部隊包括步兵61、62、55師，134師兩個團，騎兵第1師、內蒙古軍區騎兵第13、14團，蘭州軍區騎兵獨立1、2、3團等，另加摩托、裝甲、空軍、通訊、舟橋、防化等部隊，共五個師、三十個團、隊。空軍13、23、25師，以及獨立5團部分戰鬥機[62]，約七萬多人。

由這些數據可見，在西藏三區六年半的作戰過程中，解放軍在各地參戰部隊兵力累計為23萬5千左右。

除了正規軍，各地還組織了大批武裝民兵協助作戰。青海省「地方幹部、民兵和群眾」作戰次數為總數的23%。四川甘孜、阿壩和木里縣幾年中參戰的縣大隊、民兵、武裝自衛隊人數為34,800多人[63]，青海有十五個民兵騎兵連、八個民兵步兵連和兩個民警連參戰[64]，甘肅組織了三十二個脫產民兵

59 徐焰，〈藏區平叛的五年艱苦歲月〉，《兵器知識》2008年第11期。另據《中國空軍百年史》，1959年3月後，解放軍「先後調集了六十九個步、騎兵團約十五萬人參加平叛作戰」，但該書所說「西藏194個縣」有誤。此數據應為整個藏區，而非西藏自治區。詳見該書216頁。

60 《成都軍區後勤運輸史》，頁128；《四川省志·軍事志》，頁319。

61 《國防歷史》（下），頁128。人數為作者估計。

62 《青海省志·軍事志》，頁518；《玉樹州志》，頁664。

63 阿壩州縣大隊人數：《阿壩州志》，頁786；阿壩州民兵人數：《阿壩州志》，頁794；另據《阿壩州志》，頁790：1961年，阿壩州共有民兵98,957人。甘孜州武裝自衛隊人數：《甘孜軍事志》，頁186。木里藏族自治縣武裝自衛隊人數：《木里縣志》，頁28。

64 資料來源：《青海省志·軍事志》，頁518；《玉樹州志》，頁664。

連配合部隊作戰[65]，雲南用了36,100多名民兵、430名民警[66]。僅以上所知人數即達71,000餘人。

根據各地《軍事志》中的數據統計，六年多的戰爭期間，解放軍傷亡人數為10,934人，其中4,748人陣亡，5,223人負傷[67]。由於甘南只有陣亡數字，這個數字是不完全統計。從幾部軍事志中「英名錄」的資料分析，有記錄的幾乎全部是戰場陣亡官兵，未包括因高原反應和其他原因死亡的人數。因此，這一數據僅為正規軍的傷亡數據，未包括參與作戰的民兵和地方幹部傷亡人數。解放軍陣亡軍階最高的是青海「玉樹平叛指揮部」副司令霍如海。

至於受傷人數，根據公開資料，僅西藏地區就「同時開設野戰醫院二十個……收治傷病員3.22萬名」[68]。這個數字與公布的傷亡數據相差太大。救護人員中包括一些藏人，但很難設想二十個野戰醫院救護的人員幾乎全是藏人。

1959年之後，根據毛澤東的指示，戰爭目標之一是「練兵」，即鍛鍊解放軍高原作戰能力。1953年韓戰結束後，剛開始現代化過程的解放軍沒有實戰機會，藉「平叛」之機，總參、總政、總後以及各軍事院校都派幹部和學員「下連當兵」，「在戰爭中學習戰爭」。參戰部隊軍種包括空軍和陸軍，兵種包括步兵、騎兵、炮兵、裝甲兵、航空兵、工兵、防化兵等，以及運輸、通訊、偵察等部隊。在這場戰爭中演練的，除了高原作戰能力，還有後勤運輸、補給、物資調配等。通過這場戰爭，解放軍在青藏高原建立了一整套後勤運輸和供給網，獲得了高原作戰、跨區協調指揮、後勤運輸、戰地救護、戰場供應、「群眾工作」等方面的經驗。

這場戰爭也是解放軍首次成規模的「立體戰爭」。在韓戰中沒有制空

---

65 《甘肅省志‧軍事志》，頁805。
66 《雲南省志‧軍事志》，頁369。
67 解放軍死傷人數：在西藏地區陣亡1,551人，負傷1,987人；雲南只有傷亡總數963人；在青海陣亡1,515人，負傷1,628人；在四川陣亡1,382人，負傷1,608人。缺甘南數據。資料來源為四川、青海、雲南軍事志，西藏資料來源為《解放西藏史》，頁402。
68 石洪生，〈西藏平叛中的後勤保障工作〉，《世界屋脊風雲錄(3)》，網路版：http://www.zhonghuahun.cn/blog/tushu.php?ac=inlist3&bvid=92183&bid=1183&id=2906

權的解放軍，在青藏高原上充分利用並演練了空軍。通過對各地主要戰役分析，可見解放軍作戰模式是先用航空兵偵察，尋找作戰目標，然後對地面較為集中的人群轟炸、掃射，接下來是地面部隊「圍殲」。空軍除了大量殺傷外，還為地面部隊「指明作戰地點」，同時震懾藏人，摧毀他們的反抗意志。前西北空軍副政委關盛志回憶，空軍在青海藏區「據不完全統計，先後參戰機組三十四個，參戰飛機三十架，主要戰鬥出動224次，飛行時間近七百小時，對敵實施轟炸三十三架次，射擊五十三架次，照相偵察三十三次，目視偵察123次」[69]；轟炸航空兵空23師三年間在西藏共出動飛機十六架，飛行六十一架次[70]。參戰機型為杜-2、杜-4、伊爾-28等轟炸機，參與的機場有陝西武功、臨潼，青海西寧、格爾木、巴塘，四川甘孜，以及西藏當雄等。戰爭期間空軍損失兩架飛機，執行轟炸的空25師副大隊長周廷彥機組全體人員陣亡，空23師副師長孫守楨死於飛機失事。

除了作戰部隊，戰爭中還投入了大量後勤部隊，包括汽車團、兵站、彈藥補給站、軍馬站、獸醫院、野戰醫院、物資轉運站、汽車加油站等等。1956年，四川和雲南軍區共設立了二十二個兵站、八個戰勤組、一個300匹軍馬組成的獸力運輸營、一個軍馬總站、五個大站、十一個小站，二個汽車連、五個騾馬大隊、四個供應分區、十六個供應點[71]。康南作戰期間，「平均一個戰士參戰，需要2.6名後勤人員和9.6匹牲口保障，才能滿足戰鬥需要。」[72]1956年3月康區第一波戰事期間，作戰兵力為五個團、一個營，約1萬兩千人，動用的後勤人力則約為31,200人。

1958年至1961年，在青海僅運輸就用了3,357臺汽車，還動用了一個工兵

69 關盛志，〈追憶轟炸航空兵二十五師歷史片斷〉，網路版：http://kong25.bokee.com/viewdiary.15648002.html
70 〈空23師（轟炸航空兵）〉，中國空軍網：http://www.plaaf.net/Air-Force-Deploy/Guangzhou-Military-Region-Deploym/201109/3233.html
71 《成都軍區交通運輸史》，頁129。
72 同上，頁128。

團和七個工兵營修路[73]，此外還設立了兩個軍馬醫院、十個兵站、五十五個供應轉運站。

解放軍在西藏作戰動用了四個汽車團，設立了兩個總兵站、二十五個兵站、先後設立103個補給基地、轉運站，及二十個野戰醫院[74]。

此外，據不完全統計，1956年3月至1962年3月間，昆明、成都、西藏軍區共動員民工十三萬名[75]，加上青海在1958、1959兩年中的民工、翻譯、嚮導等共7,299人、甘肅一年中的5,980人[76]。整個藏區作戰中至少調動了十四萬三千多民工。在青海作戰時僅趕犛牛的民工就有四千多人。

以上不完整數據顯示，直接參與戰爭的正規軍、民兵和民工的人數，不少於三十萬人。

由於當時尚未修通公路網，作戰物資的補給除了汽車運輸之外，還需飛機空投。解放軍在青海共空投2,731架次[77]，在四川1957年空投356架次[78]，在西藏自治區境內共空投961架次[79]。僅上述不完全統計，在這三個地區中的物資空投即達3,692架次。

公路運輸和飛機空投之後，作戰物質從機場到補給站，必須由人力、畜力背負。戰爭期間，四川、雲南、西藏自治區共徵用民畜五十七萬多（頭）[80]；甘肅調用牲畜4,530餘頭（匹）[81]；青海1958至1963年共調用犛牛四十六萬頭、駱駝2,905峰、馬3,500匹[82]，五省區共徵調了104萬多頭牲畜。1958年，青海果洛久治縣85%的犛牛都被調去「支前」。在「支前」過程中，犛牛大批「垮斃」。1959年，青海「平均每人每馬各配將近一頭犛牛，到1961年平

73 《青海省志・軍事志》，頁805。
74 石洪生，〈西藏平叛中的後勤保障工作〉，《世界屋脊風雲錄(3)》，網路版：http://www.zhonghuahun.cn/blog/tushu.php?ac=inlist3&bvid=92183&bid=1183&id=2906
75 《成都軍區交通運輸史》，頁132。
76 《青海省志・軍事志》，頁812；《甘肅省志・軍事志》，頁806。
77 同上，頁803。
78 《成都軍區交通運輸史》，頁129。
79 同上，頁132。
80 同上。
81 《甘肅省志・軍事志》，頁806。
82 《青海省志・軍事志》，頁813。

均每八人（或馬）才能配一頭」[83]。牧民的生活不可缺少犛牛，大批犛牛被徵調、死亡，很可能是造成甘青藏區饑荒的原因之一。

1958至1962年正是全國大饑荒期間，當成千上萬饑民瀕臨餓死時，大量儲備糧沒有用來救人，卻被用於戰爭。青海省前線軍糧至少622萬公斤、副食8,082公斤。就在大饑荒最嚴重的1960年，青海軍區即存儲軍糧3500萬公斤[84]。雲南是大饑荒的重災區之一，1958年7月，雲南省委向中央報告，該省有五十個縣發生浮腫病，已死亡2.6萬餘人。到8月20日，該省曲靖等地死亡1.89萬人[85]。然而，就在1956至1958年底，雲南省共調「支前用糧」2,869.5萬公斤，油脂35.35萬公斤[86]。1959年3月至6月，鐵路裝卸733車。僅3月15至17兩天內，就為入藏部隊搶運大米2,000噸[87]。

西藏黑河後勤指揮部調運給養主副食10萬公斤，昌都作戰期間運送給養544萬公斤，乾糧3.78萬日份。總後勤部只「調撥攜帶口糧數十萬日份和八個月的給養」，所以西藏工委必須自籌一部分。山南戰役中，134師「利用戰繳主副食21萬斤、採購14萬斤、徵借11萬斤，保證了作戰的需要」[88]。西藏糧食出產十分有限，軍隊的「戰繳」、「徵借」，實際上就是從民眾口中奪糧。籌措不足時，軍隊就大量獵殺野生動物，西藏軍區155團在兩周內就獵獲獸肉3萬多斤。

1958年之後，作戰部隊所需糧食主要由地方政府供應，於是，就在大饑荒最嚴重的時候，中共從民眾口中奪糧以供應軍隊。四川、青海、甘肅這三個大饑荒中死人最多的省，有多少人的餓死與這場戰爭相關，已經無法測算。

除了糧食，戰爭還需帳篷、被服、槍彈、油料、飼料、藥品等物資。據

83　同上，頁806。
84　同上，頁804。
85　轉引自《中國六十年代大饑荒考・蘭州文史資料選輯》第22輯，頁28-29。
86　《迪慶州志》，頁490。
87　《成都軍區交通運輸史》，頁131。
88　石洪生，〈西藏平叛中的後勤保障工作〉，《世界屋脊風雲錄(3)》，網路版：http://www.zhonghuahun.cn/blog/tushu.php?ac=inlist3&bvid=92183&bid=1183&id=2906

成都軍區後勤部資料，三年中通過青藏、川藏線運入西藏的各種物資共15.7萬多噸[89]。空軍在1959年3月至1961年底，不到三年中，累計空投糧食、武器、彈藥、器材等共560.8噸[90]。

　　幾年中，青海向戰區共運送「被裝3.14萬件（套）、槍枝火炮9,985支（挺、門），彈藥615萬發，油料207萬公斤」，還有4,779頂帳篷和五十多萬支蠟燭[91]。除了軍用物資，還需要支前款項。1958至1963年，青海地方各級的「支前經費」共約3,210萬元，平均每年642萬元[92]。這場戰爭的總花費，至今還是個秘密。

四

　　在藏區，戰爭、鎮反、反右、「宗教改革」、基層建政、大饑荒等一系列事件是同時發生的。短短六年中，藏民族在政治、經濟、文化、宗教等方面遭到毀滅性打擊。

　　1956年至1964年，藏人人口急遽下降。在正常情況下，人口數據是社會統計數據中最為穩定的數據，增長和減少都只可能平緩地發生。人口數據的銳減，必有災難性原因。

　　由於西藏自治區戰前人口數據為估計數，對人口數據較為可靠的甘青川滇四省藏人人口數據分析，或許可得到更接近真實的參考數據。1957年甘肅全省藏人人口為255,947人，這是該省戰前藏人人口數。1959年甘肅藏人人口降至188,050人，減少67,897人；1961年再度降低至174,581人，四年間共減少81,366人[93]，高達1957年藏人總人口的31.8%。

---

89 《成都軍區交通運輸史》，頁131。
90 華強、奚紀榮，《中國空軍百年史》，頁218。
91 《青海省志‧軍事志》，頁802。
92 同上，頁812。
93 《甘肅藏族人口》，頁34-35。

1958年四川藏人人口為686,234人，1964年為605,537人，減少80,697人[94]；青海1957年藏人人口為513,415人，1964年為422,662人，減少90,753人[95]；雲南迪慶州1953年藏人人口64,611人，1964年為61,827人，減少2,784人[96]。這些數據中，雲南迪慶沒有1957年的戰前人口數據，四川缺少1955年的戰前人口數據，而且1964年各地人口已經開始回升，因此並非戰後人口最低數。但僅從這些公開資料中統計的不完整數據，四省藏區人口至少減少255,600人。由於戰前人口數據不完整，實際情況應該高於這個數字[97]。

資料表明，青海果洛州人口數據經過兩次「調整」，1953年的人口基數內部資料與公開資料幾乎相差近一半[98]。根據不同人口資料詳細分析，1957至1961年，僅青海果洛、玉樹這兩個州，人口至少減少118,172人。海南州由於缺少資料，無法統計該州藏人人口減少的總數據，但「全叛區」興海縣1957年牧民人口為14,050人，1960年為10,169人，減少3,881人[99]。僅這兩州一縣的人口減少數即達十二萬餘人，而非《青海藏族人口》中的90,753人。以上分析可見，幾年中四省藏區人口至少減少28.7萬餘人。西藏昌都是戰爭時間最長的地區之一，藏人死亡人口數據至今未公布。總體來說，在長達六年多的戰爭以及以軍事力量為後盾的社會變革過程中，藏人人口減少不會少於三十萬。

青海省在戰場上打死16,600人，死於監禁23,260人，錯殺173人，僅這三個與戰爭直接相關的死亡人數，就佔1957年藏人總人口的7.8%[100]。這是1958

---

94 《四川藏族人口》，頁24。

95 《青海藏族人口》，頁17。

96 《迪慶州志》，頁221。

97 由於1953年青海藏人人口數據經過官方「調整」降低，根據黃南、玉樹、果洛三州人口資料分析統計，青海藏人人口減少的數字至少為十三萬左右。

98 1985年內部出版的《青海人口》頁160，果洛州1953年的人口數據經過青海省公安廳和統計局通知做出調整後，為10.03萬人；1964年為5.61萬人。2001年出版的《果洛州志》頁158，1953年人口為54,662人，1964年為56,936人，顯示1964年人口數字基本相同，但1953年的數字相差近一半。

99 《興海縣志》，頁116。該縣1962年牧業人口大量減少，同時農業人口大量增加，疑為牧民被轉為農民，故未採用這個數據。

至1962年的資料。青海省委1982年【55】號文件中，1958年的監禁、錯殺死亡人數為18,176人[101]；據青海軍區的數據，在1958年4月至12月，戰場打死10,415人，這兩個數字顯示，僅1958年，青海藏人與戰爭有關的死亡人數至少達1957年總人口的5.6%。

一些州、縣的人口數據更能說明人口銳減的情況。青海省果洛州和玉樹州的戰爭極為慘烈，戰後的鎮壓也極為殘酷，隨之發生的饑饉也相當嚴重，導致這兩個州人口減少幅度驚人。

玉樹州1957至1963年，人口從159,419降至93,483人，減少65,936人，41.3%[102]。該州直到1977年才恢復到1957年的人口數量。果洛州根據第一次「調整」後的數據，1953年的人口為100,343人，其中包括1952年「果洛工作團」和「果洛騎兵支隊」共715人。減去這715，1953年果洛人口實為99,628。根據這個數據，1964年，果洛州人口比1953年減少48,753人，即減少了48.9%。

玉樹州稱多縣1957年總人口為14,476人，1960年為10,226人，三年中減少29%[103]。

「康巴暴動第一槍」的四川甘孜色達縣，1956年1月縣工委宣布該縣「大小部落四十八個，人口25,600多人，喇嘛寺廟二十四座，僧眾5,000多人」，共計30,600餘人，與該縣1952年「少數民族人口」29,543相比略有增加。一個月後爆發武裝衝突，這個數據恰好成了色達戰前人口數據。1957年，色達

---

100 死亡人數來源：《青海省志・軍事志》，頁524；監禁死亡、錯殺人數來源：〈中共中央對青海省委「關於解決1958年平叛鬥爭擴大化遺留問題的請示報告」的批覆〉，《三中全會以來重要文件匯編》，頁958-964。「誤殺」數字來源：《一場湮沒了半個世紀的國內戰爭——記1958年青海牧區平叛擴大化及其糾正過程》，網路版：http://blog.sina.com.cn/s/blog_9bf22f440100y4of.html

101 轉引自陳有仁，《一場湮沒了半個世紀的國內戰爭——記1958年青海牧區平叛擴大化及其糾正過程》。

102 李江琳，〈青海草原上消失的亡靈〉，《動向》2011年2月，頁77-78。據《玉樹州志》頁108中的人口數據，人口數量達最低點的1961年，該州總人口為93,095人，其中包括漢族幹部、少量漢族移民和駐軍。1963年玉樹漢族人口為4,930人，推算1961年該州漢族人口為3,000左右，則1961年的藏人人口約為90,000左右。

103 資料來源為《稱多縣志》1985年未公開出版的徵求意見稿。

「少數民族人口」為24,785，比一年前減少5,815人。1962年，該縣「少數民族人口」為17,641人[104]，減去當年因重劃縣境「機械增長」的939人，則色達人口為16,702人，比1956年減少13,898人，達45.4%。色達縣至1981年才恢復到1956年的人口總量。

戰爭引起的難民潮對人口減少有多大影響？1969年，西藏流亡政府在印度出版的《流亡十年》這本書中，詳細記錄了印度、尼泊爾、錫金、不丹等地的流亡人口數據。當時流亡政府的主要責任是在各國政府幫助下，安置流亡藏人，他們提出的數據是安置依據，應該是相當準確的數字。根據此書的記錄，至1960年代末，西藏難民的全部人口為八萬五千，其中包括這十年期間在流亡中出生的人數[105]。資料和田野調查顯示，西藏流亡社會第一代難民中，大都來自四川藏區和現西藏自治區境內，來自青海、甘肅、雲南的藏人很少[106]。

近年來的大饑荒研究中，這些死於戰爭、作為「戰俘」和「準叛匪」死於監禁中的藏人，被籠統地歸算進大饑荒死亡人數，使得這場發生在青藏高原的秘密戰爭不僅消失在官方歷史敘述裡，也消失在數據的迷霧中。

五

藏區的「民主改革」還有一個明確目標，即以罰款和沒收的方式「摧毀封建經濟」。藏區經濟主要有農、牧、半農半牧這三種經濟形態；商業雖不很發達，但也有一定規模，其中寺院經濟是很重要的一塊，大型寺院一般都擁有雄厚商業資本。

104《色達縣志》，頁6、94。
105 *Tibetans in Exile 1959-1969*, Intrdocuction.
106《中國共產黨西藏自治區組織史資料 1950-1987》，頁69：「在平叛改革中，個別地區發生鎮反打擊面偏寬，以及過早提出半合作社試點等問題，截至1961年1月，邊民外流兩萬餘人，損失牲畜十萬餘頭（隻）。」

牧區由於財產觀念不同，牲畜是主要財產，牧人無需買房買地，因此中上階層除了牲畜，普遍擁有金銀珠寶，除了真正一無所有的赤貧者，一般中下階層也會有家庭世代積累的少量金銀飾物。因資料不足，無法統計藏區「民改」期間沒收財產的總價值，但局部地區的統計可以提供參考。

根據地方志中的數據統計，四川木里、紅原、阿壩、若爾蓋、黑水、白玉、色達七縣，共沒收人民幣現金341萬餘元；木里、色達、白玉、乾寧四縣共沒收黃金3,207兩、白銀20萬兩、銀元12.5萬塊；道孚、理塘、爐霍、康定、丹巴、若爾蓋六縣共沒收糧食160萬公斤。這些僅為「封建浮財」。沒收的土地、房屋、牲畜、各種物資、農具不計其數。阿壩州僅在半農半牧區，就沒收了48萬畝土地，徵收了2.63萬餘間房屋[107]。康南六縣共沒收糧食95萬公斤，房屋兩千幢，家具四萬餘件，各種牲畜六萬餘頭[108]。

青海天峻藏族自治縣在「民改」期間「沒收綿羊12,695隻，山羊556隻，馬261匹，牛3,782頭，各種物資折價464,110元……白洋6,000元，銀元寶788兩，黃金17兩，人民幣4,500元」[109]。

甘南全州沒收了9,433戶人的財產，總計：

牛9.92萬頭，馬2.7萬匹，羊42.7萬隻，騾1,000匹；糧食144.3萬公斤；黃金約22.6公斤，銀元79.81萬枚，人民幣334.94萬元，元寶7,266個，白銀128.8公斤，衣物33.94萬件。共折價約2,829.8萬元。[110]

在整個藏區140多個縣中，這些只是冰山一角。

沒收的財產是如何分配的？從紅軍長征經過的若爾蓋縣情況可見一斑：

在經濟上，結合賠款、罰款和沒收，共挖出封建底財價值九十餘萬元，

107《阿壩藏族自治州概況》，頁142-143。
108《甘孜藏族自治州民主改革史》，頁77。
109 參見《天峻縣志》。
110《中國共產黨甘南歷史（1921.7-2003.7）》，頁235。

現金（含金銀飾品）819,280元，糧食73,598公斤，各種物資折款等封建浮財價值3,331,467元，基本摧垮了封建經濟。同時，以公私合營和社私合營兩種方式對封建主、牧主和富牧的牧業經濟實行社會主義改造，先後建立公私合營牧場六個，擁有牛13,698頭、馬6,611匹、羊78,767隻。全縣有5,078戶牧民分到434,390元的生產和生活資料，佔總戶數的72.55%，平均每戶分得民改勝利果實86.54元，最高戶達700餘元，並廢除了高利貸。[111]

若爾蓋在「民改」期間被沒收的各種物質、現金、金銀飾品價值445.07萬元，平均全縣牧民每戶可分配876元；但實際分配每戶平均86.54元，分給民眾的「民改勝利果實」僅佔全部沒收物質價值的9.8%。

紅軍長征期間曾大量「籌糧」的四川阿壩州黑水縣，「民改勝利果實」是這樣處理的：

賠罰款762,509.92元，分配給集體的用於新建十六個供銷社和十四個信用小組，提留業務資金90,000元，用於扶持生產款50,000元，用於修橋、築路等基建款60,000元，分配給農民的計5,532戶，金額223,445.62元。[112]

「勝利果實」依據階級成分分配，雇農每戶平均分得82.4元，貧農每戶平均分得56.33元，中農每戶平均分得21.4元，其他每戶平均分得23.57元。

甘南州分給民眾的不是現金，而是「生活資料」，平均折價300元人民幣[113]。

阿壩州10,800多戶牧民分得396萬多元的「勝利果實」，平均每戶367元[114]。

沒收、徵收的房屋，主要用途不是分配給民眾，而是充公。四川甘孜得

---

111 《若爾蓋縣志》，頁62。
112 《黑水縣志》，頁40。
113 《中國共產黨甘南歷史（1921.7-2003.7）》，頁235。
114 《阿壩藏族自治州概況》，頁143。

榮縣沒收房屋一直使用到1970年代。也就是說,「民改」後十幾年間,政府未撥給該縣足夠的基建資金:

> 沒收徵收的房屋,除因少數貧雇農民無住房而分配了部分住房外,其餘均作為公房,以供各區、鄉的黨政事業單位需用。各農業社的倉庫和1960年前後派往農村的工作組駐地,也都是利用這些公房(到1970年,除縣城內修建了一些土木結構的辦公用房外,其他用房依然如是)。[115]

很明顯,「民改」中每戶分得的「勝利果實」根本不可能改善民眾生活,其象徵意義遠遠大於實際意義。這場以「勞動人民」的名義進行的「民主改革」,獲利最大的是政府,而非民眾。沒收的私人財產事實上成為中共在藏區的建政基金。

甘川青滇藏區雖然以「民主改革」的名義「打土豪」,但並無真正意義上的「分田地」。沒收財產和建立人民公社是同步進行的,沒收的土地直接進了公社,因此各地只有「分地」之名,而無「分地」之實。

以戰爭為後盾的藏區「民主改革」,也使中共得以在藏區建立基層政權機構和黨、團組織。阿壩州在「民改」期間「建立和健全」鄉級政權162個,發展914名黨員、2,750多名團員[116]。

西藏自治區在1951年至1959年共建立十六個黨總支,236個黨支部;戰爭期間,僅在1960年即建立123個黨支部,252個團支部。1951年至1959年,中共只在各基巧和部分宗、谿建立了具有準政權性質的辦事處,1960年建立區級政權283個,鄉級政權1,009個[117]。

由此可見,如果以全面取得政權作為「解放」的標誌,那麼,現在的西藏自治區並非「和平解放」,而是通過戰爭摧毀原有政權系統、驅逐原有最高領袖,通過戰爭建立新的政權組織,與內地的「解放」方式基本相同。

115《得榮縣志》,頁228。
116《阿壩藏族自治州概況》,頁143。
117《中國共產黨西藏自治區組織史資料1950-1987》,頁67。

西元1956至1962年，鐵馬瘋狂地馳過高原。鐵蹄踐踏之處，戰火紛飛，寺院崩塌，經卷焚毀，人民死難，領袖流亡。藏民族在政治、經濟、軍事、文化、社會等方面被徹底摧毀。

這場戰爭是藏民族歷史上最大的劫難，也是藏民族歷史中一道深深的傷口。這道傷口在以後的幾十年從未癒合，一次又一次被撕裂，一次又一次淌出鮮血。

六

2010年9月8日，在印度南方哲蚌寺果芒扎倉老人院裡，益丹喇嘛盤腿坐在墊子上，平靜地對我講述他的一生。

我默默注視眼前的老者。那個在激戰中與父親失散的少年的面容，在我的腦中浮現。激烈的槍聲中，父親對他高喊：「快跑！快跑啊！快跑啊！」

「你的父親……他後來怎樣了？」我問。

「他被槍斃了。」益丹喇嘛說。

益丹喇嘛的父親，甘孜縣尼曲河畔章扎部落頭人，在戰場上被俘，被解放軍押到了達曲河與奶龍河交會的東谷寺。附近所有的僧人和村民都被召集到寺院。軍人命令僧人不准穿袈裟。近千僧俗靜靜擠坐在東谷寺的辯經場上。士兵們平端著槍，把他們圍在一起，召開宣判大會。

益丹喇嘛的父親被繩索五花大綁著，臉色蒼白，被民兵拉到會場中央。益丹喇嘛的兩個妹妹就在他身邊。

「他們要當著我兩個妹妹的面，當著部落族人的面，槍斃我們的父親。」

解放軍的軍官對會場上的喇嘛和村民們說，「你們仔細看好，反對共產黨，反對國家，就是這條路！」

看著周圍黑洞洞的槍口，場上的喇嘛和村民們不由自主地喃喃念經，嗡嗡的念經聲頓時激怒了解放軍。軍官紅脹著臉大喊：「不許念經，不許念

經！誰再念經，就是反對政府，就和這個人一起槍斃！」

周圍的解放軍士兵把槍口瞄準了念經的人們。

念經聲立時消失，辯經場中一片死寂。軍官揮著槍再次警告：「誰再敢念經，誰的嘴唇敢動一動，就是反革命，不管是誰，當場槍斃！」

行刑的士兵舉槍瞄準作威脅狀，會場上鴉雀無聲。

「你的兩個妹妹就在父親身邊？」我低聲問。在我採訪流亡藏人的經歷中，談到這樣的時刻是最為困難的。我竭力控制自己，不要中斷訪談。我不時看一眼錄音設備，確保錄音筆的小紅燈亮著，老僧所說的一切，都被記錄下來。

「是的，兩個妹妹都在他旁邊，一個站在他左邊，一個站在他右邊。」

益丹喇嘛盤腿而坐，面容莊肅。老人幾近失明的眼睛凝視著遙遠的地方，似乎看到了家鄉那藍天下、那綠草上、那雪峰旁，聖潔的東谷寺。他蒼老的手握著佛珠，微微顫抖。

一聲槍響，殷紅的血從受刑者頭上洶湧流出。在兩個年少女兒的中間，章扎部落的頭人緩緩倒下。

就在槍聲響起的剎那，辯經場上猛然爆發出高昂、急促、莊重的誦經聲。在高原悲愴的長風裡，上千僧俗齊聲祈誦六字真言：

「嗡嘛呢唄咪吽……嗡嘛呢唄咪吽……」

誦經聲在山谷裡、在牧場上久久迴盪。長河為之斷流，高山為之變色。

後記

一

1959年3月底，西藏政教領袖，第十四世達賴喇嘛丹增嘉措越過麥克馬洪線，到印度尋求政治避難，開始他長達半個多世紀的流亡生涯。幾個月後，數萬藏人追隨他而來。

二十三歲的達賴喇嘛知道，他必須承擔起挽救藏民族和藏文化於滅亡的歷史使命。1959年3月26日，在他進入印度的五天前，達賴喇嘛在洛卡隆子宗宣布成立臨時政府，隨後在印度北方臨時居住的穆蘇里成立流亡政府。1959年8月底，在印度和尼泊爾邊界的巴克薩臨時難民營裡，流亡中的第一所經學院，巴克薩經學院成立。

英印時期，巴克薩曾是重犯監獄。聖雄甘地和印度第一任總理尼赫魯都曾被關押在這裡。巴克薩經學院成立後，甘地曾經住過的獄區用來收留尼姑，囚禁過尼赫魯的獄區住進了一千五百名僧人。

就在藏區寺院大批被摧毀、著名的昌都寺被改成囚禁藏人僧俗的監獄時，印巴邊境這座廢棄監獄的犯人放風場被改造成辯經場，一千多名僧尼在極其艱苦的條件下學經，維繫信仰的傳承。許多難民離開家鄉的時候，隨身帶來祖傳的經書和佛像，這些經書被蒐集起來，供學僧們使用。

於此同時，流亡政府派官員到各難民營和築路營，請難民們把缺衣少食、無法讀書的孩子「交給達賴喇嘛」。1960年4月，第一座西藏難民兒童學校在穆蘇里成立。同月，達賴喇嘛率噶廈政府官員和家人，遷移到喜瑪偕爾邦的達蘭薩拉。不到一個月，「西藏難民育幼院」在達蘭薩拉成立，收容逃亡途中、難民營和築路營裡失去父母的孤兒。這座由達賴喇嘛的母親和姐姐親自照料的孤兒院，是今西藏兒童村的前身。

1960年，藏區戰火猶酣的時候，帕拉庫毗西藏難民定居點在印度南方成立，是為印度的第一座西藏難民定居點。色拉寺將在這裡重生。

　　1964年9月27日，四水六崗衛教志願軍創建者兼總指揮貢保扎西因舊傷復發，在大吉嶺去世。與他一同轉戰藏北、藏東的羅桑扎西拒絕去臺灣，與妻子在南印度帕拉庫毗西藏難民定居點度過餘生。1991年5月2日，他在定居點去世。他們留下的回憶錄，是瞭解那段歷史的珍貴資料。

　　來自四川甘孜縣的少年僧侶益丹經歷三十三次戰鬥，與阿登等人一同進入尼泊爾，輾轉來到印度，進入巴克薩經學院。數年後，經學院酷熱，擁擠的環境，以及僧人們營養不良導致肺結核爆發，數百人感染，幾十名僧人死亡。學僧們重新安置，分批前往定居點。益丹被送到孟古德西藏難民定居點，在南印度的天空下，難民和僧侶們砍樹平田，在昔日的荒林裡重建人生，也重建了甘丹寺和哲蚌寺。

　　青海海南州興海縣僧人土登尼瑪於1959年3月的「拉薩戰役」中逃出血火之城，經洛卡逃到印度。他參與重建哲蚌寺，如今和益丹喇嘛一道，在哲蚌寺果芒扎倉老人院裡安度晚年。

　　甘南夏河縣科才部落的卓嘎吉和她的丈夫在印度重逢。兩人參加拉卜楞寺貢唐倉仁波切的管家貢唐慈誠組織的藏戲團，在喜馬拉雅山區巡迴演出，以此維生。幾年後，貢唐慈誠在德拉東得到一塊地，在此成立頓珠林西藏難民定居點。藏戲團解散，眾人在德拉東重建家園。丈夫去世後，阿媽卓嘎與她丈夫的生死好友晉巴，尼泊爾籍女傭波爾卡，和波爾卡的一雙兒女組成了一個新的家庭。八十多歲的阿媽卓嘎眉眼間依然可見年輕時的娟秀。她的淚與笑，她戴著紅寶石戒指，握著黃色念珠的手，告訴我許多語言無法表達的情感。阿媽卓嘎那種著一畦韭菜的小院，我今生難以忘懷。

　　果洛扎陵湖和鄂陵湖邊的牧女俄洛和她的丈夫、女兒，僥倖逃過了「納木錯戰役」中的轟炸和追擊。一百多名逃難者轉道西行，穿過人跡罕至的羌塘高原，步行三年，進入拉達克，又在拉達克滯留一年多，才被安置在北印度的德拉東頓珠林西藏難民定居點。她在這裡生兒育女，重建人生。2010年10月，當我帶著攝像機走進她家時，她的大女兒，那個在母親懷抱中離開家

鄉的幼兒，早已定居一個西方國家。當年把她拽出戰場的年輕牧人，因患晚期喉癌，無法向我訴說他的故事。阿媽俄洛對我講述時，他默默坐在一邊，滿臉歲月風霜和淡然生死的平靜。

果洛久治縣康賽部落的旦曲白桑在苦難中長大。他逃過了戰爭，熬過了饑荒，但沒有躲過文革。他的家族中先後有十九人遭到迫害，數人被迫害致死。1993年，旦曲白桑逃離家鄉，來到印度，並受戒出家。

甘孜新龍縣反抗力量領導者嘉日尼瑪帶著他的兩位妻子衝出重圍，轉道西藏流亡印度。他們定居新德里。幾十年後，他們的兒子洛第嘉日成為達賴喇嘛與中國政府談判的特使。

來自新龍的康巴漢子阿登於1960年來到達蘭薩拉。他此後的生活情況沒有資料留下。我猜想他已經離開這個世界，願他在彌勒淨土同失落在黃河源的妻女相聚。阿登的故事留在流亡藏人作家江央諾布所著《西藏的勇士》這本書裡。這本書是我讀的第一個流亡藏人的生命故事，也是將我引向十七個西藏難民定居點的路標。

1981年，時任中共青海省委副書記的扎喜旺徐向鄧小平上書，要求解決青海省1958年「平叛鬥爭擴大化問題」。3月6日，鄧小平批示中央書記處處理。此後，五省區開始組織專案組，開啟舊檔案，重審1956至1962年戰爭中捕辦者的案件，對「錯捕錯判」者「平反、改正」。「捕辦」包括逮捕、判刑、拘留、集訓、勞教等；「改正」包括宣告無罪、改判、減刑。根據地方志中的資料統計，「平反改正」比例最低為四川甘孜，為35%；最高為海西蒙古族藏族自治州和甘肅天祝藏族自治縣，這兩個地區的「叛亂」案是當地幹部人為製造的，共導致12,970人遭到不同程度的迫害。這兩個案件後來均被宣布為子虛烏有的「冤案」，涉案人員全部平反，也就是說，這兩個地區的「平反率」為100%。

青海玉樹、果洛、黃南這三個鎮壓最嚴重的州，平反率分別為98.52%、83.6%、71.64%；海北州為76.72%。我所收集到的資料裡，海南、阿壩這兩個州只有抓捕數據，無平反、改正數據。西藏自治區相關資料尚未解密。因

此，根據現有資料無法統計出藏區總的「平改」數據，也無法得知被捕辦藏人在獄中死亡的總數。

青海省委1981年給中央的報告中透露，該省共捕辦52,922人，其中44,556被「錯捕錯判」，佔被捕人數84%。獄中有23,260人死亡，另有173人被「錯殺」，死亡率高達52.6%，其中3,300人死在「集訓班」[1]。

1985年底，甘南藏族自治州的「平反率」為98.5%[2]，其中「未參叛而以參叛定性處理者達8,561人」[3]。

青海省向中央申請了一筆經費，作為對受害者或其家屬的救濟和撫恤，「以示關懷」，平均每人金額為376.60元。補償是根據不同情況分別處理的，許多人並未得到這個數目。至於沒收的財產，即使是「錯沒收」的也不予退還。而且，「在處理平叛擴大化遺留問題的同時，要廣泛地宣傳黨中央對青海各族人民的關懷」[4]。

甘南對「五錯」死亡者，每人發撫恤費100元，財產被錯沒收戶，每戶救濟100元，冤獄者每人補助50至100元。

對「平叛擴大化」平反這件事，正如那場戰爭，也是一個「秘密」，並未在藏區之外廣泛宣傳。中國政府至今仍在頌揚和宣傳當年「藏區平叛」的功績，大多數國人至今不知道，那些被稱為「叛匪」的藏人早已平反；中國政府亦未向藏民族道歉。

二

幾十年來，歷史的真實被深深隱藏。國人難以得知，今天的西藏自治區其實是「槍桿子裡面出政權」的產物。可是，暴力思維和行為造成的暴戾，如同毒氣一般彌漫，形成一種氛圍，將加害者與受害者都籠罩在內，顯示出

---

1 〈中共中央對青海省委「關於解決1958年平叛鬥爭擴大化遺留問題的請示報告」的批覆〉，《三中全會以來重要文件匯編》，頁958-964。
2 《中國共產黨甘南歷史1921.7-2003.7》，頁357。
3 同上，頁35。
4 同上。

歷史的詭異：那些在戰爭中不可一世的人，最終的結局甚至比受害者更為不堪。

國防部正副部長彭德懷和黃克誠，在1959年3月策劃了「拉薩戰役」，僅僅三個多月後，就在「廬山會議」上雙雙被整肅。十五年後，在文革中慘遭批鬥毆打的彭德懷孤苦離世，死後四年才被平反。

1959年3月11日，在北京主持政治局會議，決定對西藏用兵的前國家主席劉少奇，怎會想到僅僅十年後，他自己將在極其悲慘的狀況下，孤零零地死去？

以血腥「晉綏土改」方式導致「康巴暴動」的四川省委書記李井泉，文革中家破人亡。西藏工委書記張經武文革期間死於毒打監禁，骨灰下落不明。昌都工委書記兼西藏軍區副政委王其梅，在戰爭期間擔任昌都軍管會主任和「昌都指揮部」政委，是軍隊在昌都的屠殺和大抓捕的直接責任人之一。他是忠誠的共產黨人，為了「體現一個共產黨員的堅定的無產階級立場」，不惜「大義滅親」，1937年曾對自己「叛變投敵」的親弟弟下達「隨時槍斃」的命令；1953年親自寫信給北京市公安局，要求為其弟加刑[5]。然而，文革期間，王其梅卻因著名的「六十一人叛徒集團案」，死於監禁中。

直接指揮甘青藏作戰的54軍軍長丁盛，文革期間官至廣州軍區副司令、南京軍區司令。後因「參與江青反革命集團密謀武裝叛亂活動」，被開除黨籍軍籍，到死都未平反，追悼會上連「同志」的稱謂都不獲批准，只能被稱為「丁盛老人」。

他們臨終前是否想過，他們正是自己悲慘結局的始作俑者？

在昌都作戰的54軍130師長董占林，後升為54軍副軍長、陸軍第11軍軍長等職。1972年，因受「林彪事件」牽連，董占林被隔離審查，兩年中被批鬥了六百多次[6]。「黃指」司令員黃新廷在文革中遭到迫害，被關押六年[7]。

5   邵國政、王雲祥、劉善魁，〈王其梅傳〉，《西藏黨史資料》1992年第1期，頁51-74。
6   〈舒雲探訪九一三事件〉，http://blog.sina.com.cn/s/blog_4447da480100jk3w.html
7   胡立言，《走過硝煙——黃新廷傳》，頁661-663。

1962年7月24日，十世班禪喇嘛呈交《七萬言書》後，周恩來同他談話時說：「如果達賴不回頭，還能讓達賴轉世？」不到二十年，周恩來身患癌症，其治療卻需要毛澤東和中共中央最高決策層的批准，竟致延誤治療直到病死。如今周恩來早已從神壇上跌落，達賴喇嘛卻成為受到全世界人民推崇的精神領袖。

　　1959年之後在藏區作戰的普通士兵並不知道，他們也是毛澤東通過戰爭「練兵」計畫的一部分。藏區地方志的附錄中，通常有一個「英名錄」，記載戰場陣亡官兵名錄。他們的生命被簡略成一行漢字。

　　我找到的一百多份參戰軍人回憶文章中，作者絕大多數是各級軍官。這些文章均為中共意識形態的產物，按照「高大全」的模式，寫的是抽象的「軍」，而非具體的「兵」。戰爭的殘酷和血腥被「宏大敘事」掩蓋，解放軍普通士兵的真實情況，他們的感受和遭遇，至今只有零星資料。

　　1957年的《後勤工作資料》中，有一篇軍委總財政部幹部寫的文章，報告西藏駐軍生活狀況。該報告說，由於運輸力調配不過來，大部分運輸力用於集中修飛機場，導致大量物資積壓在昌都變質，無法運到拉薩。按規定駐藏士兵每人每年各種日用消費品為16公斤，但1956年上半年每人平均僅2公斤[8]。

　　1957年1月18日的新華社《內部參考》中有一篇題為〈甘川草地駐軍生活很苦〉的報導，透露了一點軍隊的真實情況。由於營養不足，官兵生病的很多，「情況較好的阿壩駐軍，三個月內有的體重減輕了20、30斤，最少的也減輕了8斤。官兵生病的很多，有一段時期，該部發病率達到一半以上。」在高寒地區的冬季，他們只有一條薄棉被，有些士兵甚至只有一雙鞋。

　　阿登曾經作為「隨軍工作組」與士兵們一同生活了四個月。在他的回憶中，解放軍士兵的生活「艱苦而且不快樂」。他們幾乎沒有休息的時候，戰鬥空隙期間裡不是訓練就是幹活，或者開會搞「批評和自我批評」。軍隊內部各級都有密探，官兵彼此不信任，軍官毫不在意士兵的死活，戰鬥中軍官

8　《後勤工作資料》1957年第30期。

拿著手槍或衝鋒槍在士兵後面督陣，以防他們潰退[9]。軍隊內部兇殺案、「現行反革命案」、「叛變投敵案」等等並不少見[10]。

戰爭結束後，中央軍委通令嘉獎「平叛部隊」，但普通士兵的命運並未因此改變。1958年7月8日，朱德在考察青海期間寫給彭德懷、毛澤東及中央的信中建議：

> ……在叛亂基本平息之後，這些平叛的部隊可以連人帶槍就地復員轉業，辦起軍墾農場，安家立業，不必再調出來。據甘肅軍區的同志談，這在部隊中是可以說得通的。這樣做的好處，一方面是，他們已經和當地群眾有了聯繫，扎下了根，較之一般移民好得多；另一方面，他們是亦軍亦農，長期住下來，對於鞏固那些邊沿地區是有重大作用的。[11]

這些來自全國各省的士兵後來成批就地復員，分派到農場、監獄、道班等。至於他們後來的生活情況，他們真實的感受，統統消失在「英雄主義」敘事中。

「一將成名」後，留下的不僅僅是藏人的枯骨。那些入藏前臨時招募、草草訓練、死在戰場上的新兵，那些在「平叛大躍進」中不得不冬季上陣，死於雪崩、酷寒、高原病的士兵，同樣是戰爭的犧牲者。

在中共建立的等級制度中，作為「進步分子」死於戰場的民兵，與他們作為「叛匪」被打死的同胞，並無多大差別。1980年代初「平叛擴大化」平反時，陣亡民兵與「叛匪」同時得到少量撫恤。甘南州「犧牲的民兵」人均補助250元，僅比因「無錯」死亡者多150元[12]。

9　Jamyang Norbu, *Warriors of Tibet: The Story of Aten and the Khamps' Fight for the Freedom of Their Country*, pp. 116-117.
10　姜華亭回憶錄、賀熙成〈西藏平叛瑣記〉、《血祭雪域》中均有記載。
11　《青海省志·軍事志》，頁1135。
12　《中國共產黨甘南歷史 1921.7-2003.7》，頁359。

1960年6月至7月底的「阿里戰役」中，一些反抗牧人逃到尼泊爾木斯塘地區，形成「木斯塘游擊隊」的雛形。在美國中情局的幫助下，幾百名散布在築路營的原「四水六崗衛教志願軍」成員扔下鐵鎬，前往木斯塘，組成藏人武裝反抗的第二支武裝——木斯塘游擊隊。他們的主要行動是越境伏擊新藏公路上的軍車，一度導致新藏公路這一段陷於癱瘓。木斯塘游擊隊最成功的不是軍事行動，而是情報。1961年10月，一支小分隊伏擊了一個解放軍車隊，日喀則仲巴縣駐軍5團副團長陣亡。他乘坐的吉普車裡有一只公事包，這就是後來被稱為「藍色公事包」的一批機密文件。這只公事包被輾轉送至中情局，美國情報分析家們從中得知中國「大躍進」失敗，發生全國性饑荒，以及中蘇關係破裂等重要信息。「藍色公事包」至今未公開解密。

五十年後，我得到了「藍色公事包」中一份文件的圖像版。從彩色圖片上看，這份49頁的文件是一本劣質紙張印製的小冊子，題為《西藏形勢和任務教育的基本教材（試用本）》，編印者為西藏軍區政治部，顯然是對駐藏官兵進行政治教育的教材。教材編印日期是1960年10月1日。這個日期顯示，該教材編寫於西藏境內十二場主要戰役全部結束之後。教材中的第二課「平叛、改革的偉大勝利」中，有一個被西方研究者廣為引用的資料：「從去年3月到目前為止，已消滅敵人八萬七千餘人」[13]。這是六萬正規軍在十八個月中的「戰績」。

這本教材中還描繪了未來西藏的藍圖：

八年內，西藏的耕地面積將由現在的300萬畝發展到1,000萬畝至1,200萬畝，生產糧食將由現在的4億斤發展到40億斤至50億斤；西藏的人口亦將從現在的一百二十萬增加到三百萬左右（包括內地的移民）……只要糧食解

---

13 《西藏形勢和任務教育的基本教材（試用本）》，頁6。

決了，內地大工廠的全套設備連人帶機器也就整個搬來了，西藏也就工業化了。[14]

此後，中共在西藏用各種方式來實現上述設想，甚至直接從新疆生產建設兵團調兩千人入藏軍墾[15]。但是，中共「向高原自然進軍，向地球開戰」的努力均告失敗。2011年，西藏全區耕地面積為552.55萬畝，基本農田465.7萬畝[16]。這應是西藏農業耕種的極限。

這份文件還透露，在「邊打邊改」的過程中，西藏地區也同其他藏區一樣，挾戰爭威力直接推行合作化。從1961年4月開始，在半年多的時間內，「大部分地區互助組就像風起雲湧似的建立了起來，入組農戶佔農戶總數90%以上」，而且那些互助組「有公共生產資料，集中起來統一使用，這實際上已相當於內地的初級或高級農業合作社」[17]。

這份教材還透露，西藏駐軍在戰後八年內的中心任務，是「爭取至1967年建成初具現代規模的農業、工業、科學文化的社會主義新西藏」，而當前的主要任務是「發展農業生產，解決糧食問題，為將來大批移民創造有利條件，給西藏發展工業打下基礎」[18]。

1967年是「史無前例的無產階級文化大革命」第二年。上述藍圖非但沒有實現，情況正相反，尚未從戰爭和饑荒中完全恢復的藏區，又在文革的紅色狂飆中經歷第二波掃蕩。解放軍在各地鎮壓「再叛」，「西北民族工作會議」後釋放的被捕人員大都二度入獄，碩果僅存的藏人領袖和高僧遭到迫害，許多人被迫害致死。

14　同上，頁4。

15　〈新疆生產建設兵團援助西藏史解密〉，新疆兵團城鎮博客網：http://hi.baidu.com/phoenix296/blog/item/a1c2af02993cb5e508fa93b4.html

16　〈西藏耕地面積和基本農田達到國家規定的保護要求〉，人民網：http://xz.people.com.cn/GB/13941406.html

17　《西藏形勢和任務教育的基本教材（試用本）》，頁12、13。西藏的「人民公社化」過程比內地晚，直至1970年代，西藏一邊開展文革，鎮壓「再叛」，一邊建立人民公社。不到十年，「人民公社」取消，西藏的各公社隨之解散。

18　同上，頁29。

在「破四舊」的浪潮中，藏區殘存的寺院除了布達拉宮之外，幾乎全數遭到破壞。1966年9月8日，在迪慶州中甸縣「四清」工作團的組織下，一批批鎮、縣機關幹部親自動手搗毀著名的松贊林寺。六天內，雲南藏區最大的寺院，建於1679年的松贊林寺「被洗劫一空，只剩殘牆破壁」[19]。甘南夏河拉卜楞寺的建築有的被拆毀，有的被佔用，僅剩原寺的四分之一[20]。藏民族最神聖的寺院大昭寺也遭到同樣命運，寺院內的數千尊大小佛像，只有不到五尊幸免於難。拉薩三大寺之一的甘丹寺被拆毀，只剩一片廢墟。

四

在藏區長達數年的戰爭期間，有關班禪喇嘛的資料甚少。有跡象表明，班禪喇嘛一直在中共「特殊保護」之下。1959年「拉薩事件」爆發，達賴喇嘛出走，日喀則似乎風平浪靜。3月19日毛澤東指示要班禪喇嘛「表態」，日喀則分工委副書記胡冰和分工委統戰部長張定一次日去見班禪喇嘛，通報拉薩發生的事，他才得知基本情況。拉薩和日喀則之間早已修通公路，西藏工委和日喀則分工委也有電臺聯繫，班禪喇嘛對拉薩發生如此大事件竟然不知情，顯然工委和堪廳都在對他封鎖消息。

按照事先安排，達賴喇嘛出走後，中共任命班禪喇嘛為西藏自治區籌委會代理主任，利用他來穩定西藏局勢。這一年，班禪喇嘛兩度去北京，周恩來、毛澤東等給他最大程度的禮遇，對他表示信任。班禪喇嘛配合西藏工委，參與制定一系列文件。這些文件將事實上已經通過戰爭進行的社會改造合法化。

然而，雖然班禪喇嘛和堪廳官員一直與中共合作，也都支持「民改」，是中共極力爭取和利用的高層統戰人士，他們仍然無法逃脫被迫害的命運。

---

19 《迪慶藏族自治州志》，頁44。
20 《甘肅文史資料選輯第31輯‧民族宗教專輯》，頁88。

班禪喇嘛在北京參加中共建國十周年慶典時，日喀則「後院起火」：他的父母被批鬥抄家，工作組進駐扎什倫布寺，鬥爭寺院上層僧侶，逼得一名堪布絕食自盡。

1961年至62年間，班禪喇嘛到青川甘等藏區視察。那時候，局部地區戰爭尚未結束，以「民主改革」為名的社會改造正在進行當中，藏區滿目瘡痍。1959年之後，幾萬解放軍在西藏挾強大武力「邊打邊改」，以「三反三算」的名義，將寺院幾乎摧毀殆盡。西藏地區寺院從二千五百多座減至七十多座，僧尼從十一萬多人減至七千餘人。他所到之處，僧俗上層不是被關押，就是被打死，還有一些流亡境外。「民主改革」帶來的不是「民族繁榮」，卻使藏民族陷入「氣息奄奄的境地」。地方幹部私下告訴他饑荒的情況，民眾對他哭喊哀告，懇求他「勿使眾生饑饉！勿使佛教滅亡！勿使我雪域之人滅絕！」[21]。

二十四歲的班禪喇嘛被他瞭解到的一切深深震動。返回後，他寫下了著名的《七萬言書》。他不顧經師恩久仁波切的泣求阻止，於1962年5月18日將這份上書交給中央政府。這份上書實質上是藏民族的青年領袖，代表整個民族對中國政府提出的強烈抗議。儘管上書中借用了中共術語以「柔化」其內容，並明確宣示了立場，但字裡行間處處可以感受到，一位民族領袖在本民族生死存亡之際的錐心刺骨之痛。

《七萬言書》上交後，張經武、彭真、習仲勛、李維漢等中共各級高官多次與班禪喇嘛談話，先後開了二十多次會。會議中，面對班禪喇嘛的質疑和追問，各級官員或避重就輕，或推卸責任，彭真甚至給班禪喇嘛上了一堂中共黨史課，要他學習《毛澤東選集》，特別是〈湖南農民運動考察報告〉[22]。

1962年7月24日，周恩來在北京同第十世班禪喇嘛談話。這次談話是中共

---

21 班禪喇嘛，《七萬言書》，頁97。
22 《中共西藏重要歷史文獻資料匯編》第2分冊。會議文件之四：「彭真同志和班禪、阿沛的談話紀要」。

最高層有關班禪喇嘛《七萬言書》的最後一輪談話。在場的有習仲勳、李維漢、張經武、張國華和西藏工委其他幹部，以及阿沛・阿旺晉美、帕巴拉・格列朗杰、計晉美、班禪喇嘛的經師恩久仁波切、班禪喇嘛的父親貢保才旦等十幾人。

談話中，班禪喇嘛仍然強調「宗教問題沒有搞好，關押犯人太多」；並說在不久前召開的民族會議上，四川藏區沒人敢講話，但問題很嚴重，「請對四川藏區也給予關懷」。他對周恩來說：「我們認為藏族地區中最壞的是青海，第二是甘南，第三是四川康區，第四是阿壩，第五是西藏，比較好的都需要做這些糾正，那四川康區就不用說了。」[23]

在與李維漢的談話中，二十四歲的班禪喇嘛尖銳地說：「青海、甘肅藏區的情況是嚴重的，有一些是不可告人的。」「從1956年開始，西康藏區就像鞣皮子一樣，鞣了很久，而且是帶著血鞣了很久，很多人都沒有了，也沒有人再叫喊了。」他轉述該地藏人領袖的話，這來自當地民眾的意見實質上完全否定了康區的「改革」：「西康藏區的人對我們說，那裡什麼都沒有搞好。」「宗教工作沒有搞好，沒有成績。」他要求「西康藏區的問題，請中央關懷一下。因為他們也是人」。

時隔半個多世紀，如今讀到班禪喇嘛對李維漢說的那番話，依然令人動容：「在宗教、民族問題上，請確實給以幫助，在這方面的情況是值得一哭的，我也哭了。」[24]

由於班禪喇嘛的堅持，在北京開了二十多天的會議，採納了《七萬言書》中的一些意見，制訂了四項文件[25]，但由於班禪喇嘛要求親自主持落實這四項文件，而中央拒絕批准，這四項文件並未貫徹執行，這件事也成為中

---

23 《中共西藏重要歷史文獻資料匯編》第2分冊。會議文件之五：「周恩來接見班禪等人的談話紀要」。
24 〈習仲勳、李維漢等同志和班禪談話紀要〉，《中共西藏重要歷史文獻資料匯編》第2分冊，頁24-43。
25 即〈加強自治區籌委會工作，改進合作共事關係（草案）〉、〈關於繼續貫徹執行宗教信仰自由政策的幾項規定（草案）〉、〈繼續貫徹執行處理反、叛分子規定的意見（草案）〉、〈培養和教育幹部的具體辦法（草案）〉。這四份文件尚未解密。

共決定「放棄」班禪喇嘛的原因之一[26]。

班禪喇嘛為他挽救藏民族於絕境的努力付出沉重代價。1964年，中共中央決定利用「四清運動」整肅班禪喇嘛。他被當眾批鬥羞辱，並被撤銷一切職務。年底，班禪喇嘛被送到北京，與他的人民隔離。

1965年9月1日，西藏自治區正式成立。此時，象徵慈悲的達賴喇嘛流亡印度，象徵光明的班禪喇嘛被送到北京。失去了「慈悲」與「光明」的藏地，如同失去日月，成為沒有宗教的「黑地方」。

1966年8月，班禪喇嘛被關進監獄，在單獨監禁中度過將近十年，於1975年夏釋放。1980年，班禪喇嘛返回闊別十六年的西藏。此後，他多次在藏區各地視察，竭盡全力拯救瀕於滅亡的西藏文化。1989年，年僅五十一歲的十世班禪喇嘛在扎什倫布寺圓寂。他的圓寂引發了第二次「拉薩事件」。暴動被武力鎮壓，拉薩戒嚴十四個月。

2008年秋，在喜馬拉雅山南的古老商城噶倫堡，我走進「西藏中心學校」。這是印度政府為流亡藏人兒童建立的寄宿學校之一。這所學校由一家工廠的廠房改建而成。當年開辦學校時，一位印度籍的工廠主捐出了舊廠房，學校至今還保存著一些陳舊生鏽的機器設備。校長說，他有意保留了這些舊機器，讓孩子們知道學校的來歷。孩子們在操場上打球，時時傳來歡快的叫喊。籃球場邊，立著一座印度教常見的尖塔。

這所學校和我在印度和尼泊爾走訪過的所有流亡藏童學校一樣，有經幡，經輪，煨桑爐和經堂。教學樓後面是食堂和男女生住宿區，這是一所寄宿學校。很多流亡藏童學校是寄宿學校，學生來自不同的難民定居點，還有些是喜馬拉雅山中牧民的孩子。達賴喇嘛派出代表，到這些偏僻的牧人帳篷裡，一家一家地告訴他們，達賴喇嘛要他們的孩子去讀書。學校不僅提供免費的食宿和校服，甚至提供假期回家的路費和平時的零用錢。

與教師和孩子們的訪談結束後，流亡中長大的校長把我帶進學校的經

---

26 張向明，《張向明55年西藏工作實錄》，頁193。

堂。他打開電燈，我看到佛龕前方一左一右放著兩張同樣高度的法座，左邊法座上放著十四世達賴喇嘛的彩色大照片，右邊法座上放著班禪喇嘛的彩色大照片。

我注視著照片上的班禪喇嘛，不由想起1962年6月25日，在北京人民大會堂福建廳的一次談話。那天，面對習仲勛、李維漢、張經武、張國華等中共高官的壓力，年僅二十四歲的班禪喇嘛毫無畏懼，堅持為他的人民請命：

> 有些問題說我的觀點不對，今天我也不馬上承認不對，我考慮一下，如果是不對的，我再承認，對的，我仍然要堅持。我的要求是民族問題、宗教問題、群眾生活問題、釋放犯人和上層問題。[27]

校長神情莊肅地對我說：「我要讓孩子們記住，達賴喇嘛和班禪喇嘛都是我們藏民族的民族英雄。」

2012年3月15日，完稿於紐約

---

27 〈習仲勛、李維漢等同志和班禪談話紀要〉，《中共西藏重要歷史文獻資料匯編》第2分冊》，頁31。

1958年「宗教制度改革」之前的甘南合作寺（黑錯寺），攝於1955年。藏文意為：「三寶的慈悲智慧及有情眾生的善根幻化出安多地區格丹曲林，成為無量眾生獲得格魯教法清淨甘露的福田源泉」。

經過「宗教制度改革」和文革兩度災難後，創建於西元1673年的合作寺全毀。該寺1981年起開始修復，目前尚未清除的廢墟仍清晰可見。（作者攝於2012年8月）

四川阿壩藏族自治州
若爾蓋縣格爾底寺
現狀。（作者攝於
2012年8月）

經過1958年「宗改」和文革後，建成於西元1682年的青海省黃南藏族自治州尖扎縣德欠寺幾近全毀，
殘跡至今猶存。（作者攝於2012年8月）

甘肅甘南藏族自治州瑪曲縣阿萬倉
寧瑪寺，廢墟上重建的經堂。（作
者攝於2012年8月）

青海黃南藏族自治州尖扎縣古日寺經堂後的殘牆，見證曾經的毀壞。（作者攝於2012年8月）

付印補記

　　本書完稿後，我回國探望母親。到家後不久，我再次向中國政府某機構提出申請，要求得到去拉薩旅行的許可，申請當即被拒。然而，在法律上，西藏周邊四省藏區，即安多和康區，仍然是開放旅行的。於是，我收拾簡單行裝，驅車在雲南、四川、甘肅、青海藏區旅行。

　　就這樣，幾年來從資料和採訪中熟知的地點，一一出現在我的眼前。在高山、深谷、草原，我尋找那些飽經滄桑的村寨部落，那些曾經輝煌的神聖寺院。我看到了設在寺院大門裡的公安派出所，看到以震懾為目的的無數標語和宣傳。朋友們曾再三關照我，涉及西藏的話題如今在國內是最為「敏感」的，弄不好就會有人為此進監獄，說話一定要小心。但是，每到一處，我依然隨緣順性，向萍水相逢的藏人老少問詢，同體制內幹部、生意人、退休老人、活佛僧侶、農夫牧民聊天。我能感受到素不相識藏人的疑慮，他們的恐懼、壓抑、悲哀和冤屈，清楚地寫在臉上。我用以打破隔閡的工具，是對當地歷史的熟悉，特別是1958年「宗教改革」時毀寺事件的瞭解。

　　1958年，四省藏區幾千座寺院被毀，幾無幸免。僧眾被批鬥、被驅散、被迫還俗，甚至被殺害。藏人以全民族之力、竟一千多年時間積聚於寺院的財富被劫掠、被毀壞、被盜運到不知何處。藏民族千年文明的物質載體，幾乎被毀滅殆盡。

　　藏區從八〇年代初開始修復寺院，歷經三十餘年，儘管各地政府把一些重點名寺作為發展旅遊業的「面子工程」，投入一定數量的資金，儘管藏民族的群眾又一次傾力捐款捐物於寺院，如今藏區寺院，仍然不及1958年毀寺前規模的十分之一。在深谷高山或偏遠草原上，大片寺院廢墟至今仍清晰可見。藏人作為西藏周邊四省藏區的主要民族，如今仍然生活在嚴密監控之

下。中國政府強力推行的「愛國教育」、「安居工程」、言論禁忌和逮捕監禁的危險，在威脅著藏民族的生活方式和藏文明的生存。

但是，藏民族並沒有屈服，他們的精神並沒有死亡。在幾乎所有寺院、在很多藏人的家裡，我都看到第十四世達賴喇嘛尊者的照片。高壓之下，人們依然在向他們的精神領袖頂禮致敬。這是一個信仰佛教的民族，只要佛法不滅，這個民族就不會滅亡。

作為這段慘痛歷史的研究者，我無法像普通旅人一樣，心情輕鬆地在藏區旅行。一路上，歷史與我形影相隨，滿目皆是半個世紀前那場慘烈戰爭的遺跡。

途中，我特地來到青海和甘肅交界的歐拉草原。連續幾天的秋雨使道路泥濘不堪，汽車在寒風冷雨中艱難前行，像一個傷痕累累、舉步維艱的部落漢子。我站到高坡上，遙望遠處的黃河大灣，不禁悲從中來。五十多年前，幾個牧民部落的近萬男女老幼趕著牲畜聚集在這裡，意圖渡過黃河逃往安全的地方，卻遭到中共軍隊的包圍屠殺，曾經有數千藏人倒臥在這片豐美草灘上。

我來到附近的一座寺院。除了新建的經堂之外，這座偏僻寺院仍是一片廢墟。連綿細雨中，一個八十多歲的老婦人彎著腰，步履艱難地圍著佛塔轉經，一圈又一圈。她，想來就是那場大屠殺的倖存者。她的父兄和丈夫在哪裡？半個世紀過去了，除了她，還有誰記得他們？

冰冷的雨水順著我的頭髮和臉頰往下淌。我將一條來自達蘭薩拉，尊者親手掛在我頸上的哈達繫在經堂門上，默默告慰五十年前那場戰爭的亡靈：我已經將你們的苦難告訴了世界，你們，不再會被遺忘了。

2012年8月29日，青海

願貧窮者獲得財富，
願憂傷者獲得歡樂，
願絕望者獲得希望，
獲得持久的快樂與富足。

願恐懼者獲得勇氣，
願被縛者獲得自由，
願弱者獲得力量，
願人們的心在友誼中相連。

——1999年8月11日，第十四世達賴喇嘛
丹增嘉措在紐約中央公園演講後，
率五萬餘聽眾共頌的祈禱詞

主要參考資料

主要檔案資料來源

哥倫比亞大學東亞圖書館（美國紐約）

國家圖書館（臺北）

國史館（臺北、新店）

胡佛研究所（美國加利福尼亞州斯坦福大學）

美國國務院官方網

美國中央情報局官方網

蒙藏文化中心（臺北）

西藏檔案圖書館（印度達蘭薩拉）

香港中文大學（香港）

系列資料

甘青滇川四省十個藏族自治州州志、六十九個縣的縣志

《阿壩州黨史研究資料》

《阿壩藏族自治州文史資料選輯》

《甘孜藏族自治州文史資料》

《甘南文史資料》

《建國以來毛澤東文稿》

《解放軍戰士》（畫報），1959

美國國務院外交文件（FRUS，英文），1955-1962

《青海畫報》，1958

《青海藏文報》（漢藏雙語），1958

《青海日報》，1957-1961

《青海文史資料選輯》

《人民日報》，1956-1961

《西藏鏡報》（藏文版），1956-1959（不完整）

《西藏黨史通訊》

《西藏文史資料選輯》

新華通訊社《內部參考》，1950-1962

《中共西藏重要歷史文獻資料匯編》

《中華人民共和國日史》，1950-1962

《中國藏族人口》系列

《中央日報》，1959-1961

Tibetan Oral History Project: http://www.tibetoralhistory.org

Bruce Walker Papers, Box #1-4, Accession #: 2006C8-8.05, Hoover Institution Archives.

中文參考資料

[美]皮德羅・卡拉斯科著，陳永國譯，周秋有校，《西藏的土地與政體》（拉薩：西藏社會科學院西藏漢文文獻編輯室編印，1985）。

〈中共中央批轉「西北地方第一次民族工作會議紀要」〉，中國網：http://www.china.com.cn/cpc/2011-04/15/content_22370420.htm

〈有關班禪因言獲罪的若干稀見史料〉，《中共西藏重要歷史文獻資料匯編》第2分冊（洛杉磯：中文出版物服務中心，2010）

〈走進藏民團的光榮歷史〉，《甘孜日報》網路版，2011年7月27日：http://www.gzznews.com/content.asp?id=38496

《西康建省記》，（中國方志叢書・西部地方・第27號）（臺北：成文出版社，1968）。

丁盛口述，金光談話記錄，余汝信整理編著，《落難英雄——丁盛將軍回憶錄》（香港：星克爾出版公司，2008）。

____，齊心整理，〈丁指部隊的西藏平叛作戰〉。《落難英雄——丁盛將軍回憶錄》（香港：星克爾出版公司，2008）。

人民出版社編輯，《關於西藏問題（1959年3月-5月的文件、資料）》（北京：人民出版社，1959）。

十世班禪喇嘛，《七萬言書：班禪喇嘛文論選集》（達蘭薩拉：西藏流亡政府外交與新聞部，1998）。

上海國防戰略研究所，〈新中國國防大事記1955-1960〉，網路版：http://www.gf81.com.cn/index.html

中共中央文獻研究室編，《三中全會以來重要文獻選編》（上、下）（北京：人民出版社，1982）。

中共中央文獻研究室編，《朱德年譜》（北京：人民出版社，1986）。

____，《劉少奇年譜1898-1969》（北京：中央文獻出版社，1996）。

____，《鄧小平年譜 1904-1974》（北京：中央文獻出版社，2009）。

____，中共西藏自治區委員會，中國藏學研究中心編，《毛澤東西藏工作文選》（北京：中央文獻出版社，中國藏學出版社，2001）。

____，中共西藏自治區委員會編，《西藏工作文獻選編1949-2005》（北京：中央文獻出版社，2005）。

____，中國人民解放軍軍事科學院編，《鄧小平軍事文集》第2卷（北京：軍事科學出版社，中央文獻出版社，2004）。

中共中央軍委聯絡部資料室編印，《西藏人物介紹》（洛杉磯：中文出版物服務中心，1997）。

中共中央統一戰線工作部編，《統戰政策文件匯編》1-4冊（中央統一戰線工作部，1958）。

____，《民族問題文獻匯編，1921.7-1949.9》（北京：中共中央黨校出版社，1991）。

中共中央組織部，中共中央黨史研究室，中央檔案館編，《中國共產黨組織史資料：第5卷，過渡時期和社會主義建設時期，1949.10-1966.5》（北京：中共黨史出版社，2000）。

中共甘孜州委黨史研究室編，《甘孜藏族自治州民主改革史》（成都：四川民族出版社，2000）。

中共甘南州黨史研究室編，《中國共產黨甘南歷史》（蘭州：甘肅民族出版社：2003）。

中共西藏自治區委員會組織部，中共西藏自治區委員會黨史資料徵集委員會，西藏自治區檔案局編，《中國共產黨西藏自治區組織史資料1950-1987》（拉薩：西藏人民出版社，1993）。

中共西藏自治區委員會黨史資料徵集委員會編，《中共西藏黨史大事記1949-1966》（拉薩：西藏人民出版社，1990）。

____，《西藏革命史》（拉薩：西藏人民出版社，1991）。

____，《西藏的民主改革》（拉薩：西藏人民出版社，1995）。

中共西藏黨史大事記編委會編，《中共西藏黨史大事記》（拉薩：西藏人民出版社，1995）。

中共阿壩州委黨史工作委員會辦公室，《阿壩州黨史研究資料第8期‧紅軍長征過馬爾康》（1984年3月）。

中共青海省委初級黨校教研室，《喇嘛教的反動面目》（西寧：青海人民出版社，1959）。

中共青海省委統戰部匯集，《民族宗教工作文件匯集1949-1959》上、下冊（西寧青海省委統戰部，1959）。

中共冀魯豫邊區黨史工作組河北省聯絡組，《冀魯豫邊區群眾運動宣教工作資料選編》（石家莊：河北人民出版社，1994）。

中國人民解放軍西藏軍區政治部編印，《西藏的形勢和任務教育的基本教材》（試用本）（1960年10月1日）。

中國人民解放軍步兵第十一師軍戰史編寫組，《中國人民解放軍步兵第十一師軍戰史》（烏魯木齊：新疆出版社，1987）。

中國人民解放軍總政治部編印，〈1961年國防建設工作綱要〉，《工作通訊》第7期（1961年2月1日，頁1-15）。

中國少數民族社會歷史調查叢刊，四川省編輯組編，《四川省甘孜州藏族社會歷史調查》（成都：四川社會科學院出版社，1985）。

中華人民共和國日史編委會編，《中華人民共和國日史‧1956》（成都：四川人民出版社，2003）。

尹曙生，〈大躍進前後的社會控制〉，《炎黃春秋》2011年第4期。

＿＿＿，〈公安工作大躍進〉，《炎黃春秋》2010年第1期。

＿＿＿，〈金銀灘之痛〉，《炎黃春秋》2012年第3期。

扎益活佛丹增華白爾，《我故鄉的悲慘史》（達蘭薩拉：吐蕃作家協會，1994）。

文鋒，〈文韜武略——毛澤東與1959年平息西藏叛亂〉，中國共產黨新聞網：http://cpc.people.com.cn/GB/85037/85038/7492047.html

＿＿＿，〈譚冠三將軍指揮拉薩平叛始末〉，《文史精華》2009年第5期。

方肇，《老兵孫福地和他的戰友們》（桂林：廣西師範大學出版社，2010）。

毛澤東，〈新解放區土地改革要點〉，《毛澤東選集》第4卷。網路版：http://cpc.people.com.cn/BIG5/69112/70190/70197/70354/4768557.html

王廷勝，《往事回眸》（北京：中國人文出版社，2008）。

王志敏，〈我的右傾罪：青海農村調查〉，《炎黃春秋》2008年第10期，頁15-18。

王章陵，《西藏歷次反共抗暴事件發展經過及未來展望》（臺北：蒙藏委員會，1989）。

王焰主編，《彭德懷年譜》（北京：人民出版社，1998）。

王貴，〈西藏叛亂始末〉，《見證百年西藏：西藏歷史見證人訪談錄》（上）（北京：五洲傳播出版社，2003）。

四川民主改革口述歷史課題組編，《四川民主改革口述歷史資料匯編》（北京：民族出版社，2008）。

四川省人口普查辦公室編，《四川藏族人口》（北京：中國統計出版社，1994）。

四川省地方志編纂委員會編纂，《四川省志‧軍事志》（成都：四川人民出版社，1999）。

四川省編輯組，《四川省甘孜州藏族社會歷史調查》（成都：四川社會科學出版社，1985）。

＿＿，《四川省阿壩州藏族社會歷史調查》（成都：四川社會科學出版社，1985）。

四川省檔案館，四川民族研究所，《近代康區檔案資料選編》（成都：四川大學出版社，1990）。

民族出版社編輯，《中華人民共和國國務院關於西藏工作的幾項決定》（北京：民族出版社，1955）。

甘孜藏族自治州軍事志編纂委員會編纂，《甘孜藏族自治州軍事志》（內部資料，四川省甘孜軍分區編印，1999）。

甘肅省委員會文史資料研究委員會編，《甘肅文史資料選輯》第30輯（蘭州：甘肅人民出版社，1989）。

石洪生整理，〈西藏平叛中的後勤保障工作〉，《世界屋脊風雲錄(3)》，中華魂網：http://www.zhonghuahun.cn/blog/tushu.php?ac=inlist3&bvid=92183&bid=1183&id=2906

任乃強，《任乃強民族研究文集》（北京：民族出版社，1990）。

＿＿，《西康札記》（上海：新亞細亞月刊社，1932）。

吉柚權，《白雪──解放西藏紀實》（北京：中國物資出版社，1993）。

＿＿，《西藏平叛紀實》（拉薩：西藏人民出版社，1993）。

成仿吾，《長征回憶錄》（北京：人民出版社，1977）。

成都軍區後勤部軍事交通史編寫委員會編，《中國人民解放軍成都軍區軍事交通史1937-1990》（成都軍區後勤局勢運輸部出版，1992）。

次仁旺久，《心向自由——中共炮兵營長投身西藏抗暴記》（達蘭薩拉：西藏流亡政府資訊部，1991）。

西南人民出版社編輯部編，《西南區土地改革文件》（重慶：西南人民出版社，1951）。

西南民族學院民族研究所，《草地藏族調查材料》（成都：西南民族學院民族研究所，1984）。

西藏人民出版社編輯，熱地等編著，《西藏革命回憶錄》第4輯，紀念西藏實行民主改革三十周年專輯（拉薩：西藏人民出版社，1989）。

西藏自治區地方志編纂委員會編，《西藏自治區軍事志》（北京：中國藏學出版社，2007）。

西藏自治區社會科學院，四川省社會科學院合編，《近代康藏重大事件史料選編》第1編，上，下冊（拉薩：西藏古籍出版社，2001）。

西藏自治區黨史資料徵集委員會編，《西藏的民主改革》（拉薩：西藏人民出版社，1995）。

尕藏才旦，《青藏高原遊牧文化》（蘭州：甘肅民族出版社，2000）。

吳冷西，《憶毛主席——我親身經歷的若干重大歷史事件片段》（北京：新華出版社，1995）。

吳啟訥，〈民族自治與中央集權——1950年代北京藉由行政區劃將民族區域自治導向國家整合的過程〉，《中央研究院近代史研究所集刊》第65期（2009年9月），頁81-137。

吳傳均，《西康省藏族自治州》，（北京：生活·讀書·新知三聯書店，1955）。

宋月紅，〈中央人民政府直轄昌都地區人民解放委員會考〉，中華人民共和國國史網：http://www.hprc.org.cn/gsyj/yjjg/zggsyjxh_1/gsnhlw_1/sjgslw/201110/t20111020_162457.html

志斌、孫曉、江震壽編著，《中國「鐵軍」傳奇——54軍征戰實錄》（北京：中國文聯出版公司，1995）。

李本信，〈昌都地區大事提要〉，《西藏黨史通訊》1984年第2期，頁45-59。

李江琳，〈青海草原上消失的亡靈〉，《動向》2011年2月號，網路版：http://bloodundersnow.blogspot.com/2011/02/blog-post_16.html

____，《1959：拉薩！達賴喇嘛如何出走》（臺北：聯經出版公司，2010）。

李星，〈紅軍長征在雪山草地的糧食問題〉，《西藏研究》2003年第1期，頁85-91。

李振羽，〈西藏往事〉，央視網：http://www.cndfilm.com/spe中情局1/
　　jlysh/20110923/106419.shtml

李國清，《西藏大事記 1949-1984》（拉薩：西藏人民出版社，1984）。

李啟賢，〈青海高原捕殲空降特務〉，《環球視野》網路版：http://www.globalview.cn/
　　ReadNews.asp?NewsID=3207

李維漢，《統一戰線問題與民族問題》（北京：人民出版社，1981）。

李澍、劉培一、杜彥林主編，《社會主義時期中國人民解放軍編年史》（北京：人民
　　出版社，1993）。

沈志華，〈1956：波匈事件的「中國因素」〉，《同舟共進》2011年第1期。

果洛旦曲白桑著，夏爾宗德丹譯，《果洛歷史──念布玉吾則之神香》。未出版之中
　　文譯稿。

林孝庭，〈冷戰邊緣：二次大戰後美國在中國邊疆地區的秘密活動（1947-1951）〉，
　　《中央研究院近代史研究所集刊》第53期（2006年9月），頁103-148。

林照真，《喇嘛殺人：西藏抗暴四十年》（臺北：聯合文學出版社，1999）。

阿媽阿德口述，喬伊・布雷克斯著，楊莉藜譯，《記憶的聲音》（華盛頓：勞改基金
　　會，2006）。

青海省人口普查辦公室編，《青海藏族人口》（北京：中國統計出版社，1993）。

青海省地方志編纂委員會，《青海省志・附錄》（西寧：青海人民出版社2003）。

青海省地方志編纂委員會、青海省志・軍事志編纂委員會，《青海省志・軍事志》
　　（西寧：青海人民出版社，2001）。

青海省社會科學院藏學研究所編著，主編陳慶英，副主編何峰，《藏族部落制度研
　　究》（北京：中國藏學出版社，2002）。

青海省海北藏族自治州軍事志編纂委員會，《海北藏族自治州軍事志》（青海省海北
　　藏族自治州軍事志編纂委員會，2004）。

青海省海西蒙古族藏族自治州軍事志編纂委員會，《海西蒙古族藏族自治州軍事
　　志》，（青海省海西蒙古族藏族自治州軍事志編纂委員會，2004）。

青海省編輯組，《青海省藏族蒙古族社會歷史調查》（西寧：青海人民出版社，
　　1985）。

星球地圖出版社編，《西藏自治區地圖冊》（北京：星球地圖出版社，2008）。

胡立言，《百戰將星──黃新廷》（北京：解放軍文藝出版社，2000）。

____，《走過硝煙──黃新廷傳》（北京：中國青年出版社，1997）。

范明，《西藏內部之爭》（香港：明鏡出版社，2010）。

苟曉蓉，〈扎喜旺徐與果洛工作團〉，青海省政協學習和文史委員會編，《青海文史資料選輯》第24輯（西寧：青海人民出版社，1995）。

軍事科學院軍事歷史研究部著，《中國人民解放軍七十年大事記》（北京：軍事科學出版社，2000）。

降邊嘉措，《毛澤東與達賴班禪》（香港：新大陸出版社，2008）。

＿＿＿，《李覺傳》（北京：中國藏學出版社，2005）。

孫競新主編，《中國藏族人口》（北京：中國統計出版社，1994）。

徐洪森，〈1958年7、8月張經武同噶倫們的幾次談話簡錄〉，《西藏文史資料選輯》第24輯，頁196-207。

格勒等編著，《藏北牧民——西藏那曲地區社會歷史調查報告》（北京：中國藏學出版社，2004）。

班旦嘉措口述，夏加次仁記錄，廖天琪譯，《雪山下的火焰》（華盛頓：勞改基金會，2003）。

班禪喇嘛，《七萬言書——班禪喇嘛文論選集》（達蘭薩拉：西藏流亡政府外交與新聞部，1998）。

秦和平、冉琳聞編著，《四川民族地區民主改革大事記》（北京：民族出版社，2007）。

秦和平編，《四川民族地區民主改革資料集》（北京：民族出版社，2008）。

納倉·怒羅，《那年，世時翻轉：一個西藏人的童年回憶》（臺北：雪域出版社，2011）。

馬無忌，《甘肅夏河藏民調查記》（上海：文通書局，1941）。

馬曉軍，《甘南宗教演變與社會變遷》（蘭州：甘肅人民出版社，2007）。

馬鶴天，《甘青藏邊區考察記》1-3編（中國邊疆學會叢書）（上海：商務印書館，1947）。

國家民委經濟司、國家統計局綜合司編，《中國民族統計 1949-1990》（北京：中國統計出版社，1991）。

國家統計局人口統計司、公安部三局編，《中華人民共和國人口統計資料匯編1949-1985》（北京：中國財政經濟出版社，1988）。

康定民族師專編寫組編纂，《甘孜藏族自治州民族志》（北京：當代中國出版社，1994）。

張向明，《張向明55年西藏工作實錄》（自印本，時間不詳）。

張定一，《1954年達賴、班禪晉京紀略，兼記西藏自治區籌備委員會成立》（北京：中國藏學出版社，2005）。

張國祥、孫勇口述，林儒生整理，〈中國圖-4傳奇〉，《兵器知識》2008年第5期，頁32-35。

張培惠，〈要關心高原邊防部隊的生活〉，《後勤工作資料》1957第30期，頁8-9。

得榮・澤仁鄧珠，《藏族通史・吉祥寶瓶》（拉薩：西藏人民出版社，2001）。

梅卓，《吉祥玉樹》（西寧：青海人民出版社，2010）。

郭永虎、李曄，〈美國中央情報局對中國西藏的準軍事行動（1949-1969）〉，《史學集刊》第4期（2005年10月），頁75-81。

陳有仁，《一場湮沒了半個世紀的國內戰爭——記1958年青海牧區平叛擴大化及其糾正過程》。未公開出版之書稿，其中一部分見〈丘八7的博客〉。網路版：http://blog.sina.com.cn/s/blog_9bf22f440100y4of.html

陳昌奉，《跟隨毛主席長征》（北京：作家出版社，1961）。

陳國光，《青海藏族史》（西寧：青海民族出版社，1997）。

陳登龍編，《理塘志略》（中國方志叢書・西部地方・第二九號）（臺北：成文出版社，1960）。

陳慶英主編，《中國藏族部落》（北京：中國藏學出版社，1990）。

麥群忠，〈十世班禪蒙難始末〉，《文史精華》2005年第6期。

嵇建生講述，林儒生整理，〈牛潛將首話「公牛」〉，《兵器知識》2009年第7期，頁75-78。

彭學濤、鄧瑞峰，〈中俄解密檔案——毛澤東四會赫魯雪夫〉，《文史精華》2009年第3期。

智效民，《劉少奇與晉綏土改》（臺北：秀威資訊，2008）。

粟裕，《粟裕文選》第3卷（北京：軍事科學出版社，2004）。

粟裕生平大事年表（1957-1966），中國共產黨新聞網：http://cpc.people.com.cn/GB/64162/82819/93648/93735/6047639.html

華強、奚紀榮等著，《中國空軍百年史》（上海：上海人民出版社，2005）。

賀熙成，〈西藏平叛瑣記〉，《武漢文史資料》，2011年第3期（總第221期），頁19-26。

跋熱・達瓦才仁，《血祭雪域》（臺北：雪域出版社，2012）。

雲南省地方志編纂委員會，中國人民解放軍雲南省軍區編纂，《雲南省志‧軍事志》
　　　（昆明：雲南人民出版社，1997）。

馮浩華編著，《青海人口》（內部讀物，青海省計畫生育宣傳中心，1988）。

＿＿＿，〈對青海移民與墾荒的歷史考察〉，《經濟研究》1983年第5期，頁52-57。

黃正清口述，師綸記錄整理，《黃正清與五世嘉木樣》，中國人民政治協商委員會。

黃克誠，《黃克誠軍事文選》（北京：解放軍出版社，2002）。

新華通訊社內部編印，《有關西藏問題的文件和材料匯編（國內部分），1949-1959》
　　　（洛杉磯：中文出版物服務中心，2001）。

新龍縣文史資料編輯委員會，《新龍縣文史資料第1輯——建國50年新龍之變化專輯》
　　　（中國人民政治協商會議新龍縣委員會出版，1999）。

楊定華，《雪山草地行軍記》（哈爾濱：東北書店，1948）。

楊尚昆，《楊尚昆日記》（上）（北京：中央文獻出版社，2001）。

楊勝群、閻建琪、蔣永清，《鄧小平年譜1904-1974》（北京：中共中央文獻研究室，
　　　2009）。

楊嘉銘，〈康巴文化綜述〉，《西華大學學報（哲學社會科學版）》第27卷第4期
　　　（2008年8月），頁9-16。

當代中國的民族工作編輯部編，《當代中國民族工作大事記1949-1988》（北京：民族
　　　出版社，1989）

當代雲南藏族簡史編輯委員會編，《當代雲南藏族簡史》（昆明：雲南人民出版社，
　　　2009）。

葛赤峰，《藏邊采風記》（成都：商務印書館，1942）。

董占林，《軍旅春秋》（蘭州：甘肅人民出版社，1991）。

解放西藏史編委會著，《解放西藏史》（北京：中共黨史出版社，2008）。

達杰，《果洛見聞與回憶》（內部出版。西寧：2008）。

達賴喇嘛著，丁一夫譯，《我的土地，我的人民》，（臺北：圖博之友出版，2010）

鄒啟宇、苗文俊主編，《中國人口（雲南分冊）》（北京：中國財政經濟出版社，
　　　1989）。

廖淑馨，〈西藏抗暴運動的民族觀〉，《中國邊政》100（民國76年）。

翟向東，《西藏青年運動史》（拉薩：西藏青年理論學社，1989）

翟松天主編，《中國人口（青海分冊）》（北京：中國財政經濟出版社，1989）。

蒲文成，〈青海藏傳佛教寺院概述〉，《青海社會科學》1990年第5期，頁92–99。

____，《甘青藏傳佛教寺院》（西寧：青海人民出版社，1990）。

趙心愚，秦和平，王川編，《康區藏族社會珍稀資料輯要》（成都：四川出版集團巴
　　蜀書社，2006）。

趙功德，張明金編著，《中國人民解放軍歷史上的七十個軍：追尋歷史足跡》（天
　　津：天津人民出版社，1997）。

劉洪康主編，《中國人口（四川分冊）》（北京：中國財政經濟出版社，1988）。

劉軍、唐慧雲，〈試析中國對越南的經濟與軍事援助（1950-1978）〉，《東南亞縱
　　橫》2010年第5期，頁13-18。

劉書林，〈甘青川藏邊界地區平叛剿匪回憶〉，《鄭州文史資料》第29輯，頁277-
　　285。

劉瑞主編，《中國人口（西藏分冊）》（北京：中國財政經濟出版社，1988）。

黎宗華、李延愷，《安多藏族史》（西寧：青海民族出版社，1992）。

錢江，《秘密征戰：中國軍事顧問團援越抗法紀實》（成都：四川人民出版社，
　　1999）。

駱威，〈美國中央情報局插手西藏秘聞〉，《百年潮》2001年第3期，頁17-24。

蘭州市政協文史資料和學習委員會編，《中國六十年代大饑荒考・蘭州文史資料選輯
　　第22輯》（蘭州：蘭州市政協，2002）。

蘭州市政協文史資料和學習委員會編，《甘肅六十年代大饑荒考證・蘭州文史資料選
　　輯第20輯》（蘭州：蘭州市政協，2001）。

蘭州軍區政治部宣傳部編輯，《平叛英雄傳》第1集（蘭州：蘭州軍區政治部，
　　1960）。

龔蔭，《中國土司制度》（昆明：雲南民族出版社，1992）。

英文參考資料

Ali, S. Mahmud, *Cold War in High Himalayas: The 中情局, China and South Asia in the
　　1950s*. New York: St. Martin's Press, 1999.

Andrugtsang, Gompo Tashi, *Four Rivers, Six Ranges: Reminiscences of the Resistance
　　Movement in Tibet*. Dharamsala, India: Information and Publicity Office of the Dalai
　　Lama, 1973.

Arjia Rinpoche, *Surviving the Dragon: A Tibetan Lama's Account of 40 Years Under
　　Chinese Rule*. New York: Rodale, 2010.

Bageant, Joe, "CIA's Secret War in Tibet." Originally published in the February 2004 issue of *Military History*. Historynet.com. URL: http: //www.historynet.com/中情局s-secret-war-in-tibet.htm

Barnett, Robert, *Resistance and Reform in Tibet*. Bloomington: Indiana University Press, 1994.

Barber, Noel, *From the Land of Lost Content*. Boston, Houghton Mifflin Company, 1970.

Blo-bzan-rgy-mtsho, and Gareth Sparham, *Memoirs of a Tibetan Lama*. Ithaca, NY: Snow Lion Publ, 1998.

Chen, Jian, The Tibetan Rebellion of 1950 and China's Changing Relations with India And the Soviet Union. *Journal of Cold War Studies*, Vol. 8, No.3, Summer 2006, pp. 54-101.

Chogyam Trungpa, *Born in Tibet*. Boston: Shambhala, 1995.

Clarridge, Duane R.with Digby Diehl, *A Spy for All Seasons: My Life in the CIA*. New York: Scribner, 1997.

Conbo, Kenneth J., and James Morrison, *The CIA's Secret War in Tibet*. Lawrence: University Press of Kansas, 2002.

Dawa Norbu, *China's Tibet Policy*. London: Curzon Press, 2001.

Deshingkar, Giri, "The Nehru Years Revisited". Online Project "Across the Himalayan Gap: an Indian Quest for Understanding China". http: //www.ignca.nic.in/ks_41046.htm

Dewatsshang, Dorjee Wangdi, *Flight at the Cuckoo's Behest: The Life and Times of a Tibetan Freedom Fighter*. New Delhi: Paljor Publications, 1997.

Dorji, Khandu-Om, "A Brief History of Bhutan House in Kalimpong". *Journal of Bhutan Studies*, Vol. 19, Winter 2008, pp. 9-33.

Dunham, Mikel, *Buddha's Warriors: The Story of the 中情局-Backed Tibetan*. York: Jeremy P. Tarcher/Penguin, 2004.

Garver, John W., "The China-India-U.S. Triangle: Strategic Relations in the Post-War Era". *NBR Analysis*, Vol. 13, No. 5. October 2002, pp. 3-56.

Gelder, G. Stuart, and Roma Gelder. *The Timely Rain; Travels in New Tibet*. New York: Monthly Review Press, 1965.

Goldstein, Melvyn C., *A History of Modern Tibet. Vol. 2, The Calm Before the Storm, 1951-1955*. Berkeley: University of California Press, 2007.

_____, "The United States, Tibet, and the Cold War." *Journal of Cold War Studies*, Vol. 8,

No. 3, Summer 2006, pp. 145-164.

Ginsburgs, George and Michael Mathos, *Communist China and Tibet: The First Dozen Years*. The Hague: Martinus Nijhoff, 1964.

Gould, B.J., *The Jewel in the Lotus: Recollections of an Indian Political*. London: Chatto & Windus, 1957.

Grassdorff, Gilles Van, *Hostage of Beijing: The Abduction of the Panchen Lama*. Shaftesbury, Dorset [England]: Element, 1999.

Gruber, Elmar, *From the Heart of Tibet: The Biography of Drikung Chetsang Rinpoche, the Holder of the Drikung Kagyu Lineage*. Boston: Shambhala, 2010.

Hoffman, Steven A., "Rethinking the Linkage between Tibet and the China-India Boarder Conflict: A Realist Approach". *Journal of Cold War Studies*, Vol. 8, No. 3, Summer 2006, pp. 165-194.

Hutheesing, Raja, *Tibet Fights for Freedom: A White Book : The Story of the March 1959 Uprising As Recorded in Documents Despatches, Eye-Witness Accounts and World-Wide Reactions*. Bombay: Orient Longmans, 1960.

Jamyang Norbu, *Warriors of Tibet: The Story of Aten and the Khampas' Fight for the Freedom of Their Country*. London: Wisdom Publications, 1986.

Johnson, Tim, *Tragedy in Crimson: How the Dalai Lama Conquered the World but Lost the Battle with China*. New York: Nation Books, 2011.

Knaus, John Kenneth, "Official Policies and Covert Programs: The U.S. State Department, the CIA and the Tibetan Resistance". *Journal of Cold War Studies*, Vol. 5, No. 3, Summer 2003, pp. 54-79.

___, *Orphans of the Cold War: America and the Tibetan Struggle for Survival*. New York: Public Affairs, 1999.

Leeker, Joe, F., "Mission to Tibet". University of Texas at Dallas Special Collection. URL: http: // www.utdallas.edu/library/collections/speccoll/Leeker/history/Tibet.pdf

Liu, Melinda, "When Heaven Sheds Blood". *Newsweek*, April 1999.

McGranaham, Carole. *Arrested Histories: Tibet, The CIA, and Memories of a Forgotten War*. Durham and London: Duke University Press, 2010.

___, "Tibet's Cold War The CIA and the Chushi Gandrug Resistance 1956-1974". *Journal of Cold War Studies*, Vol. 8, No. 3, Summer 2006, pp. 102-130.

McMahon, Robert J., "U.S. Policy toward South Asia and Tibet during the Early Cold War". *Journal of Cold War Studies*, Vol. 8, No. 3, Summer 2006, pp. 131-144.

Moraes, Frank, *The Revolt in Tibet*. New York: The MacMillan Company, 1960.

Mullik, B. N. *My Years with Nehru: The Chinese Betrayal*. Bombay: Allied Publishers, 1971.

Namgyal Lhamo Taklha, *Women of Tibet*. Derhadun, India: Songtsen Library, 2005.

Office of His Holiness the Dalai Lama, *Tibetans in Exile, 1959-1969: A Report on Ten Years of Rehabilitation in India*. Dharamsala: Bureau of H.H. the Dalai Lama, 1969.

Pachen, and Adelaide Donnelley, *Sorrow Mountain: The Journey of a Tibetan Warrior Nun*. New York: Kodansha International, 2000.

Patil, Sameer Suryakant, "India's China Policy in the 1950s: Threat Perceptions and Balances". *South Asian Survey*, Vol. 14, No. 2. 2007, pp. 283-301.

Patterson, George N., *Tibet in Revolt*. London: Faber and Faber Limited, 1960.

____, *Requiem for Tibet*. London: Aurum Press, 1990.

Peissel, Michel, *Cavaliers of Kham: The Secret War in Tibet*. London: William Heinemann Ltd., 1972.

Phuntsok Wangyal, Baba, Tenzin Losel, and Jane Perkins, *Witness to Tibet's History*. New Delhi: Paljor Publ, 2007.

Roberts, John B., and Elizabeth A. Roberts, *Freeing Tibet: 50 Years of Struggle, Resilience and Hope*. New York: AMACOM, 2009.

Sengupta, R., "The CIA Circus: Tibet's Forgotten Army." *Outlook*, February 15, 1999. URL: http://www.friendsoftibet.org/databank/usdefence/usd7.html

Shakabpa, W.D., *One Hundred Thousand Moons: An Advanced Political History of Tibet*. Vol. 2. Translated and annotated by Derek F. Maher. Boston: Brill, 2009.

Shakya Tsering, *The Dragon in the Land of Snows: A History of Modern Tibet*. New York: Columbia University Press, 1999.

Sud-khud-'jam-dbyans-mkhas-grub, and Sumner Carnahan. *In the Presence of My Enemies: Memoirs of Tibetan Nobleman Tsipon Shuguba*. Santa Fe, NM: Clear Light Publ, 1995.

Talty, Stephan, *Escape from the Land of Snows: The Young Dalai Lama's Harrowing Flight to Freedom and the Making of a Spiritual Hero*. New York: Crown Publishers, 2011.

Tibetans in Exile: 1959-1969. Dharamsala: Information Off., Central Tibetan Secretariat, 1969.

Thomas, Lowell. *The Silent War in Tibet*. Garden City, N.Y.: Doubleday, 1959.

White, David, *Himalayan Tragedy: The Story of Tibet's Panchen Lamas*. London: Tibet Society of the UK, 2002.

Williams, Kristin Kenney, "Camp Hale's Top Secret: The CIA's Covert Operation to Save the Dalai Lama". *The Vail Trail*. Vol. 32, No. 35. July 3,1998, pp. 8-9.

Witness to Tibet: News Reports to Tibet. Beijing: New Star Publishers, 2003.

Zai, Qiang. "Tibet and Chinese-British-American Relations in the Early 1950s". *Journal of Cold War Studies*, Vol. 8, No. 3, Summer 2006, pp. 34-53.

藏文參考資料

Bar khams Po ti dgon pa gtsos Sho star lho gsum khul gyi rang gi dngos myong dang mthong thos ji byung bden gtam shul bzhag Tshangs pa'i thig shing Po ti dgon pa'i grva zur Badzra yi mi tshe'i lo rgyus, rDo gcod bsTan 'dzin dbang rgyal (ed.)TCHRD 2006

Kargyal Dondrup. *Mdo khams cha phreng kyi lo rgyus gser gyi snye ma* (The golden grain of Dokham Chatreng's history). Dharamsala: Library of Tibetan Works and Archives, 1992.

Ma bltas kun gyis mthong ba skyid sdug gi myong bya ('The unseen seen by all) 'Ke'u tshang sprul sku 'Jam dpal ye shes Ser smad gsung rab 'phrul spar khang 1990.

Ratuk, Ngawang.Mdo khamsspon'borsgang gi sa'ichar'khodp'i Li thangdgon yul gnyis kyis btsan 'dzulpa la zhum med ngo rgol gyis rangsa srungskyob byas p'iskor: Li thang 10 rgyus yig tshang phyogs sgrig, deb gnyis pa. (Lithang historical records. Vol. 2: (A brief account of the defense of Lithang by monasteries and tribes during China's invasion, 1936-1959). Edited by Tashi Tsering. Dharamsala: Amnye Machen Institute, 2006.

rGya dmar gyis bod nang mi spyod las 'das pa'i bya ngan ji yasngos byungnas lugs rags bsdus gSal bar mthong ba'i me long (1959-84)('A clear mirror giving an impression of the inhuman atrocities committed by the Chinese Communists in Tibet')Bod gzhung shes rig par khang (Tibet Cultural Press Dharamsala)1991.

bTsan rgol rgyal skyob (vol.2): Bod nang du drag po'i 'thab rtsod byas skor 1957-62, Tsong kha lHa mo tshe ring Amnye Machen Publications 1998.

解放軍官兵／入藏幹部回憶文章

安玉才，〈我在那曲參加平叛〉，http://china.huanqiu.com/roll/2009-03/397403.html

白全忠，〈青海文史資料：回憶湟中解放後的平叛鬥爭〉，http://www.qh.xinhuanet. com/2009-11/10/content_18752171.htm

〈曾經經歷甘青藏，少數民族動亂〉，http://shishui159.blog.hexun.com/17927686_ d.html

杜斌，〈昌都地區平叛改革始末〉，藏學資料網，http://iea.cass.cn/cass/index.jhtml?meth od=articleDetail&id=201003251043374899&mnCode=73

房揚達，黃亞明，《擊楫中流》，網路版：http://blog.sina.com.cn/s/ blog_4b50a1d30100gaht.html

江達三，〈74歲老飛行人員的博客：西藏平叛〉，http://blog.sina.com.cn/s/ blog_4bf5830401000ajh.html~type=v5_one&label=rela_prevarticle

〈空軍運輸航空兵某師上世紀飛行歷史回顧〉，中國空軍網，http://www.plaaf.net/ html/65/n-1765.html

〈空25師青藏平叛，中國空軍轟炸機高原作戰實況！〉，網路版：http://military.china. com/zh_cn/history2/03/11027561/20070829/14307647.html

〈老騎兵剿匪平叛二三事〉，網路版：http://epaper.xplus.com/papers/xxxb/20091231/ n109.shtml

李祿山口述，劉英福整理，〈戰鬥在甘南和西藏〉，旺蒼縣政府網，http://www. wangcang.gov.cn/html/article/view/1565.html

李聲章，〈西線平叛片斷回憶〉，http://kong25.bokee.com/viewdiary.221207148.html

劉大存，〈歡慶西藏百萬農奴的解放〉，http://www.hbjxb.com/jxsh/jxzs/22.htm

劉恒訓，〈川西平叛紀實〉，http://www.jnzx.gov.cn：8080/Html/81012006- 515170747-1.Html

劉秀書，〈那年，我參加了西藏平叛〉，http://blog.sina.com.cn/s/ blog_4d9b1d1a0100cv3t.html

馬洪昌，〈馳騁疆場38個春秋 英雄的解放軍騎兵第一師〉，http://cpc.people.com.cn/G B/64162/64172/85037/85038/6036998.html

倪扶漢，〈甘丹寺、哲蚌寺民主改革瑣憶〉，藏學資料網，http://iea.cass.cn/cass/index.j html?method=articleDetail&id=201003251028531070&mnCode=73

彭治耀，〈一個老兵的平叛日記〉，http://bt.xinhuanet.com/2007-09/13/
　　content_11141281.htm

恰白‧次旦平措，〈紀念百萬農奴獲得新生的日子——憶南木林平叛改革〉，藏學資
　　料網：http://iea.cass.cn/cass/index.jhtml?method=articleDetail&id=20100325101629123
　　&mnCode=73

王鑑，〈年楚河作證——西藏江孜、日喀則地區民主改革追記〉，藏學資料網，http://
　　iea.cass.cn/cass/index.jhtml?method=articleDetail&id=201003251025352950&mnCode=73

西藏軍區政治部編，《世界屋脊風雲錄》1-4冊，網路版：中華魂網（中共中央黨校）
　　http://www.1921.org.cn/book.php?ac=list

徐焰，〈藏區平叛的五年艱苦歲月〉，西藏新聞網，http://www.chinatibetnews.com/
　　xizang/lishi/2008-2/12/content_181416.htm

徐彥波，〈我所經歷的西藏平叛往事〉，華龍網，紅色春秋——革命傳統教育主題網
　　站，http://hscq.cqnews.net/hycq/5q_hscq/hycqwz0805/200903/t20090327_3129122.
　　htm

楊長春，〈回憶五十年前的平叛作戰〉，今日新疆網，http://www.jrxjnet.com/wencui/
　　jinri/wangshiyuhuiyi/201002/2449.html

尹銳，〈平叛改革時期的「西藏日報」〉，中國西藏新聞網，http://www.
　　chinatibetnews.com/zhuanti/2006-04/21/content_50160.htm

張鳳高，〈張鳳高回憶錄節選‧西藏平叛〉，http://bbs.tibet.cn/archiver/?tid-14064.html

張平治，〈高原紅鷹——25師在青藏高原平叛戰鬥三年半的征戰紀實〉，http://www.
　　k25.com.cn/bbs/viewthread.php?tid=1531&extra=&page=2

張孝忠，〈青春熱血鑄就的豐碑——紀念上寨土改工作隊30名烈士集體殉難49周
　　年〉，http://ab.abzta.gov.cn/web/t1/main.jsp?go=newsDetail&cid=9818&id=27255

趙飛白，〈1959年春參加甘南平叛紀實〉，http://www.chinalzs.com/web/?action-
　　viewnews-itemid-6043

趙益航，〈雪域高原的平叛鬥爭〉，《今日磐安》2011年7月15日。網路版：http://
　　goo.gl/AaO0W

〈西藏平叛點滴紀實〉，政協哈爾濱委員會網，http://www.hrbzx.gov.cn/second.
　　asp?s=wszl&id=16630

採訪名單（按採訪時間排列）

頓珠多吉（僧人，青海玉樹），2007年10月28日，印度德里曼久芝拉西藏難民定居點。

頓珠諾布（僧人，西藏那曲），2007年11月5日，印度達蘭薩拉老人院。

索南朋措（藏軍軍官，西藏拉薩），2007年11月5日，印度達蘭薩拉老人院。

仲嘎（商販，西藏帕里），2007年11月11日，印度德里曼久芝拉西藏難民定居點。

次仁央宗（商販，西藏帕里），2007年11月11日，印度德里曼久芝拉西藏難民定居點。

朋措（僧人，甘孜石渠），2007年11月13日，印度色拉寺。

次仁班德（商販，西藏日喀則），2007年11月14日，印度帕拉庫毗西藏難民定居點。

吉美唯色（牧民，四川德格），2008年9月30日，印度喜馬偕爾郡比利西藏難民定
　　居點。

寧瑪次仁（農民，西藏），2008年10月1日，印度喜馬偕爾郡比利西藏難民定居點。

東莞‧嘉噶倉（管家，四川德格），2008年10月2日，印度喜馬偕爾郡比利西藏難民定
　　居點。

強巴（頭人之子，青海玉樹），2008年10月7日，尼泊爾加德滿都。

熱地（傭人，四川德格），2008年10月8日，尼泊爾加德滿都。

白瑪旺欽（農民，四川甘孜），2008年10月13日，錫金崗托。

扎西（牧民，西藏丁青），2008年10月14日，印度錫金拉旺格拉西藏難民定居點。

扎央（牧民，四川德格），2008年10月7日，尼泊爾加瓦拉克爾西藏難民手工藝中心。

格桑‧嘉妥倉（僧人，四川理塘），2009年5月10日，美國新澤西州。

達賴喇嘛尊者，2009年6月27、28、30日；2010年12月3日，印度達蘭薩拉。

阿里仁波切（達賴喇嘛尊者的弟弟），2009年7月18、21日，印度達蘭薩拉。

洛桑貢保（僧人，四川甘孜），2009年9月10日，印度喜瑪偕爾邦達爾豪斯西藏難民定
　　居點。

洛桑益西（僧人，四川甘孜），2009年9月11日，印度喜瑪偕爾邦達爾豪斯西藏難民定
　　居點。

拉旺次仁（僧人，缺），2009年9月11日，印度喜瑪偕爾邦達爾豪斯西藏難民定居點。

旺姆（牧民，西藏普蘭），2009年9月12日，印度喜瑪偕爾邦達爾豪斯西藏難民定居
　　點。

居欽圖丹（僧人，四川德格），2009年9月22日，印度達蘭薩拉。

強巴丹增（僧人，西藏拉薩），2009年19月12日，印度達蘭薩拉。

然楚阿旺（商人，四川理塘），2009年12月3日，印度德里曼久芝拉西藏難民定居點。

白瑪鈞宗（牧民，西藏阿里），2010年9月3日，印度孟古德西藏難民定居點。

白瑪次仁（農民，西藏阿里），2010年9月4日，印度孟古德西藏難民定居點。

晉美班覺（原乃東宗本之子），2010年9月4日，印度孟古德西藏難民定居點。

丹增烏賽（僧人，青海尖扎），2010年9月5日，印度哲蚌寺。

土登尼瑪（僧人，青海興海），2010年9月6日，印度哲蚌寺。

索巴嘉措（僧人，青海樂都），2010年9月7日，印度哲蚌寺。

益丹（僧人，四川甘孜），2010年9月7、8日，印度哲蚌寺。

科才晉巴（牧民，甘肅夏河），2010年10月19日，印度德拉東頓珠林西藏難民定居點。

洛桑舍拉（商人，四川芒康），2010年10月20日，印度德拉東頓珠林西藏難民定居點。

白瑪塔欽（牧民，四川甘孜），2010年10月20日，印度德拉東頓珠林西藏難民定居點。

阿媽俄洛（牧民，青海果洛），2010年10月20日，印度德拉東頓珠林西藏難民定居點。

阿媽卓嘎（牧民，甘肅夏河），2010年10月20、24日，印度德拉東頓珠林西藏難民定居點。

拉泰（農民，青海化隆），2010年10月21日，印度德拉東頓珠林西藏難民定居點。

加央丹增（商販，青海共和），2010年10月21日，印度德拉東頓珠林西藏難民定居點。

拉巴（牧民，甘肅夏河），2010年10月22日，印度德拉東頓珠林西藏難民定居點。

熱扎仁波切洛桑丹巴（僧人，甘肅夏河），2010年10月23日，印度德拉東頓珠林西藏難民定居點。

嘉絨丹增（農民，四川馬爾康），2010年10月23日，印度德拉東頓珠林西藏難民定居點。

南捷拉莫（貴族，西藏拉薩），2010年10月25日，印度德拉東松贊圖書館。

魯嘉（牧民，甘肅夏河），2010年10月25日，印度德拉東拉吉普爾。

安多桑杰（牧民，甘肅夏河），2010年10月26日，印度德拉東拉吉普爾。

喇嘛丹炯（牧民，果洛久治），2010年11月21日，印度達蘭薩拉。

旦曲白桑（牧民，果洛久治），2010年11月30日，印度達蘭薩拉。

次仁多吉（芒康，頭人普巴本之子），2010年12月4日，印度達蘭薩拉。

央瑞智巴（僧侶，青海果洛），2011年6、7月，多次電話採訪。

克相仁波切（僧侶，甘南瑪曲），2011年7月11日，美國華盛頓特區。

格爾登仁波切（僧侶，四川阿壩），2011年11月16日，美國紐約。

歷史大講堂
當鐵鳥在天空飛翔：1956-1962青藏高原上的秘密戰爭

2012年10月初版　　　　　　　　　　　　　　　　定價：新臺幣380元
有著作權・翻印必究
Printed in Taiwan.

著　　　者　李　江　琳
發 行 人　林　載　爵

出　版　者　聯經出版事業股份有限公司
地　　　址　台北市基隆路一段180號4樓
編輯部地址　台北市基隆路一段180號4樓
叢書主編電話　（02）87876242轉225
台北聯經書房：台北市新生南路三段94號
電　　　話：（02）23620308
台中分公司：台中市北區健行路321號1樓
暨門市電話：（04）22371234ext.5
郵政劃撥帳戶第0100559-3號
郵撥電話：（02）23620308
印　刷　者　世和印製企業有限公司
總　經　銷　聯合發行股份有限公司
發　行　所：新北市新店區寶橋路235巷6弄6號2樓
電　　　話：（02）29178022

叢書主編　林　　　雲
校　對　呂　佳　真
封面設計　周　家　瑤
內文組版　林　燕　慧
地圖繪製　郭　晉　昂

行政院新聞局出版事業登記證局版臺業字第0130號

本書如有缺頁，破損，倒裝請寄回台北聯經書房更換。　　ISBN　978-957-08-4062-9 (平裝)
聯經網址：www.linkingbooks.com.tw
電子信箱：linking@udngroup.com

本書黑白圖片由李江琳提供
封面杜-2轟炸機照片由王鼎鈞提供

國家圖書館出版品預行編目資料

當鐵鳥在天空飛翔：1956-1962青藏高原
上的秘密戰爭/李江琳著．初版．臺北市．聯經．
2012年10月（民101年）．496面．17×23公分
（歷史大講堂）
ISBN　978-957-08-4062-9（平裝）

1.西藏問題　2.歷史　3.報導文學

676.62　　　　　　　　　　　　　　101018678